潘雨廷著作集

典藏本

第五册

周易虞氏易象释

潘雨廷／著

上海古籍出版社

引　言

潘雨廷先生(1925—1991),上海人,当代著名易学家。生前担任华东师范大学古籍研究所教授、中国《周易》研究会副会长、上海道教协会副会长。潘雨廷先生早年就读于上海圣约翰大学教育系,毕业后师从周善培、唐文治、熊十力、马一浮、杨践形、薛学潜等先生研究中西学术,专心致志于学问数十载,融会贯通,自成一家,在国内外有相当的影响。潘雨廷先生毕生研究的重点是宇宙与古今事物的变化,并有志于贯通东西方文化之间的联系,对中华学术中的《周易》和道教,有深入的体验和心得。潘雨廷先生著述丰富,其研究涉及多方面内容,具有极大的启发性。他的著作是二十世纪中国文化所取得的重要成果之一。本书由张文江根据潘雨廷夫人金德仪女士保存的遗稿整理而成。

《周易虞氏易象释》全面解析《周易集解》中的虞氏注,使传统易学最繁难的部分重新成为可读。

目次

《虞翻传》辑录

《三国志·吴书·虞翻传》

虞翻字仲翔，会稽余姚人也。太守王朗命为功曹。孙策征会稽，翻时遭父丧，衰绖诣府门。朗欲就之，翻乃脱衰入见，劝朗避策。朗不能用，拒战败绩，亡走浮海。翻追随营护，到东部候官。候官长闭城不受，翻往说之，然后见纳。朗谓翻曰："卿有老母，可以还矣。"翻既归，策复命为功曹，待以交友之礼，身诣翻第。

策好驰骋游猎，翻谏曰："明府用乌集之众，驱散附之士，皆得其死力，虽汉高帝不及也。至于轻出微行，从官不暇严，吏卒常苦之。夫君人者不重则不威，故白龙鱼服，困于豫且，白蛇自放，刘季害之。愿少留意。"策曰："君言是也。然时有所思，端坐悒悒，有裨谌草创之计，是以行耳。"翻出为富春长。策薨，诸长吏并欲出赴丧，翻曰："恐邻县山民或有奸变，远委城郭，必致不虞。"因留制服行丧。诸县皆效之，咸以安宁。后翻州举茂才，汉召为侍御史，曹公为司空辟，皆不就。

翻与少府孔融书，并示以所著《易注》。融答书曰："闻延陵之理乐，睹吾子之治《易》，乃知东南之美者，非徒会稽之竹箭也。又观象云物,察应寒温,原其祸福,与神合契,可谓探赜穷通者也。”会稽东部都尉张纮又与融书曰:“虞仲翔前颇为论者所侵,美宝为质,雕摩益光,不足以损。”

孙权以为骑都尉。翻数犯颜谏争,权不能悦。又性不协俗,多见谤毁,坐徙丹杨泾县。吕蒙图取关羽,称疾还建业,以翻兼知医术,请以自随,亦欲因此令翻得释也。后蒙举军西上,南郡太守麋芳开城出降。蒙未据郡城而作乐沙上,翻谓蒙曰:“今区区一心者麋将军也,城中之人岂可尽信,何不急入城持其管籥乎?”蒙即从之。时城中有伏计,赖翻谋不行。关羽既败,权使翻筮之,得兑下坎上节,五爻变之临,翻曰:“不出二日,必当断头。”果如翻言。权曰:“卿不及伏羲,可与东方朔为比矣。”魏将于禁为羽所获,系在城中,权至释之,请与相见。他日,权乘马出,引禁并行,翻呵禁曰:“尔降虏,何敢与吾君齐马首乎!”欲抗鞭击禁,权呵止之。后权于楼船会群臣饮,禁闻乐流涕,翻又曰:“汝欲以伪求免邪?”权怅然不平。

权既为吴王,欢宴之末,自起行酒,翻伏地阳醉,不持。权去,翻起坐。权于是大怒,手剑欲击之,侍坐者莫不惶遽,惟大司农刘基起抱权,谏曰:“大王以三爵之后手杀善士,虽翻有罪,天下孰知之?且大王以能容贤畜众,故海内望风,今一朝弃之,可乎?”权曰:“曹孟德尚杀孔文举,孤于虞翻何有哉!”基曰:“孟德轻害士人,天下非之。大王躬行德义,欲与尧舜比隆,何得自喻于彼乎?”翻由是得免。权因敕左右,自今酒后言杀,皆不得杀。

翻尝乘船行,与麋芳相逢,芳船上人多欲令翻自避,先驱曰:“避将军船!”翻厉声曰:“失忠与信,何以事君?倾人二城,而称将军,可乎?”芳阖户不应而遽避之。后翻乘车行,又经芳营门,吏闭门,车不得过。翻复怒曰:“当闭反开,当开反闭,岂得事宜邪?”芳闻之,有惭色。

翻性疏直,数有酒失。权与张昭论及神仙,翻指昭曰:“彼皆死人,而语神仙,世岂有仙人邪!”权积怒非一,遂徙翻交州。虽处罪放,而讲学不倦，门徒常数百人。又为《老子》、《论语》、《国语》训注，皆传于世。

初，山阴丁览，太末徐陵，或在县吏之中，或众所未识，翻一见之，便与友善，终咸显名。在南十余年，年七十卒。归葬旧墓，妻子得还。

翻有十一子。第四子汜最知名，永安初，从选曹郎为散骑中常侍。后为监军使者，讨扶严，病卒。汜弟忠，宜都太守。耸，越骑校尉，累迁廷尉，湘东、河间太守。昺，廷尉尚书，济阴太守。

《三国志·吴书·陆绩传》

虞翻旧齿名盛，庞统荆州令士，年亦差长，皆与绩友善。

《吴历》

翻谓歆曰："窃闻明府与王府君齐名中州，海内所宗，虽在东垂，常怀瞻仰。"歆答曰："孤不如王会稽。"翻复问："不审豫章精兵，何如会稽？"对曰："大不如也。"翻曰："明府言不如王会稽，谦光之谭耳。精兵不如会稽，实如尊教。"因述孙策才略殊异，用兵之奇，歆乃答云"当去"。翻出，歆遣吏迎策。

《会稽典录》

翻说暠曰："讨逆明府，不竟天年。今摄事统众，宜在孝廉。翻已与一郡吏士，婴城固守，必欲出一旦之命，为孝廉除害，惟执事图之。"于是暠退。

翻与固同僚书曰："丁子贱塞渊好德，堂构克举，野无遗薪，斯之为懿，其美优矣。令德之后，惟此君嘉耳。"（按，丁览子固，字子贱。）

陵子平,字伯先,童龀知名,翻甚爱之,屡称叹焉。(按,陵谓徐陵。)

汜字世洪,生南海,年十六,父卒,还乡里。

忠字世方,翻第五子。贞固干事,好识人物。

耸字世龙,翻第六子也。清虚无欲,进退以礼。

昺字世文,翻第八子也。少有倜傥之志,仕吴黄门郎,以捷对见异,超拜尚书侍中。

《江表传》

策书谓翻曰:“今日之事,当与卿共之,勿谓孙策作郡吏相待也。”

策讨黄祖,旋军欲过取豫章,特请翻语曰:“华子鱼自有名字,然非吾敌也。加闻其战具甚少,若不开门让城,金鼓一震,不得无所伤害。卿便在前具宣孤意。”翻即奉命辞行,径到郡,请被褠葛巾与歆相见,谓歆曰:“君自料名声之在海内,孰与鄙郡故王府君?”歆曰:“不及也。”翻曰:“豫章资粮多少?器仗精否?士民勇果孰与鄙郡?”又曰:“不如也。”翻曰:“讨逆将军智略超世,用兵如神。前走刘扬州,君所亲见,南定鄙郡,亦君所闻也。今欲守孤城,自料资粮,已知不足,不早为计,悔无及也。今大军已次椒丘,仆便还去,明日日中迎檄不到者,与君辞矣。”翻既去,歆明旦出城,遣吏迎策。策既定豫章,引军还吴,飨赐将士,计功行赏,谓翻曰:“孤昔再至寿春,见马日磾,及与中州士大夫会,语我东方人多才耳,但恨学问不博,语议之间,有所不及耳。孤意犹谓未耳。卿博学洽闻,故前欲令卿一诣许,交见朝士,以折中国妄语儿。卿不愿行,便使子纲,恐子纲不能结儿辈舌也。”翻曰:“翻是明府家宝,而以示人,人倘留之,则去明府良佐,故前不行耳。”策笑曰:“然。”因曰:“孤有征讨事,未得还府,卿复以功曹为吾萧何,守会稽耳。”后三日,便遣翻还郡。

后权遣将士至辽东,于海中遭风,多所没失,权悔之,乃令曰:“昔赵简子称诸君之唯唯，不如周舍之谔谔。虞翻亮直，善于尽言，国之周舍也。前使翻在此，此役不成。”促下问交州，翻若尚存者，给其人船，发遣还都。若以亡者，送丧还本郡，使儿子仕宦。会翻已终。

《虞翻别传》

朗使翻见豫章太守华歆，图起义兵。翻未至豫章，闻孙策向会稽，翻乃还。会遭父丧，以臣使有节，不敢过家，星行追朗至候官。朗遣翻还，然后奔丧。

权即尊号，翻因上书曰：“陛下膺明圣之德，体舜、禹之孝，历运当期，顺天济物。奉承策命，臣独抃舞。罪弃两绝，拜贺无阶，仰瞻宸极，且喜且悲。臣伏自刻省，命轻雀鼠，性辐毫氂，罪恶莫大，不容于诛，昊天罔极，全宥九载，退当念戮，频受生活，复偷视息。臣年耳顺，思咎忧愤，形容枯悴，发白齿落，虽未能死，自悼终没，不见宫阙百官之富，不睹皇舆金轩之饰。仰观巍巍众民之谣，傍听钟鼓侃然之乐，永陨海隅，弃骸绝域，不胜悲慕，逸豫大庆，悦以忘罪。”

翻初立《易》注，奏上曰：“臣闻六经之始，莫大阴阳，是以伏羲仰天县象而建八卦，观变动六爻为六十四，以通神明，以类万物。臣高祖父故零陵太守光，少治孟氏《易》，曾祖父故平舆令成，缵述其业，至臣祖父凤，为之最密。臣亡考故日南太守歆，受本于凤，最有旧书，世传其业，至臣五世。前人通讲，多玩章句，虽有秘说，于经疏阔。臣生遇世乱，长于军旅，习经于枹鼓之间，讲论于戎马之上，蒙先师之说，依经立注。又臣郡吏陈桃梦臣与道士相遇，放发被鹿裘，布《易》六爻，挠其三以饮臣，臣乞尽吞之。道士言：‘《易》道在天，三爻足矣。’岂臣受命，应当知经。所览诸家解不离流俗，义有不当实，辄悉改定，以就其正。孔子曰：‘乾元用九而天下治。’圣人南面，盖取诸离。斯诚天子所宜协阴阳致麟凤之道矣。谨正书副上，惟不罪戾。”翻又奏曰：“经之大者，莫过于《易》。自汉初以来，海内英才，其读《易》者，解之率少。至孝灵之际，颍川荀谞号为知《易》，臣得其注，有愈俗儒，至所说西南得朋，东北丧朋，颠倒反逆，了不可知。孔子叹《易》曰：‘知变化之道者，其知神之所为乎！’以美大衍四象之作，而上为章首，尤可怪笑。又南郡太守马融，名有俊才，其所解释，复不及谞。孔子曰‘可与共学，未可与适道’，岂不其然！若乃北海郑玄，南阳宋忠，虽各立注，忠小差玄而皆未得其门，难以示世。”又奏郑玄解《尚书》违失事目：“臣闻周公制礼以辨上下，孔子曰：‘有君臣然后有上下，有上下然后礼义有所错。’是故尊君卑臣，礼之大司也。伏见故征士北海郑玄所注《尚书》，以《顾命》康王执瑁，古‘冃’似‘同’，从误作‘同’，既不觉定，复训为杯，谓之酒杯。成王疾困凭几，洮頮为濯，以为澣衣成事，‘洮’字虚更作‘濯’，以从其非。又古大篆‘丣’字读当为‘柳’，古‘柳’、‘丣’同字，而以为昧。‘分北三苗’，‘北’古‘别’字，又训北，言北犹别也。若此之类，诚可怪也。玉人职曰：天子执瑁以朝诸侯，谓之酒杯；天子頮面，谓之澣衣；古篆‘丣’字，反以为昧。甚违不知盖阙之义。于此数事，误莫大焉，宜命学官定此三事。又马融训注亦以为同者大同天下，今经益‘金’就作‘铜’字，诂训言天子副玺，虽皆不得，犹愈于玄。然此不定，臣没之后，而奋乎百世，虽世有知者，怀谦莫或奏正。又玄所注五经，违义尤甚者百六十七事，不可不正。行乎学校，传乎将来，臣窃耻之。”

翻放弃南方，云：“自恨疏节，骨体不媚，犯上获罪，当长没海隅，生无可与语，死以青蝇为吊客。使天下一人知己者，足以不恨。”以典籍自慰，依《易》设象，以占吉凶。又以宋氏解玄颇有缪错，更为立法，并著《明杨》、《释宋》以理其滞。

《吴书》

翻少好学，有高气。年十二，客有候其兄者，不过翻，翻追与书曰：

“仆闻虎魄不取腐芥,磁石不受曲针,过而不存,不亦宜乎!”客得书奇之,由是见称。

翻始欲送朗到广陵,朗惑王方平记,言“疾来邀我,南岳相求”,故遂南行。既至候官,又欲投交州,翻谏朗曰:“此妄书耳,交州无南岳,安所投乎?”乃止。

策讨山越,斩其渠帅,悉令左右分行逐贼,独骑与翻相得山中。翻问左右安在,策曰:“悉行逐贼。”翻曰:“危事也!”令策下马:“此草深,卒有惊急,马不及萦策,但牵之,执弓矢以步。翻善用矛,请在前行。”得平地,劝策乘马。策曰:“卿无马奈何?”答曰:“翻能步行,日可二百里,自征讨以来,吏卒无及翻者,明府试跃马,翻能疏步随之。”行及大道,得一鼓吏,策取角自鸣之,部曲识声,小大皆出,遂从周旋,平定三郡。

翻闻曹公辟,曰:“盗跖欲以余财污良家邪?”遂拒不受。

后权与魏和,欲遣禁还归北,翻复谏曰:“禁败数万众,身为降虏,又不能死。北习军政,得禁必不如所规。还之虽无所损,犹为放盗,不如斩以令三军,示为人臣有二心者。”权不听。群臣送禁,翻谓禁曰:“卿勿谓吴无人,吾谋适不用耳。”禁虽为翻所恶,然犹盛叹翻,魏文帝常为翻设虚坐。

翻虽在徙弃,心不忘国,常忧五谿宜讨,以辽东海绝,听人使来属,尚不足取。今去人财以求马,既非国利,又恐无获。欲谏不敢,作表以示吕岱,岱不报,为爱憎所白,复徙苍梧猛陵。

(辑自《三国志·吴书》卷五十七《虞翻传》裴松之注)

卷　上

上经　彖上　象上　文言

乾

九三　君子终日乾乾，夕惕若。厉，无咎。

注　谓阳息至三，二变成离。离为日，坤为夕。

释　阳息始于复，至二为临，至三为泰。泰二变成离为明夷，明夷下卦离为日，上卦坤为夕。

阳息。—至二。—至三。—二变。}夕 }日

九五　飞龙在天，利见大人。

注　谓四已变，则五体离。离为飞，五在天，故飞龙在天，利见大人也。谓若庖犧观象于天，造作八卦，备物致用，以利天下，故曰飞龙在天，天下之所利见也。

释　乾四已变为小畜，五体上参离为飞。以三才言，五上当天道，

故曰五在天。乾卦九五，唯庖犧氏足以当之，而为天下所利见。善哉，虞氏之言也。

《象》曰：云行雨施，品物流形。

注　已成既济，上坎为云，下坎为雨，故云行雨施。乾以云雨流坤之形，万物化成，故曰品物流形也。

释　坤为形，乾二四上之坤初三五，乾坤皆成既济。既济上卦坎水在天为云，下参坎水在天地之间为雨。乾以云雨流坤之形，成既济而万物化成，故云行雨施，品物流形也。

《象》曰：天行健，君子以自强不息。

注　君子谓三，乾健故强。天一日一夜过周一度，故自强不息。《老子》曰："自胜者强。"

释　乾九三曰君子，故君子谓三。《说卦》曰："乾，健也。"健行而强者，莫若天。地绕日而行，一日一夜过周一度，周天约三百六十五日又四分之一日而复，终则有始，运行无已，自强不息之象。君子能自胜，亦强而不息，健行如天。自胜者，胜其自私而天下为公也。

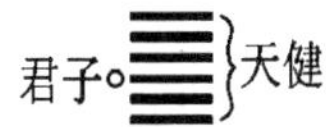

终日乾乾，反复道也。

注　至三体复，故反复道，谓否泰反其类也。

释　阳息至三为泰，泰上互复。若消至三为否，三当天地之际，否泰反其类也，故反复道。谓君子日乾夕惕，修身长刚以反于复道，则虽危无咎。

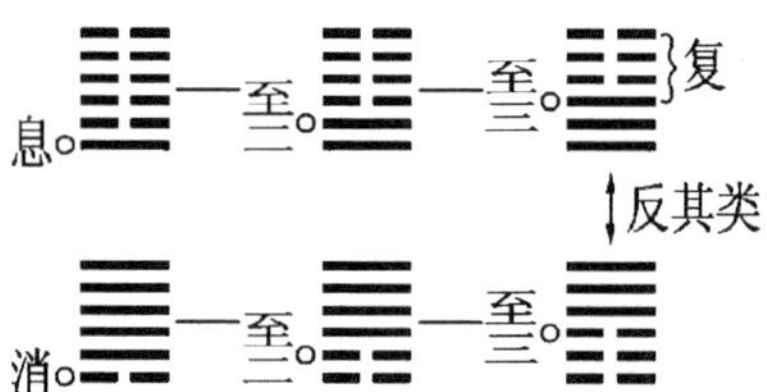

《文言》曰：乐则行之，忧则违之。确乎其不可拔，潜龙也。

注　阳出初，震为乐为行，故乐则行之。坤死称忧，隐在坤中，遯世无闷，故忧则违之也。确，刚貌也。乾刚潜初，坤乱于上，君子弗用。隐在下位，确乎难拔，潜龙之志也。

释　阳出初为复，复下卦震生为乐为行，上卦坤为死称忧。震隐坤中为遯世无闷，然其象震生为乐则行之，其象坤死为忧则违之也。《系辞下》："夫乾确然示人于易矣。"确，刚貌，乾象。于位当初九潜龙犹复初，上伍坤乱于上，故君子隐在下位而勿用。其确乎之志，示人易而不可拔也。

九二曰：见龙在田，利见大人，何谓也？子曰：龙德而正中者也。

注　中，下之中。二非阳位，故明言能正中也。

释　六画卦以下上两卦言，中有二，二位为下卦之中，五位为上卦之中。再者，六画宜定位于既济，凡初阳位，二阴位，三阳位，四阴位，五阳位，上阴位是也。阴阳得其位者曰正，未得其位者曰未正。二非阳位而九二处之，中而未正也。由乾二之坤五，九二下之中，正位乎九五上之中，是之谓正中。

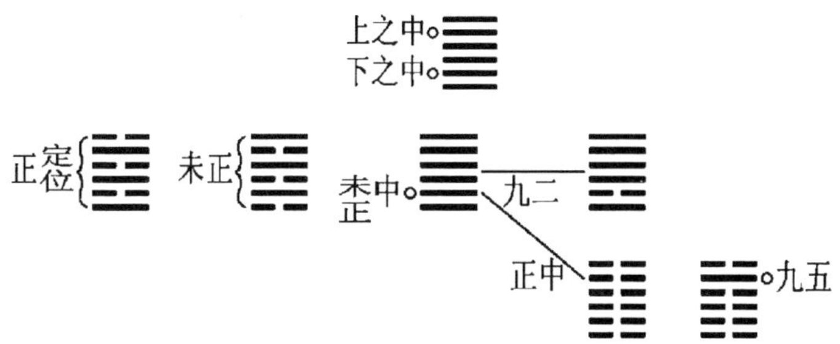

《易》曰：见龙在田，利见大人，君德也。

注　阳始触阴，当升五为君。时舍于二，宜利天下。直方而大，德无不利，明言君德。地数始二，故称“易曰”。

释　乾初九正位，确乎不拔。九二中而未正，当升坤五为君，故阳之触阴，始于此爻。然当未升而时舍于二，亦宜利天下。坤六二曰：“直方大，不习无不利。”谓乾二合坤二而大之，犹君德之无不利。唯有君德者，始能升五君位。《系辞上》曰：“天一地二。”二为地数之始，象当二位。乾天而始位地数，故称“易曰”。“易”者，谓阴阳易位以之正也。

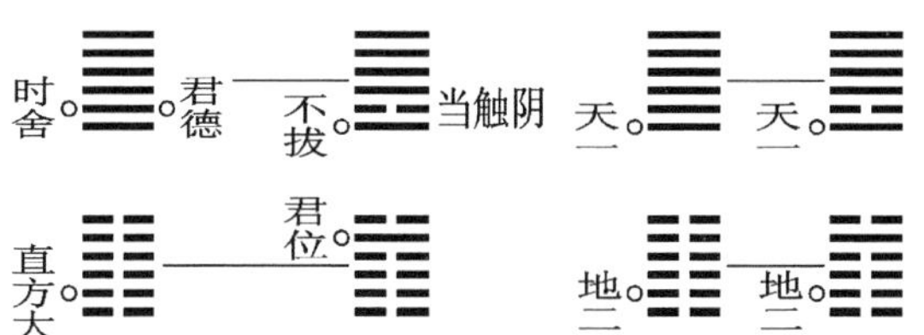

子曰：君子进德修业。

注　乾为德，坤为业。以乾通坤，谓为进德修业。

释　乾以易知而为贤人之德，坤以简能而为贤人之业，故乾为德，坤为业。以乾通坤者，义兼消息之正等。合而言之，乾三为泰，泰下卦乾为德，上卦坤为业。乾二之五，是谓进德，坤五之二，是谓修业。

德 业 业 德 进 德 修 业

是故居上位而不骄。

注　天道三才。一乾而以至三乾成，故为上。夕惕若厉，故不骄也。

释　《系辞下》曰："有天道焉，有地道焉，有人道焉，兼三才而两之，故六。六者非它也，三才之道也。"《说卦》曰："立天之道曰阴与阳，立地之道曰柔与刚，立人之道曰仁与义。兼三才而两之，故易六画而成章。"虞注"天道三才"，盖本之以明参天两地之义，谓分天象为三才而以地两之。此以息阳言，一乾复，当天道三才之地；二乾临，当天道三才之人；三乾泰，当天道三才之天。而天道三才成，故谓上，上谓三乾当下卦之上。又以地两之，三成五而居上位。泰上卦坤为夕，夕惕若厉，故九三居三五上位而不骄。

一乾 地 二乾 人 三乾 夕 天 上

天三才 天 人 地 参天 上位 以地两之

在下位而不忧。

注　下位谓初。隐于初，忧则违之，故不忧。

释　阳息至三，上互复，九三当复初为下位，上卦坤死称忧。三隐于初而忧则违之，故九三在复初下位而不忧。

子曰：同声相应。

注　谓震巽也。庖犧观变而放八卦，雷风相薄，故相应也。

释　震为雷，巽为风。《说卦》曰“雷风相薄”，故同声相应。

同气相求。

注　谓艮兑山泽通气，故相求也。

释　艮为山，兑为泽。《说卦》曰：“山泽通气。”故同气相求。

水流湿，火就燥。

注　离上而坎下，水火不相射。

释　坎为水，离为火。《说卦》曰“水火不相射”，故水下而流湿，火上而就燥。

云从龙,风从虎。

注　乾为龙,云生天,故从龙也。坤为虎,风生地,故从虎也。

释　《说卦》曰:"震为龙。"震上息成乾,故乾亦为龙。乾龙天,再索成坎云,故云从龙。虎象对乾龙而为坤,坤虎地,一索生巽风,故风从虎。《说卦》曰:"天地定位。"当此天龙地虎,合上同声、同气、水火,即庖犧观变而放八卦。

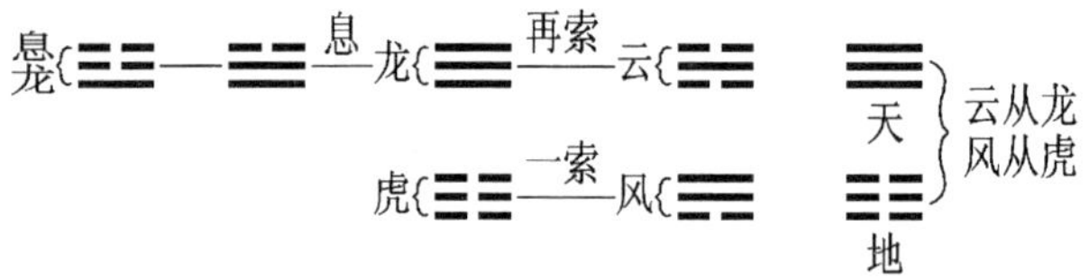

震龙{☳——☱ 息 龙{☰ 再索 云{☵　☰ 天 ☷ 地 云从龙 风从虎

虎{☷ 一索 风{☴

圣人作而万物睹。

注　睹,见也。圣人则庖犧,合德乾五,造作八卦,以通神明之德,以类万物之情。五动成离,日出照物皆相见,故曰圣人作而万物睹也。

释　庖犧氏始作八卦,以通神明之德,以类万物之情,故万物睹。虞氏以庖犧德合乾五,良是。五动成离,谓乾五之坤五而乾成大有,大有上卦离为日为见,故为睹。所睹之万物,上述庖犧八卦当之。

庖犧∘䷀——睹{䷍

本乎天者亲上,本乎地者亲下,则各从其类也。

注　方以类聚,物以群分。乾道变化,各正性命。触类而长,故各从其类。

释　坤为方,其道静。阴物方以类聚,本乎地者亲下。阳物动以群分,本乎天者亲上。乾道变化,各正性命成既济。谓参天两地,以三为六,触类而长之,故各从其类。以爻言,九五亲上,六二亲下是也。

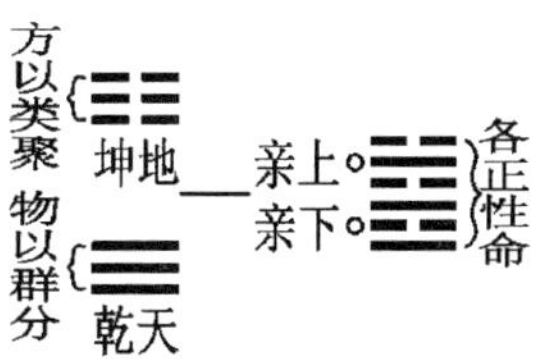

见龙在田，时舍也。

注　二非王位，时暂舍也。

释　九二非王位，宜升坤五成比，比九五“王用三驱”为王位。未升时暂舍于内，以积其君德也。

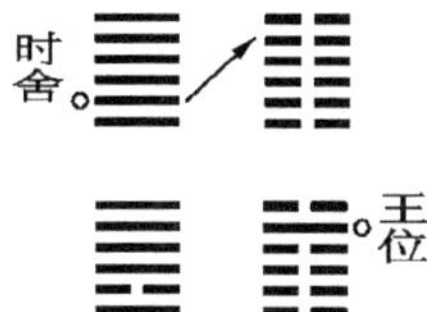

乾元者，始而亨者也。

注　乾始开通，以阳通阴，故始通。

释　乾《彖》曰：“大哉乾元，万物资始。”始即乾元，消息本于复初，以乾阳开通坤阴，始亨而资生之象。

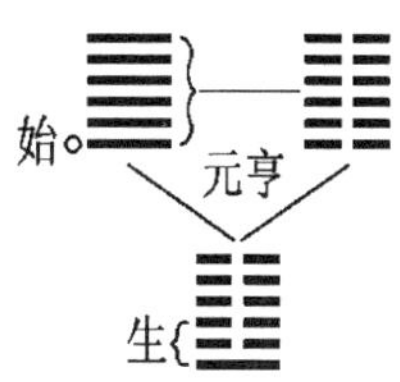

乾始而以美利利天下。

注　美利谓云行雨施，品物流形，故利天下也。

释　乾坤各正性命成既济，当云行雨施，品物流形之象，是谓美利利天下。凡乾元始亨，属消息卦变。始亨利天下而贞，属爻变之正。虞氏取象之例，皆在此两者之中也。

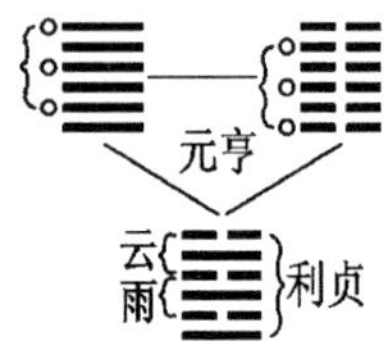

不言所利，大矣哉。

注　天何言哉，四时行焉，百物生焉，故利者大也。

释　天道以美利利天下，而不言所利，言则限于所利。唯其不言，则由利而贞，贞下又起元，故其利大也。

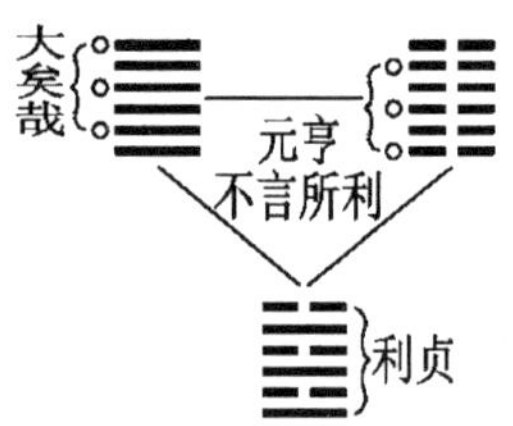

君子以成德为行，日可见之行也。

注　谓初，乾称君子。阳出成为上德。云行雨施则成离，日新之谓上德，故日可见之行。

释　谓初者，乾阳故称君子。初阳出为复，二阳为临，三阳为泰。泰下卦成乾为德，九三当下卦之上为上德，上参震为行，故君子以成德为行。泰二五正成既济为云行雨施，上参震行成离为日为见，谓九三上德日新，故日可见之行也。

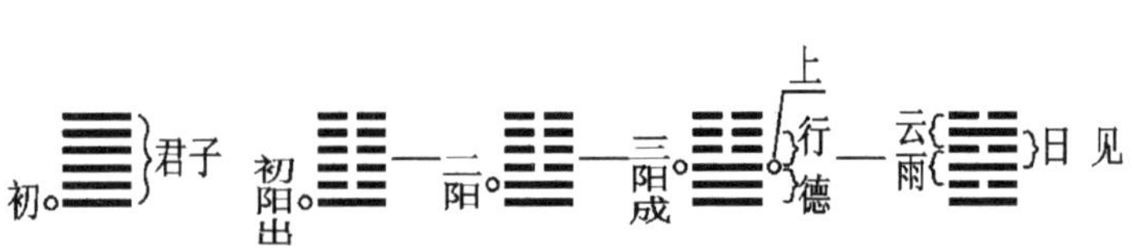

初　君子　初阳出　二阳　三阳成　上　行　德　云　雨　日　见

君子学以聚之，问以辩之。

注　谓二，阳在二。兑在口，震为言为讲论，坤为文，故学以聚之，问以辩之。兑《象》："君子以朋友讲习。"

释　谓二者，阳息在二，卦为临。临下卦兑为口，下参震动于兑口为言为讲论，上卦坤为文。阳由潜而见，兑二阳为朋，兑《大象》："君子以朋友讲习。"故学以聚之，问以辩之。

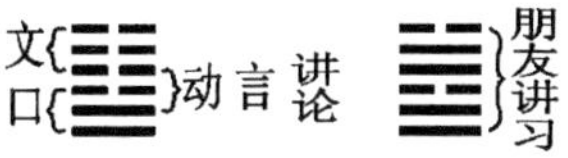

文{ 口{ ䷒ }动言讲论　䷹ }朋友讲习

宽以居之，仁以行之。

注　震为宽仁为行，谓居宽行仁，德博而化也。

释　临下参震属东方生气，为宽仁，又震动为行。曾子曰："君子以文会友，以友辅仁。"即乾二之象。会友者，聚学辩问，朋友讲习也。辅仁者，居宽行仁，德博而化也。

䷒ }宽仁行

《易》曰：见龙在田，利见大人。君德也。

注　重言君德者，大人善世不伐，信有君德。后天而奉天时，故详言之。

释　《文言》释乾二，已言君德，此处复言之，故曰重言。君德者，大人善世而不伐，利天下而不言所利，当后天而奉天时之象。虞氏以乾五为先天，象当乾五之坤五。乾二为后天，象当乾三之坤初。密合先后天四正之方位，故君德所奉之天时，屯上卦坎冬，下卦震春，睽上卦离夏，下卦兑秋是也。

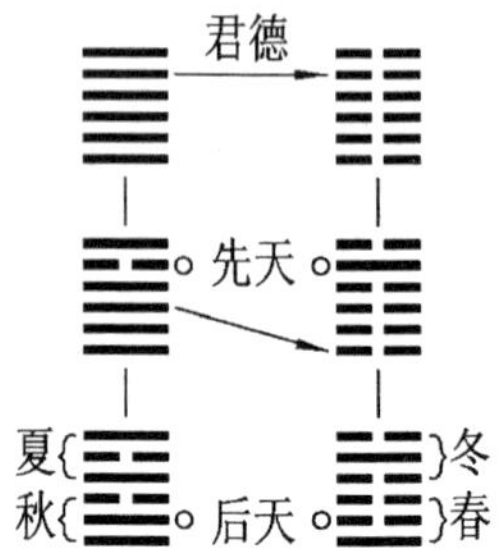

九三重刚而不中。

注　以乾接乾，故重刚。位非二五，故不中也。

释　六画乾卦之下上二卦皆为乾刚，九三九四当二刚相接之际，故皆曰重刚。又二位下卦之中，五位上卦之中，三四之位非二五，故皆曰不中。

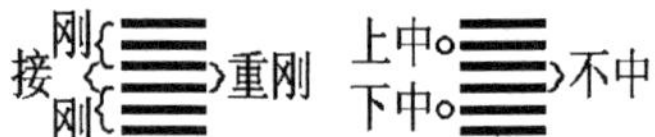

故或之。或之者，疑之也，故无咎。

注　非其位，故疑之也。

释　位以既济为准，四位当六四。九四非其位，故疑之也。疑而之正，故无咎，卦成小畜云。

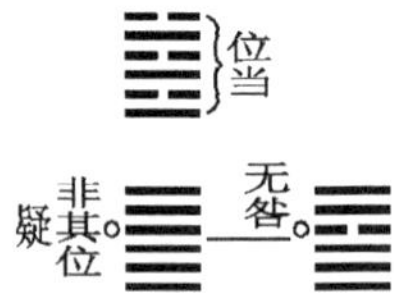

与鬼神合其吉凶。

注　谓乾神合吉，坤鬼合凶，以乾之坤，故与鬼神合其吉凶。

释　谓大人与乾阳神合吉，与坤阴鬼合凶。以乾之坤而阴阳合德，故与鬼神合其吉凶。象成既济，福善而吉，象成未济，祸淫而凶也。

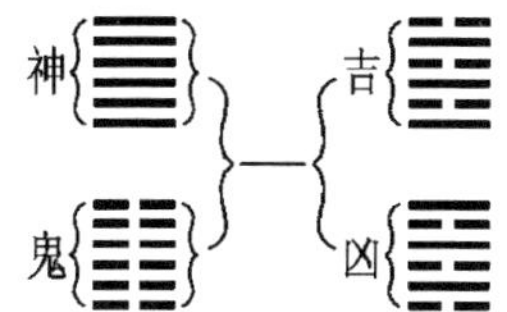

先天而天弗违。

注　乾为天为先。大人在乾五，乾五之坤五，天象在先，故先天而天弗违。

释　六画乾卦之上卦乾为天为先，大人在乾五，谓庖犧。乾五之坤五，圣人作而万物睹也。乾成大有，坤成比。大有五犹乾五，天象在先，以睹万物为先天。大有上曰“自天右之吉无不利”，天弗违也。凡大有上卦离，位当先天八卦方位之东，下卦乾其位南。比上卦坎其位西，下卦坤其位北。正当先天之四正卦，睹万物之象。又引《说卦》“雷风相薄”等句，可见“天地定位”四句，虞氏亦以先天八卦方位视之。

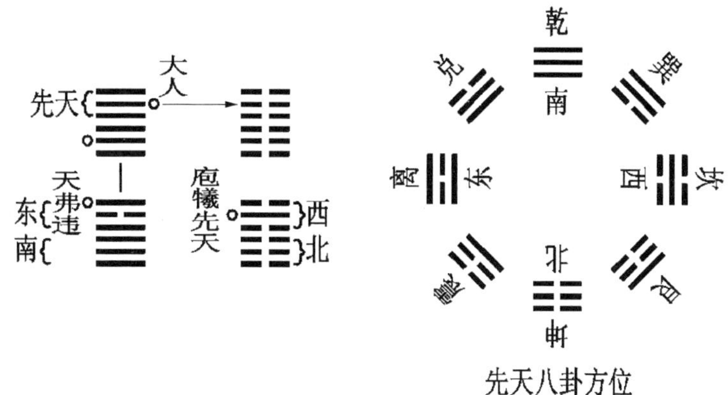

先天八卦方位

后天而奉天时。

注　奉，承行。乾三之坤初成震，震为后也。震春兑秋，坎冬离夏，四时象具，故后天而奉天时。谓承天时行，顺也。

释　此句取象承上句言。乾三之坤初者，乾已成大有坤已成比，故当大有三之比初。大有下卦乾为天,三之比下卦坤初为震,震长子主器,承乾元为后,是谓后天。后天成睽,坤已成屯。屯下卦震为春,睽下卦兑为秋,屯上卦坎为冬,睽上卦离为夏。四时象具,当后天八卦方位之四正卦,故后天而奉天时。坤《文言》曰:"坤道其顺乎,承天而时行。"谓乾二合坤二之君德,既健且顺,奉承天时而行,后天也。

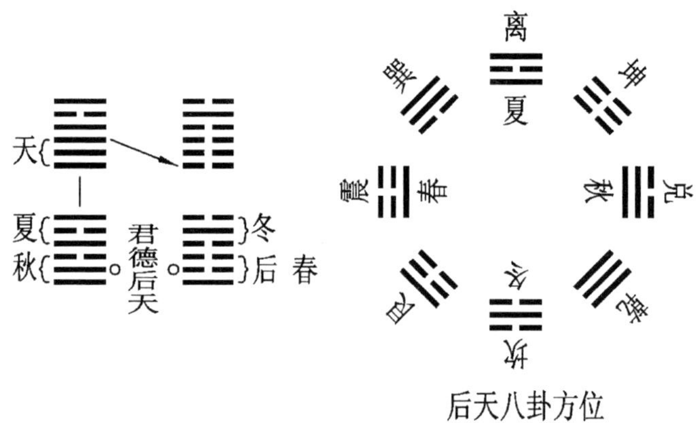

☷ 坤　元亨,利牝马之贞。

注　谓阴极阳生,乾流坤形,坤含光大,凝乾之元。终于坤亥,出乾初子,品物咸亨,故元亨也。坤为牝,震为马,初动得正,故利牝马之贞矣。

释　坤卦无阳,为阴之极,阴极阳生,自然之道也。故乾元始亨,以流坤形,坤乃含光大,凝乾元,终上六亥,始初九子,是谓坤元亨,所以承乾元之资始而资生。凡乾坤十二爻可配十二地支,由乾初子以至乾上巳,坤初午以至坤上亥是也。坤终亥出子,卦为复。复上卦坤阴为牝,下卦震为马。《说卦》曰:"乾为马。"又曰:"震其于马也为善鸣,为馵足,为作足,为的颡。"故震亦为马。初六动成初九得正,故利牝马之贞。

六三　含章，可贞。

注　贞，正也。以阴包阳，故含章。三失位，发得正，故可贞也。

释　乾九三阳，伏于坤六三阴之下，象以阴包阳，故含章。贞，正也。六三失位，伏阳发得九三正位，故可贞也。以本爻言，坤三可贞成谦。以消息言，坤初出震为复，息兑为临，临下卦兑口称含，至三可贞，其卦为泰。

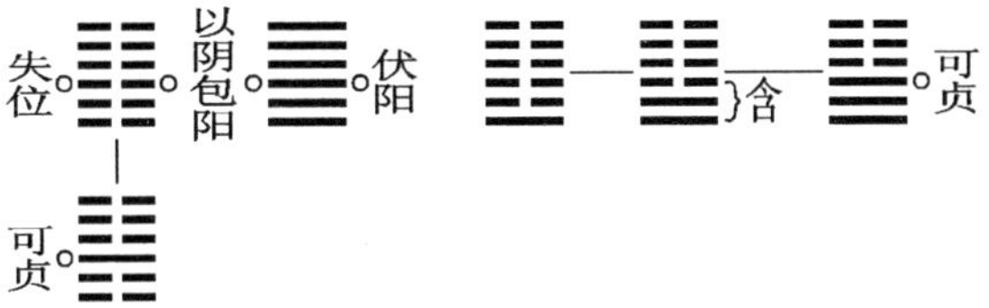

或从王事，无成有终。

注　谓三已发成泰。乾为王，坤为事，震为从，故或从王事。地道无成而有终，故无成有终。

释　以消息取象，坤三已发成泰。泰下卦乾为王，上卦坤为事，上参震为从，谓九三或从王事。《文言》曰："地道无成而代有终。"臣道属地，亦弗敢成，故能代乾有终。

六四　括囊，无咎无誉。

注　括，结也。谓泰反成否，坤为囊，艮为手，巽为绳，故括囊。在外，多咎也。得位承五，系于包桑，故无咎。阴在二多誉，而远在四，故无誉。

释　《文言》曰："天地闭。"故泰反成否，取象否者，闭塞而不通也。否下卦坤为囊，下参艮为手，上参巽为绳，手以绳结囊，括囊也。否九四在囊外多咎，否九五曰：“其亡其亡，系于包桑”，故四正成观，得位承五，亦在囊中，身安而国家可保，否又将反泰，故无咎。又《系辞下》曰：“二多誉，四多惧，近也。柔之为道，不利远者。”六四不在多誉之位，在多惧之位，不在近而在远，故惧而无誉。

䷋—绳{囊{䷋}手—四正承五 ䷓无咎 }囊　近多誉 ䷓多惧远　䷓惧而无誉

《象》曰：西南得朋，乃与类行。

注　谓阳得其类，月朔至望，从震至乾，与时偕行，故乃与类行。

释　此以消息纳甲取象。月朔为坤，其光未见。三日月光初见，其象震。八日上弦，其象兑。月望，其象乾。谓与时偕行而阳得其类，故乃与类行。

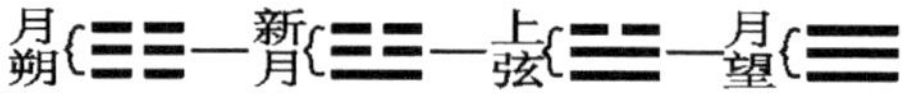

月朔{☷—新月{☳—上弦{☱—月望{☰

东北丧朋，乃终有庆。

注　阳丧灭坤，坤终复生，谓月三日震象出庚，故乃终有庆。此指说易道阴阳消息之大要也。谓阳月三日，变而成震出庚。至月八日，成兑见丁。庚西丁南，故西南得朋。谓二阳为朋，故兑“君子以朋友讲习”，《文言》曰“敬义立而德不孤”，《象》曰“乃与类行”。二十九日，消乙入坤，灭藏于癸，乙东癸北，故东北丧朋。谓之以坤灭乾，坤为丧故也。马君云：“孟秋之月，阴气始著，而坤之位，同类相得，故‘西南得朋’。孟春之月，阳气始著，阴始从阳，失其党类，故‘东北丧朋’。”失之甚矣。而荀君以为：“阴起于午，至申三阴，得坤一体，故曰‘西南得朋’。阳起于子，至寅三阳，丧坤一体，故曰‘东北丧朋’。”就如荀说，从午至申，经当言“南西得朋”，子至寅，当言“北东丧朋”。以乾变坤，而言“丧朋”，经以乾卦为丧耶。此何异于马也。

释　月之出没，时位有定。当由朔而望，日暮而观其出，其行由北而西而南而东。北则日月会合，光未见，象为乾外卦纳壬，坤外卦纳癸，阳丧而灭藏于癸是也。三日，月光一阳出于西，其象震，其位庚辛，震阳而纳庚。八日，二阳出于南，其象兑，其位丙丁，兑阴而纳丁。月望，三阳出于东，其象乾，其位甲乙，乾阳而纳甲。以六画乾卦言，甲属内卦云。此上半月为息，阳由庚西丁南而得其类，兑二阳为朋，故西南得朋，兑《大象》曰：“君子以朋友讲习。”得朋者，乃与类行而其德不孤，由坤二之敬直义方，合外内以当乾二之闲邪存诚，息阳之道在焉。当既望至晦，平旦而观月之没，其行亦由西而南而东而北，月光亏一阳而没于西，其象巽，其位庚辛，巽阴而纳辛。二十三日，月光消二阳没于南，其象艮，其位丙丁，艮阳而纳丙。二十九日，月晦，光全消于东而灭藏于北，其象坤，其位甲乙东壬癸北。坤阴而于东纳乙属内卦，于北纳癸属外卦，此下半月为消。阳朋丧于乙东癸北，故东北丧朋，易象坤阴为丧。若月晦阳丧而灭于坤，至月三日暮，震象又出庚。以十二辟卦言，当终于坤亥，出乾初子，故坤终复生而乃终有庆。

上释虞氏以纳甲注得朋丧朋，他处尚多以纳甲为言。夫纳甲之法，以今存之文献考之，始见于《京氏易传》，其后魏伯阳《参同契》已用纳甲象月之盈虚，可见虞氏易之所本。若京氏为孟氏之再传，虞氏亦世传孟氏易，然则以纳甲注经，固孟京之家法欤。孟氏传有卦气图，以十二辟卦为主，虞氏易中已合辟卦与纳甲为一。凡震庚即复震，兑丁即临兑，乾甲即泰乾，巽辛即姤巽，艮丙即遯艮，坤乙即否坤。北方之乾壬即六画乾卦之上卦乾，坤癸即六画坤卦之上卦坤，且取否泰反类之例，故十二辟卦皆在其中。虞氏于坤六三取泰象，六四取否象，六五取观象，即本此例。可见辟卦之消息有二：其一为卦气图之次。由复临泰大壮夬乾为息，时当冬至至夏至；由姤遯否观剥坤为消，时当夏至至冬至。此以地绕日言。其二为纳甲反类之次。由复临泰否观剥坤复为息，由姤遯否泰大壮夬乾姤为消。合消息为一月。息当由朔而望，望后泰反否。卦反而乾甲成乾壬，兑丁成巽辛，震庚成艮丙，至坤癸又反成坤乙。故复出震庚，谓当由望至朔，朔后否反泰，卦反而坤乙成坤癸，艮丙成震庚，巽辛成兑丁，至乾壬又反成乾甲，故姤入巽辛。凡复至复，时当哉生明至哉生明，为息之一月。然反否后，乃息中之消，犹哉生魄之晦。又姤之姤，时当哉生魄至哉生魄，为消之一月。然反泰后，乃消中之息，犹哉生明之望，故实合为一月。此以月绕地而言。上述二种消息之次，前者似为各家所通用，虞氏亦用之；后者似为虞氏所专用。清张惠言精研虞氏易，其心得在六十四卦消息。若消息之源，即用纳甲反类之次，诚虞氏卒后一千五百余年唯一之知音也。凡六画消息而用否泰反类，则消息之四，反之为二爻，消息至五，反之为一爻，故可尽于三爻。虞氏初立易注而奏上，间借道士之言曰："易道在天，三爻足矣。"非此之谓乎？详见《辟卦纳甲反类图》。

至于纳甲之理，乃得之先天图。凡天地定位，纳甲乙为十干之始。由是逆时针而旋，山泽通气纳丙丁，水火不相射纳戊己，雷风相薄纳庚辛，则一周而又当乾坤纳壬癸为十干之终是也。且坎离纳戊己位中，其他六卦自然起消息。以顺时针而旋，由坤而息，为震之一阳，兑之二阳，以至乾之三阳。由乾而消，为巽之一阴，艮之二阴，以至坤之三阴。如是消息不已，阴阳生生之谓易也。更以纳甲方位观之，则先天图之消息各为半周，成纳甲之消息各为一周。盖见先天图之阴阳两仪，乃各自为圆而合成连环之象者也。故虞氏承孟京而言纳甲消息，实准先天图成二圆之象。详见《纳甲与先天图》。二圆之交于中，犹否泰之反类，可与《辟卦纳甲反类图》并观。

明乎以上诸义，可论虞氏与马氏、荀氏之异焉。观马氏之说，以后天方位准兑正秋而配四时十二月。孟秋七月当西南坤方，正与坤卦同位，阴气始著而同类相得，故西南得朋。孟春正月当东北艮方，艮阳与坤阴不同类，阳气始著而阴失其党类以从阳，故东北丧朋。又观荀氏之说，以卦气图中十二辟卦之次当十二爻而定以方位。阴消起于午，由未至申成三阴得坤之一体，坤与之同类相得而位西南，故曰西南得朋。阳息起于子，由丑至寅成三阳得乾之一体，坤与之异类不同。以坤而言，则为丧坤之一体而位东北，故曰东北丧朋。若马荀两家之说，义可合一。以马氏十二月之说当十二辟卦之象，即荀氏之说。虞氏谓："荀何异于马？"诚是。故知马荀之注以后天方位配卦气图辟卦之次而言，虞注以先天纳甲方位配辟卦反类之次而言，此所以有异，实各指所指，理宜并存。而虞氏必斥责马荀之说者，为家法所囿耳。玩经辞西南东北，盖指四隅之方位。以周流言，西南既可解作由西之南，亦未尝不可解作由南之西，东北亦然。而虞氏唯作由西之南由东之北解，以合其纳甲之方位，则经义隘矣。又丧坤之一体，谓坤象不见，有取其反象之例。故以坤为丧，则坤象不见为不丧，见乾象。故虞氏曰："经以乾卦为丧耶。"按《文言》于乾上曰："知得而不知丧。"可知确取乾为得坤为丧之象。然荀氏亦未取乾为丧，丧坤一体者，指坤为朋言。夫马荀二氏皆以坤象同类为朋，不见坤象而其象反，故马以艮象荀以乾象为丧朋。然虞氏则取兑二阳同类为朋，而以坤为丧朋云。由是所争之症结可明，当因宜而用之。或是非其间者，未免多事焉。

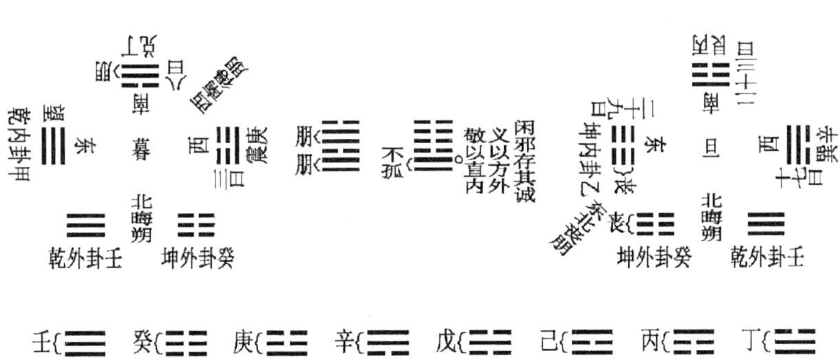

京氏纳甲图

辟卦消息图

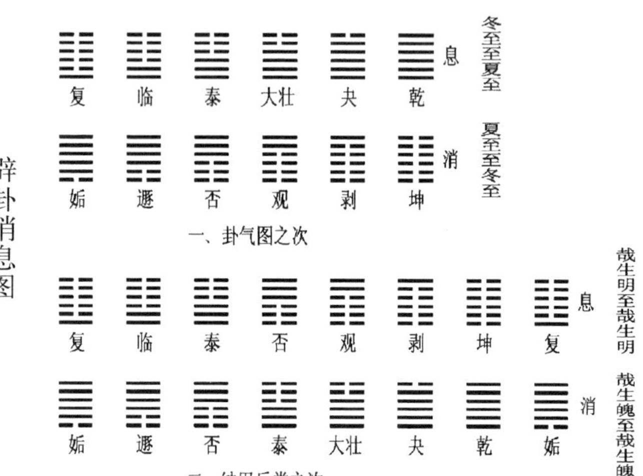

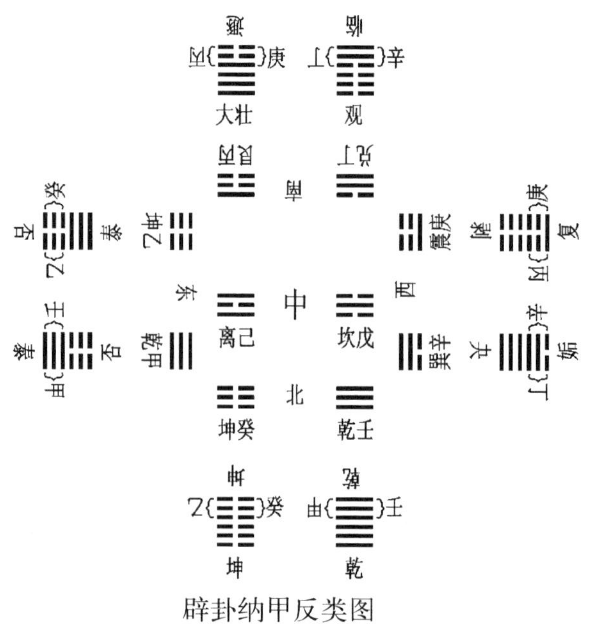

辟卦纳甲反类图

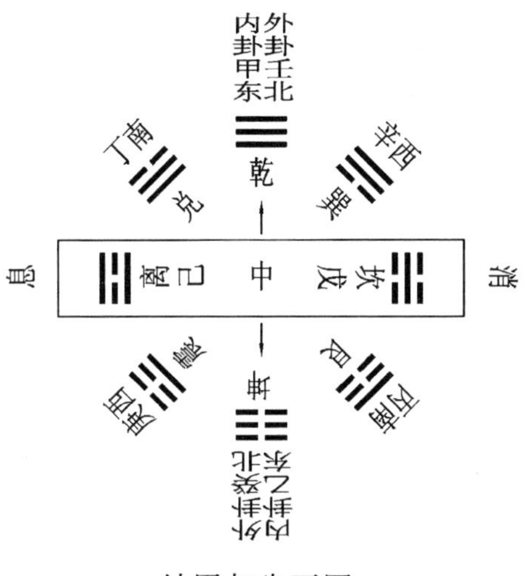
外卦壬北
内卦甲东
乾
兑
丁南
巽
辛西
息
离己
中
坎戊
消
坤

纳甲与先天图

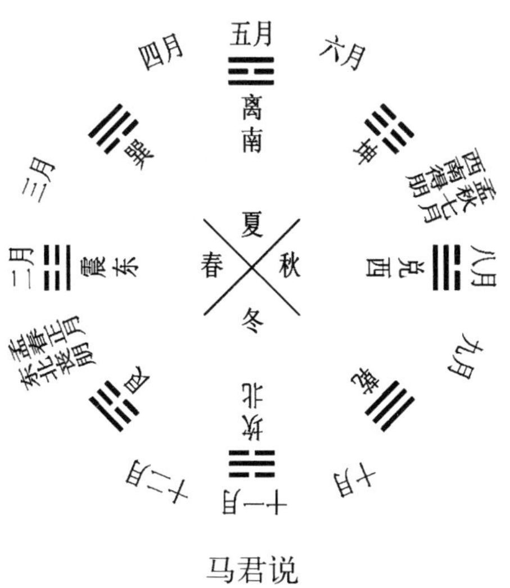
五月
四月
六月
离南
巽
坤
孟秋七月
西南得朋
三月
二月
震东
夏
春
秋
冬
兑西
八月
九月
乾
艮
孟春正月
东北丧朋
坎北
十一月
十二月
十月

马君说

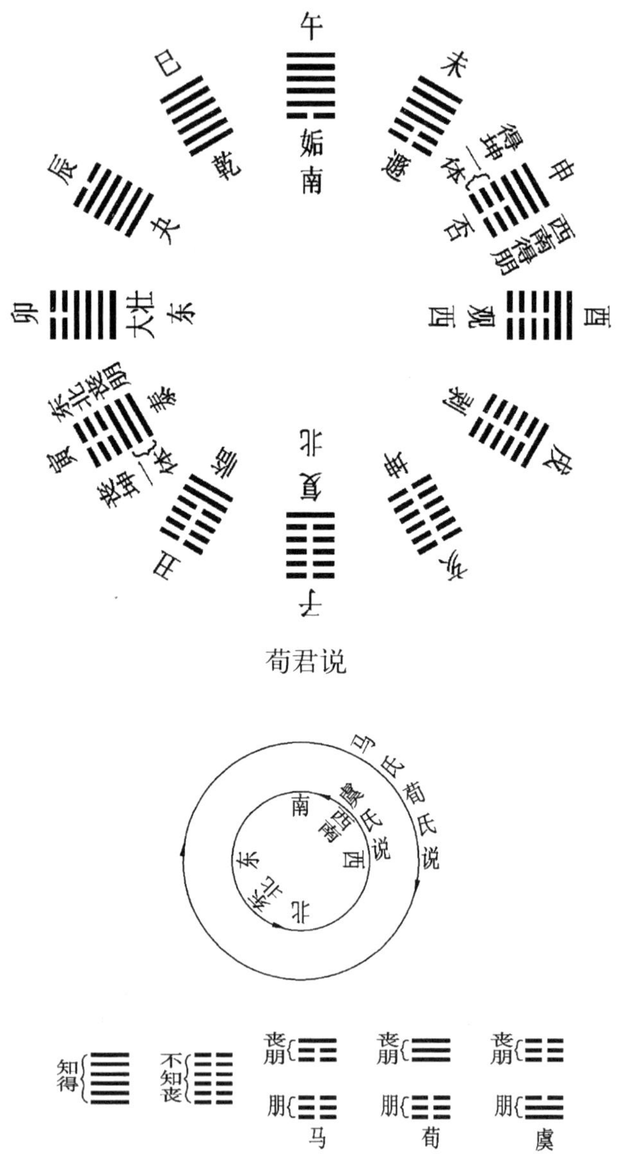

荀君说

安贞之吉，应地无疆。

注　坤道至静，故安。复初得正，故贞吉。震为应，阳正于初，以承坤阴，地道应，故应地无疆。

释　《文言》曰："至静而德方。"坤道静之至，故为安。《大学》曰："静而后能安。"安而初正为复，由虑而得也，故贞吉。复下卦震为应，初正以奉上位坤阴，有应于地道，故应地无疆，犹乃终有庆。

安 地道 阴 贞吉 应

《象》曰：地势坤，君子以厚德载物。

注　势，力也。君子谓乾阳为德，动在坤下，君子之德车，故厚德载物。《老子》曰"胜人者有力"也。

释　乾伏于坤，乾阳为君子为德，坤为车。坤而复，下卦震为动，故曰"动在坤下"。剥上九曰："君子德车。"谓乾在坤，故以德为车。君子德厚，万物莫不载焉，《中庸》曰："博厚所以载物也。"又地势者有其力，《老子》曰："胜人者有力。"若胜人之象，即反剥而复也。

德君子 君子德车 车 动

《文言》曰：后得主而有常。

注　坤阴先迷，后顺得常。阳出初，震为主为常也。

释　乾为先，坤而先则迷，故坤为迷。阳出初为复，下卦震为后为主为常，谓坤初正位则非先迷，故后得主而有常。

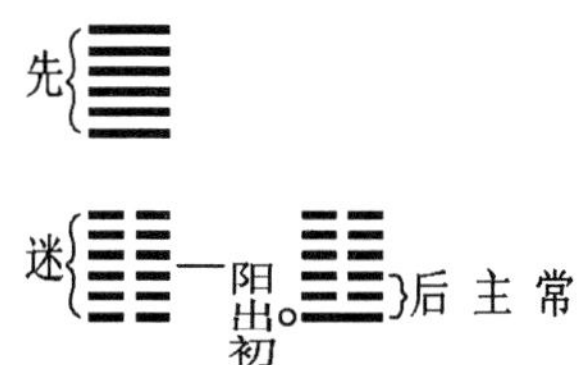

积善之家，必有余庆。

注　谓初。乾为积善，以坤牝阳，灭出复震为余庆，谓东北丧朋，乃终有庆也。

释　谓初者，谓此句起《文言》释坤初六。此注以纳甲反类取象，息成泰，下卦乾为积善。反否而以坤牝阳，剥而坤，为消乙入坤，灭藏于癸。癸反类为乙，出复震庚为余庆。

初六　积善　以坤牝阳　乙癸

癸乙　庚　余庆

积不善之家，必有余殃。

注　坤积不善，以臣弑君，以乾通坤，极姤生巽，为余殃也。

释　此注与上注“余庆”相对。消成否，下卦坤为积不善。以坤臣弑乾君，反泰则以乾通坤，成乾壬反类为甲，亢极而姤生，下卦巽辛为余殃。

积不善　君　臣　弑　亢极　甲壬

壬甲　辛　余殃

臣弑其君，子弑其父。

注　坤消至二，艮子弑父。至三成否，坤臣弑君。上下不交，天下无邦。故子弑父，臣弑君也。

释　坤消至二者，而姤而遯，下卦艮为子，上卦乾为父。阴气上消，子弑其父也。至三则由遯而否，否下卦坤为臣，上卦乾为君，阴气仍上消，臣弑其君也。否《彖》曰“上下不交而天下无邦也”，故弑父弑君，即否之匪人。

消初。—至二。父子弑—匪人至三。君臣弑

非一朝一夕之故，其所由来者渐矣。

注　刚爻为朝，柔爻为夕，乾为寒，坤为暑，相推而成岁焉。故非一朝一夕，所由来渐矣。

释　乾卦六刚爻为朝，坤卦六柔爻为夕。乾坤消息成否泰，否上卦泰下卦乾为寒，否上卦泰下卦坤为暑。否泰反类当寒暑相推而成岁，其所由来者渐，故非一朝一夕之故。夫反类消息，纳甲以一月言，此以一岁言，义同。

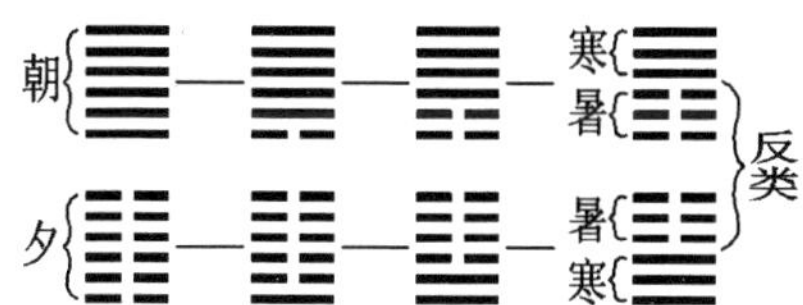

直其正也，方其义也。

注　谓二，阳称直。乾，其静也专，其动也直，故直其正。方谓辟，阴开为方。坤，其静也翕，其动也辟，故方其义也。

释　谓二者，谓此句起《文言》释坤六二。《系辞上》曰：“夫乾其静也专，其动也直，是以大生焉。夫坤其静也翕，其动也辟，是以广生焉。”直谓乾动，故阳称直。方以对直，当坤动之辟，故方谓辟。开阴四布为方，《说卦》曰“坤为布”是也。以象言，坤二在临，由乾坤之专翕，开阴而出震息兑，其阳为动直，其阴为动辟，动辟即方。直其正方其义者，犹直方而大，君德之谓也。

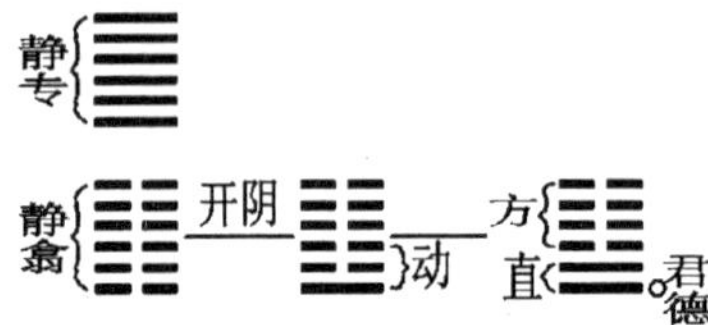

君子敬以直内，义以方外，敬义立而德不孤。

注　阳息在二，故敬以直内。坤位在外，故义以方外。谓阳见兑丁，西南得朋，乃与类行，故德不孤，孔子曰“必有邻”也。

释　阳息在二为临。九二乾阳为敬，称直在内卦，故敬以直内。坤为义，其位在外卦，当六五应九二乾敬，故义以方外。以纳甲言，临二阳见于兑丁，为西南得朋，乃与类行。二阳相得而内外相应，相应则敬义立，相得则德不孤。《论语》子曰：“德不孤，必有邻。”犹兑丁之二阳也。

相应　方义　外
直敬　内　丁　不孤

天地变化，草木蕃。

注　谓阳息坤成泰，天地反。以乾变坤，坤化升乾，万物出震，故天地变化，草木蕃矣。

释　阳息坤，由复临而成泰。泰天地交，交者天在上而为下卦，地在下而为上卦，故曰天地反。坤而泰，下卦以乾天而变坤地，坤地则化成乾天而上升，是谓天地变化。泰上参震，《说卦》曰：“万物出乎震。”故天地变化，草木蕃矣。

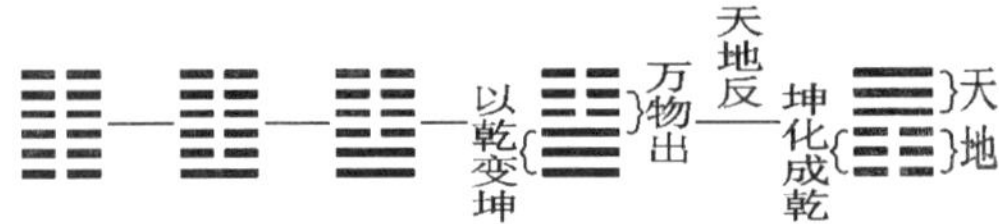

天地闭，贤人隐。

注　谓四。泰反成否，乾称贤人，隐藏坤中。以俭德避难，不荣以禄，故贤人隐矣。

释　谓四者，谓《文言》释坤六四。虞氏不注于上句而注于此句者，上句尚取坤三之泰象。由三而四，泰乃反否，此句始取否象，故曰谓四。泰反成否，否天地不交为闭。泰下卦乾称贤人，反否则隐藏坤中，否《大象》"君子以俭德辟难不可荣以禄"，故贤人隐矣。

贤人隐

君子黄中通理，正位居体。

注　谓五。坤息体观，地色黄，坤为理。以乾通坤，故称通理。五正阳位，故曰正位。艮为居，体谓四支也。艮为两肱，巽为两股，故曰黄中通理，正位居体。

释　谓五者，谓此句起《文言》释坤六五。以反类言，坤四为否四，坤五为观五。由否而观，于辟卦消息为消，于反类消息为息中之消而仍属息，故曰坤息体观。观下卦坤为地，地色黄，又为理。黄中谓二，九五以乾通坤二，故曰通理。九五阳正位，上参艮为居，又为两肱，上卦巽为两股。两肱两股当四支为体，故君子黄中通理，正位居体。

美在其中，而畅于四支。

注　阳称美，在五中。四支谓股肱。

释　观五上阳爻称美，九五在中，故美在其中。四支即上卦巽为两股，上参艮为两肱也。

美 两股 两肱 四支

䷂ 屯　元亨利贞。

注　坎二之初，刚柔交震，故元亨。之初得正，故利贞矣。

释　坎九二刚爻与初六柔爻交而下卦为震，即生屯卦，是谓元亨。坎九二之初九得正，故利贞矣。

凡二阳四阴之卦，虞氏有非临则观来之例。即临来者有升、解、明夷、震四卦，观来者有萃、蹇、晋、艮四卦，且明言反复不衰不从其例。盖二阳四阴之反复不衰卦三。若小过者，不论临观，变二爻后皆不能成。若颐坎者，不论临观，变二爻后皆能成。则与仅可从临来或观来者不同，故可不从其例。不从其例者，义谓或从或不从皆可。故从则颐仍取临来，坎仍取观来。不从则颐又取晋来，坎又取乾来是也。此外唯屯蒙二卦，虽非反复不衰，仍可兼从临观来，与颐坎同，故亦不从其例。若屯取坎来，与荀氏同，定系古说也。

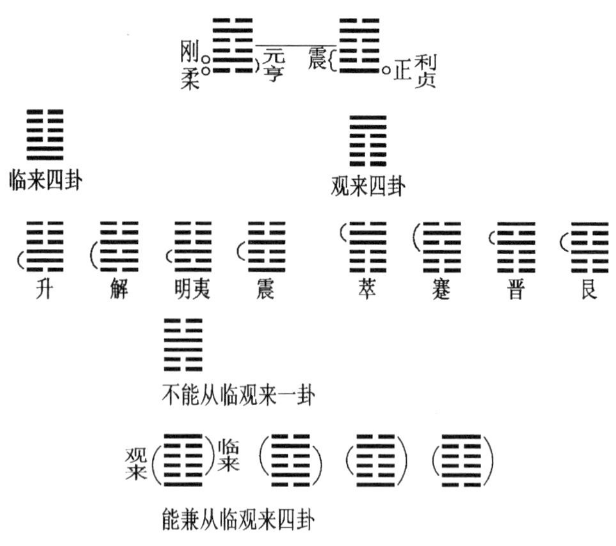

勿用有攸往，利建侯。

注　之外称往。初震得正，起之欲应，动而失位，故勿用有攸往。震为侯，初刚难拔，故利以建侯。《老子》曰“善建者不拔”也。

释　往来者谓变动之象，约分消息与卦爻变。消息者，阴阳浸积往来，而往已在外来已在内，泰小往大来否大往小来是也。卦爻变者，由在内者之外称往，由在外者之内称来。若往来之位可遍及六爻，此注以应爻爻变言。下卦震，初九得正，震为起为动，如动起而往应四，则失位而为革初之乃乱，故勿用有攸往。震为侯，体下互复初，潜龙确乎其不可拔，故利以建侯。《老子》曰：“善建者不拔。”得初刚乾元之谓也。

小往 大来 大往 小来 往 正 起 动 乃乱 侯 复 潜龙勿用

初九　盘桓，利居贞，利建侯。

注　震起艮止，动乎险中，故盘桓。得正得民，故利居贞。谓君子居其室，慎密而不出也。

释　下卦震为起为动，上参艮为止，上卦坎为险，谓初动乎险中，起而又止，故盘桓。盘桓者，旋而不直前也。屯由坎来，坎初得正为节，节二正为屯，故屯初之利居贞，谓节初之不出户庭，《系辞上》释之曰：“是以君子慎密而不出也。”节而屯，初以阳贵下阴贱，故又得下参坤为民。

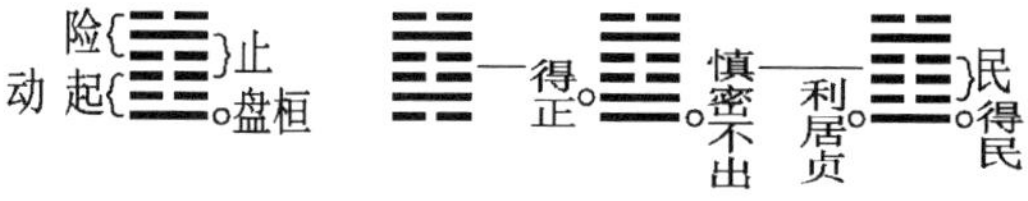

险 止 动 起 盘桓 得正 慎密不出 利居贞 民 得民

六二　屯如邅如，乘马班如。

注　屯邅，盘桓，谓初也。震为马作足，二乘初，故乘马。班，蹶也。马不进，故班如矣。

释　屯如邅如，谓初九之盘桓。下卦震，其于马也为作足。六二乘初九，犹乘此作足不进之马，故班如矣。班，踬也，谓六二之难。

邅　乘屯

马作足

匪寇，婚媾。女子贞不字，十年乃字。

注　匪，非也。寇谓五。坎为寇盗，应在坎，故匪寇。阴阳德正，故婚媾。字，妊娠也。三失位，变复体离，离为女子为大腹，故称字。今失位为坤，离象不见，故女子贞不字。坤数十，三动反正，离女大腹，故十年反常乃字，谓成既济定也。

释　上卦坎为寇盗，九五当之。然二五正应，故匪寇。匪，非也。六二九五阴阳得正，故实为婚媾。其间六三失位，离象大腹未成，为不字。字，妊娠也。下参坤数十，为十年。下卦震为常，三正反常。下卦成离女大腹，故十年反常乃字，谓屯成既济。《杂卦》曰："既济定也。"既济《象》曰："刚柔正而位当也。"位为圣人之大宝，故爻之变动，宜以位为准。正则不当变，如屯初勿用有攸往。未正则当变，如屯三反常。虽未逐爻注明，而确可例推。凡三百八十四爻之变动，莫不如是，即一百九十二爻失位当变，一百九十二爻正位不当变。因各卦之得失爻位皆不同，故爻变之正亦卦卦不同。如乾坤三爻正位三爻失位，而乾卦当变二四上，坤卦当变初三五。又如屯卦为五爻正位一爻失位，于初二四五上皆正位不当变，于三则失位当变。虞氏取爻象之变动，必用此例，所谓成既济定是也。此例荀氏已用，盖古说而各家皆同。详见下图，其例可一目了然。

成既济定卦象图

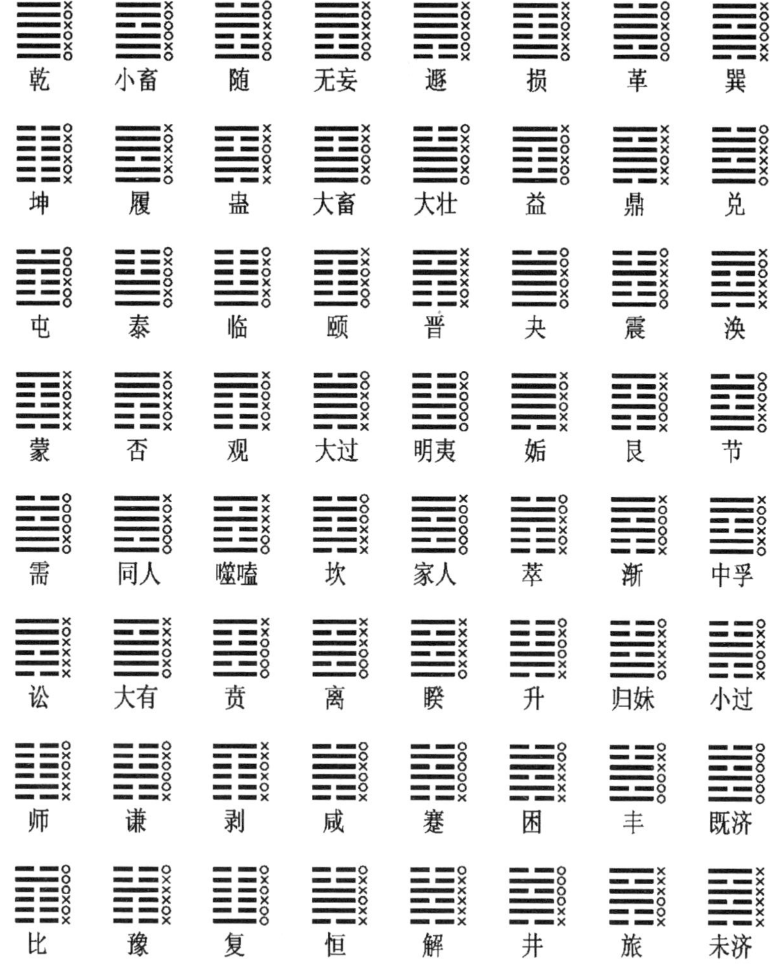

注：○者指正位不当变，×者指失位当变。

六三　即鹿无虞，惟入于林中。

注　即，就也。虞谓虞人，掌禽兽者。艮为山，山足称鹿。鹿，林也。三变体坎，坎为丛木，山下，故称林中。坤为兕虎，震为麋鹿又为惊走，艮为狐狼。三变，禽走入林中，故曰即鹿无虞，惟入林中矣。

释　上参艮为山，三位山下当山足称鹿。鹿、麓古通，林属于山为鹿。故鹿，林也。虞谓虞人，掌禽兽者。禽兽之象，当下参坤为兕虎，下卦震为麋鹿，上参艮为狐狼。即，就也。即鹿有虞，则能得禽，然六三失位而敌应于上，犹无虞。下卦震为惊走，三变下参体坎为丛木，谓禽皆惊走而入于丛木林中。无虞而即鹿，安得禽也。

山 鹿

兕虎 狐狼 麋鹿 无虞 惊走—林中 丛木

君子几，不如舍，往吝。

注　君子谓阳已正位。几，近。舍，置。吝，疵也。三应于上，之应历险，不可以往，动如失位，故不如舍之，往必吝穷矣。

释　禽入林中，六三已正位成九三为君子，君子其庶几乎。时既无虞，宜舍禽而不宜从禽。当六三未正，若应上而往，上卦坎为险。之应历险，且失位而动，故往必吝穷。《系辞上》曰："悔吝者，言乎其小疵也。"吝疵虽小，而不改将大，见几之君子不如舍置之。或不能舍之，则非九三君子，犹六三即鹿无虞而从禽者也。

险 吝 往—君子

六四　乘马班如。

注　乘三也。谓三已变，坎为马，故曰乘马。马在险中，故班如也。或说乘初，初为建侯，安得乘之也。

释　三已变正，下参坎为马，四在三上，故乘三为乘马。又下参坎为险，谓马在险中，故班如而不进也。或说乘初，虞氏以为非者，盖乘之象，宜当二比爻之上一爻乘下一爻，未可以应爻言。六四之已有应于初九建侯，安得乘之也。

乘 三 马险

九五　屯其膏。

注　坎雨称膏。《诗》云："阴雨膏之。"是其义也。

释　上卦坎为云，三正下参坎雨称膏。未正则上卦坎水未施，故曰屯其膏。

屯其膏 云 雨未施 膏 雨

上六　乘马班如。

注　乘五也。坎为马，震为行，艮为止。马行而止，故班如也。

释　上卦坎为马，上六乘九五为乘马。下卦震为行，上参艮为止，为行而又止，故班如也。

马 乘 止 行 班如

《象》曰：屯，刚柔始交而难生。

注　乾刚坤柔，坎二交初，故始交。确乎难拔，故难生也。

释　乾刚谓坎九二，坤柔谓坎初六。坎二交初，而屯当刚柔始交，犹乾元之资始。屯下互复，初体乾初潜龙确乎其不可拔。乾元出震而屯难生，犹坤元之资生，故始交而难生也，于象震为生。

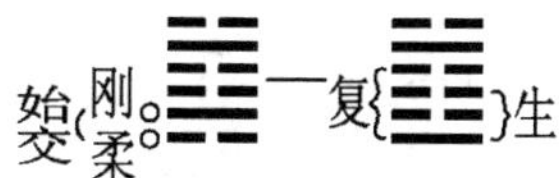

雷雨之动满形。

注　震雷坎雨，坤为形也。谓三已反正成既济，坎水流坤，故满形。谓雷动雨施，品物流形也。

释　下卦震为雷，上卦坎为云，下参坤为形。云行雨施，而三五正成既济，下参坎为雨，坎雨水以流坤，故满形。谓乾元生震而雷动，乃云行雨施而品物流形也。

云 动 雷 形—水 雨 满形

天造草昧，宜建侯而不宁。

注　造，造生也。草，草创物也。坤冥为昧，故天造草昧。成既济定，故曰不宁，言宁也。

释　九五为天造。造，生也。坎而屯，资始而资生为天造。屯字象中出于地，当初九乾元造生于坤昧之中，故曰草昧。引申凡物之初创曰草创，谓天造以生初九，初九宜草创建侯于冥昧之中。三正成既济定，坤昧而离明，则不宁之天下由是而宁。故曰不宁，言宁也，犹乾五《象》曰“大人造”，而乾《彖》曰“万国咸宁”。

天 造 建侯 草生 冥昧 不宁 明 宁

《象》曰：求而往，明也。

注　之外称往。体离，故明也。

释　六四承九五，之外称往也。三已正，上参离为明。

屯其膏,施未光也。

注　阳陷阴中,故未光也。

释　上卦坎为陷,九五阳陷阴中,三未正,为未雨施而屯其膏。九三之阳又陷于六三阴中,离光象未成,故未光也。

陷 未光
阳陷阴中—光

泣血涟如,何可长也。

注　谓三变时,离为目,坎为血,震为出。血流出目,故泣血涟如。柔乘于刚,故不可长也。

释　上卦坎为血,下卦震为出。三变时,上参下卦皆成离为目,目中流出坎血,故泣血涟如。上六柔乘于九五刚,乘马班如与六二、六四同。然二能反常承三,四能求往承五,唯上则有乘而无承,故泣血涟如而不可长也。

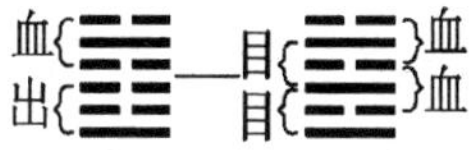

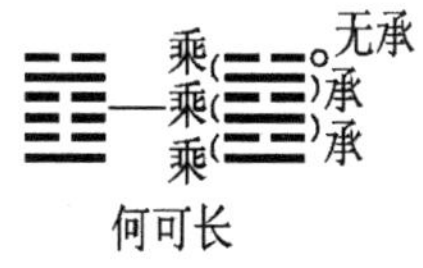

蒙　亨。

注　艮三之二,亨谓二。震刚柔接,故亨。蒙亨,以通行时中也。

释　艮九三与六二亨而生蒙。以阳为主,故亨,谓蒙九二。九二《小象》曰:“刚柔接也。”谓下参震刚接革下参巽柔,故亨。此以消息旁通言,革卦辞注“与蒙旁通”是也。蒙《彖》曰:“蒙亨,以亨行时中也。”虞氏即以旁通之通字注亨。时中亦谓二，若蒙取艮来，仍与荀氏同。

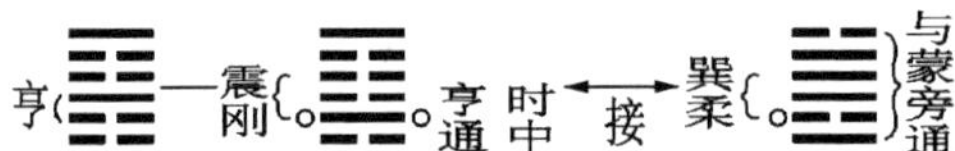

匪我求童蒙，童蒙求我。

注　童蒙谓五，艮为童蒙，我谓二也。震为动起，嫌求之五，故曰匪我求童蒙。五阴求阳，故童蒙求我，志应也。艮为求，二体师象，坎为经，谓《礼》“有来学，无往教”。

释　上卦艮为童蒙，谓五者，六五曰“童蒙吉”是也。五志应于我，故我谓九二。上卦艮又为求，下参震为动起，嫌我动起以求五，故曰匪我求童蒙。乃六五之阴来求九二之阳，故曰童蒙求我。《曲礼》曰：“礼闻来学，不闻往教。”是其义。于象下伍师，下卦坎为经，九二之我，经师之象也。

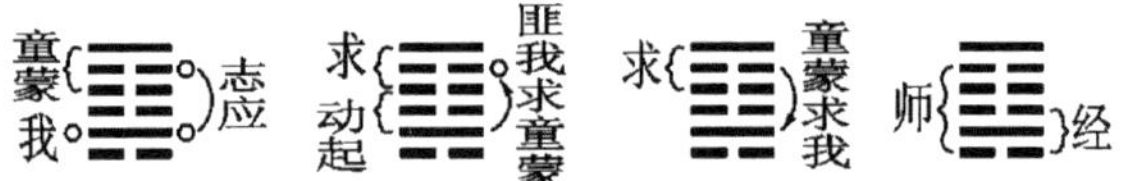

利贞。

注　二五失位，利变之正，故利贞。蒙以养正，圣功也。

释　九二六五失位，六五童蒙来求我九二，而利变之正，故利贞。蒙以养正，圣功也，其卦为观。

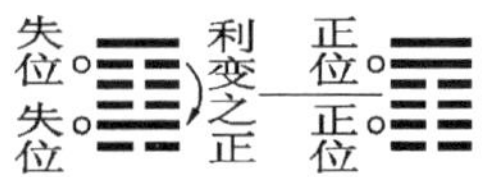

初六　发蒙。利用刑人，用说桎梏，以往吝。

注　发蒙之正。初为蒙始而失其位，发蒙之正以成兑，兑为刑人，坤为用，故曰利用刑人矣。坎为穿木，震足艮手，互与坎连，故称桎梏。初发成兑，兑为说，坎象毁坏，故曰用说桎梏。之应历险，故以往吝。吝，小疵也。

释　初六为蒙始而失位，发蒙以之正为损。损下卦兑为刑人，上参坤为用，故曰利用刑人。当初未正时，蒙下卦坎为穿木，下参震为足，上卦艮为手，以穿木连手足为桎梏。正则坎象毁坏，成兑为说，故曰用说桎梏。若初六未正而往应六四，二阴为敌应，且下卦坎为险，之应历险，桎梏仍在，故以往吝。吝，小疵，谓未能发蒙之正以说桎梏也。

失位　发蒙　用刑人　桎梏　穿木　手足　说　以往吝　敌应　险

九二　包蒙，吉。纳妇吉，子克家。

注　坤为包。应五据初，初与三四同体，包养四阴，故包蒙，吉。震刚为夫，伏巽为妇，二以刚接柔，故纳妇吉。二称家，震长子主器者，纳妇成初，故有子克家也。

释　上参坤为包，九二应六五而据初六。初与三四同体之“初”字，清孙堂曰：“疑作又，或作二。”考明朱睦㮮本《集解》此“初”字，与下“二以刚接柔”之“二”字，皆误作“一”。卢氏雅语堂本则上“一”字作“初”，下“一”字作“二”。今以义推之，朱本之二“一”字，皆为“二”字之误。若孙氏之校虞注，每多改字，有不可从者，而此字可取。谓二与三四同体震，震以二为主，三四皆属焉。合上应五据初，则初、三、四、五四阴莫非九二一阳所包养，故包蒙吉。下参震九二阳刚为夫，旁通革下参巽为伏巽，六二阴柔为妇。九二以刚接柔，变而正位，纳妇吉。五位称国，故二位称家。以消息例，初发蒙为损，及二纳妇为颐，下卦震长子主器，纳妇成初震正位，故有子。六二家位正，故克家也。

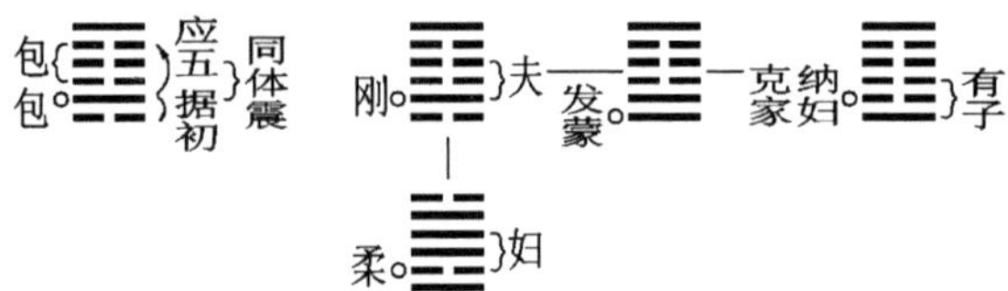

六三　勿用取女。见金夫，不有躬，无攸利。

注　谓三诚上也。金夫谓二。初发成兑，故三称女。兑为见，阳称金，震为夫。三逆乘二阳，所行不顺，为二所淫。上来之三陟阴，故曰勿用娶女，见金夫矣。坤身称躬，三为二所乘，兑泽动下，不得之应，故不有躬。失位多凶，故无攸利也。

释　谓三诚上者，初正下卦兑为女，六三当之，诚上九勿用取六三。盖兑又为见，九二乾阳称金，下参震为夫。谓六三兑女，见金夫而逆乘九二，所行不顺，为二所淫。上来之三欲陟升之，阴乃不应，故曰勿用取女，见金夫矣。又上参坤为躬，六三逆乘九二而为二所淫，则三亦为二所乘，故与二初合成兑泽以动下，不与四五合成坤躬以应上，是谓不有躬。六三失位而三位多凶，故无攸利也。

勿用娶女　女　见　夫金　乘金夫　陟阴而阴不应　躬泽　不应上动下　多凶失位　无攸利

六五　童蒙，吉。

注　艮为童蒙，处贵承上，有应于二，动而成巽，故吉也。

释　上卦艮为童蒙，六五当之。五位为贵，处贵而仍承于上九，且有应于九二。体上参坤顺，动成阳为涣，上卦成巽，顺以巽，故吉也。

上九　击蒙。不利为寇，利御寇。

注　体艮为手，故击。谓五已变，上动成坎称寇，而逆乘阳，故不利为寇矣。御，止也。此寇谓二。坎为寇，巽为高，艮为山，登山备下，顺有师象，故利御寇也。

释　上卦艮手为击，故曰击蒙。五已变为涣，上爻变动成坎称寇，上六逆乘九五阳，故不利为寇矣。又蒙下伍有师象，五正上卦巽为高，上参艮为山，师登高山以备下，其势顺。下卦坎为寇，谓二。御，止也。上止下，顺而利，故利御寇谓击蒙者，当击去寇者之蒙，是谓利御寇。利击者，而自为寇则不利，故象当由涣而观，不当由涣而坎也。

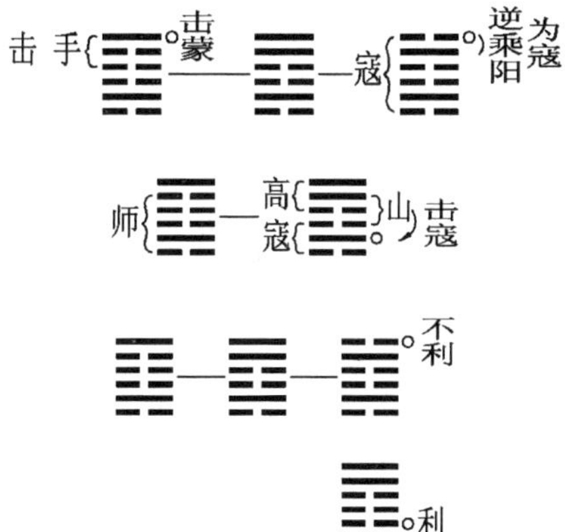

《象》曰：蒙以养正，圣功也。

注　体颐故养，五多功。圣谓二，二志应五，变得正而亡其蒙，故圣功也。

释　上伍颐，《杂卦》曰："颐养正也。"下卦坎为圣，九二当之。五位多功，二志应五，变得正成观而亡其蒙，养正之圣功也。

养 多功 圣 养正 圣功

《象》曰：山下出泉，蒙。

注 艮为山，震为出，坎象流出，故山下出泉。

释 上卦艮为山，下参震为出，下卦坎为泉。泉水由山下流出，故曰山下出泉，蒙。

山 出 泉

君子以果行育德。

注 君子谓二。艮为果，震为行。育，养也。二至上有颐养象，故以果行育德也。

释 九二刚中，故为君子。上卦艮为果，下参震为行，上伍颐养为育，故以果行育德也。

育 君子 果 行

利用刑人，以正法也。

注 坎为法，初发之正，故正法也。

释 下卦坎为法，其位未正，初爻发蒙之正，故以正法也。

勿用取女，行不顺也。

注 失位乘刚，故行不顺也。

释　初已正，六三兑女尚失位而乘九二刚。兑泽动下，不得之应，既不有上参坤躬，故其行亦不坤顺也。

利用御寇，上下顺也。

注　自上御下，故顺也。

释　蒙而涣，师登高山以自上御下，二正坎寇不见而成坤，故顺也。

寇　顺

需　有孚，光亨，贞吉。

注　大壮四之五。孚谓五，离日为光。四之五，得位正中，故光亨。贞吉，谓壮于大舆之辐也。

释　大壮九四之五，六五之四，二爻往来而卦生需。需上卦坎为孚，谓五，上参离日为光。大壮九四曰："壮于大舆之腹。"象亦当四之五得位正中，且亨生离光，故曰光亨，贞吉。

需为二阴四阳之卦，与二阳四阴之卦相对，虞氏有非遯则大壮来之例。计遯来者有无妄、家人、讼、巽四卦，大壮来者有大畜、睽、需、兑四卦。此外反复不衰卦三，可不从其例。若中孚者，不论遯、大壮，变二爻后皆不能成。若大过、离者，不论遯、大壮，变二爻后皆能成。又有革、鼎二卦，虽非反复不衰，亦可兼从遯、大壮来，与大过、离同。故以上五卦其例可变。然不从而可变者，谓可从可变。若大过取大壮来，离取遯来，仍从其例。而大过取兑来，离取坤来，则变其例矣。至于革、鼎与二阳四阴卦之屯、蒙同，亦兼可从可变。即屯取坎来，蒙取艮来，为不从而变其例。革取遯来，鼎取大壮来，仍为从其例。凡二阴二阳卦三十，其所从来皆有条不紊。或未观卦象之自然又不知汉注之例，仅逐卦言之，乃觉琐碎而无归矣。

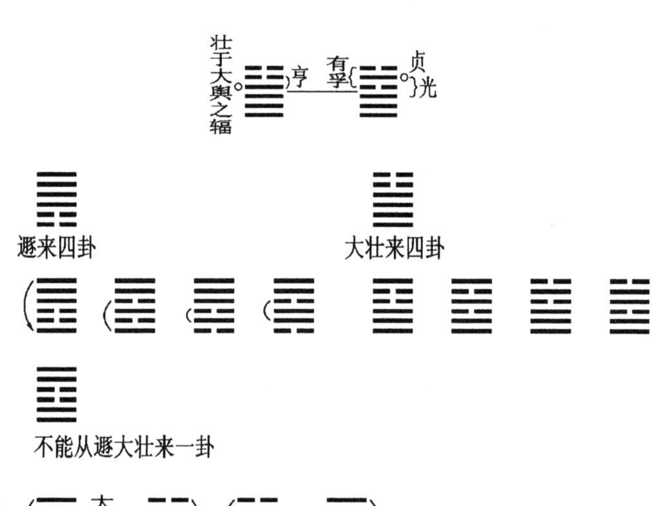

九二　需于沙，小有言，终吉。

注　沙谓五，水中之阳称沙也。二变之阴，称小。大壮震为言，兑为口。四之五，震象半见，故小有言。二变应之，故终吉。

释　上卦坎为水，水中之阳称沙，故沙谓九五。九五由大壮九四变，当大壮时上参兑为口，上卦震动口为言。然四已之五，五上震言象半见，故小有言。九二变六二，阴亦称小，正以应五，故终吉。

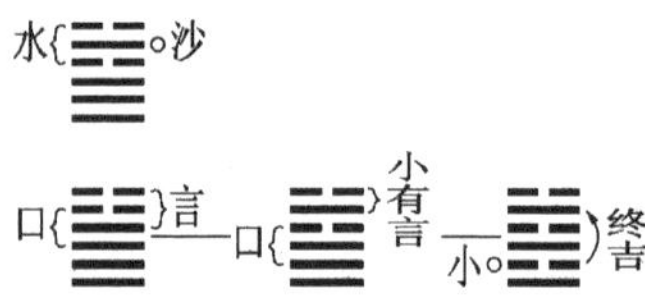

《象》曰：利涉大川，往有功也。

注　谓二失位，变而涉坎，坎为大川。得位应五，故利涉大川。五多功，故往有功也。

释　需唯九二失位，变正得位以应五，五当上卦坎为大川，故利涉大川。至外称往，五位多功，故往有功也，谓成既济定。

《象》曰：君子以饮食宴乐。

注　君子谓乾。坎水兑口，水流入口为饮。二失位变，体噬嗑为食，故以饮食。阳在内称宴，大壮震为乐，故宴乐也。

释　下卦乾为君子。上卦坎为水，下参兑为口，水流入口为饮。九二失位变正成既济，下伍离，初二以半象约取震，则体噬嗑。《杂卦》曰："噬嗑，食也。"故以饮食。阳在内称宴者，大来息阳则安。宴，安也。需由大壮来，大壮下卦乾阳称宴，上卦震为乐，故宴乐也。

需于沙，衍在中也。

注　衍，流也。中谓五也。

释　需九五为沙，沙流于水中，故曰衍在中，而中谓五也。

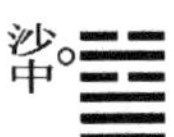

自我致戎，敬慎不败也。

注　离为戎，乾为敬。阴消至五遯，臣将弑君。四上壮坤，故敬慎不败。

释　上参离为戎，下卦乾为敬。阴消至五者，以反类之次言，卦为大壮，与坤五注“坤息体观”相对。既已反类，故反视大壮为遯，遯下卦艮子弑上卦乾父，及三而否，下卦坤臣将弑上卦乾君。故遯三之二而生讼，虞注讼卦辞“中吉”曰：“遯将成否，则子弑父，臣弑君。三来之二得中，弑不得行，故中吉也。”是其义。今即以大壮而言，则为四上之五，以壮伤坤消而生需，虽致离戎而乾敬未消，故敬慎不败也。

讼　有孚，窒惕，中吉。

注　遯三之二也。孚谓二。窒，塞止也。惕，惧二也。二失位，故不言贞。遯将成否，则子弑父，臣弑君。三来之二得中，弑不得行，故中吉也。

释　讼从二阴四阳之例。唯可从遯来，遯将成否，则子弑父，臣弑君。故三来之二生讼，下卦坎为孚。谓九二得中而惕惧，以窒塞阴消，弑不得行，故中吉。然九二尚失位，故不言贞。

弑父　消　弑君　孚　中惕　未贞

终凶。

注　二失位，终止不变，则入于渊，故终凶也。

释　九二刚来而得中，能塞止消否而吉。然九二失位而不言贞，何可终止不变。不变则讼成，讼成则入于下卦坎渊而不能出，故终凶也。以卦象言，同卦同爻而吉凶相反，时不同而所准已异。凡中吉以消息卦变言，终凶以爻变之正言，即此二者，虞氏取象之准则莫外焉。

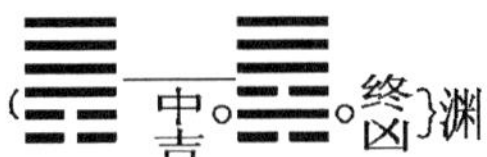

初六　不永所事，小有言，终吉。

注　永，长也。坤为事，初失位而为讼始，故不永所事也。小有言，谓初四易位成震言。三食旧德，震象半见，故小有言。初变得正，故终吉也。

释　讼由遯来，遯消否，坤为事，生讼则不消。然初六失位而为讼始，如永长讼事，仍将消二成否坤事，故当不永所事。而初四易位之正，卦为中孚，下参震为言。六三食旧德而又正，卦为小畜，三四爻震象半见，故小有言。初虽应于小有言，然已变得正位而不长讼事，故终吉也。

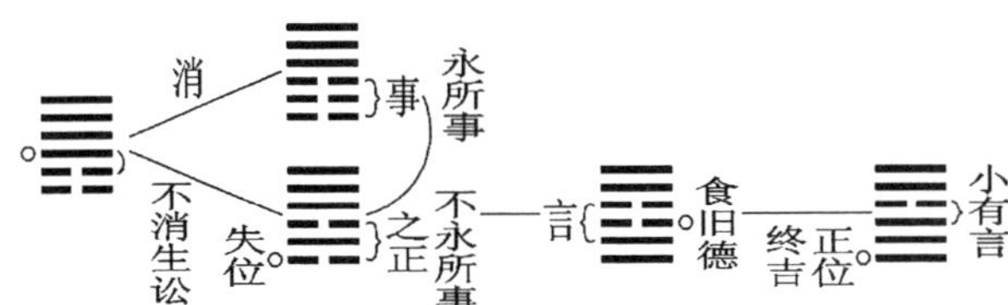

九二　不克讼，归而逋。

注　谓与四讼，坎为隐伏，故逋。乾位刚在上，坎濡失正，故不克也。

释　二与四皆曰不克讼，故知与四讼。下卦坎为隐伏，九二当之，故逋。九四虽亦失位，已属乾刚在上，九二属坎濡，失正而在下，故不克也。

刚{ 。在上
濡逋 隐伏{ 。在下 不克讼

其邑人三百户，无眚。

注　眚，灾也。坎为眚。谓二变应五，乾为百，坤为户，三爻，故三百户。坎化为坤，故无眚。

释　下卦坎为眚。眚，灾也。九二不克讼，变成六二以应九五，卦为否。上卦乾为百，下卦坤为户，三爻为三户，乘乾为三百户。坎眚已化为坤，故无眚。

眚{ 。}变应五—三百户{ 三爻为三户 百{ 户{ }无眚

六三　食旧德，贞厉，终吉。

注　乾为旧德。食谓初四二已变之正。三动得位，体噬嗑食，四变食乾，故食旧德。三变在坎，正危贞厉，得位，故终吉也。

释　上卦乾为旧德，初四二已变之正，卦为益。益三动得位为家人，家人下伍噬嗑食，谓四变时以食上卦乾，故食旧德。又益三动变得位，在家人下参坎，坎为险而三多凶，虽正犹危，故贞厉。然得位而定，故终吉也。

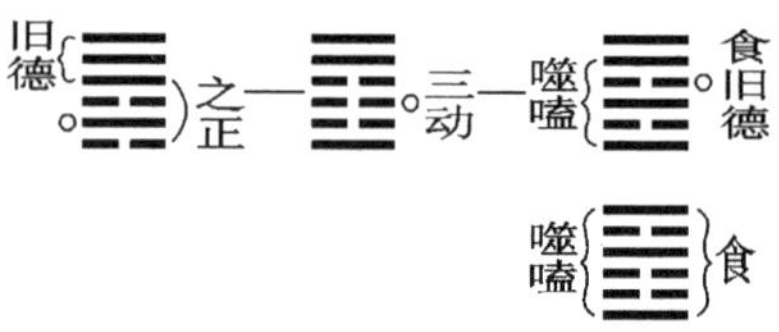

变。—险{ 。多凶 贞厉 终吉

或从王事，无成。

注　乾为王，二变否时，坤为事，故或从王事。道无成而代有终，故曰无成，坤三同义也。

释　上卦乾为王，二变应五成否，下卦坤为事，故或从王事。《文言》曰：“地道无成而代有终。”故曰无成。坤三发成泰，此则消成否，否泰反类，故与坤三同义。

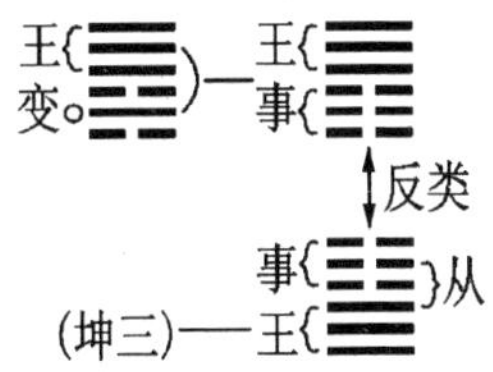

九四　不克讼，复即命，渝，安贞吉。

注　失位，故不克讼。渝，变也。不克讼，故复位。变而成巽，巽为命令，故复即命，渝。动而得位，故安贞吉。谓二已变，坤安也。

释　九四失位，故不克讼。初四复位为渝，渝，变也，卦为中孚。上卦巽为命令，故复即命，渝。又二变成益，下参坤为安，初四二皆动而得位，故安贞吉。

上九　或锡之鞶带。

注　锡谓王之锡命。鞶带，大带。男子鞶革。初四已易位，三二之正，巽为腰带，故鞶带。

释　上卦乾为王，初四易位成中孚，上卦巽为命，王三锡命为锡。《礼记·内则》：“男鞶革。”鞶即鞶带，以革代之。《说文》：“鞶，大革也。”鞶带束于腰内。中孚而三二之正为家人，上卦巽在下参坎腰之上，为腰带，谓王以鞶带锡上。

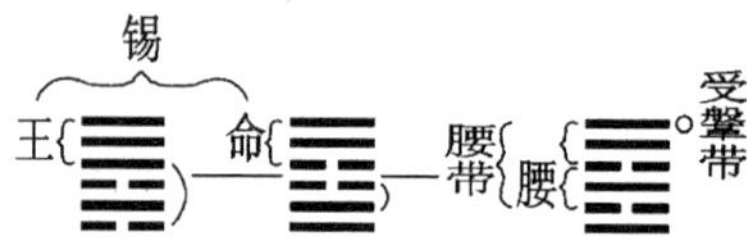

终朝三褫之。

注　位终乾上。二变时，坤为终。离为日，乾为甲，日出甲上，故称朝。应在三，三变时，艮为手，故终朝三褫之。使变应已，则去其鞶带。体坎乘阳，故《象》曰“不足敬也”。

释　上九当上卦乾之终，故曰位终乾上。二变为否时，下卦坤为终，六三当之。又以纳甲取象，上卦乾为甲，四三变为渐，上参离为日，日出甲上，于文为皁，《说文》：“早作皁。”故称朝。上九应在三，三变正时，渐下卦艮为手，故终朝三褫之。谓三已正而上未正，使上变正以应己，己谓九三，则上正而去其巽为鞶带，是谓褫之，卦为蹇。蹇上卦体坎而上六乘九五阳，故《象》曰：“不足敬也。”

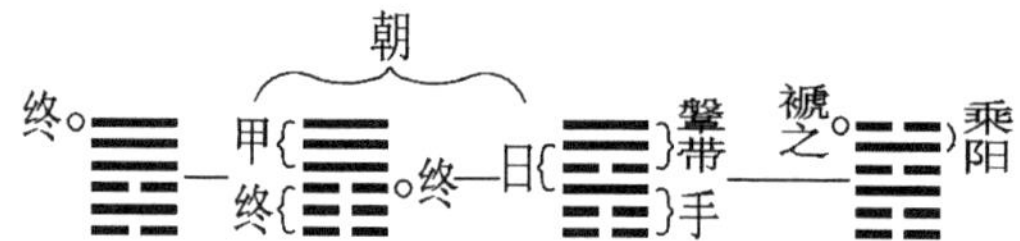

《象》曰：君子以作事谋始。

注　君子谓乾三，来变坤为作事。坎为谋，乾知大始，故以作事谋始。

释　遯九三为君子，消成否下卦坤为事。然君子未消，而来之二以变坤为作事。讼下卦坎为谋，上卦乾知大始，故以作事谋始。谓上下合而其终不违，讼端绝矣。

以讼受服，亦不足敬也。

注　服谓鞶带。终朝见褫，乾象毁坏，故不足敬。

释　上卦乾为敬，鞶带为服饰，故服谓鞶带，巽象也。以讼受服当中孚上卦巽，终朝见褫当蹇上卦坎，乾敬象皆毁坏，故不足敬。

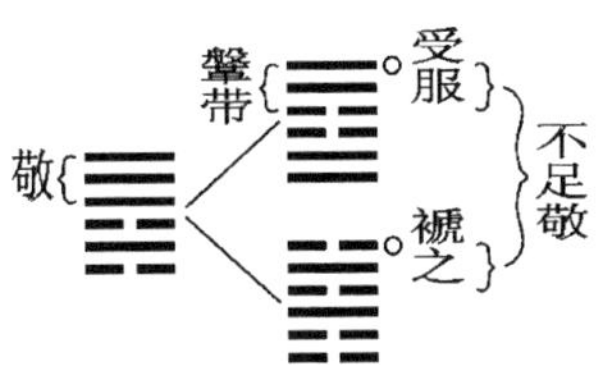

䷆师　六三　师或舆尸，凶。

注　坤为尸，坎为车多眚，同人离为戈兵为折首。失位乘刚无应，尸在车上，故舆尸凶矣。

释　朱本作“坤为尸”，卢本作“坎为尸”，虞注例取同象者每连言，如下言“离为戈兵为折首”是也，故既曰“坎为车多眚”，则尸象似不取坎，故从朱本。坤为身而又为死丧，宜为尸象，当师之上卦。下卦坎为车多眚，伏象同人，下卦离为戈兵为折首，谓以戈兵伤人。此多眚谓坎车上满载坤尸，盖六三失位乘刚，出师不中且无应于上，故舆尸凶矣。

六五　田有禽，利执言，无咎。

注　田谓二。阳称禽，震为言。五失位变之正，艮为执，故利执言，无咎。

释　以三才言，二位地上称田，乾二见龙在田是也。故田谓二，田谓田猎也。阳称禽者，以阳擒禽也，九二当之。下参震为言，五失位变之正为坎，上参艮为执，故利执言，无咎。

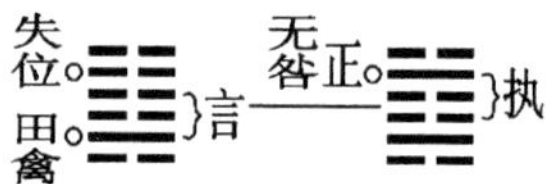

长子帅师。

注　长子谓二，震为长子，在师中，故帅师也。

释　下参震为长子，故长子谓二，九二曰在师中，故帅师也。

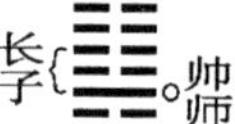

弟子舆尸，贞凶。

注　弟子谓三。三体坎，坎，震之弟而乾之子。失位乘阳，逆，故贞凶。

释　下卦坎为弟子，坎者，震之弟而乾之子也。六三曰师或舆尸，即此弟子舆尸，故弟子谓三。六三失位乘阳，逆父兄而帅师不中，故舆尸贞凶。

上六　大君有命。

注　同人乾为大君，巽为有命。

释　师旁通同人，同人上卦乾为大君，下参巽为有命，故大君有命。

开国承家。

注　承,受也。坤为国,二称家。谓变乾为坤,欲令二上居五为比,故开国承家。

释　同人乾巽为大君有命,旁通为师,上卦变乾为坤,坤为国。承,受也。二位称家,同人六二已正位,师九二尚未正,故欲令二上居五为比,此大君之命也。当师而比,九五承家已开坤国,故开国承家。

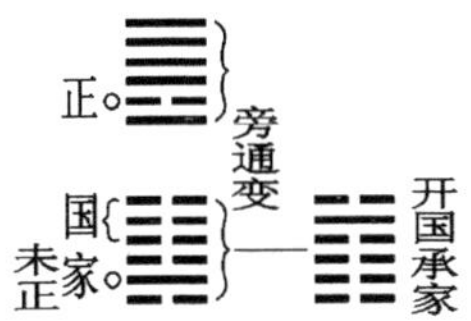

小人勿用。

注　阴称小人。坤虚无君,体迷复凶,坤成乾灭以弑君,故小人勿用。

释　同人旁通师,师上卦坤成而同人上卦乾灭,当弑君之象。上卦坤虚无君,上伍复,为迷复凶。阴称小人,消阳反君道,故小人勿用。谓二当升五以正君位,不然师成而小人居之,必乱邦也。

反君道　迷复凶　复　坤成乾灭　小人　无君　小人勿用　君道

《象》曰:师,众也。贞,正也。能以众正,可以王矣。

注　坤为众,谓二失位,变之五为比。故能以众正,乃可以王矣。

释　上卦坤为众,九二失位,变之五正位为比。坤众正而九五为王，故能以众正，可以王矣。

《象》曰：君子以容民畜众。

注　君子谓二。容，宽也。坤为民众，又畜养也。阳在二，宽以居之。五变执言时，有颐养象，故以容民畜众矣。

释　师唯九二一阳，故君子谓二。《文言》释乾二曰“宽以居之”。容，宽也。上卦坤为民众，谓师二君子有乾二之德，以宽容上卦坤民。又五变正执言时为坎，中互颐，颐养犹畜，故以容民畜众矣。

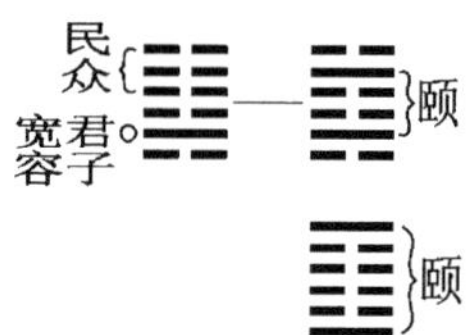

大君有命，以正功也。

注　谓五多功，五动正位，故正功也。

释　五位多功，师六五失位，故大君有命，令二上之五，则五动正位，以正功也。

小人勿用，必乱邦也。

注　坤反君道，故乱邦也。

释　上六体复上迷复凶，复上《象》曰：“迷复之凶，反君道也。”谓坤成灭乾以乱邦，此小人之所以不可用也。

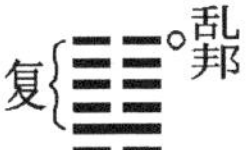

比　吉。

注　师二上之五，得位。众阴顺从，比而辅之，故吉。与大有旁通。

释　师九二上之五，众正而王，卦为比。九五得位，下卦坤为众阴，《彖》曰："下顺从也。"又阴爻五皆比九五而辅之，故吉。《文言》曰："六爻发挥，旁通情也。"虞氏每用"旁通"之义，惜旁通之注已阙，乃不得旁通之所指。凡虞氏注旁通之卦，皆为阴阳相对之二卦，此注"与大有旁通"，即比与大有六爻之阴阳皆相对，他处莫不同，故张惠言释虞氏旁通曰："全卦对易，谓之旁通。"确为虞义。若然六十四卦由旁通而合为三十二卦，详见《旁通卦象图》。唯虞氏非逐卦皆注解其旁通卦，故注有旁通者，更有所指，当阐明六十四卦消息反类后，庶可见其义。此仅以一阴一阳卦论。

考一阴一阳卦十二犹乾坤十二爻，由"六爻发挥"而成，宜虞氏皆注旁通。复犹乾初，注曰"与姤旁通"，姤犹坤初，注曰"与复旁通"。师犹乾二注阙，同人犹坤二，注曰"旁通师卦"。谦犹乾三，注曰"与履旁通"，履犹坤三，注曰"与谦旁通"。豫犹乾四，注曰"与小畜旁通"，小畜犹坤四，注曰"与豫旁通"。比犹乾五，注曰"与大有旁通"，大有犹坤五，注曰"与比旁通"。剥犹乾上，注曰"与夬旁通"，夬犹坤上，注曰"与剥旁通"。按虞氏之注旁通皆注于卦辞或《彖》，《集解》之录虞注，于卦辞与《彖》什九皆存，仅阙乾、师等数卦。故师卦之未注"与同人旁通"，《集解》未录耳，虞注必有无疑。此十二卦当乾坤之元，旁通之本也，故虞氏皆注之。再者，三阴三阳卦虞氏有否泰来之例，二阴二阳卦又有临、观、遯、大壮来之例，惟一阴一阳卦未言其例，或亦注之阙，今依例而求其例，虞氏盖取十辟卦来。凡乾坤为易之门，消息而有辟卦，计乾坤二卦为十二辟卦，不计乾坤二卦为十辟卦，孟氏卦气图之精义，即在辟卦云。虞氏世传孟氏易，于六十四卦之变化，亦基于此。故知一阴一阳卦宜有复、剥、姤、夬来之例。唯由一阴一阳卦来，与二阴二阳、三阴三阳卦来，虞注尚有分别，即后者逐爻皆可变化，前者仅取应爻。故如此卦乃不取复、剥来，而取“师二上之五”。盖一阴一阳卦十二，犹乾坤十二爻，取复、剥、姤、夬来者，犹乾坤初四上三之变，则自然更有二五之变。故知一阴一阳卦十二，乃取乾坤十二爻之应爻变动。凡乾初犹复，之坤四为豫。坤初犹姤，之乾四为小畜。反之，乾四犹豫，之坤初为复，坤四犹小畜，之乾初为姤。此乾坤初四之变也。又乾上犹剥，之坤三为谦，坤上犹夬，之乾三为履。反之，乾三犹谦，之坤上为剥，坤三犹履，之乾上为夬，此乾坤上三之变也。以上当复、剥、姤、夬与豫、谦、小畜、履之互变，虞注豫曰“复初之四”，注小畜曰“豫四之坤为复”，即此义。由是知取复、剥、姤、夬来者，其例为复而豫、剥而谦、姤而小畜、夬而履，证诸虞注，复而豫、剥而谦同，然小畜注曰“需上变为巽”，履注曰“谓变讼初为兑也”，似与姤、夬来之例未合，实则仍准姤、夬来之例而变之，以寓扶阳抑阴首乾之大义焉。若一阳始生，惟恐其不长，故雷出地奋豫取之。又当一阳亢剥，唯恐其消灭，故下济而谦取之，皆所以扶阳也。若一阴始生，则不可与长，故虽有小畜之例而不取。又当一阴乘五刚，则不可不决之。故虽有之履之例而亦不取，皆所以抑阴也。若小畜取需上变者，犹决夬上之阴，履取讼初变者，犹息姤初之阳，此非虞氏阐明首乾之大义乎。至于乾坤二五变者，凡乾二犹师，之坤五为比。坤二犹同人，之乾五为大有。反之乾五犹比，之坤二为师，坤五犹大有，之乾二为同人，是也。虞注仍言于阳卦而不言于阴卦，故同人、大有不言其变，且师卦之注已阙，乃仅比卦有“师二上之五得位”之注。

众
众正而王
下顺从
辅
辅
吉
旁通

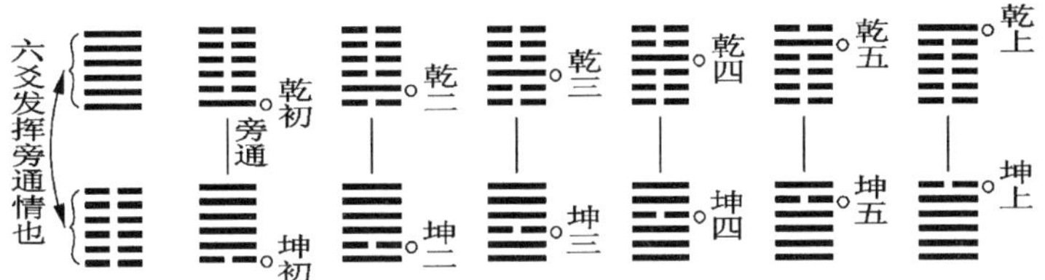

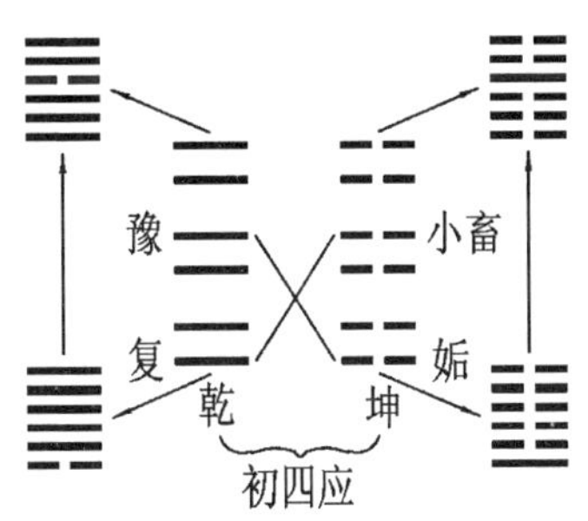

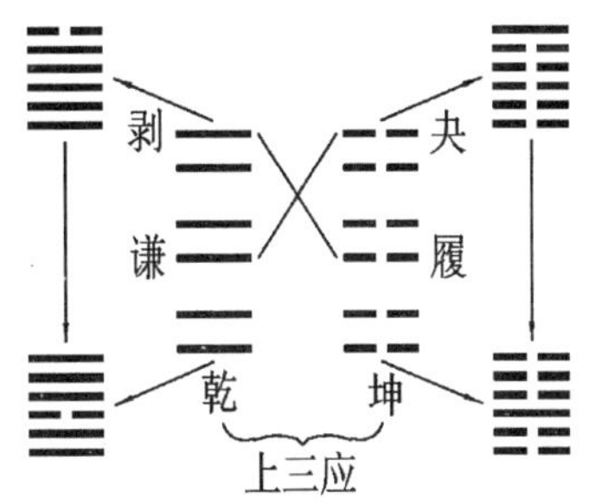

变
巽
兑

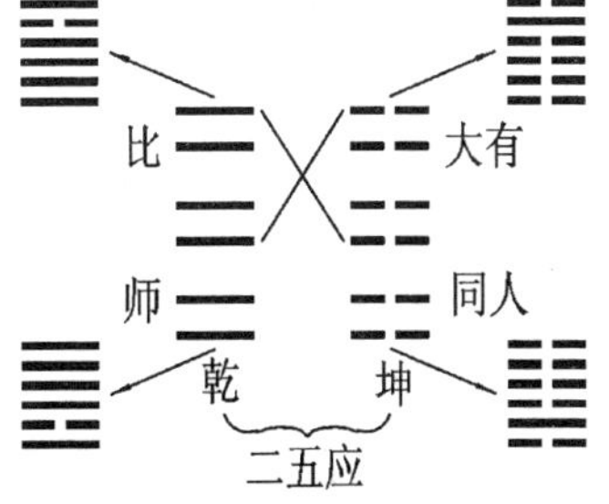

旁通卦象图

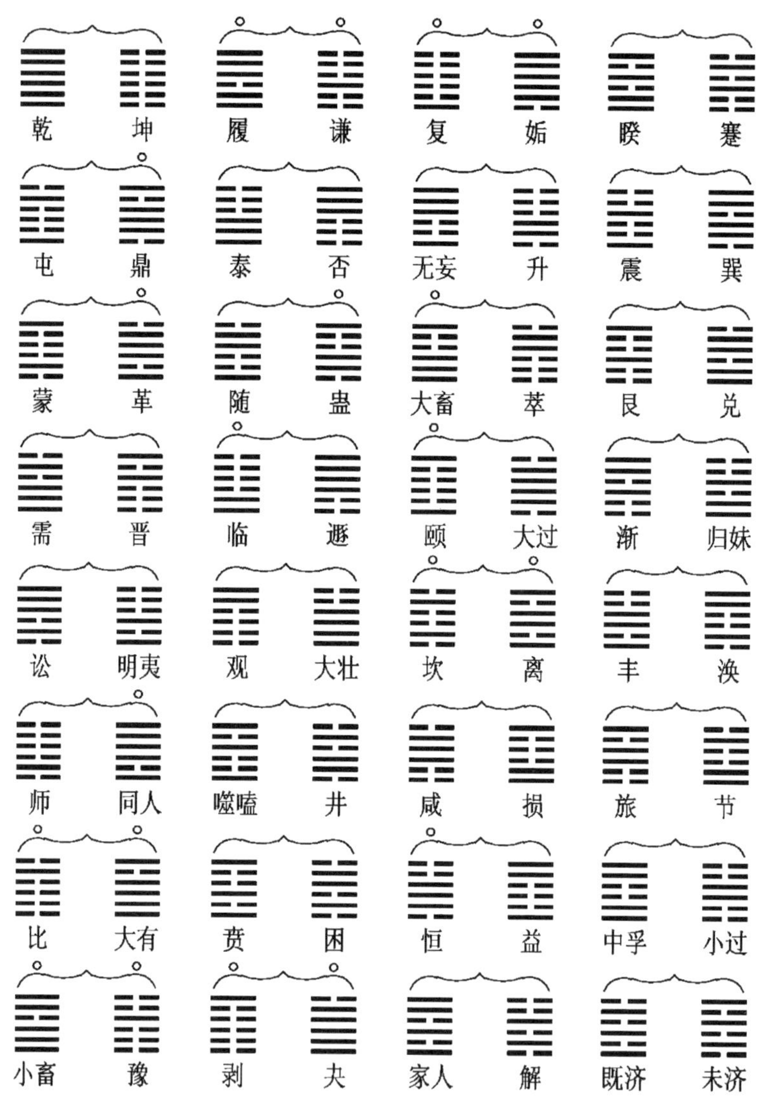

注:括号所及之二卦为旁通卦，加○者虞氏注解旁通。

不宁方来。

注　水性流动,故不宁。坤阴为方,上下应之,故方来也。

释　上卦坎为水,水性流动,故为不宁。下卦坤阴为方,又阴爻皆为方。方来者,上下应也。上谓上六,下谓初六至六四,上下五阴皆应于九五,不宁方来也。又应字有广狭二义,狭义则指初与四、二与五、三与上之应爻。广义如比《彖》曰“上下应也”,小畜《彖》曰“上下应之”等,皆指上下五爻同应于一爻。故应字之义,除应爻外,兼及比爻同功过应诸义。然广义之应,唯上下应时用之,他处皆指应爻言。

后夫凶。

注　后谓上,夫谓五也。坎为后,艮为背。上位在背后,无应乘阳,故后夫凶也。

释　上卦坎为后,上爻当之,在上参艮背之后。又阳刚为夫,九五当之。上六后于夫为后夫,敌应六三而乘九五之阳,故凶也。

初六　有孚比之,无咎。

注　孚谓五。初失位,变来得正,故无咎也。

释　上卦坎为孚,九五当之,上下皆应比之。初六失位,变来得正,为屯建侯,比之故无咎也。

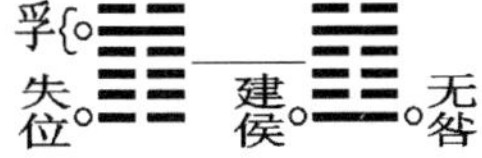

有孚盈缶，终来有它，吉。

注　坤器为缶，坎水流坤，初动成屯。屯者，盈也，故盈缶。终变得正，故终来有它，吉，在内称来也。

释　下卦坤器为缶，上卦坎为水。水流下以入缶，缶中水盈，乃初动成屯。《序卦》曰“屯者盈也”，故盈缶。凡水流无已而坤缶有限，其终必盈，则初变得正。初阳由外来而在内称来，故终来有它，吉。

流　缶　水　器　盈

六三　比之匪人。

注　匪，非也。失位无应，三又多凶，体剥伤象，弑父弑君，故曰匪人。

释　六三失位而敌应于上六为无应。又三位多凶，下伍剥，剥者柔变刚，阴伤阳，弑父弑君之象，故曰匪人。

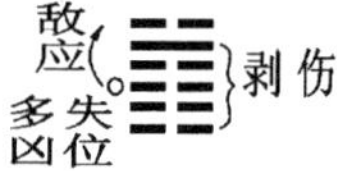

六四　外比之，贞吉。

注　在外体，故称外。得位比贤，故贞吉也。

释　六四当上卦在外体，故称外。得位以比九五贤，故贞吉也。

九五　显比。

注　五贵多功，得位正中。初三以变体重明，故显比，谓显诸仁也。

释 九五得位正中，贵而多功，上下皆应之辅之。当初三已变成既济，下伍离为重明，故显比。《系辞上》曰：“显诸仁。”谓辅比顺从而上下合一，不亦仁乎。

正中○ ○贵 多功——重明{ ○显比仁

王用三驱，失前禽。

注 坎五称王。三驱，谓驱下三阴。不及于初，故失前禽。谓初已变成震，震为鹿为惊走，鹿之斯奔，则失前禽也。

释 上卦坎九五称王，犹乾五也。三驱，谓驱下参坤三阴。初正应外而五失之，谓失前禽。虞氏于比象，以初为前而上为后，故初象前禽，上象后夫云。当初正为屯，下卦震为鹿为惊走，《诗·小雅·小弁》“鹿斯之奔”是其象，故失前禽也。

王○ 前禽○ }三驱——惊走 鹿{

邑人不戒，吉。

注 坤为邑，师震为人。师时坤虚无君，使师二上居五中，故不戒，吉也。

释 比由师来，师上卦坤为邑，下参震为人，故邑人谓二。当师时五未正，上卦坤为虚为无君，九二又当坎疑为戒。乃使师二上居五中而为比，则九五为王，二坎化坤，故邑人不戒，吉。

邑{ 人{ }虚无君 }戒——王○ 邑人○ }不戒

上六　比之无首，凶。

注　首，始也。阴道无成而代有终，无首，凶。

释　《说卦》曰："乾为首。"《象》曰："大哉乾元，万物资始。"故曰首，始也。反之坤阴为无首为终，故曰阴道无成而代有终。若比之无首而无所终，故曰无首，凶。

始首　无首终　无所终　无首　凶

《象》曰：先王以建万国亲诸侯。

注　先王谓五。初阳已复，震为建为诸侯，坤为万国为腹，坎为心。腹心亲比，故以建万国，亲诸侯。《诗》曰："公侯腹心。"是其义也。

释　比五犹乾五为先王，初正为屯，下卦震为建为诸侯，下参坤为万国为腹，上卦坎为心，义当屯之利建侯。凡所建之万国，其诸侯皆亲比如腹心，《诗·周南》曰"公侯腹心"是其象，故以建万国亲诸侯。

先王　心　诸侯　建　万国　腹

显比之吉，位正中也。

注　谓离象明，正上中也。

释　比而既济，下伍离象明。九五正位上中，故曰位正中也。凡上中对下中言，下中谓二也。

舍逆取顺,失前禽也。

注　背上六,故舍逆。据三阴,故取顺。不及初,故失前禽。

释　上参艮为背,上六当背后,逆乘九五刚,故舍逆。王用三驱而据下参坤三阴,坤为顺,故取顺。不及应外之初,初当前禽,故失前禽。

邑人不戒,上使中也。

注　谓二,使师二上居五中。

释　谓二者,谓师二邑人。王使师二上居五中为比,则师二邑人不戒。

比之无首,无所终也。

注　迷失道,故无所终也。

释　乾为首,无首则坤迷失道,故无所终而凶。

小畜

注　需上变为巽,与豫旁通。豫四之坤初为复,复小阳潜,所畜者少,故曰小畜。

释　李道平曰:“虞无一阴一阳自剥、复、夬、姤之例,故谓需上变为巽而成小畜也。”以所存之虞注言,已无一阴一阳自剥、复、夬、姤来之注,故李氏谓虞氏无此例,小畜取需上变而不取夬、姤即其证。实则李氏有误,盖虞注已不全。以例言,虞氏曾与陆绩合撰《周易日月变例》(六卷),惜只字未存,故虞氏之例大半已佚。若注中偶然提及,三阴三阳卦由否泰来,二阴二阳卦由临、观、遯、大壮来之例,考诸其注仍有变化。然自注有例,故未可略有变化而谓无其例。今以六十四卦言,乾坤外唯三阴三阳、二阴二阳及一阴一阳三类而已。前二类既有例,后一类亦必有例。以十辟卦言,自然由剥、复、夬、姤来。此李氏亦知之,惟仅以所存之虞注为准则无其言,而未以卦象为准必有其例。若小畜不从其例者,不取姤一阴之生。从需上变者,犹决去夬上之一阴。义皆因例而显,故何可谓虞氏无一阴一阳自剥、复、夬、姤来之例。

需上卦坎上六变上九,上卦为巽而需成小畜。小畜与豫旁通,豫四之下卦坤初,卦成复。《系辞下》曰:“复小而辩于物。”又复初犹乾初“阳气潜藏”,故曰复小阳潜。潜藏者尚少,即所畜者少,故此卦名小畜。盖小畜之小,通复小之小。以象言,当乾四之坤初而乾生小畜,坤生复,即虞氏一阴一阳卦变之例也。

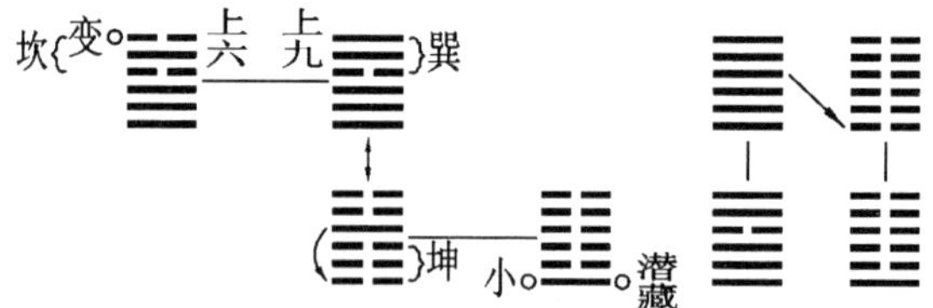

初九　复自道,何其咎,吉。

注　谓从豫四之初成复卦,故复自道。出入无疾,朋来无咎,何其咎,吉。乾称道也。

释　小畜下卦乾称道,旁通豫。豫四之初成复卦,故初乾阳犹小畜初,故曰复自道。复卦辞曰:“出入无疾,朋来无咎。”豫消息成小畜,犹朋来。由震、归妹、大壮、泰、需而小畜，何其咎，吉也。

九三　车说辐。

注　豫坤为车为辐，至三成乾，坤象不见，故车说辐。马君及俗儒皆以乾为车，非也。

释　小畜旁通豫，豫下卦坤为车为辐。消息至三，由震、归妹而成大壮。大壮下卦成乾，坤车辐象不见，故车说辐。至于车之象，因义而异。盖车者，舆轮之总名。舆言其载，《说卦》曰“坤为大舆”是其义。轮言其行，《说卦》曰“坎为弓轮”是也。若此处之车字，义当畜集而载，故虞氏取坤为车。他如贲初“舍车而徒”，车字义以行为主，故虞氏取坎为车。而马君及俗儒于小畜卦皆取乾为车，义当乾象之自强不息，仍以车之行为义，唯未合《说卦》之象，且小畜之车以畜载为主，故虞氏以乾为车为非。

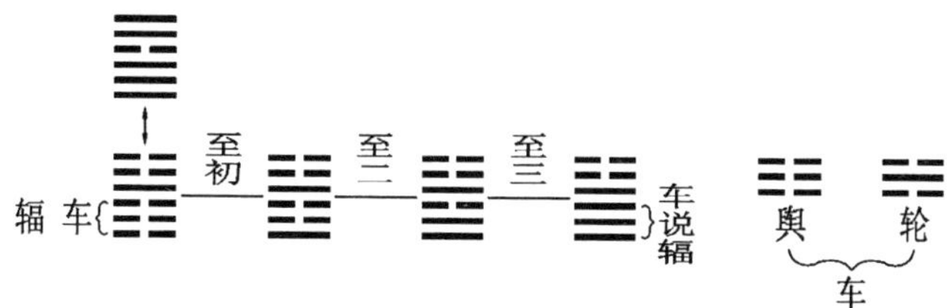

夫妻反目。

注　豫震为夫为反，巽为妻，离为目。今夫妻共在四，离火动上，目象不正，巽多白眼，夫妻反目。妻当在内，夫当在外，今妻乘夫而出在外，《象》曰“不能正室”。三体离，需饮食之道，饮食有讼，故争而反目也。

释　豫上卦震为夫为反，小畜上卦巽为妻为多白眼，上参离为目。豫、小畜旁通。以小畜言，豫伏其下，则小畜上参离火动上，而豫上参坎水流下。火在水上，卦为未济，故目象不正。夫妻共在四者，谓震巽之主爻，多白眼而反，故夫妻反目。盖妻当在内，夫当在外，今豫卦震夫反伏于小畜巽妻之内，巽妻则乘震夫而出在外，故《象》曰“不能正室”。又九三体上参离象之下，正位不变，上九则失位而变应九三，其卦为需。需综讼，《序卦》曰：“需者饮食之道也。饮食必有讼。”故夫妻争讼而反目也，谓上参离目反为下参离目云。

六四　有孚，血去惕出，无咎。

注　孚谓五。豫坎为血为惕。惕，忧也。震为出，变成小畜，坎象不见，故血去惕出。得位承五，故无咎也。

释　孚于象为坎，习坎二五为阳，故虞氏又取“阳在二五称孚”（夬卦辞注）。此处孚谓九五，六四承之，故有孚。豫上参坎为血为惕，上卦震为出，由豫消息，初及上而变成小畜，坎象不见，以当去其血伤而出其忧惕。六四得位以承九五，故无咎也。

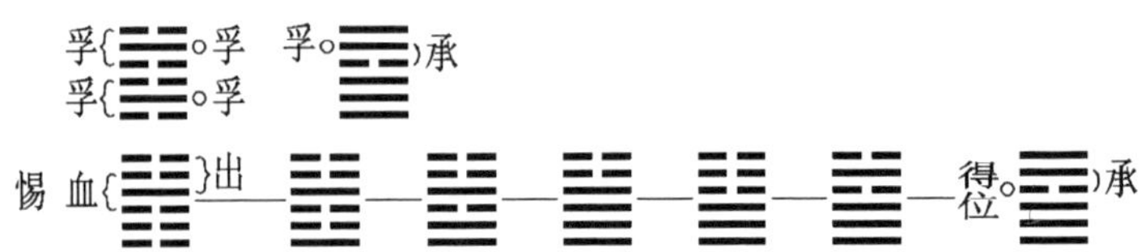

九五　有孚挛如，富以其邻。

注　孚五，谓二也。挛，引也。巽为绳，豫艮为手。二失位，五欲其变，故曰挛如。以，及也。五贵称富。邻谓三，兑西震东称邻。二变承三，故富以其邻，《象》曰"不独富"。二变为既济，与东西邻同义。

释　小畜九五为孚，若孚于五者谓二。当九二失位而敌应于九五，为未孚，故五欲其变。挛，引也。上卦巽为绳，豫下参艮为手，谓五以手持绳引二，使自变而孚五，故曰有孚挛如。五爻位贵，故称富。以，及也。邻谓三者，五与三同功为邻。于象小畜九三当下参兑西，豫六五当上卦震东，凡西东相对称邻。然五与三非应比，故五有孚挛如于二，使二变承三，则其富由二以及三，是谓富以其邻，《象》曰"不独富也"。又小畜上正为需，亦当豫消息及五，上不变而需二变为既济，既济九五曰"东邻杀牛，不如西邻之禴祭"，故曰东西邻同义，谓皆以震东兑西为邻。

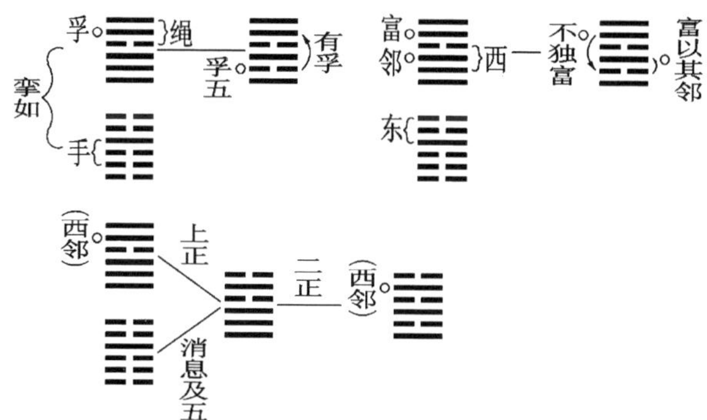

上九　既雨既处，尚得载，妇贞厉。

注　既，已也。应在三，坎水零为雨，巽为处，谓二已变，三体坎雨，故既雨既处。坎云复天，坎为车，积载在坎上，故上得积载。巽为妇，坎成巽坏，故妇贞厉。

释　既，已也。上应在三，当九二已变正，九三体下参坎为雨，上卦巽为处，故既雨既处。谓畜极而雨，为既雨。若二未正而上正，其象为需。需者，云上于天，谓坎云复天，为既处。又小畜二正，下参坎为车，取其行，五上积载在坎上，故上得积载。尚，上也，谓车载物而行，不脱輹也。上卦巽为妇，上正为既济，坎成巽坏，故妇贞厉，谓反目则危厉。

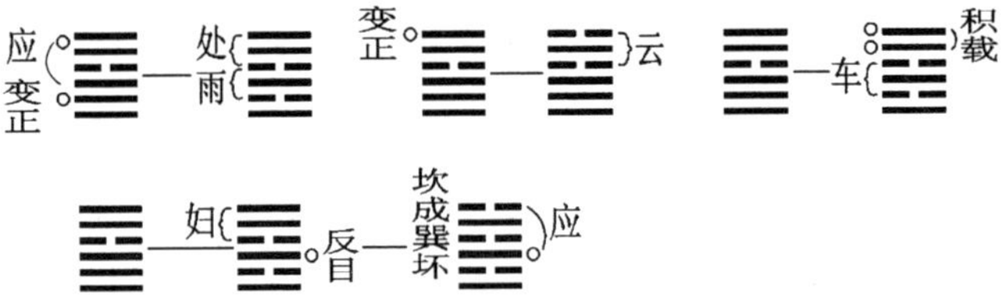

月几望，君子征凶。

注　几，近也。坎月离日，上已正，需时成坎，与离相望。兑西震东，日月象对，故月几望。上变阳消，之坎为疑，故君子征，有所疑矣。与归妹、中孚"月几望"义同也。

释　几，近也。小畜上已正，卦为需，需上卦坎为月，上参离为日，下参兑为西，豫上卦震为东。谓日月象对，相望于东西，故月几望。归妹六五、中孚六四之"月几望"，亦为离日坎月，震东兑西之象，故曰义同。又小畜上爻以阴变阳，是为消，之坎为疑，故君子当月几望而征，将有所疑而凶。

《象》曰：小畜，柔得位而上下应之，曰小畜。健而巽，刚中而志行，乃亨。

注　二失位，五刚中正，二变应之，故志行乃亨也。

释　小畜九五阳刚中正，九二失位而敌应，故宜变以应之。变则下参坎为志，二五成正应，故志行乃亨也。

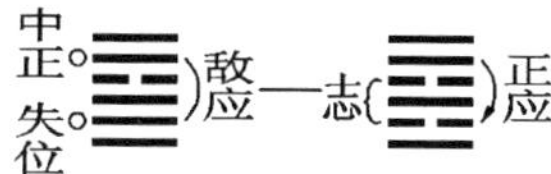

密云不雨，尚往也。

注　密，小也。兑为密。需坎升天为云，坠地称雨。上变为阳，坎象半见。故密云不雨，尚往也。

释　需上卦坎为云，二正成既济，下参坎为雨，故曰需坎升天为云，坠地称雨。今需卦上变为阳成小畜，四五爻坎云象半见为密云。密，小也。于象下参兑为密。尚，上也。上往者，由需而小畜，阳上往成上九，故为密云而不雨。

自我西郊，施未行也。

注　豫坤为自我。兑为西，乾为郊，雨生于西，故自我西郊。九二未变，故施未行矣。

释　小畜旁通豫，豫下卦坤为自我。小畜下参兑为西，下卦乾为郊，二正下参兑西成坎雨，为雨生于西，故自我西郊。若九二未变之时，象当密云行而雨未施，故施未行也。

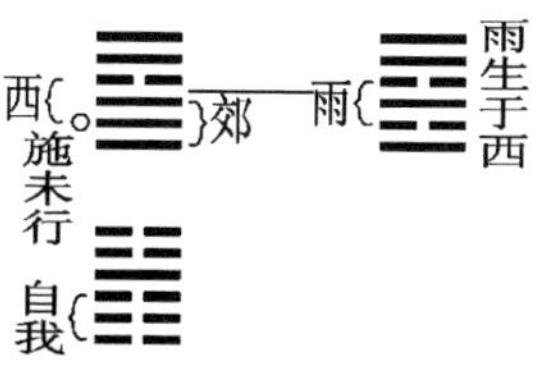

《象》曰：君子以懿文德。

注　君子谓乾。懿，美也。豫坤为文，乾为德，离为明，初至四体夬为书契。乾离照坤，故懿文德也。

释　小畜下卦乾为君子为德，上参离为明，下互体夬为书契，豫下卦坤为文。懿，美也。小畜之明德照豫坤之文，为书契之文，文以载道，故君子以懿文德。

明
德君子
书契
照
文

牵复在中，亦不自失也。

注　变应五，故不自失，与比二同义也。

释　比六二正位以应九五，故《象》曰："不自失也。"小畜九二失位，宜变以应九五，故《象》曰："亦不自失也。"

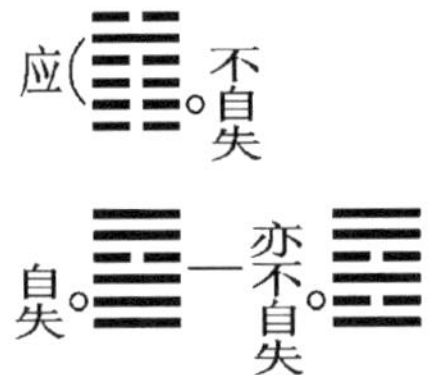

既雨既处，得积载也。

注　巽消承坎，故得积载，坎习为积也。

释　二变既雨，上卦巽既处。又巽消成坎（注曰巽消承坎，承当作成），卦为既济。既济上伍习坎，坎为车，车能载物以行，坎习为积，故得积载也。

君子征凶，有所疑也。

注　变坎为盗，故有所疑也。

释　小畜上卦巽，变坎为盗，亦为疑，故有所疑而君子征凶。

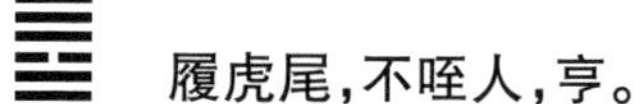

履虎尾，不咥人，亨。

注　谓变讼初为兑也。与谦旁通。以坤履乾，以柔履刚。谦坤为虎，艮为尾，乾为人。乾兑乘谦，震足蹈艮，故履虎尾。兑说而应虎口，与上绝，故不咥人。刚当位，故通。俗儒皆以兑为虎，乾履兑，非也。兑刚卤，非柔也。

释　以例言，履由夬来，犹一阳之剥而谦。然夬上当决去之，故变例以从讼来。讼下卦坎，变初六而初九，下卦为兑，即此履卦。履与谦旁通，谦上卦坤柔，履藉于履上卦乾刚之下，故曰："以坤履乾，以柔履刚。"谦上卦坤又为虎，下卦艮为尾。履上卦乾为人，下卦兑为说，谦上参震为足，以履乘乾，谓人以足蹈虎尾，故曰履虎尾。履下卦兑口为虎口，说以应上卦乾人，且下卦虎口与上卦乾人上下体相绝，故不咥人。九五阳刚当位而履其所，故言通。若以兑为虎，象当以乾履兑，而兑以藉乾。然兑象刚卤，非柔也，于柔履刚之义未合，故虞氏以兑为虎之象为非。实则龙虎各有二象，《说卦》曰："震为龙。"震息成乾，故乾亦为龙。龙虎以相对取象，故乾为龙，即取坤为虎，《文言》曰"云从龙，风从虎"是也。或取震为龙，位当后天之东，则宜取兑为虎，位当后天之西。合而观之，于息阳时，尤见龙虎变化之妙。凡坤虎息成震龙，又息成兑虎，又息成乾龙云。

}龙　}虎　　}虎—息—}龙—息—}虎—息—}龙

}龙　}虎

初九　素履，往无咎。

注　应在巽为白，故素履。四失位变，往得正，故往无咎。初已得正，使四独变，在外称往，《象》曰“独行愿也”。

释　初应四，四在上参巽为白，故曰素履。素，白也。然初之应四，九四尚失位，当使其变正而往，是为往无咎。且初已得正而不可变，《象》曰“独行愿”者，谓四宜独变，此初九之愿也。易例凡在外而由内之外称往，反则在内而由外之内称来。

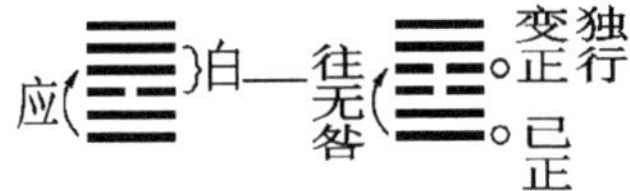

九二　履道坦坦，幽人贞吉。

注　二失位，变成震为道为大涂，故履道坦坦。讼时二在坎狱中，故称幽人。之正得位，震出兑说，幽人喜笑，故贞吉也。

释　履由讼来，讼下卦坎为狱，九二在狱中，故称幽人。讼而履，下卦兑为说，履二失位，变而之正，下卦成震为出为道为大涂，谓幽人出狱而说，见坦坦之履道，故贞吉也。若喜笑之象，虞义盖取震，见益兑之《象》。

狱{　。幽人——说{　。失位——　}出　道　大涂　喜笑

六三　眇而视，跛而履。

注　离目不正，兑为小，故眇而视。视，上应也。讼坎为曳，变震

时为足，足曳故跛而履。俗儒多以兑刑为跛，兑折震足为刑人，见刑断足者，非为跛也。

释　履下参离为目，二三四爻皆失位，故曰离目不正。下卦兑为小，小目不正，故眇而视。上应谓六三应上九视履。讼下卦坎为曳，由履而无妄，下卦变震为足，足曳故跛而履，谓足曳地行未能举步为跛。或不取讼之坎曳，而取履之兑刑，义当履二正为震足，未正则兑刑折震足为跛。然虞氏以刑人则断足，非为跛，故不取兑刑之象。

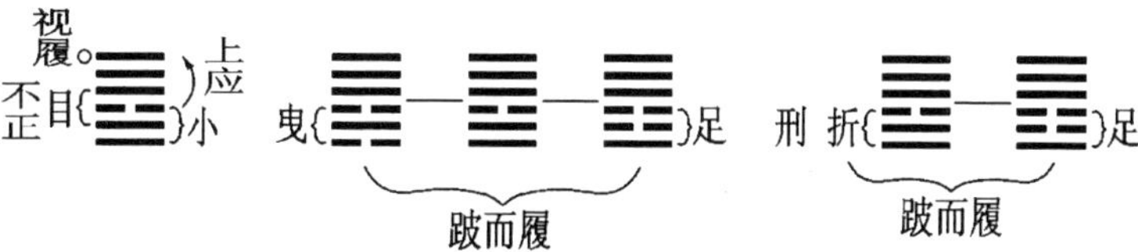

履虎尾，咥人凶。

注　艮为尾，在兑下，故履虎尾。位在虎口中，故咥人凶。既跛又眇，视步不能，为虎所啮，故咥人凶。《象》曰：“位不当也。”

释　谦上卦坤为虎，下卦艮尾为虎尾，履下卦兑口为虎口。谦在履下，故履虎尾。六三位在虎口中，故咥人凶。谓其人既跛又眇，视力行步皆不能，且位不当而在虎口，故为虎所啮而凶。

虎　虎尾　虎口　位不当　咥人凶

武人为于大君。

注　乾象在上为武人。三失位，变而得正成乾，故曰武人为于大君，志刚也。

释　履上卦乾为武人，六三失位，变而得正，成纯乾为大君为刚，故曰武人为于大君，志刚也。

武人 失位—得正 大君 刚

九四　履虎尾，愬愬终吉。

注　体与下绝，四多惧，故愬愬。变体坎，得位承五应初，故终吉。《象》曰："志行也。"

释　三爻以下属下卦，故曰与上绝。四爻以上属上卦，故曰与下绝。唯六三不绝于兑口而在虎口中，故咥人凶。若九四者，已与兑口绝，故虽亦履于谦之坤虎艮尾，然已当卦辞之不咥人。又四位多惧，故愬愬，谓虽不咥人，仍宜惕惧。迨三上正为夬履，四变为需，上卦体坎为志，六四得位，承九五应初九，故志行而终吉。

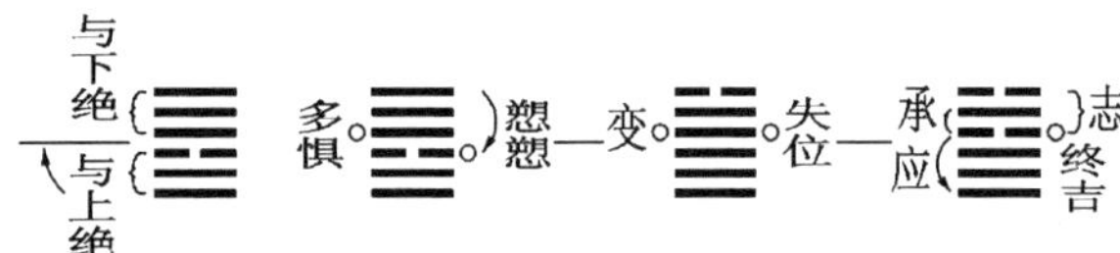

九五　夬履，贞厉。

注　谓三上已变，体夬象，故夬履。四变，五在坎中也，为上所乘，故贞厉。《象》曰："位正当也。"

释　履三上之正，卦为夬，故曰夬履。四变为需，上卦坎，五在坎中有险象，为上六所乘，故厉。然其位正当，故贞厉。

上九　视履考详，其旋元吉。

注　应在三，三先视上，故上亦视三，故曰视履考详矣。考，稽。详，善也。乾为积善，故考详。三上易位，故其旋元吉，《象》曰："大有庆也。”

释 三上相应，三先眇视上，故上亦视三，是谓视履。考，稽。详通祥，善也。上卦乾为积善，故考详谓上之视三，以详善稽考三之眇。乃三上易位之正为其旋，旋以决去眇跛，故元吉而大有庆也。

相应 视履 眇视　详积善 之正 旋——决去眇跛 正位 元吉

《彖》曰：履，柔履刚也。

注 坤柔乾刚，谦坤籍乾，故柔履刚。

释 谦上卦坤为柔，履上卦乾为刚，刚在柔上，以柔藉刚。籍通藉，荐也，故柔履刚。盖履有二义，践也，藉也，此以后者言。

柔 刚 履（藉）

说而应乎乾。

注 说，兑也。明兑不履乾，故言应也。

释 履下卦兑为说，应乎上卦乾，故曰说而应乎乾。且由“应”字，虞氏谓兑既应乾，则明兑不履藉于乾，即谓柔履刚之柔，非履卦之兑，乃谦卦之坤。亦谓所履践之虎，当为坤而不当为兑。义仍承前卦辞，明兑为虎之非。

刚中正，履帝位而不疚，光明也。

注 刚中正谓五，谦震为帝。五，帝位。坎为疾病，乾为大明，五履帝位,坎象不见。故履帝位而不疚,光明也。

释　谦上参震为帝,五爻帝位,下参坎为疾病。谦消息而变为履,至四归妹,上参坎为疾病,必至五成兑而坎象不见,故曰履帝位而不疚。九五刚中正,至上成履,上卦乾为大明,故曰光明也。

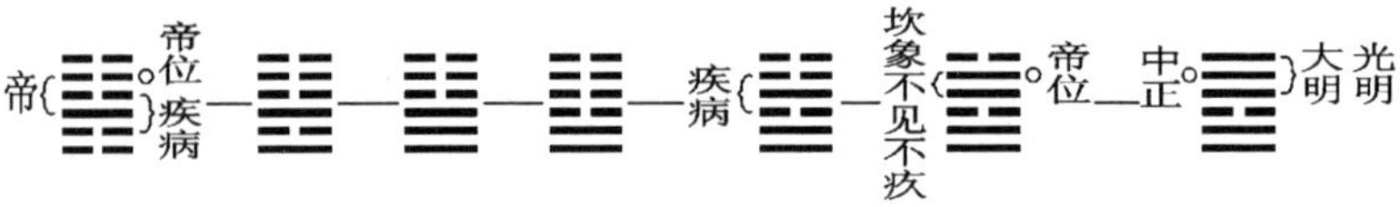

《象》曰:上天下泽,履。君子以辩上下,定民志。

注　君子谓乾。辩,别也。乾天为上,兑泽为下。谦坤为民,坎为志。谦时坤在乾上,变而为履,故辩上下,定民志也。

释　谦上卦坤为民,下参坎为志。当谦卦时,履上卦乾伏在坤卦之下,故民志而不定。由六爻消息而变为履,上卦乾为君子为天,下卦兑为泽,乾天当在上而兑泽当在下,且谦坤已在履乾之下而民志定,故君子以辩上下,定民志。辩,别也,谓辩乾兑及履谦之上下以定民志云。

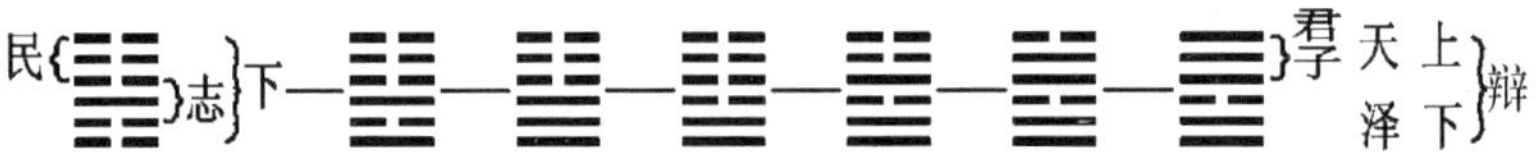

幽人贞吉,中不自乱也。

注　虽幽讼狱中,终辩得正,故不自乱。

释　讼下卦坎为狱,初变为履,故履二犹讼二,在坎狱中称幽人。履二正,履道坦坦,幽人终辩得正,故中不自乱而贞吉,中谓二。

䷊泰　小往大来，吉，亨。

注　阳息坤，反否也。坤阴诎外，为小往。乾阳信内，称大来。天地交，万物通，故吉亨。

释　以阳息坤，由坤而复，由复而临，由临而泰。泰下卦成乾象为天，上卦坤象为地。天在上而信内，故称大来。地在下而诎外，故称小往。天地交万物通，故小往大来，吉。《杂卦》曰："否泰反其类也。"故泰为反否。

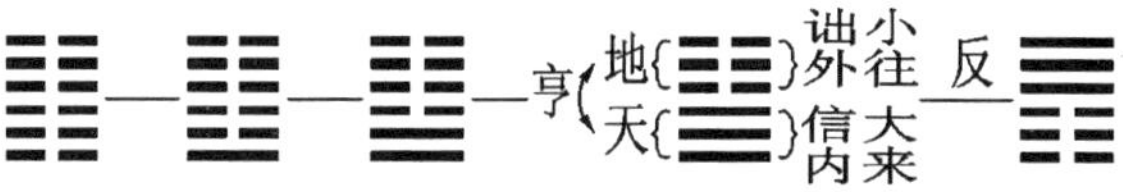

䷁—䷗—䷒—亨 地{ }诎外小往 天{ }信内大来—反 ䷋

九三　无平不陂，无往不复。

注　陂，倾，谓否上也。平谓三，天地分，故平。天成地平，谓危者使平，易者使倾。往谓消外，复谓息内。从三至上体复，终日乾乾，反复道，故无平不陂，无往不复。

释　泰九三位当天地际，故明否泰反类之义。陂，倾，谓否上，否上九"倾否"是也。平谓三者，即泰三当天地之分际，故平。《大禹谟》曰："地平天成。"泰象也。有平自然有陂，有陂自然有平。泰三犹乾三，夕惕若厉，其辞危。危者，所以倾否而使平，此谓否而泰。既泰则平易，孟子曰："入则无法家拂士，出则无敌国外患者，国恒亡。"犹易则使倾之义。往谓消外，由乾而否也，复谓息内，由坤而泰也。泰上互复，乾九三《象》曰："终日乾乾，反复道也。"明自强不息以转消为息。夫无平则不陂，有平必有陂，此谓泰而否。无往则不复，有往必有复，此谓否而泰。否泰反类不已，故无平不陂，无往不复。

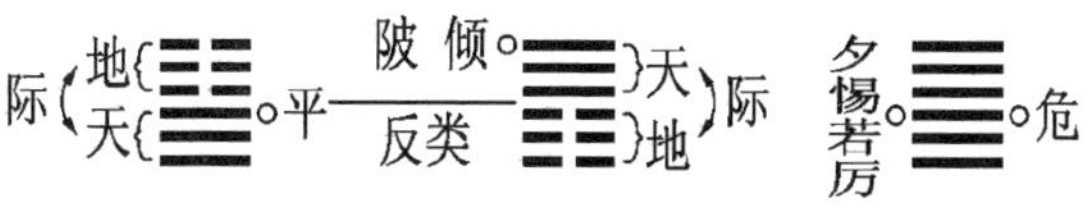

际 地{ 天{ ䷊ 平—陂倾 反类—䷋ }天 }地 际　夕惕若厉 ䷀ 危

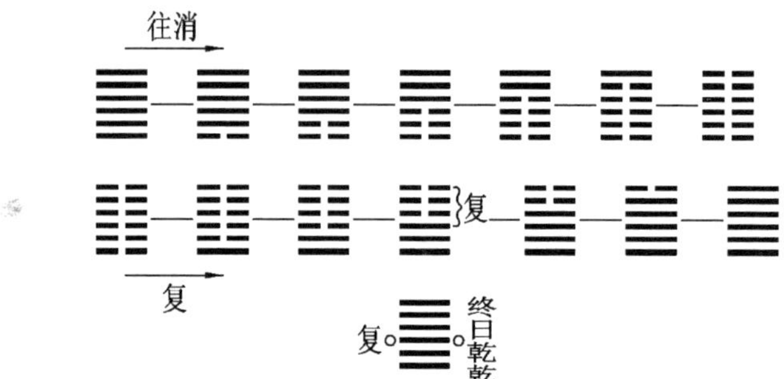

艰贞无咎，勿恤其孚，于食有福。

注　艰，险。贞，正。恤，忧。孚，信也。二之五得正，在坎中，故艰贞。坎为忧，故勿恤。阳在五孚险，坎为孚，故有孚。体噬嗑食也，二上之五据四，则三乘二，故于食有福也。

释　泰二五正成既济，上卦坎为险。艰，险也。九五正位为贞，故艰贞无咎。又坎忧为恤，九五坎为孚，孚于坎险，故勿恤其孚。下伍得噬嗑为食，且九五阳据六四阴，九三阳亦乘六二阴，阴皆承阳，故于食有福也。

恤险　正　孚　噬嗑　食　承　据　乘

六四　翩翩，不富，以其邻。

注　二五变时，四体离飞，故翩翩。坤虚无阳，故不富。兑西震东，故称其邻。三阴乘阳，不得之应，《象》曰："皆失实也。"

释　泰二五变成既济，四体上参离为飞，故翩翩。未变泰上卦坤虚无阳，故不富。下参兑为西，上参震为东，东西为邻，故称其邻。谓上卦三阴乘下卦三阳，六五比于四上而不得应于二，故三阴皆失实而不富。

乘　飞　翩翩　不富西　东

不戒以孚。

注　谓坤。邑人不戒，故使二升五，信来孚邑，故不戒以孚。二上体坎中正，《象》曰：“中心愿也。”与比“邑人不戒”同义也。

释　泰上卦坤为邑人。二五正成既济，上卦坎中正为信为孚，信来孚邑，故不戒以孚。坎又为心，《象》曰：“中心愿也。”若比五邑人不戒，乃使师二上属五，泰曰“不戒以孚”，则使泰二升五。同为二五正，故曰与比“邑人不戒”同义也。

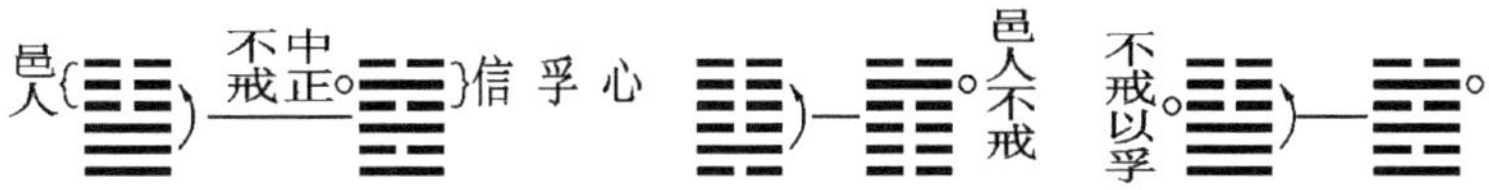

邑人　不戒中正　信 孚 心　邑人不戒　不戒以孚

六五　帝乙归妹，以祉元吉。

注　震为帝，坤为乙。帝乙，纣父。归，嫁也。震为兄，兑妹，故嫁妹。祉，福也。谓五变体离，离为大腹，则妹嫁而孕，得位正中，故以祉元吉也。

释　泰上参震，《说卦》曰：“帝出乎震。”故震为帝。以纳甲言，东方甲乙木，象为乾坤，故上卦坤为乙。帝乙者，《多士》云：“自成汤至于帝乙。”故虞氏曰“纣父”。然《易纬乾凿度》曰：“汤以乙生，嫁妹本天地，正夫妇，夫妇正，王道兴矣。故曰：《易》之帝乙为成汤，《书》之帝乙六世王，同名不害以明功。”《京房章句》尚载有汤归妹之辞，《子夏易传》曰：“帝乙归妹，汤之嫁妹也。”《世本》：“汤名天乙，故称帝乙。”按《史记·殷本纪》帝名乙者凡五：“天乙立，是为成汤”，“祖乙迁于邢”，“帝小辛崩，弟小乙立，是为帝小乙”，“帝庚丁崩，子帝武乙立”，“帝太丁崩，子帝乙立。帝乙立，殷益衰。帝乙长子曰微子启，启母贱，不得嗣。少子辛，辛母正后，辛为嗣。帝乙崩，子辛立，是为帝辛，天下谓之纣”。以上五帝皆可称帝乙，故《程传》曰：“称帝乙者，未知谁是。今以易义论，帝女下嫁以正夫妇，盖本天地阴阳之大义。非有过人之睿知者，未能制此礼法，故当以《乾凿度》、京氏、《子夏传》诸说为正。”帝乙者汤也，纣父帝乙立，殷益衰，何能更制此礼，故不从虞注。归，嫁也。归妹者，上参震兄归下参兑妹，亦即泰中互归妹，故泰五、归妹五皆曰“帝乙归妹”。当归妹三四已正而泰，泰五变为需，上参离为大腹，象当妹嫁而孕。九五得位正中，故以祉元吉。祉，福也。

上六　城复于隍。

注　否艮为城，故称城。坤为积土，隍，城下沟。无水称隍，有水称池。今泰反否，乾坏为土，艮城不见而体复象，故城复于隍也。

释　否泰反类为自然之消息，故取象时兼及之。否下参艮为城，下卦坤为积土，谓积土成城。城下沟无水称隍，有水称池。泰否中无坎水象，故曰隍。今泰反否者，谓位当泰上，势将反否。而泰时所取之象否，又不期而反泰，则否上卦乾坏为坤土，艮城亦不见，而上互体复，故城复于隍也。谓乾刚之艮城毁而复于隍，成废墟焉。

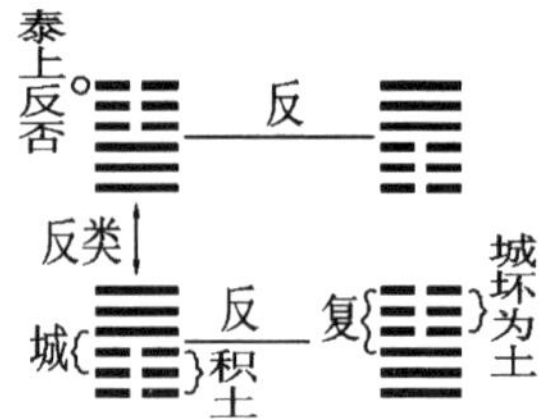

勿用师，自邑告命，贞吝。

注　谓二动时体师，阴皆乘阳，行不顺，故勿用师。坤为自邑，震为言，兑为口，否巽为命。今逆陵阳，故自邑告命。命逆不顺，阴道先迷，失实远应，故贞吝。

释　泰二动为明夷，明夷上伍体师。以明夷言，上卦三阴乘九三，六二乘初九，阴皆乘阳，其行不顺，故勿用师。又否上参巽为命，反泰为命逆不顺。上卦坤为自邑，上参震为言，下参兑为口，口言为告。然自邑所告之命，逆以陵阳，上卦坤阴道先迷，乘阳失实而不得之应，三阴皆然，上六尤远，故贞吝。

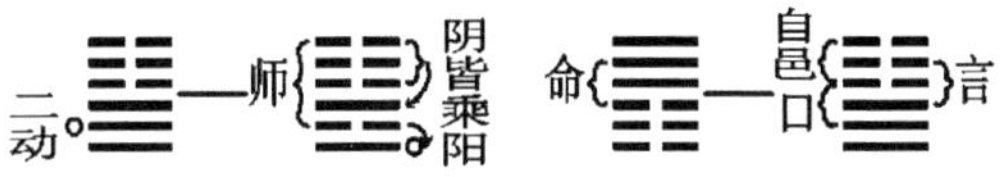

《象》曰：后以财成天地之道。

注　后，君也。阴升乾位，坤女主，故称后。坤富称财，守位以人，聚人以财，故曰成天地之道。

释　天在上，地在下，定位之象为否。今交而为泰，当坤地之阴升于上卦乾天之位，上卦坤为女主，故称后。凡坤虚无阳，故不富。然观其位，乾位而凝乾元，又为富，故称财。《系辞下》曰："何以守位曰仁，何以聚人曰财。"谓坤后守乾人位而以财聚人，故以财成天地之道。

辅相天地之宜，以左右民。

注　相，赞。左右，助之。震为左，兑为右，坤为民，谓以阴辅阳。《诗》曰："宜民宜人，受禄于天。"

释　辅相犹左右，赞助之义。谓坤后以阴辅阳，相赞下卦乾天，上卦坤地，交泰之宜。又上参震为左，下参兑为右，上卦坤为民，故以左右民。"宜民宜人，受禄于天"，诗《假乐》文，引以明后之受禄于乾天而宜其民人也。

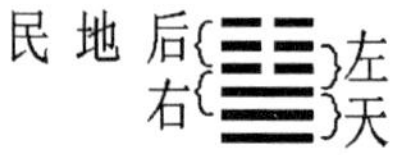

民 地 后{ }左
右{ }天

拔茅征吉，志在外也。

注　否泰反其类，否巽为茅。茹，茅根。艮为手，彙，类也。初应四，故拔茅茹以彙。震为征，得位应四，征吉。外谓四也。

释　否泰反类，象宜合观。否上参巽为茅，下参艮为手。茹，茅根。彙，类也。谓泰初应四，象以手拔茅茹而及其彙。又泰上参震为征，初四正应，故征吉。志在外者，外谓外卦之六四也。

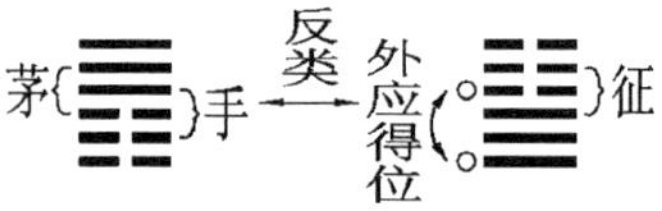

茅{ }手 反类 外应得位 }征

包荒，得尚于中行，以光大也。

注　在中称包。荒，大川也。冯河，涉河。遐，远。遗，亡也。失位变得正体坎，坎为大川为河，震为足，故用冯河。乾为远，故不遐遗。兑为朋，坤虚无君，欲使二上，故朋亡。二与五易位，故得上于中行。震为行，故光大也。

释　九二在下卦之中称包，失位当变，成六二则得正，卦成明夷，下参体坎，坎为大川。荒，大川也，包在九二之中，故曰包荒。又坎为河，上参震为足，以足涉河，故用冯河。冯，涉也。二未正时，下卦乾为远，无远不及，故不遐遗。遐，远。遗，亡也。下参兑为朋，上卦坤为虚，五爻未正为无君，上参震为行，欲使二上之五，二五为中，故得上于中行。兑朋象不见，故朋亡。卦成既济，下卦离为光，九五为大，故光大也。

䷋ 否之匪人，不利君子贞。大往小来。

注　阴消乾，又反泰也。谓三比坤灭乾，以臣弑其君，子弑其父，故曰匪人。阴来灭阳，君子道消，故不利君子贞。阴信阳诎，故大往小来，则是天地不交而万物不通，与比三同义也。

释　以阴消乾，由姤遯而否。六三比于初二，则坤成灭乾，当以臣弑君，以子弑父之象，故曰匪人。时既阴来灭阳而君子道消，故不利君子贞。下卦阴信于内，上卦阳诎于外，凡阴小阳大，来信往诎，故大往小来，则是天地不交而万物不通之象。又否下互剥与比下伍剥同，匪人剥伤，故与比三同义也。若以消息言，有泰必有否，有否必有泰，故泰往反否，否往反泰也。

《象》曰：君子以俭德辟难，不可营以禄。

注　君子谓乾，坤为营，乾为禄，难谓坤为弑君，故以俭德辟难。巽为入伏，乾为远，艮为山，体遯象，谓辟难远遯入山，故不可营以禄。营，或作荣。俭，或作险。

释　上卦乾为君子，下卦坤为难，谓六三弑君。上参巽为入伏，下参艮为山，上卦乾为远，上伍遯，盖有弑君之难，故君子远遯入山而伏焉。又下卦坤为营，上卦乾为禄，时当消阳，故以俭德辟难不可营以禄。营，或作荣，义当不可以禄为荣，不以为荣而不加营求，故营、荣可通。俭，或作险，义当远遯入山以辟难之象，伏而不见，不亦险乎。

君子 难 弑君　入伏 远山 遯　禄 营

大人否亨，不乱群也。

注　否，不也。物三称群。谓坤三阴乱弑君，大人不从，故不乱群也。

释　下卦坤三阴物称群，消阳弑君为乱群。六二中正为大人，不从弑君，故否亨。否，不也，不从乱群也。

否终则倾，何可长也。

注　否终必倾，盈不可久，故先否。下反于初成益体震，民说无疆，故后喜。以阴剥阳，故不可久也。

释　否上犹乾上之亢，盈不可久也，故否终必倾。当未倾为先否，倾则否上下反于初爻之下，卦成益。益下卦震为喜笑，益《象》曰："民说无疆。"故后喜。若不倾而上消成剥，以阴剥阳，决不可久，故《象》曰："何可长也。"

同人

初九　同人于门，无咎。

注　乾为门，谓同于四，四变应初，故无咎也。

释　上卦乾为门，九四当之，初应于四，故曰同人于门。九四失位，宜变以应初，之正故无咎也。

九三　伏戎于莽，升其高陵，三岁不兴。

注　巽为伏，震为草莽，离为戎。谓四变时，三在坎中，隐伏自藏，故伏戎于莽也。巽为高，师震为陵，以巽股升其高陵。爻在三，乾为岁。兴，起也。动不失位，故三岁不兴也。

释　下参巽为伏，下卦离为戎，师下参震为草莽。同人四变成家人时，九三在下参坎中，坎为隐伏自藏，故伏戎于莽也。同人下参巽为高，又为股，师下参震为陵，谓以股升其高陵。上互乾为岁，爻在三为三岁。兴，起也，起以变阴阳。然九三正位不变，故七动而九，不变为阴则不失位，故三岁不兴也。兴则成无妄而六三失位，其行不安之象。

九四　乘其庸，弗克攻，吉。

注　巽为庸，四在巽上，故乘其庸。变而承五体讼，乾刚在上，故弗克攻，则吉也。

释　下参巽为庸，九四在巽上，故乘其庸。变则上伍为讼，九五乾刚在上，当讼元吉。六四承之而不克讼，于攻而言，故弗克攻，则吉也。

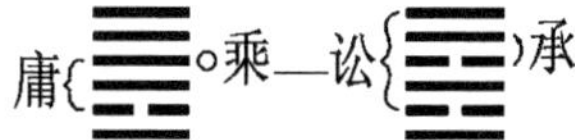

九五　同人先号咷而后笑，大师克相遇。

注　应在二。巽为号咷，乾为先，故先号咷。师震在下，故后笑，震为后笑也。乾为大，同人反师，故大师。二至五体姤，遇也，故相遇。

释　五当上卦乾为先，应在二，二当下参巽为号咷，故先号咷。旁通师，下参震为后笑，在巽号咷之下，故笑后于号咷。又同人上卦乾为大，由旁通消息师卦而成，故为大师。中互体姤为遇，故克相遇。

先号咷　在上　后笑　在下　大　遇

上九　同人于郊，无悔。

注　乾为郊。失位无应，与乾上九同义，当有悔。同心之家，故无悔。

释　上卦乾为郊。上九失位，敌应于九三为无应，与乾上九亢龙之失位无应同义，似亦当有悔。然同人六二，柔得位得中而应乎乾，是谓同心之家，故无悔。

郊　失位　无应　有悔　无应　得中　得位　无悔　应乎乾

《象》曰：同人曰："同人于野，亨，利涉大川。"乾行也。

注　旁通师卦，巽为同，乾为野，师震为人。二得中应乾，故曰同人于野，亨。此孔子所以明嫌表微。师震为夫，巽为妇，所谓二人同心，故不称君臣、父子、兄弟、朋友，而故言人耳。乾四上失位，变而体坎，故曰利涉大川，乾行也。

释　下参巽为同，旁通师，下参震为人，是谓同人。同人六二得中以应上卦乾为野，故曰同人于野，亨。又同人者，《系辞上》释同人九五曰“二人同心”，二人谓师下参震为夫，同人下参巽为妇，夫妇同心，同人之本也。《诗》云：“刑于寡妻，至于兄弟，以御于家邦。”《序卦》曰：“有夫妇然后有父子，有父子然后有君臣，有君臣然后有上下，有上下然后礼义有所错。”皆此义。虞氏乃谓孔子不称君臣父子兄弟朋友而故言人者，即夫妇二人所以明嫌表微，同人伦之本也。同人上卦乾，九四、上九失位当变为乾行，之正成既济，上卦坎为大川，正位为利，故曰利涉大川，乾行也。

唯君子为能通天下之志。

注　唯，独也。四变成坎，坎为通为志，故能通天下之志。谓五以类族辩物，圣人作而万物睹。

释　上卦乾为君子，九四失位而变，下参成坎为通为志，故曰唯君子能通天下之志。唯，独也。谓九五以类族辩物而其志通，犹乾五圣人作而万物睹，盖能辩物而类族之，故能睹万物。万物既睹，辩物尤精，故宜合观乾五与同人五之象。

《象》曰：天与火同人，君子以类族辩物。

注　君子谓乾。师坤为类，乾为族。辩，别也。乾阳物，坤阴物。体姤，天地相遇，品物咸章。以乾照坤，故以类族辩物。谓方以类聚，物以群分。孔子曰："君子和而不同。"故于同人《象》见以类族辩物也。

释　上卦乾为君子为族为阳物，师上卦坤为类为阴物。同人上伍体姤，姤《彖》曰："天地相遇，品物咸章也。"此当同人旁通师，义为以乾照坤，所以辩别阴阳物类族之，故以类族辩物。类族者，犹方以类聚。辩物者，犹物以群分。孔子曰："君子和而不同。"同人者和也，虽和而不可苟同，故于同人《象》见以类族辩物。类族辩物者，辩阴阳物之不同也。

阳物　族　君子　姤遇

类　阴物

大有　元亨。

注　与比旁通。柔得尊位大中，应天而时行，故元亨也。

释　大有与比旁通，凡一阴一阳卦皆为旁通卦。五爻当尊位，宜以阳大居之，且为上卦之中，故为大中。然大有以六五之柔得之，故曰柔得尊位大中。上卦离日，下卦乾天而时行，故元亨。若时行之象，详《象》。

尊位　大中　天

初九　无交害，匪咎。艰则无咎。

注　害谓四。四离火为恶人，故无交害。初动震为交，比坤为害。匪，非也。艰，难，谓阳动比初成屯。屯，难也。变得位，艰则无咎。

释　上卦离为火，九四失位无所容，人道中不义之位，故曰离火为恶人。恶人为害，故害谓四。初四相应为交，四既有害，故戒初曰无交害。又大有旁通比，比下卦坤为害。初动比成屯，屯下卦震为交，谓无交于恶人而交于比初以化其害，乃匪咎。匪，非也。然屯为刚柔始交而难生，艰，难也，故象仍艰难。比初已变而得位，故艰则无咎。

九二　大车以载，有攸往，无咎。

注　比坤为大车，乾来积上，故大车以载。往，谓之五。二失位，变得正应五，故有攸往，无咎矣。

释　大有旁通比，比下卦坤为大车。比消息成大有，下卦乾来积于比坤上，故曰大车以载，谓以载乾。有攸往者，大有二五失位，故二往得正，变得正而相应，故无咎矣。此谓大有而同人之象。又比之旁通大有，当比而需，已为大车以载，乃二变得正应五，故有攸往，无咎矣。此谓需而既济之象。

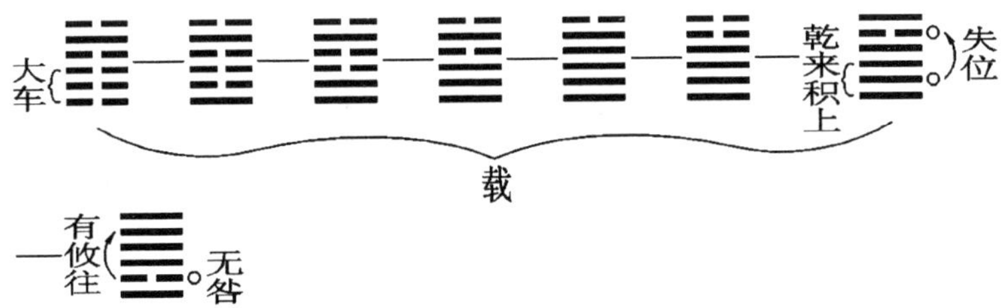

九三　公用亨于天子，小人弗克。

注　天子谓五。三，公位也。小人谓四。二变得位，体鼎象，故公用亨于天子。四折鼎足，覆公餗，故小人不克也。

释　五爻为天子之位，三爻为三公之位。离四当恶人，故小人谓四。二变得位卦成离，离上伍体鼎象，鼎以烹饪，故三公用以亨于五天子。鼎四曰："鼎折足，覆公餗。"故小人弗克也。

九四　匪其尪，无咎。

注　匪，非也。其位尪，足尪，体行不正。四失位，折震足，故尪。变而得正，故无咎。尪或作彭，作旁声，字之误。

释　九四失位，当上参兑为折。四正成大畜，上参震为足，未正时，震足被折为尪。《说文》："尪，跛曲，胫也，从大，象偏曲之形。"故曰足尪，体行不正。匪其尪者，九四变而得正，故无咎。诸家尪皆作彭，《子夏传》作旁，姚信云："彭，旁也。"盖彭、旁古通，骄盛貌。骄盛者必不良于行，犹足尪。故虞氏与诸家字义似不同，于理仍通。

折　尪—足　匪其尪

六五　厥孚交如，威如，吉。

注　孚，信也。发而孚二，故交如。乾称威，发得位，故威如，吉。

释　发谓之正，六五发而孚信于二，故交如。卦成同人，上卦乾称威，二五之正得位，故威如，吉。

上九　自天右之，吉无不利。

注　谓乾也。右，助也。大有通比，坤为自，乾为天，兑为右，故自天右之。比坤为顺，乾为信。天之所助者顺，人之所助者信。履信思顺，又以尚贤，故自天右之，吉无不利。

释　大有旁通比，比下卦坤为顺，伏于大有下卦乾之下，乾为天，上参兑为右，故自天右之。右，助也，谓天助顺人助信，履信思顺，又以尚贤，故吉无不利。此本《系辞上》文，另详彼注。

《彖》曰：应乎天而时行，是以元亨。

注　谓五以日应乾而行于天也。时，谓四时也。大有亨比，初动成震为春，至二兑为秋，至三离为夏，坎为冬，故曰时行。以乾亨坤，是以元亨。

释　上卦离为日，六五为主，下卦乾为天，故曰五以日应乾而行于天。时谓春夏秋冬四时，于象大有旁通比而消息焉。当比初动卦为屯，屯下卦震为春，屯二动卦为节，节下卦兑为秋，节三动卦为需，需上参离为夏，上卦坎为冬，故曰时行。由消息而比下卦坤成需下卦乾，即以乾亨坤，而坤成乾，是以元亨。

《象》曰：君子以遏恶扬善，顺天休命。

注　遏，绝。扬，举也。乾为扬善，坤为遏恶为顺。以乾灭坤，体夬扬于王庭，故遏恶扬善。乾为天休，二变时，巽为命，故顺天休命。

释　大有下卦乾为扬善，旁通比下卦坤为遏恶，由消息而以乾灭坤，所以遏绝其恶而扬举其善。于象比而屯，屯而节，节而需，又需而夬，故曰体夬扬于王庭，盖以夬卦辞明君子当遏恶扬善于王庭。比下卦坤为顺，变成乾为天为休。休，美也。夬二变时卦为革，下参巽为命，故顺天休命。

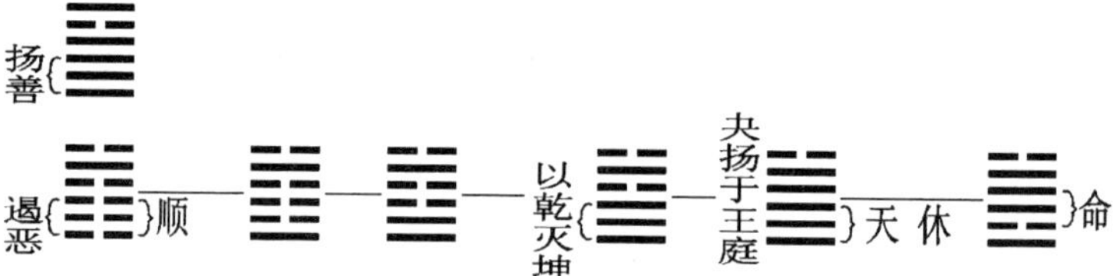

大有初九，无交害也。

注　害，谓四。

释　离四为恶人，故害为四。

公用享于天子，小人害也。

注　小人，谓四也。

释　离四恶人为害，故小人之害，亦为四也。

匪其尫，无咎，明辩折也。

注　折之离，故明辩折也。四在乾则尫；在坤为鼠；在震噬胏得金矢；在巽折鼎足；在坎为鬼方；在离焚死；在艮旅于处，言无所容；在兑睽孤孚厉。三百八十四爻，独无所容也。

释　上卦离为明，上参兑为折，四正上参震为足，未正时震足被兑折为尫，谓当明辨折足之非而宜匪其尫也。以下总论八卦，离四独无所容，盖以乾坤三索为次，故发例于此。乃火天大有为“匪其尫”；火地晋为“晋如硕鼠”；火雷噬嗑为“噬乾胏得金矢”；火风鼎为“鼎折足”；火水未济为“震用伐鬼方”；重明离为“焚如，死如，弃如”；火山旅为“旅于处”，《序卦》曰“旅而无所容”；火泽睽为“睽孤，遇元夫，交孚，厉无咎”。其间尫、鼠、乾胏、折足、鬼方、焚死弃如、处、孤皆有无所容之象，以明离四为恶人，不可不正之。虞注合而观其象，殊得类族辨物之旨。

尫　鼠　乾胏　折足　鬼方　焚死弃如　处(无所容)　孤

谦　亨。

注　乾上九来之坤，与履旁通。天道下济，故亨。彭城蔡景君说，剥上来之三。

释　上与三为应爻，故乾卦上九由应而来之坤三，坤乃成谦。乾为天道，象则由乾而来坤，位则由上而来三，皆为下济，天道下济故亨。又引彭城蔡景君说，剥上来至三而为谦，以明乾上犹剥上。本此注可证，一阴一阳卦虞注盖取应爻变化而来。当已成谦卦，即与履卦旁通。

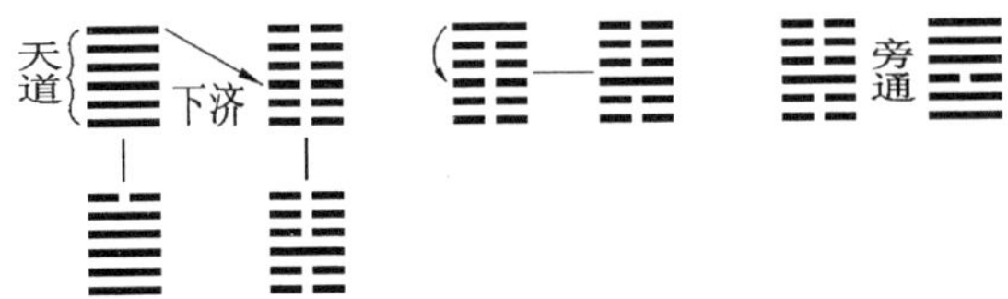

君子有终。

注　君子谓三，艮终万物，故君子有终。

释　九三阳为君子，下卦艮，《说卦》曰：“艮东北之卦也，万物之所成终而所成始也。”谓九三君子，当艮终万物，故君子有终。

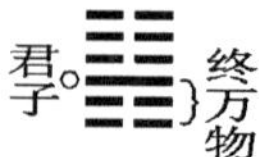

上六　鸣谦，利用行师，征邑国。

注　应在震，故曰鸣谦。体师象，震为行，坤为邑国。利五之正，已得从征，故利用行师，征邑国。

释　上参震，九三为主，上六应之，故曰应在震。震为鸣，故曰鸣谦。上伍师，又上参震为行，上卦坤为邑国，故利用行师，征邑国。征者，正之也，利五之正，邑国正焉。上在邑国中，故曰已得从征。

《象》曰：天道亏盈而益谦。

注　谓乾盈履上，亏之坤三，故亏盈。贵处贱位，故益谦。

释　谦旁通履，由消息而谦成履。履上卦乾为盈，上九当之。亏之坤三者，犹其旋夬履而履成夬，益履三即坤三，故亏盈谓乾上之坤三。上位贵，三位贱，今贵处贱位而坤成谦，故益谦。

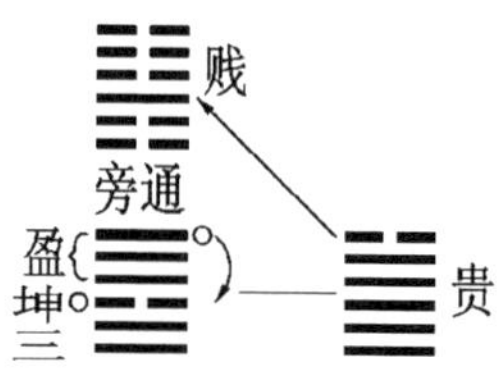

地道变盈而流谦。

注　谦二以坤变乾盈。坎动而润下，水流湿，故流谦也。

释　谦二当为谦三，必传写之误。谓乾上天道盈，亏而益谦，坤三地道乃变成乾盈而成谦三，故曰谦三以坤变乾盈。谦下参坎为水，水动而润下，《文言》曰："水流湿。"故流谦也。若张惠言之《周易虞氏义》，即以谦二言。故于六十四卦消息，谓师者谦三降之坤二，以对于豫而萃，盖亦有其象焉。

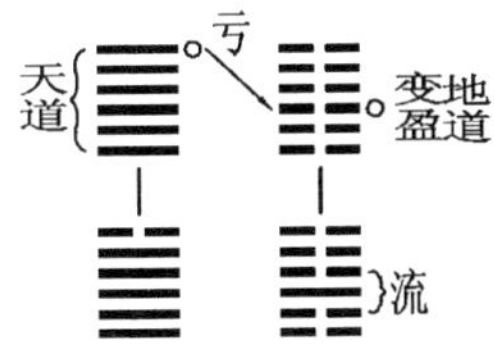

鬼神害盈而福谦。

注　鬼谓四，神谓三。坤为鬼害，乾为神福，故鬼神害盈而福谦也。

释　以京氏宫世言，游魂世四，故鬼谓四，归魂世三，故神谓三。以易象言，乾为神为福，坤为鬼为害。当乾上未正为盈，坤鬼将害之。坤三已正成谦，乾神将福之，故鬼神害盈而福谦也。

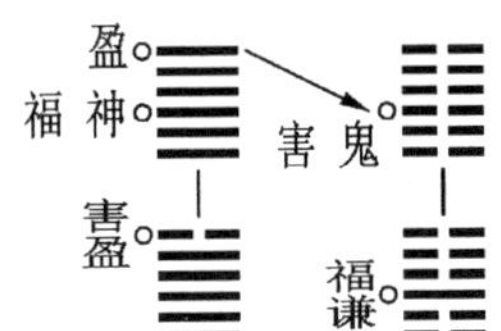

人道恶盈而好谦。

注　乾为好为人，坤为恶也，故人道恶盈。从上之三，故好谦矣。

释　乾为人为好，坤为恶。人道之所恶者，恶乾上之盈，所好者，好从乾上之坤三而成谦，故人道恶盈而好谦。

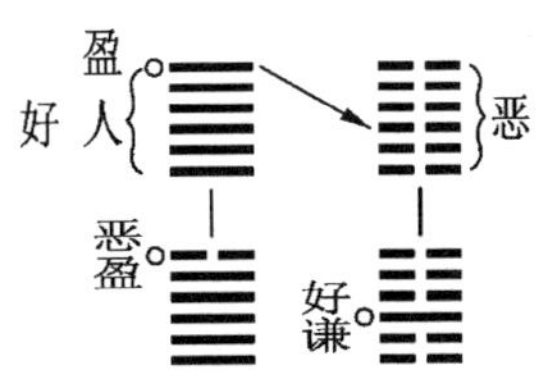

谦尊而光，卑而不可踰。

注　天道远，故尊光。三位贱，故卑。坎水就下，险弱难胜，故不可逾。

释　乾为天道为远，上位为尊。谦三由乾上来，故尊而光。谦三位贱，故卑。下参坎为水为险，水就下而弱，不亦险乎。然九三正位，日乾夕惕，莫能胜之，故不可逾。

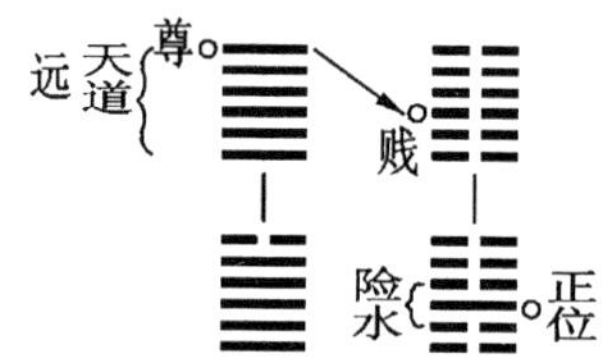

《象》曰：君子以捊多益寡，称物平施。

注　君子谓三。捊，取也。艮为多，坤为寡，乾为物为施，坎为平。谦乾盈益谦，故以捊多益寡，称物平施。

释　九三为君子，下卦艮为多，上卦坤为寡。捊，取也。三以应上，故君子以捊多益寡。又谦旁通履，谦下参坎为平，履上卦乾为物为施，乾盈履上亏之坤三，故曰谦。乾盈益谦，谓以履上之物称而平施于三也。

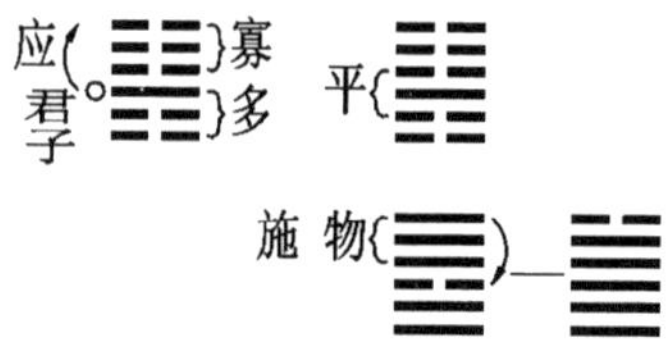

鸣谦，贞吉，中心得也。

注　中正谓二，坎为心也。

释　二爻为中，而六二又正，贞者，正也。下参坎为心，故鸣谦贞吉，中心得也。

☳☷ 豫　利建侯行师。

注　复初之四，与小畜旁通。坤为邦国，震为诸侯。初至五体比象，四利复初，故利建侯。三至上体师象，故行师。

释　复初之四，卦成豫。复初即乾初，初四应爻易位，亦当乾初之坤四而坤成豫，此虞氏一阴一阳卦之卦变例。豫与小畜旁通，下卦坤为邦国，上卦震为诸侯，下伍比，显比以建侯也。以之正言，四利复初，初刚难拔，故利建侯。又豫上互得师象，故曰行师。

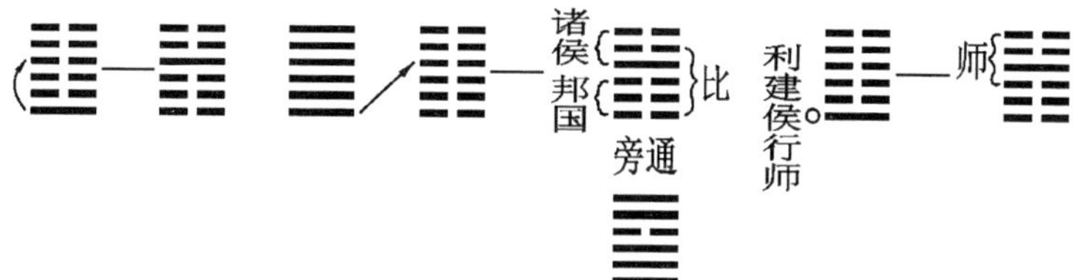

初六　鸣豫，凶。

注　应震善鸣，失位，故鸣豫，凶也。

释　上卦震为善鸣，初应之，故曰鸣豫。初四皆失位，故凶。

六二　介于石。

注　介，纤也。与四为艮，艮为石，故介于石。

释　二当下参艮为石，故曰介于石，知几之谓。

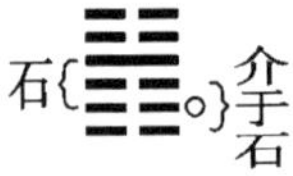

石{䷏。}介于石

不终日,贞吉。

注　与小畜通,应在五。终变成离,离为日,得位。欲四急复初,已得休之。故不终日,贞吉。

释　豫与小畜旁通,由震、归妹、大壮、泰、需而成小畜。豫二应在五,于旁通之象为需。需上参离日,当归妹时下参已成离为日,然未得位,故宜以应五而终变成离,则需之离日得位,是谓终日。不终日者,象当旁通之泰。豫四欲急复初,即由豫而复,复二曰:“休复吉。”初四正位为贞,下仁而已得休之,故不终日,贞吉。

䷏—豫初。䷲—豫二。䷵}日—豫三。䷡—豫四。䷊)不终—豫五。䷄}得位 终日—豫上。䷈

(䷏—休复。䷗)贞吉

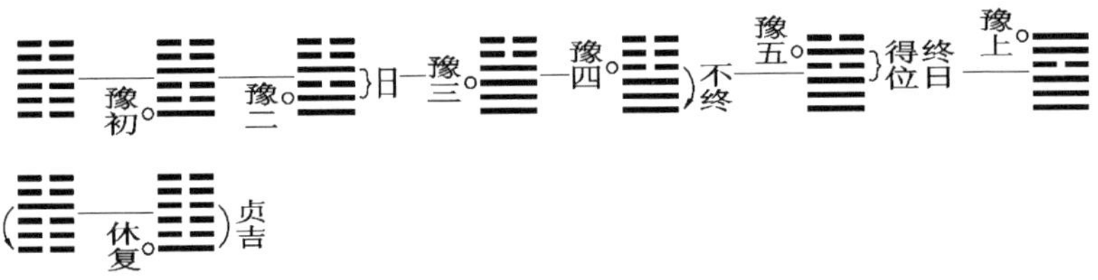

九四　由豫,大有得,勿疑,朋盍戠。

注　由,自从也。据有五阴,坤以众顺,故大有得,得群阴也。坎为疑,故勿疑。小畜兑为朋。盍,合也,坤为盍。戠,聚会也。坎为聚,坤为众,众阴并应,故朋盍戠。戠,旧读作撍、作宗也。

释　豫卦唯九四为阳,故曰由豫。由豫者,豫所自从也。此一阳据有五阴,下卦坤为众为顺,阴皆顺之,故大有得,得群阴也。上参坎为疑,下卦坤为盍为众,上参坎为聚,旁通小畜,下参兑为朋。盍,合也。戠,聚会也。众阴并应于此,犹朋之会聚,故曰朋盍戠。戠旧读作撍,谓京氏。作宗,谓荀氏。撍即《诗》、《尔雅》之寁,《释诂》、《毛传》并云:“寁,速也。”故作撍,言朋从合会速疾也。作宗,言朋合而宗之,与

作簪训聚会，大旨可相通。

由豫　顺　众　大有得　疑　得阴勿疑　盍　众　聚　朋

六五　贞疾，恒不死。

注　恒，常也。坎为疾。应在坤，坤为死，震为反生。位在震中，与坤体绝，故贞疾，恒不死也。

释　上参坎为疾，下卦坤为死，上卦震为反生。六五既有坎疾，又应于六二当坤死，然位在震反生之中，且以九四一阳隔之而与下卦坤体绝，故贞疾，恒不死也。

疾　反生　死　震中　与坤体绝

上六　冥豫，成有渝，无咎。

注　应在三，坤为冥。渝，变也。三失位无应，多凶。变乃得正，体艮成，故成有渝，无咎。

释　上应三，三当下卦坤为冥，故曰冥豫。渝，变也。谓六三失位，故于上六而无应，且三位多凶，故变乃得正，卦为小过。小过下卦艮为成，故成有渝，无咎。

冥　失位　多凶　成　渝

《彖》曰：豫顺以动，故天地如之，而况建侯行师乎。

注　小畜乾为天，坤为地。如之者，谓天地亦动，以成四时，而况建侯行师，言其皆应而豫也。

释　小畜下卦乾为天，豫下卦坤为地。豫、小畜旁通，象当天地动以成四时。如之者，谓天地如是之顺动，人事之建侯行师亦然。其皆应此顺动，则豫乐矣。

天地以顺动。

注　豫变通小畜。坤为地，动初至三成乾，故天地以顺动也。

释　豫变通小畜，谓旁通消息而豫成小畜也。豫下卦坤为地，由初动震，至二归妹，至三大壮，而下卦成乾为天，故天地以顺动也。

地　至二　至三　天

故日月不过，而四时不忒。

注　过谓失度。忒，差迭也。谓变初至需，离为日，坎为月，皆得其正，故日月不过。动初时，震为春。至四，兑为秋。至五，坎为冬，离为夏。四时位正，故四时不忒。通变之谓事，盖此之类。

释　豫变通成小畜，由初至五卦为需。需上参离为日，上卦坎为月，坎离之位皆得其正，故日月不过，过谓失度也。当初动时，卦为震，震下卦震为春，初九位正。动至四，卦为泰，泰下参兑为秋，六四位正。动至五，卦为需，需上卦坎为冬，九五位正。上参离为夏，六四位正。四时之象，其主爻皆当位，故四时不忒。忒，差迭也。《系辞上》曰“通变之为事”，虞氏盖以旁通消息当之。

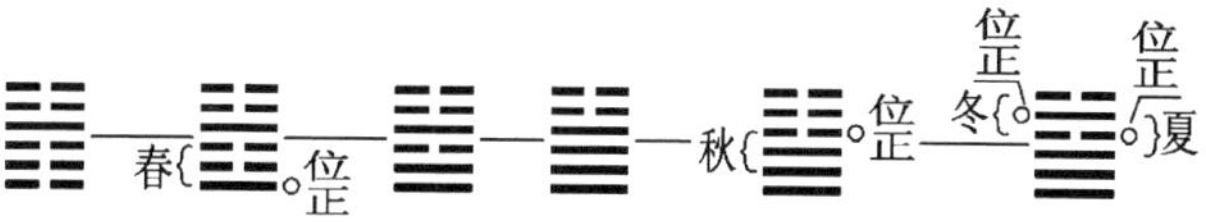

圣人以顺动，则刑罚清而民服。

注　清，犹明也。动初至四，兑为刑，至坎为罚。坎、兑体正，故刑罚清。坤为民，乾为清，以乾乘坤，故民服。

释　豫通变之小畜，动初至四卦为泰，泰下参兑为刑，六四正位。至五卦为需，需上卦坎为罚，九五正位。坎兑体正，故刑罚清。而以乾阳乘坤民，故民服。

豫之时义大矣哉。

注　顺动天地，使日月四时皆不过差，刑罚清而民服，故义大也。

释　圣人通变，以豫成需。法天地日月四时之顺动，不过不忒，刑罚清而民服，故豫之时义大矣。

《象》曰：初六鸣豫，志穷凶也。

注　体剥蔑贞，故志穷凶也。

释　下互剥，剥初曰“蔑贞凶”，豫初当之，故志穷凶也。

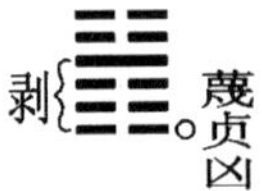

䷐随　元亨利贞，无咎。

注　否上之初，刚来下柔，初上得正，故元亨利贞，无咎。

释　三阴三阳卦，虞氏有从否泰来之例。随从否来，否上卦乾为刚，上九未正，下卦坤为柔，初六未正。当否上之初，刚来下柔而易位为元亨，成随而初九上六得正为利贞，故元亨利贞，无咎。

刚　未正
柔　未正
元亨—利贞

六二　系小子，失丈夫。

注　应在巽，巽为绳，故称系。小子谓五，兑为少，故曰小子。丈夫谓四，体大过老夫，故称丈夫。承四隔三，故失丈夫。三至上有大过象，故与老妇、士夫同义。体咸象，夫死大过，故每有欲嫁之义也。

释　六二应九五，上参巽为绳，故称系。九五阳而当位，上卦兑为少，故曰小子。上互大过，随九四体大过九二老夫，故称丈夫。六二欲承九四，为六三所隔，故失丈夫。又随九五体大过九五，故与大过九五之老妇得其士夫同义。上伍咸，大过为死，夫死而咸，故言六二每有欲嫁之义也。

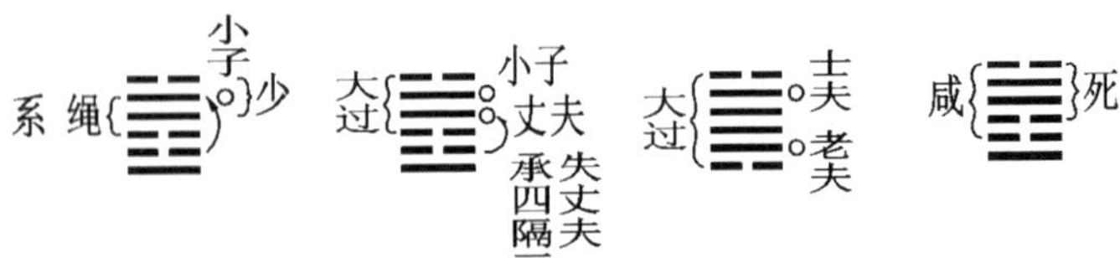

六三　系丈夫，失小子，随有求得，利居贞。

注　随家阴随阳，三之上无应。上系于四，失初小子，故系丈夫，失小子。艮为居为求，谓求之正。得位远应，利上承四，故利居贞矣。

释　凡各卦之象各有其义，汉易中每以“家”字言之，荀虞等皆同。虞注同人卦曰“同心之家”，此曰“随家”是也。随家之大义，为阴随阳。然六三之阴应于上，而上六亦为阴，乃无应而无所随。故唯能上承而系于九四，九四为丈夫，初阳位下为小子。三既上承九四，势必失于初九，故系丈夫，失小子。观丈夫之象，虞氏于二三爻皆以九四当之。小子之象，则于二爻以九五当之，于三爻以初九当之。此盖爻位已变，未可执一者也。下参艮为居为求，谓六三承九四而求之正，能求得而正位，卦为革，革九三远应上六，故利居贞矣。曰远应者，对近承而言。

无应　上承　丈夫　小子　系丈夫　求　居　求之正　近承　远应　居贞

九四　随有获，贞凶。有孚在道，以明，何咎。

注　谓获三也，失位相据，在大过死象，故贞凶。《象》曰：“其义凶矣。”孚谓五，初震为道。三已之正，四变应初，得位在离，故有孚在道，以明，何咎。《象》曰：“明功也。”

释　九四据于六三之上而获之，故获者，获三也。然九四、六三皆失位，失位相据而获之，且在上互大过死象之内，故贞凶。《象》曰：“其义凶也。”谓不义之获。九五阳称孚，初九当下卦震为道，六三已求得而之正，卦为革。四亦变以承五为有孚，应初为在道，六四得位在上参离为明，卦成既济，故有孚在道，以明，何咎。《象》曰：“以明功也。”

失位相据　获之　不义　死　孚　道　三正　有孚在道　明

九五　孚于嘉，吉。

注　坎为孚，阳称嘉，位五正，故吉也。

释　有孚在道以明，而随成既济。既济上卦坎为孚，九五阳称嘉。乾《文言》："亨者，嘉之会也。"又："嘉会足以合礼。"其位正，故吉也。谓阴皆系于阳而合于嘉礼云。

上六　拘系之，乃从维之。

注　应在艮。艮手为拘，巽为绳，两系称维，故拘系之，乃从维之。在随之上，而无所随，故维之。《象》曰"上穷"，是其义也。

释　上应三，三在下参艮手之中，艮手为拘，上参巽为绳，谓以手拘之而以绳系之。两系称维，仍为巽象，故拘系之，乃从维之。盖上六在随上而无所随，其义上穷，故当系维之。

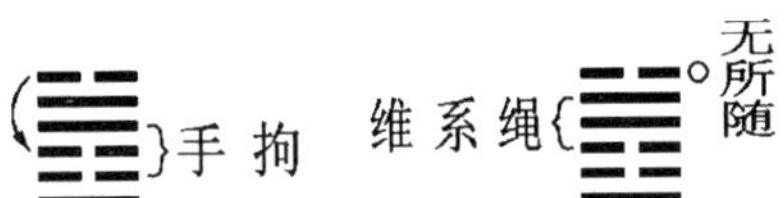

王用亨于西山。

注　否乾为王，谓五也。有观象，故亨。兑为西，艮为山，故王用亨于西山也。

释　随由否来，否上卦乾为王，九五当之。下伍观，观，祭祀之卦，故亨。否而随，上卦兑为西，下参艮为山，故王用亨于西山也。

《象》曰：随，刚来而下柔，动而说，随。

注 否乾上来之坤初，故刚来而下柔。动，震。说，兑也。

释 否上卦乾为刚，下卦坤为柔，乾上来之坤初，故刚来而下柔，卦成随。随下卦震为动，上卦兑为说，故动而说，随。

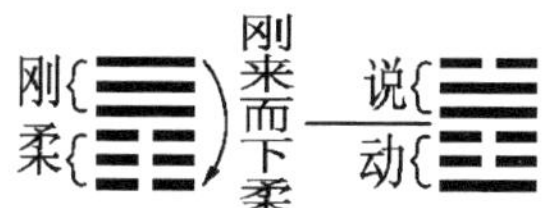

而天下随时。

注 乾为天，坤为下，震春兑秋。三四之正，坎冬离夏。四时位正，时行则行，故天下随时矣。

释 否上卦乾为天，下卦坤为下，刚来下柔而成随。下卦震为春，初九正位。上卦兑为秋，上六正位。三四之正而卦成既济，上卦坎为冬，九五正位，下卦离为夏，六二正位。是谓四时位正，时行则行，故天下随时矣。

《象》曰：系小子，弗兼与也。

注 已系于五，不兼与四也。

释 已系于九五小子，弗兼与九四丈夫。

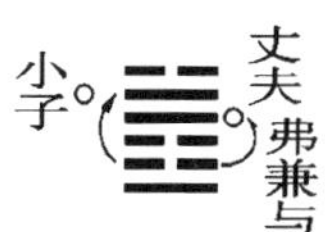

随有获,其义凶也。

注　死在大过,故凶也。

释　上互大过为死,九四获六三而在大过中,故其义凶也。

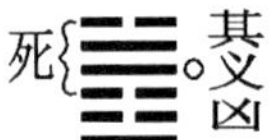

有孚在道,明功也。

注　功谓五也。三四之正,离为明,故明功也。

释　有孚在道而三四之正,卦成既济,上参离为明,五位多功而在离,故明功也。

孚于嘉吉,位正中也。

注　凡五言"中正中正",皆阳得其正,以此为例矣。

释　注曰"中正中正",当为"中正正中"。凡五言中正者,需、讼皆曰"以中正也",姤、井皆曰"中正也",凡五言正中者,比、随、巽皆曰"位正中也",艮曰"以正中也"。其间需、讼、姤、井、比、随、巽七卦,皆九五阳得其正,唯艮卦为六五,然以动得正成渐卦之九五言。故中正正中者,九五之阳莫不正,以此为例矣。

拘系之,上穷也。

注　乘刚无应,故上穷也。

释　上六乘九五阳刚而无应于六三，故上穷也。

䷑ **蛊　元亨。**

注　泰初之上，与随旁通。刚上柔下，乾坤交，故元亨也。

释　蛊由泰来，泰下卦乾刚，上卦坤柔，初之上易位而成蛊，为刚上柔下。乾坤交，故元亨也。成蛊后，与随卦旁通消息。

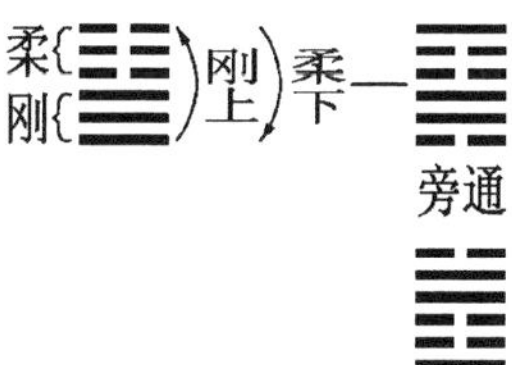

利涉大川。

注　谓二失位，动而之坎，故利涉大川也。

释　蛊九二失位，动而之正卦成艮，艮下参坎，故曰动而之坎。坎为大川，其位正，故利涉大川也。

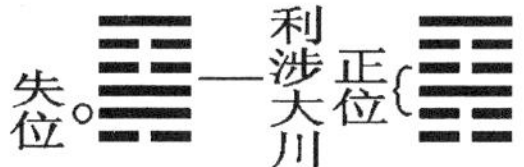

初六　幹父之蛊，有子考，无咎，厉，终吉。

注　幹，正。蛊，事也。泰乾为父，坤为事，故幹父之蛊。初上易位，艮为子，父死大过称考，故有子考。变而得正，故无咎，厉，终吉也。

释　泰下卦乾为父，上卦坤为事，故幹父之蛊，谓幹正父之蛊事，象当泰初上易位而成蛊。蛊上卦艮为子，下互大过死，父死称考。初六变而得正，卦为大畜，幹正蛊事而死象不见，盖其考犹生，是谓有子，故无咎，厉，终吉也。

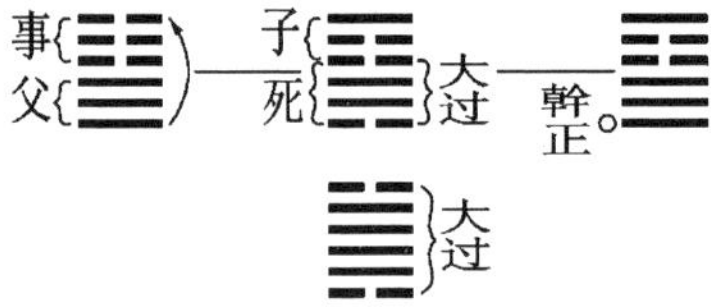

事 父 子 死 大过 幹正 大过

九二　幹母之蛊，不可贞。

注　应在五。泰坤为母，故幹母之蛊。失位，故不可贞。变而得正，故贞而得中道也。

释　泰上卦坤为母为事，故幹母之蛊谓幹正母之蛊事，象当泰初上易位而成蛊。蛊九二应在六五，为坤母位，然二五皆失位，故不可贞。二五变而得正，卦为渐，则已幹正母蛊，故贞而得中道也。

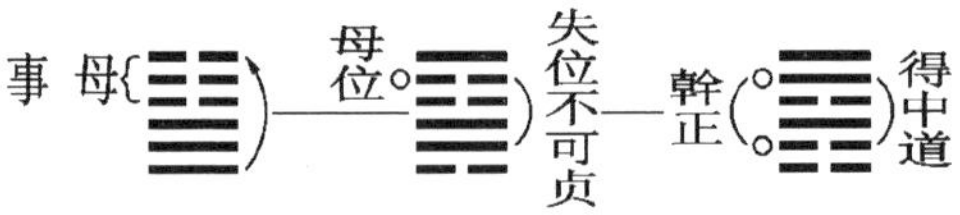

事 母 母位 失位不可贞 幹正 得中道

六四　裕父之蛊，往见吝。

注　裕，不能争也。孔子曰："父有争子，则身不陷于不义。"四阴体大过本末弱，故裕父之蛊。兑为见，变而失正，故往见吝。《象》曰"往未得"，是其义也。

释　蛊下互大过，六四之阴当大过上六为末，本末弱犹不能争为裕，故裕父之蛊。《孝经·谏诤章》子曰："父有争子，则身不陷于不义。"若裕而不争，象当下参兑为见，六四变成九四而失正，卦为鼎。鼎上参兑为见，是谓往见，由得位而失位，故吝。《象》曰"往未得"，是其义也。

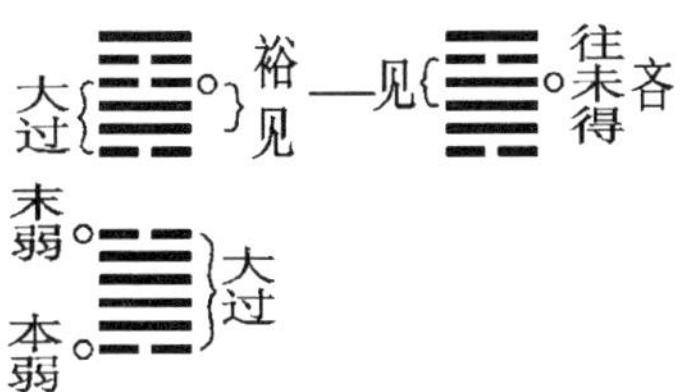

上九　不事王侯。

注　泰乾为王，坤为事。应在于三，震为侯，坤象不见，故不事王侯。

释　泰下卦乾为王，上卦坤为事，上参震为侯。九三当王侯之位，上爻应之。然泰初上易位而成蛊，坤事象不见，故上九虽应九三而不事王侯。

高尚其事。

注　谓五已变，巽为高，艮阳升在坤上，故高尚其事。

释　泰上卦坤为事，初上易位而成蛊。蛊上卦为艮，故曰艮阳生在坤上，是谓尚其事。尚，上也。蛊五变卦为巽，上卦巽为高，故高尚其事。

《彖》曰：蛊，刚上而柔下，巽而止，蛊。

注　泰初之上，故刚上。坤上之初，故柔下。上艮下巽，故巽而止，蛊也。

释　泰下卦乾为刚，初之上故刚上。上卦坤为柔，上之初故柔下。刚上而柔下，则下卦为巽，上卦为艮，艮为止，故巽而止，蛊也。

刚上 刚 柔 柔下 止 巽

先甲三日，后甲三日，终则有始，天行也。

注　谓初变成乾，乾为甲。至二成离，离为日。谓乾三爻在前，故先甲三日，贲时也。变三至四体离，至五成乾，乾三爻在后，故后甲三日，无妄时也。易出震，消息历乾坤象，乾为始，坤为终，故终则有始。乾为天，震为行，故天行也。

释　蛊六爻变而旁通随。初变为大畜，大畜下卦乾为甲。至二为贲，贲下卦离为日。凡下卦为前，三爻为三，大畜之乾甲，贲之离日，皆在下卦，故先甲三日，贲时也。以下变至三为颐，至四为噬嗑，噬嗑上卦离为日，至五为无妄，无妄上卦乾为甲。凡上卦为后，三爻为三，噬嗑之离日，无妄之乾甲，皆在上卦，故后甲三日，无妄时也。若虞氏所以取乾为甲者，盖准纳甲之理，亦见先天图之自然消息。凡一阳出震，由二阳兑而至三阳乾。一阴入巽，由二阴艮而至三阴坤。坎戊离己，盖合而为消息之主。故易出震，消息必历乾坤。乾为始，坤为终，终则有始者，由坤而出震也。又乾为天，震为行，故天行也。此终始之天行，殊可以先天图示之。

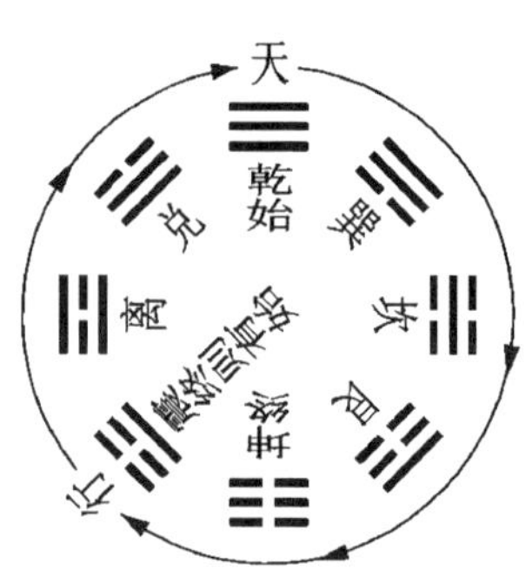

《象》曰：君子以振民育德。

注　君子，谓泰乾也。坤为民，初上抚坤，故振民。乾称德，体大畜须养，故以育德也。

释　泰下卦乾为君子，上卦坤为民，乾初之上以抚坤民，故振民。蛊上九乾阳称德，上伍得大畜，上互颐，畜德须养，故以育德也。

民
君子
德
振民
大畜
颐

裕父之蛊，往未得也。

注　往失位，折鼎足，故未得。

释　蛊六四往见，成九四失位，卦为鼎。鼎九四曰："鼎折足，覆公悚。"故未得也。

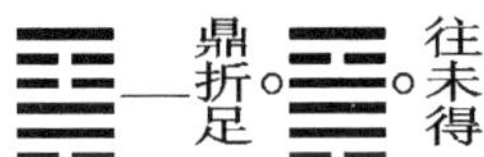

幹父用誉，承以德也。

注　誉，谓二也。二五失位，变而得正，故用誉。变二使承五，故承以德。二乾爻，故称德矣。

释　《系下》云："二多誉。"故誉谓二。蛊九二乾爻称德，九二、六五皆失位，变而得正，卦为渐。故用誉谓五位用二，渐六二承九五，故承以德。

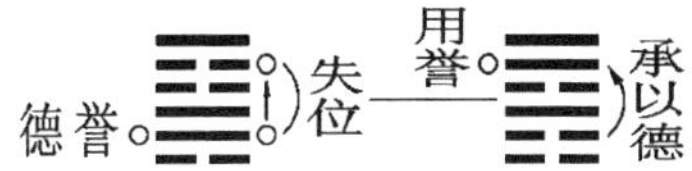

临　元亨利贞。

注　阳息至二，与遯旁通。刚浸而长，乾来交坤，动则成乾，故元亨利贞。

释　阳息初为复，至二为临，当乾来交坤而阳刚浸长之象。临与遯旁通，消息之变也。又临三动为泰，下卦成乾，天地交通，故元亨利贞。

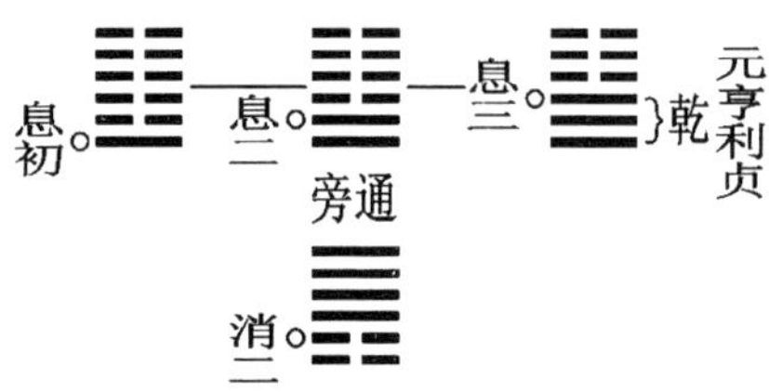

至于八月有凶。

注　与遯旁通，临消于遯，六月卦也，于周为八月。遯弑君父，故至于八月有凶。荀公以兑为八月，兑于周为十月，言八月，失之甚矣。

释　八月之象，宜先明三正之理。凡辟卦十二，以当十二地支。复子，临丑，泰寅，大壮卯，夬辰，乾巳，姤午，遯未，否坤，观酉，剥戌，坤亥是也。此十二地支各当一月，故十二辟卦亦当十二月之象。如子月之象为复，丑月之象为临，以至亥月之象为坤。然子月非固定为正月者也。或以子月为岁首，即以子为正月，此周朝用之，所谓建子是也。或以丑月为岁首，即以丑月为正月，此商朝用之，所谓建丑是也。或以寅月为岁首，即以寅月为正月，此夏朝用之，所谓建寅是也。此建子、建丑、建寅为三正。因有三正之异，故十二月之卦象亦异。若八月者，以周正建子言，其象为遯。以商正建丑言，其象为否。以夏正建寅言，其象为观。明乎此，可释虞注焉。临与遯旁通，临为息卦，而遯为消卦。遯于夏正建寅为六月卦，于周正建子为八月卦。遯消为弑君弑父，故至于八月有凶，盖虞氏以周正言。荀公者即荀爽，其以兑为八月，乃以十二辟卦合诸后天方位。凡坎子，离午，震卯，兑酉，《说卦》曰："兑正秋也。"故以为八月，与马融以坤为孟秋之月同义。若以三正言，则兑酉当八月为建寅。或以建子论，兑酉已当十月。虞氏以周正为是，故以荀言为失。

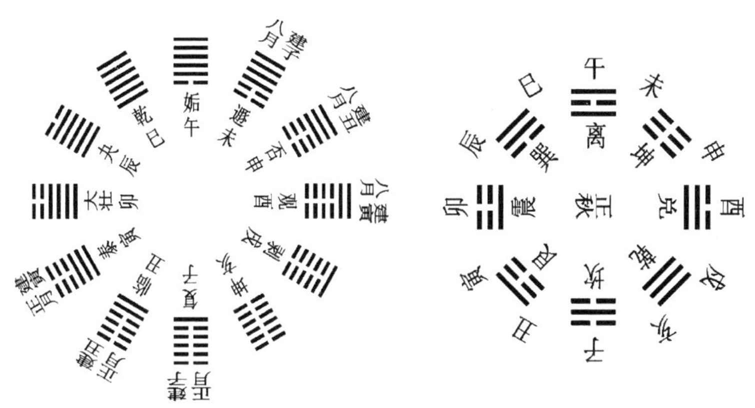

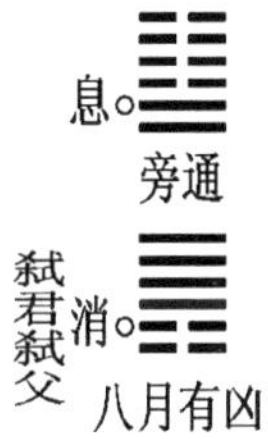

初九　咸临，贞吉。

注　咸，感也。得正应四，故贞吉也。

释　咸《彖》曰："咸，感也。"临初九得正而感应六四，初四皆正，故贞吉也。

九二　咸临，吉，无不利。

注　得中多誉，兼有四阴。体复初元吉，故无不利。

释　九二得下卦之中，而二位多誉，息阳刚浸而长，故能兼有上互四阴。又上伍复，临二犹复初，复初九“不远复，无祇悔，元吉”。元吉当咸临之吉，故无不利。

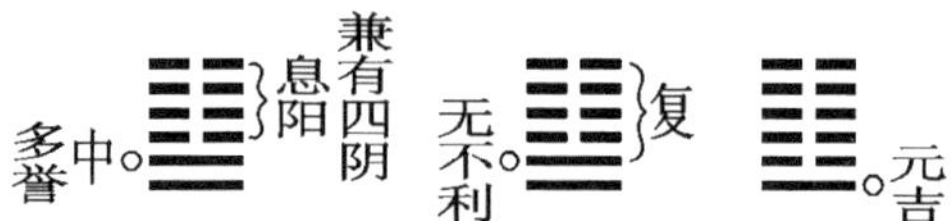

六三　甘临，无攸利。既忧之，无咎。

注　兑为口，坤为土，土爰稼穑作甘。兑口衔坤，故曰甘临。失位乘阳，故无攸利。言三失位无应，故忧之。动而成泰，故咎不可长也。

释　下卦兑为口，上卦坤为土，《洪范》曰：“土爰稼穑”；“稼穑做甘。”三为兑口之上而以口衔坤，故曰甘临。然六三失位，无应于上六，且乘九二之阳刚，故无攸利而忧。忧而动成九三，卦为泰。泰三得位有应，故咎不长也。

六四　至临，无咎。

注　至，下也。谓下至初应，当位有实，故无咎。

释　至谓由上而下，六四下至初而应焉。初九当位，阳刚有实，故六四应之而无咎。准虞注，可见虞本之经文，《象》为“当位实也”。

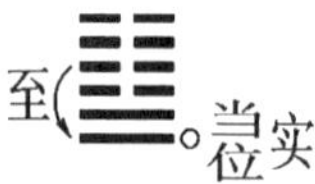

《象》曰：临，刚浸而长。

注　刚，谓二也。兑为水泽，自下浸上，故浸而长也。

释　刚谓临九二，下卦兑为水泽，水泽自下浸上，九二刚长之象。浸长成泰，刚谓九三，下参兑为水泽。又浸长成大壮，刚谓九四，上参兑为水泽。又浸长成夬，刚谓九五，上卦兑为水泽。又浸长则乾卦成矣，是谓刚浸而长。

刚　水泽　刚　水泽　刚　水泽　刚　水泽　刚

说而顺，刚中而应，大亨以正，天之道也。

注　说，兑也。顺，坤。刚中，谓二也，四阴皆应之，故曰而应。大亨以正，谓三动成乾天，得正为泰。天地交通，故亨以正，天之道也。

释　临下卦兑为说，上卦坤为顺，故说而顺。刚中谓九二，上互四阴皆应之，故刚中而应。又六三失位，下卦乾象未成，故大亨以正，谓三正成泰。泰下卦乾为天，上卦坤为地，九三得正为大，天地交通，故亨以正，此天地自然之道也。

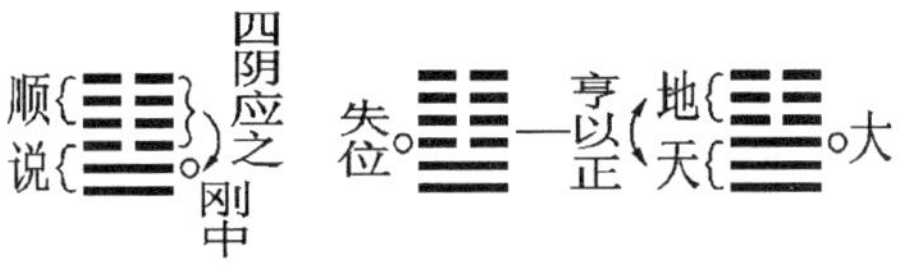

顺　说　四阴应之　刚中　失位　亨以正　地　天　大

《象》曰：君子以教思无穷，容保民无疆。

注　君子谓二也。震为言，兑口讲习。学以聚之，问以辩之。坤为思，刚浸长，故以教思无穷。容，宽也。二宽以居之，仁以行之，坤为容为民，故保民无疆矣。

释　临二阳，犹乾卦九二。九二刚中为君子，下参震为言，下卦兑为口为讲习，上卦坤为思。乾九二《文言》曰："君子学以聚之，问以辩之。"二刚浸长无已，故以教思无穷。又上卦坤为容为民，容，宽也。乾九二《文言》又曰："宽以居之，仁以行之。"故保民无疆矣。

言 君子 思 口 讲习　学 问 宽 仁　容 民

 观

初六　童观，小人无咎，君子吝。

注　艮为童。阴小人，阳君子。初位贱，以小人乘君子，故无咎。阳伏阴下，故君子吝矣。

释　初应四，当上参艮为童，故曰童观。观由临反，观初六阴为小人，临初九阳为君子。今以观初小人乘临初君子，幸初为贱位，故于小人无咎。若临初阳伏阴下，甘为小人所乘，故于君子吝矣。

童　位贱 小人　反　君子

六二　窥观，利女贞。

注　临兑为女，窃观称窥。兑女反成巽，巽四五得正，故利女贞。艮为宫室，坤为阖户，小人而应五，故窥观女贞，利不淫视也。

释　临下卦兑为女，九二、六三失正。反成观，兑女成上卦巽为女，六四、九五得正，故利女贞。又上参艮为宫室，下卦坤为阖户，六二阴为小人，其应五也，阖户以窃观宫室，故曰窥观。巽女已贞，故利不淫视也。

六三　观我生，进退。

注　坤为我，临震为生，生谓坤生民也。巽为进退，故观我生进退。临震进之五，得正居中，故《象》曰："未失道。"

释　临下参震为生，反成观，下卦坤为我为民，上卦巽为进退，故观我生进退。生谓坤生民者，乃临震生观坤为生民也。又临震在二，反观而进至五，九五得正居中，故《象》曰："未失道也。"

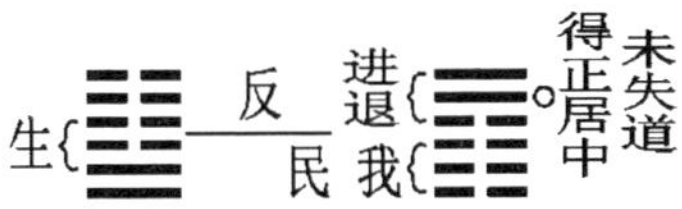

生 反 民 进退 我 得正居中 未失道

六四　观国之光，利用宾于王。

注　坤为国，临阳至二，天下文明。反上成观，进显天位，故观国之光。王谓五阳，阳尊宾坤，坤为用为臣。四在王庭，宾事于五，故利用宾于王矣。《诗》曰："莫敢不来宾，莫敢不来王。"是其义也。

释　以消息言，临阳至二犹乾二，《文言》乾二曰："天下文明。"临反上成观，九二阳进显于九五当天位。大观在上，以观下互坤为国，故观国之光。九五阳尊为王，下互坤为用为臣，当王者之宾。且四位承五，在王庭而宾事于九五王者，故利用宾于王矣。《诗·商颂·殷武》曰："莫敢不来宾，莫敢不来王。"象犹六四当承九五，故引之以明观光用宾之义。

天下文明 反 天位 大观国 王 宾 用 臣

九五　观我生，君子无咎。

注　我，身也。谓我生，生谓生民。震生象反，坤为死丧，嫌非生民，故不言民。阳为君子，在临二失位，之五得道处中，故君子无咎矣。

释　我者，我身。我身有民，故谓我生，生谓生民。故观我生者，谓观我身及生民也。临下参震为生，九二阳反上成观，震生之象不见，而下互坤为死丧，嫌非生民，故不言民。又阳为君子，当临二失位，反观成九五，得道处中，故君子无咎矣。据六三爻注，知虞氏于我身及生民，皆取坤象云。

上九　观其生，君子无咎。

注　应在三，三体临震，故观其生。君子谓三，之三得正，故无咎矣。

释　上九应在六三，未反观时，三当临下参震生之上，故观上应三而观之，为观其生。三位为君子，观上之三为蹇。九三得正，故君子无咎也。

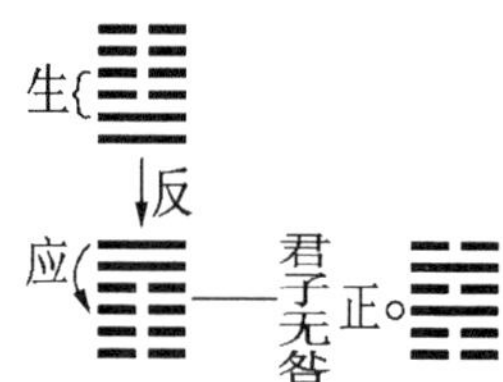

《彖》曰：大观在上。顺而巽，中正以观天下。

注　谓阳息临二，直方大。临者，大也。在观上，故称大观。顺，坤也。中正谓五，五以天神道观示天下，咸服其化，宾于王庭。

释　临二为乾二，亦可为坤二，乃坤凝乾，二仍为阳息。坤二曰："直方大。"大犹临者大也。临反观，阳大在观上，故称大观。观下卦坤为顺，上卦为巽，故曰顺而巽。九五中正，上位为天，天以阴阳不测及一阴一阳之神道观示天下，下互四阴咸服其化，承五而宾于王庭矣。

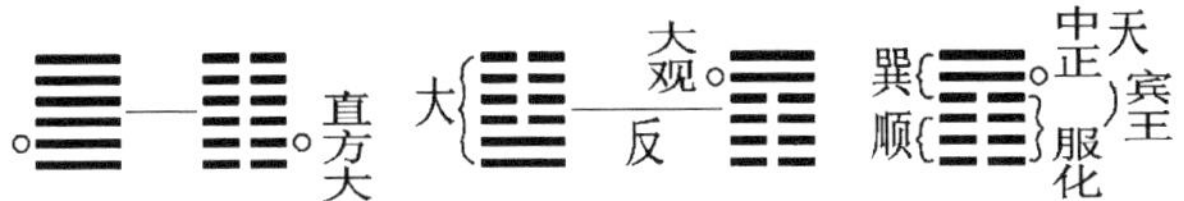

观，盥而不荐，有孚颙若，下观而化也。

注　观，反临也。以五阳观示坤民，故称观。盥，沃盥。荐，羞牲也。孚，信，谓五。颙颙，君德，有威容貌。若，顺也。坎为水，坤为器，艮手临坤，坎水沃之，盥之象也，故观，盥而不荐。孔子曰："谛自既灌，吾不欲观之矣。"巽为进退，容止可观，进退可度，则下观其德而顺其化。上之三，五在坎中，故有孚颙若，下观而化。《诗》曰："颙颙卬卬，如珪如璋。"君德之义也。

释　《杂卦》曰："否泰反其类也。"又曰："剥烂也，复反也。"盖辟卦消息，有反类之义，故虞氏于否泰剥复间之临观亦取反象，谓观者反临而成者也。观九五阳观示下互坤为民，故称观。盥，沃盥。上参艮为手，下卦坤为器，上之三成蹇，上伍坎为水。手临器而坎水沃之，盥之象也。荐羞牲，下卦坤牛为牲，上之三，盥而坤象不见，故曰："观，盥而不荐。"义谓人君盥以灌鬯，盥以七牲，至荐牲则卿大夫为之，即下观而化，故主祭之君，当盥而不荐。又引《论语》子曰："禘自既灌而往者，吾不欲观之矣。"与马融说同，乃以灌说盥，明灌礼盛，荐礼简，亦为盥而不荐之意。然曹元弼曰："盥不独施于荐，灌后礼节甚繁，不得云略不足观。"又曰："《论语》之义，诚鲁失礼，与此无涉。"义极精。观上卦巽为进退，《孝经》曰："容止可观，进退可度。"谓五以观示于民，则下观其德而顺其化。上之三成蹇，九五进退于坎为孚信之中为有孚。颙若，君德有威容貌。若，顺也，亦九五之象。故有孚颙若，下观而化。《诗·大雅·卷阿》曰："颙颙卬卬，如圭如璋，令闻令望。"犹此九五君德之义也。

观天之神道而四时不忒。

注　忒，差也。神道谓五。临，震兑为春秋，三上易位，坎冬离夏，日月象正，故四时不忒。

释　九五天位而有孚颙若，亦为神道。当临时下参震为春，下卦兑为秋。由临反观，观三上易位为蹇。蹇上卦坎为冬为月，上参离为夏为日，合为四时。而坎月离日之象皆正位，故四时不忒。忒，差也。

圣人以神道设教而天下服矣。

注　圣人谓乾，退藏于密，而齐于巽，以神明其德教，故圣人设教。坤民顺从，而天下服矣。

释　乾为圣人，消为退。由姤遯否而观，下卦坤为退藏于密，上卦为齐乎巽。齐也者，言万物之絜齐也。乃乾之圣人，由藏密齐巽而为观五之圣人。能神明其德教，故圣人设教，下互坤民顺从于九五而天下服矣。

《象》曰：观我生，观民也。

注　坤为民，谓三也。坤体成，故观民也。

释　观由乾消，当姤遯否而坤体成。坤为民，其位在三，故观民之民谓三也。

观其生，志未平也。

注　坎为志为平，上来之三，故志未平矣。

释　观上来之三成蹇，上伍坎为志为平。曰志未平者，初爻尚未正，博施济众，尧舜其犹病诸，是其义。

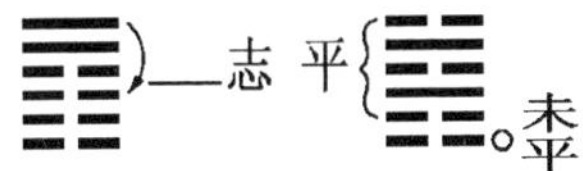

䷔噬嗑　亨，利用狱。

注　否五之坤初，坤初之五，刚柔交，故亨也。坎为狱，艮为手，离为明，四以不正，而系于狱。上当之三，蔽四成丰，折狱致刑，故利用狱。坤为用也。

释　否九五之刚之下卦坤初，下卦坤初之柔之九五，是谓刚柔交，故亨，卦为噬嗑。噬嗑上卦离为明，上参坎为狱，下参艮为手，谓照见九四之不正，故以手执之而系于狱中。当否时，下卦坤为用，亨成噬嗑后，上当之三以蔽四成丰。丰《大象》曰“折狱致刑”，即本此“利用狱”而言。凡三阴三阳卦二十，以否泰为本。此外十八卦，上卦为巽离兑三阴，下卦为震坎艮三阳之九卦，皆由否来。反之，上卦为震坎艮三阳，下卦为巽离兑三阴之九卦，皆由泰来，其间各不相通。而虞氏于此卦又取上之三成丰，于旅卦又取贲初之四，则噬嗑可通丰，贲可通旅。噬嗑者由否来，今通丰，丰由泰来。贲者由泰来，今通旅，旅由否来。盖此四卦所以会通否泰，可谓否泰反类之几。夫噬嗑卦辞曰："利用狱。"《大象》曰："明罚敕法。"丰《大象》曰："折狱致刑。"贲《大象》曰："明庶政，无敢折狱。"旅《大象》曰："明慎用刑而不留狱。"义皆相通。虞氏取之以贯否泰，有以也。

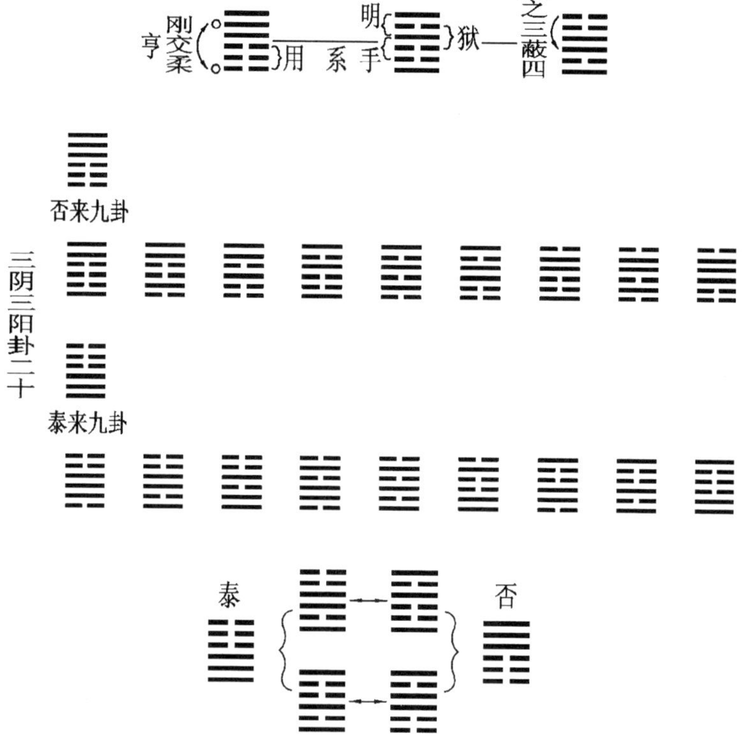

初九　屦校灭趾，无咎。

注　屦，贯。趾，足也。震为足，坎为校，震没坎下，故屦校灭趾。初位得正，故无咎。

释　屦，贯，犹拘也，所以拘足。上参坎为校，下卦震为足。趾，足也。震没坎下，当足趾灭于屦校之象。然初九得正，则屦校灭趾为小惩而大戒，故无咎。

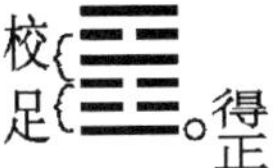

六二　噬肤灭鼻，无咎。

注　噬，食也。艮为肤为鼻，鼻没坎水中，隐藏不见，故噬肤灭鼻，乘刚。又得正多誉，故无咎。

释　噬，食也。食下参艮为肤，故噬嗑。艮又为鼻，上参坎为水，鼻没水中，隐藏不见，故灭鼻。噬肤灭鼻，乘刚也。虞注引《小象》，故注中之"又"字当为"也"字。盖六二乘初九之阳刚，则不与三四爻合成下参艮象。而三四爻之艮肤艮鼻皆在坎，故噬嗑灭鼻。幸六二得正而其位多誉，故无咎。

鼻肤　水　正　乘刚　多誉

六三　噬昔肉，遇毒。小吝，无咎。

注　三在肤里，故称肉。离日熯之为昔，坎为毒，故噬昔肉遇毒，毒谓矢毒也。失位承四，故小吝。与上易位，利用狱成丰，故无咎也。

释　下参艮为肤，四位当肤之表，三在四下当肤之里，故称肉。上卦离为日，以日熯之为昔肉。又上卦离为矢，上参坎为毒，矢毒及肉，故噬昔肉遇毒，毒谓矢毒也。六三失位而承离四恶人，故小吝。与上易位成丰，利用狱以折狱致刑，故无咎也。

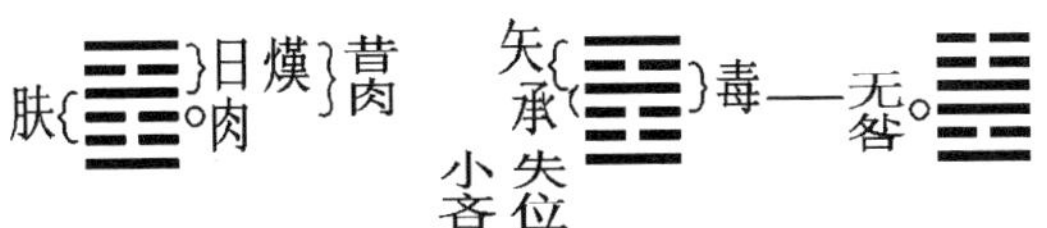

六五　噬乾肉，得黄金。贞厉，无咎。

注　阴称肉，位当离，日中烈，故乾肉也。乾金黄，故得黄金。贞，正。厉，危也。变而得正，故无咎。

释　六五阴柔称肉，位当上卦离日之中，日光烈，故为乾肉。又阴爻在中称黄，五正得位，上卦乾为金，故得黄金。当之正时，危厉为贞厉，能变而得正，故无咎。

黄 乾肉 肉 日 金 得 无咎

《象》曰：颐中有物，曰噬嗑。

注　物谓四，则所噬乾胏也。颐中无物，则口不噬。故先举颐中有物，曰噬嗑也。

释　颐四变，卦成噬嗑，故颐中有物之物谓四，乃所噬之乾胏也。凡颐中无物则口不噬，此卦名噬嗑者，以噬为本，故先举颐中有物而言之。

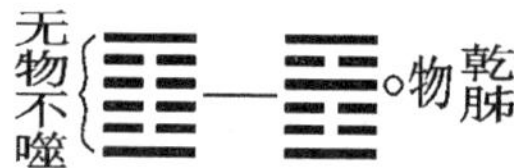

《象》曰：屦校灭趾，不行也。

注　否坤小人，以阴消阳，其亡其亡。故五变灭初，否坤杀不行也。

释　否下卦坤为小人，以阴消阳，为弑君、弑父之象，故九五大人，"其亡其亡，系于包桑"。与初易位，成噬嗑以灭否初坤柔，故屦校灭趾，消阳不行也。

贲　亨。

注　泰上之乾二，乾二之坤上。柔来文刚，阴阳交，故亨也。

释　泰上卦坤柔之上爻来之下卦乾刚之二爻，乾二亦至坤上。然以柔来文刚为主，卦成贲。上二爻阴阳交，故亨也。

亨　柔　刚

小利有攸往。

注　小谓五。五失正，动得位体离，以刚文柔，故小利有攸往。

释　六五阴为小，其位失正，动得位，卦成家人。上参体离，文明之象。九五阳刚以文六五阴柔，故小利有攸往，谓六五利往之九五云。

失正　小　柔　文明　刚

初九　贲其趾。

注　应在震，震为足，故贲其趾也。

释　初九应六四，六四当上参震为足，故贲其趾也。

舍车而徒。

注　应在艮。艮为舍，坎为车。徒，步行也。位在下，故舍车而徒。

释　初九应六四，六四又当上卦艮为舍，下参坎为车。舍车者，徒步行也。因初在下，故宜舍车而徒，徒即贲其趾也。

六五　贲于丘园，束帛戋戋。吝，终吉。

注　艮为山，五半山，故称丘，木果曰园，故贲于丘园也。六五失正，动之成巽。巽为帛为绳，艮手持，故束帛。以艮断巽，故戋戋。失位无应，故吝。变而得正，故终吉矣。

释　上卦艮为山，五当半山，故称丘。泰下卦乾为木果，上二亨成贲，上卦艮为果蓏，木果果蓏曰园，故贲于丘园也。六五失正，动而正，卦成家人，上卦巽为帛为绳。谓以贲上卦艮手持绳束帛，又以艮手断巽帛，故戋戋。当未正时，六五失位而无应于六二，故吝。变成九五则得正，故终吉矣。

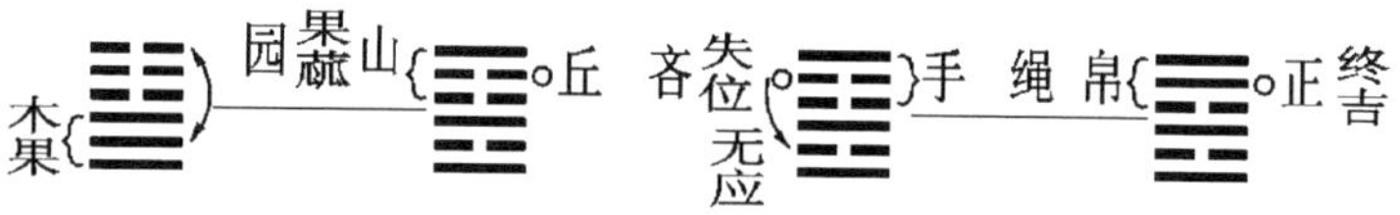

上九　白贲，无咎。

注　在巽上，故曰白贲。乘五，阴变而得位，故无咎矣。

释　上九失位而乘六五阴为咎，当五正成家人，上卦巽为白，上九位在巽上，故曰白贲。五正而上亦变而得位，故无咎。

《象》曰：天文也。

注　谓五。利变之正，成巽体离，艮为星，离日坎月，巽为高。五，天位。离为文明，日月星辰高丽于上，故称天之文也。

释　五属天位，故天文谓五。于象上卦艮为星，五尚失位，利变之正成家人。上卦巽为高，上参离，丽也。又离为日为文明，下参坎为月，日月星辰高丽于天上，故曰天文也。

天○ }星——高{ 月{ }丽 日 文明

文明以止，人文也。

注　人谓三，乾为人。文明离，止艮也。震动离明。五变据四，二五分则止文三，故以三为人文也。

释　泰下卦乾为人，九三又当人道之仁，故人谓三。由上二易位成贲，下卦离为文明，上卦艮为止，故曰文明以止。又上参震为动，五动成家人，上参离为明。当六五变成九五以据六四，且六二、九五分成柔刚而应，则贲上艮止之正以文三，故以三为人文也。

人 人道之仁○ }人——止{ 文明{　动{ ○止——刚 柔○ }明——文三{ ○人文

观乎天文，以察时变。

注　日月星辰，为天文也。泰震春兑秋，贲坎冬离夏。巽为进退，日月星辰，进退盈缩，谓朓侧朏也。历象在天成变，故以察时变矣。

释　凡日月星辰为天文，其进退盈缩，所以成四时历象之变。当泰卦上参震为春，下参兑为秋，上二易位而贲，下参坎为冬，下卦离为夏。贲五正成家人，上卦巽为进退，若日月之盈缩谓朓侧朏。《说文》曰："晦而月见西方为之朓，朔而月见东方谓之缩朒。"又《尚书大传》缩朒谓之侧匿，故侧即朒也。朏者，月三日明生之名。因天象有朓，则月行见为疾，历后月也。有侧，则月行见为迟，历先月也。宜以朏为准，观历之疏密，定月之大小，置闰成岁，敬授民时，故以察时变矣。

观乎人文,以化成天下。

注　泰乾为人。五上动,体既济。贲离象,重明丽正,故以化成天下也。

释　泰下卦乾为人,上二易位成贲。贲五上动,卦成既济,既济下伍离,离《彖》曰:“重明以丽乎正,乃化成天下。”当贲由家人而既济,家人与既济皆体重离,故曰贲离象重明。上正应三为人文,故观乎人文以化成天下也。

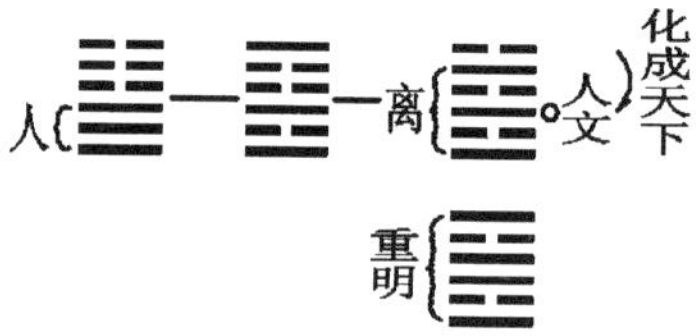

《象》曰:君子以明庶政,无敢折狱。

注　君子谓乾。离为明,坤为庶政,故明庶政。坎为狱,三在狱得正,故无敢折狱。噬嗑四不正,故利用狱也。

释　泰下卦乾为君子,上卦坤为庶政。泰而贲,下卦离为明,故君子以明庶政。又贲下参坎为狱,九三在狱而得正,故无敢折狱。若噬嗑上参坎为狱,九四亦宜得正,故利用狱也。

六五之吉,有喜也。

注　五变之阳,故有喜。凡言喜庆,皆阳爻。束帛戋戋,委积之貌。

释　六五变之九五，故有喜。凡言喜庆，皆指阳爻。盖《周易》首乾，故阴之喜庆，皆承阳而得者也。爻辞曰："束帛戋戋。"马融曰："戋戋，委积貌。"薛虞曰："戋戋，礼之多也。"虞义亦然，谓裁断巽帛而委积之。积而变五，卦成家人，有喜也。

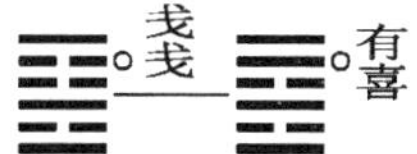

白贲无咎，上得志也。

注　上之正得位，体成既济，故曰得志，坎为志也。

释　五正成家人，上卦巽为白，是为白贲。由家人而上亦之正得位，卦成既济，上卦坎为志，故上得志而无咎。

䷖剥　不利有攸往。

注　阴消乾也，与夬旁通。以柔变刚，小人道长，子弑其父，臣弑其君，故不利有攸往也。

释　剥由阴消乾而成，与夬卦旁通。凡以柔变刚为小人道长，象由乾而姤、而遯、而否。遯为艮子弑乾父，否为坤臣弑乾君。又消乾不已，则由否而观、而剥。剥仅存上九硕果，故不利有攸往也。

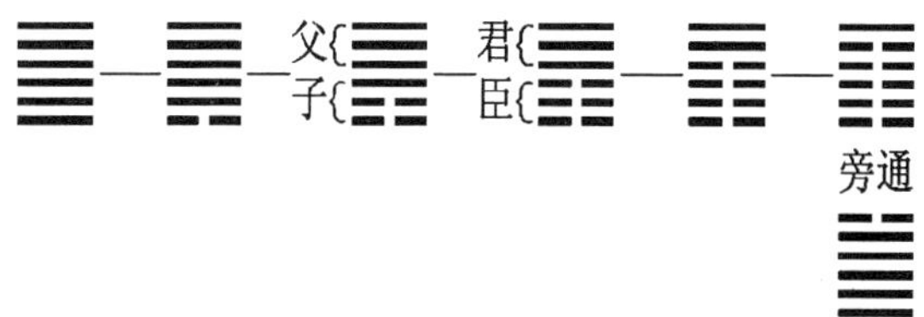

初六　剥床以足，蔑贞凶。

注　此卦坤变乾也。动初成巽，巽木为床，复震在下为足，故剥床以足。蔑，无。贞，正也。失位无应，故蔑贞凶。震在阴下，《象》曰："以灭下也。"

释　剥象以坤变乾，所谓消息卦也。当乾初动成姤，姤下卦巽为木为床，旁通复下卦震为足，故剥床以足。是时为消，则复震在姤初巽阴之下，《象》曰："以灭下也。"凡初位当阳为正，灭下则无正。蔑，无。贞，正也。又消阳由遯否观而剥，初六既失位，且无应于六四，故蔑贞凶。

床　木　在上　蔑正　无应　失位　凶
旁通
灭下　足　在下

六二　剥床以辨，蔑贞凶。

注　指间称辨。剥，剥二成艮，艮为指，二在指间，故剥床以辨。无应在剥，故蔑贞凶也。

释　剥象以柔变刚，当剥乾初为姤，又剥二为遯。遯下卦成艮，艮为指，位当初至三，二在其间，凡指间称辨，故曰剥床以辨。若指间称辨者，以辨为釆之假借。《说文》："釆，辨别也，象兽指爪分别也。读若辨。"谓由剥足而上及指间也。又消遯及否、观而剥，六二无应于六五，故蔑贞凶也。

剥初　床　辨　剥二　指　无应　蔑贞凶

六四　剥床以肤，凶。

注　辨上称肤。艮为肤，以阴变阳，至四乾毁，故剥床以肤。臣弑君，子弑父，故凶矣。

释　剥以阴变阳，至二遯象为子弑父，至三否象为臣弑君。至四上卦乾象已毁，上参艮为肤，毁及乾为君父之肤，故剥床以肤，凶矣。辨上称肤者，辨肤皆属艮象，辨为艮中爻，肤为艮上爻也。又剥以床取象者，明床为人之所安，剥之则不安焉。曰以足以辨以肤者，有二也。一以床言，则足为床之足；辨为床之辨，是床梐也；肤为床之肤，是荐席也。一以人言，则足、辨、肤皆属人。虞义盖取后者云。

弑父 弑君 乾毁 肤 凶 辨 肤

六五　贯鱼，以宫人宠，无不利。

注　剥消观五。巽为鱼为绳，艮手持绳贯巽，故贯鱼也。艮为宫室，人谓乾五。以阴代阳，五贯乾为宠人，阴得丽之，故以宫人宠。动得正成观，故无不利也。

释　消观九五成六五为剥。观上卦巽为鱼为绳，上参艮为手，以手折绳而贯巽，故贯鱼也。又观五犹乾五为人，消成剥为以阴代阳。剥上卦艮为宫室，六五丽乾人贯之，为宠人位在宫室，故以宫人宠。剥五动而得正，卦成观。乾五正位，大观在上，故无不利也。

绳 鱼 手 人 宫室 宫人宠 正 无不利

上九　硕果不食，君子得舆，小人剥庐。

注　艮为硕果，谓三已复位，有颐象。颐中无物，故不食也。夬乾为君子为德，坤为车为民，乾在坤，故以德为车。小人谓坤，艮为庐，上变灭艮，坤阴迷乱，故小人剥庐也。

释　上卦艮为硕果。三正成艮，艮上互颐，颐口中无物，故不食也。剥旁通夬，夬下卦乾为君子为德，剥下卦坤为车为民。乾德在坤车下，犹君子以德为车，故为坤民所载。又剥下卦坤为小人，上卦艮为庐，阳灭而坤阴迷乱，故终不可用也。

《象》曰：顺而止之，观象也。

注　坤顺艮止，谓五消观成剥，故观象也。

释　下卦坤为顺，上卦艮为止，剥由消观五而成，故顺而止之，观象也。

君子尚消息盈虚，天行也。

注　乾为君子，乾息为盈，坤消为虚，故君子尚消息盈虚，天行也。则出入无疾，反复其道。易亏巽消艮，出震息兑，盈乾虚坤，故于是见之耳。

释　乾为君子，由坤而息，至乾为盈，由乾而消，至坤为虚，故君子尚消息盈虚，天行也。象当十二辟卦，由坤而复为出，由乾而姤为入。入至剥而由坤反复，则出入无疾，反复其道。凡亏巽、消艮、出震、息兑、盈乾、虚坤之象，显于消息之际，于此剥卦见之耳。若此消息之象，以六画卦言为十二辟卦，以三画卦言即先天方位也。恰合离东坎西为一，乃亏巽于西南，消艮于西北，虚坤于北，出震于东北，息兑于东南，盈乾于南是也。

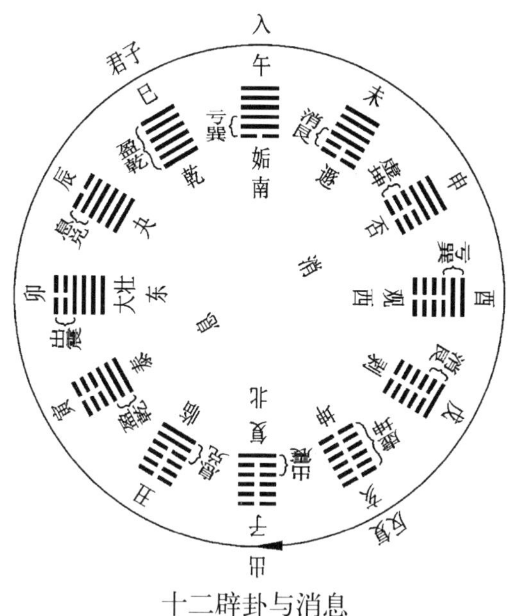

十二辟卦与消息

先天方位与消息

䷗ **复　亨。出入无疾,朋来无咎。**

注　谓出震成乾,入巽成坤。坎为疾,十二消息不见坎象,故出入无疾。兑为朋,在内称来。五阴从初,初阳正,息而成兑,故朋来无咎矣。

释　复下卦震为出，初九阳上息，由临、泰、大壮、夬而成乾。又由乾消成姤，姤下卦巽为入，初六阴上消，由遯、否、观、剥而成坤。坤则又出震，成此复卦。是谓十二消息之出入其间不见坎象，坎为疾，故出入无疾。谓因息而出，因消而入，出入有时，是以无疾，象同剥之天行。剥当入之极，复当出之初。初九正位，上伍五阴皆从之。上息成临，临下卦兑为朋，在内称来。阳当上息，故朋来无咎矣。

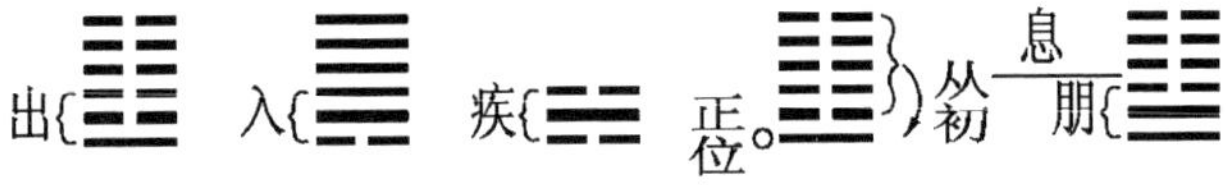

出　入　疾　正位。　从初　息　朋

利有攸往。

注　阳息临成乾，小人道消，君子道长，故利有攸往矣。

释　复初阳上息二为临，是谓朋来无咎。临二阳上息三为泰，泰下卦乾为君子，上卦坤为小人，以阳息阴，泰《彖》曰："君子道长，小人道消。"故利有攸往矣。

朋来无咎　小人　君子

六三　频复，厉，无咎。

注　频，蹙也。三失位，故频复，厉。动而之正，故无咎也。

释　频古作濒，《说文》曰："濒，水厓，人所宾附，频蹙不前而止，从页从涉。"盖六三失位，临厓频蹙以求复，不亦危乎，故频复，厉。动而之正成明夷，九三日乾夕惕，虽危无咎矣。于象明夷下参坎忧为频。

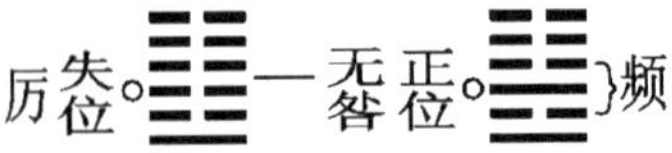

厉失位。　无咎　正位。　频

六四　中行独复。

注　中谓初,震为行。初一阳爻,故称独。四得正应初,故曰中行独复,以从道也。俗说以四位在五阴之中,而独应复,非也。四在外体,又非内象,不在二五,何得称中行耳。

释　中谓复初乾元,下卦震为行,六爻唯初九一阳,故称独。六四得正应初,故曰中行独复,以从道也。谓初九已中行独复,乃六四应之以成道。俗说盖当时之旧注,今存郑玄注尚然。郑氏曰:"爻处五阴之中,度中而行,四独应初。"依虞氏例,二为下卦之中,五为上卦之中。又下卦在上卦之内亦为中,初爻当之。若四爻者,既在外体而非五位,故不得称中。然以体象言,四爻当上位之中,又复四反即剥三,剥三《象》曰"失上下",正谓三位下伍五阴之中。则复四中行以独应初,其说亦未可谓非。虞义者,中字之常例也;郑义者,因象之变例也;宜并存之。又虞注末字"耳"乃"耶"字之误。

上六　迷复凶,有灾眚。

注　坤冥为迷,高而无应,故凶。五变正时,坎为灾眚,故有灾眚也。

释　复上卦坤冥为迷,是谓迷复。上六位最高而无应于六三,故凶。五变正时卦为屯,屯上卦坎为灾眚,故有灾眚也。

用行师,终有大败,以其国君凶。

注　三复位时,而体师象,故用行师。阴逆不顺,坤为死丧,坎流血，故终有大败。姤乾为君，灭藏于坤，坤为异邦，故国君凶矣。

释　复三正位时，卦为明夷，明夷上伍师，故用行师。上卦坤乘九三，故阴逆不顺而为死丧，下参坎为流血，流血而死丧，终有大败之象。又复旁通姤，姤上卦乾为君，复上卦坤为异邦。今姤乾在复坤下，当君灭藏于异邦，故国君凶矣。

至于十年不克征。

注　坤为至为十年。阴逆坎临，故不克征。谓五变设险，故帅师败，丧君而无征也。

释　复三变成明夷，明夷上伍师，上卦坤为至为十年。五又变成既济，既济上伍习坎，九五为王公设险，上六阴逆而乘坎阴，故不克征。盖复而迷，故师败丧君而无征也。又虞氏注阴逆坎临，临当为险。

《象》曰：复亨。

注　阳息坤，与姤旁通。刚反交初，故亨。

释　复由剥上之刚，反而交于初，故亨。与姤旁通，初九阳上息坤阴也。

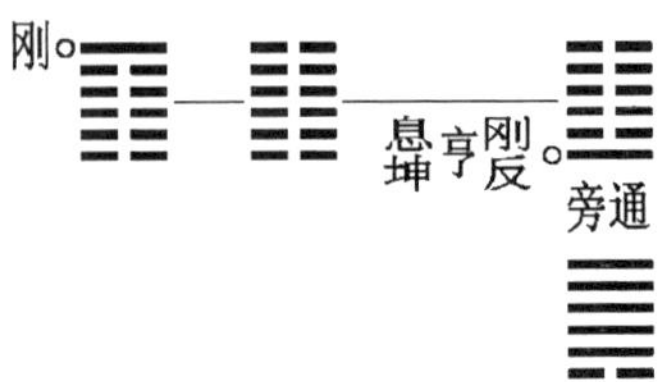

刚反，动而以顺行。

注　刚从艮入坤，从反震，故曰反动也。坤顺震行，故而以顺行。阳不从上来反初，故不言刚自外来。是以明不远之复，入坤出震义也。

释　剥上九之刚，从艮入坤，又从坤反震。震，动也，故曰反动。卦成复，复上卦坤顺，下卦震行，故而以顺行。明初九不远之复，乃由剥艮入坤而出震，复之初九，已非剥之上九，故不言刚自外来。此言消息之际，必经纯坤，以见七日来复之义。

艮 ䷖ —入坤— ䷁ ——动反震— ䷗ 顺行

反复其道，七日来复，天行也。

注　谓乾成坤，反出于震而来复，阳为道，故复其道。刚为昼日，消乾六爻为六日。刚来反初，故七日来复，天行也。

释　乾刚为昼日，凡一爻当一日，故消乾六爻为六日。当六日终，则乾成坤。于第七日，阳反出震而来复。阳为道，故反复其道，七日来复，天行也。于象一日为姤，二日为遯，三日为否，四日为观，五日为剥，六日为坤，皆消阳也。七日为复，则阳道刚反而来复矣。

昼日刚 ䷀ —一日— ䷫ —二日— ䷠ —三日— ䷋ —四日— ䷓ —五日— ䷖ —六日— ䷁ ——七日。䷗

复其见天地之心乎。

注　坤为复。谓三复位时，离为见，坎为心。阳息临成泰，乾天坤地，故见天地之心也。

释　复由坤反震而成，故曰坤为复。复三正卦成明夷，明夷下卦离为见，下参坎为心，此以之正言。更以息阳言，象由临而泰，泰下卦乾为天，上卦坤为地。合之正消息而观之，故见天地之心也。

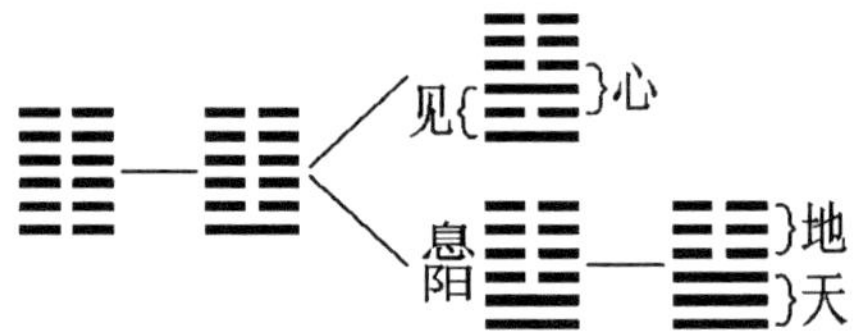

《象》曰：雷在地中，复。先王以至日闭关，商旅不行，后不省方。

注　先王谓乾初。至日，冬至之日。坤阖为闭关，巽为商旅为近利市三倍，姤巽伏初，故商旅不行。姤《象》曰："后以施命诰四方。"今隐复下，故后不省方。复为阳始，姤则阴始。天地之始，阴阳之首。已言先王，又更言后，后，君也。六十四卦，唯此重耳。

释　复初乾元，故为先王。至日，冬至之日也，复初当之。由复而息阳，犹冬至后日渐长。《系辞上》曰："阖户谓之坤。"复上卦坤阖户闭关，姤下卦巽为近利市三倍，又为商旅，今伏在复象至日闭关之下，故商旅不行。姤《大象》曰："后以施命诰四方。"今亦后隐复下，故后不省方。夫以消息言，乾天之阳，始于复之初九，坤地之阴，始于姤之初六。故复姤者，天地之始，阴阳之首也。凡阴必从阳，故复初阳始，已言先王，又更言姤初阴始之后。后，继体之君也。观六十四卦之《大象》，言君子者五十三卦，言先王者六卦，言后者二卦，言大人者一卦，言上者一卦，而仅此复卦兼言先王与后，故曰六十四卦唯此为重耳。

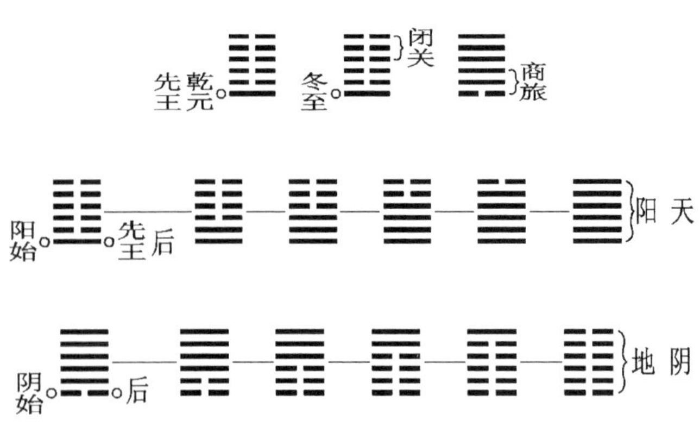

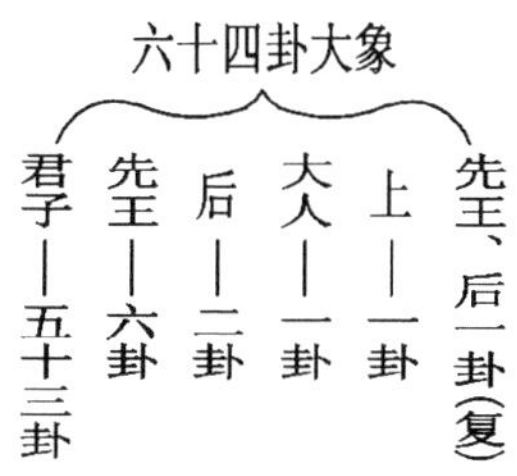

反君道也。

注　姤乾为君，坤阴灭之，以国君凶，故曰反君道也。

释　姤上卦乾为君，复上卦坤为异邦。乾伏坤下，以国君凶，故曰反君道也。亦即姤消成坤，以坤阴灭乾君之象。

君
灭乾君
异邦

☰☳ 无妄　元亨利贞。

注　遯上之初，此所谓四阳二阴，非大壮则遯来也。刚来交初，体乾，故元亨。三四失位，故利贞也。

释　凡四阳二阴之卦，非大壮则遯来，此虞氏卦变之例。此卦不明由大壮来，故由遯来，且取遯上之刚来之初柔之下，而初柔不往。虞氏于此卦及大畜损益用此例，盖见上初亦可相比。以此卦言，上刚来比初而交之，以体乾元，故元亨。无妄之六三、九四失位，故利贞。不言上九之失位者，以下文匪正当之。

其匪正有眚，不利有攸往。

注　非正谓上也。四已之正，上动成坎，故有眚。变而逆乘，天命不右，故不利有攸往矣。

释　三四失位利贞，故匪正谓上。当无妄四已之正，卦成益，益上卦巽为天命。上动成屯，屯上卦坎为有眚。上变而逆乘九五则天命不右，故不利有攸往矣。

初九　无妄，往吉。

注　谓应四也。四失位，故命变之正。四变得位，承五应初，故往吉。在外称往也。

释　初应四，九四失位，故无妄初九命其变而之正。当卦成益，六四得位，上承九五，下应初九，故往吉。凡在内称来，在外称往。往吉者，谓九四在外，往变六四乃吉。

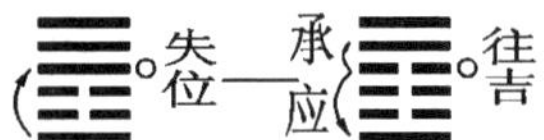

六二　不耕获，不菑畬，则利有攸往。

注　有益耕象，无坤田，故不耨。震为禾稼，艮为手，禾在手中，故称获。田在初，一岁曰菑，在二、二岁曰畬，初爻非坤，故不菑而畬也。得位应五，利四变之益则坤体成，有耒耨之利，故利有攸往，往应五也。

释　无妄下伍益，故有益耕象。益下参坤为田，无妄无坤田，故不耕。虞注耕作耨，必传写之误。下卦震为禾稼，下参艮为手，禾在手中，故称获。田一岁曰菑，初爻当之。二岁曰畬，二爻当之。田，坤阴之象，初九爻非坤，故不菑而畬也。若《尔雅·释地》曰：“一岁曰菑，二岁曰新田，三岁曰畬。”而郑玄注《礼记·坊记》引此爻已曰：“田一岁曰菑，二岁曰畬，三岁曰新田。”故虞氏与郑氏同，或《尔雅》有别本欤，然无碍于易义。六二得位应九五，利九四变而之正，卦成益。下参成坤田之象，有耒耨之利，为耕而获。六四应初九，初亦有田象，为菑而畬。故利有攸往，谓九四既正，而六二应九五也。

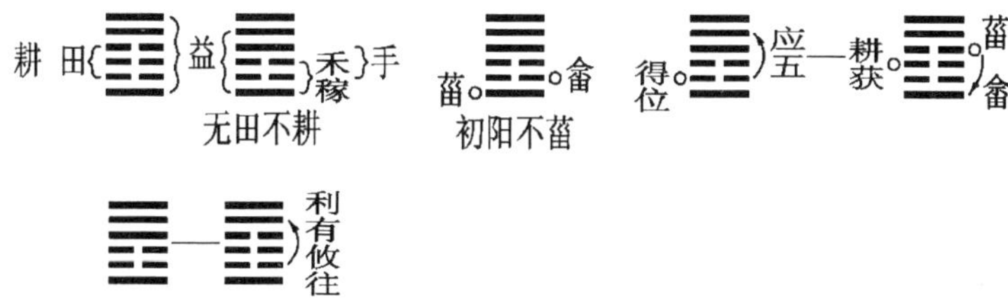

六三　无妄之灾，或系之牛。行人之得，邑人之灾。

注　上动体坎，故称灾也。四动之正，坤为牛，艮为鼻为止，巽为桑为绳，系牛鼻而止桑下，故或系之牛也。乾为行人，坤为邑人，乾四据三，故行人之得。三系于四，故邑人之灾。或说以四变则牛应初震，坤为死丧，故曰行人得牛，邑人灾也。

释　无妄上卦乾为行人，四动之正卦为益。益下参坤为牛为邑人，上卦巽为桑为绳，上参艮为鼻为止，以绳系牛鼻而止桑下，或系之牛也。无妄时，乾四据三，行人之得也。无妄由益上动，卦为屯，屯上卦坎为灾，无妄之灾也。三系于四而当上卦坎灾，故邑人之灾。或说无妄以四变成益，益下参坤为牛为死丧为邑人，下卦初震乾阳为行人。六四当坤牛以应初，故曰行人得牛。三当邑人而又为死丧，故邑人灾也。或说者，必当时之易说。惜虞氏未著其名，于取象之义略同，故存其说不以俗说斥之。

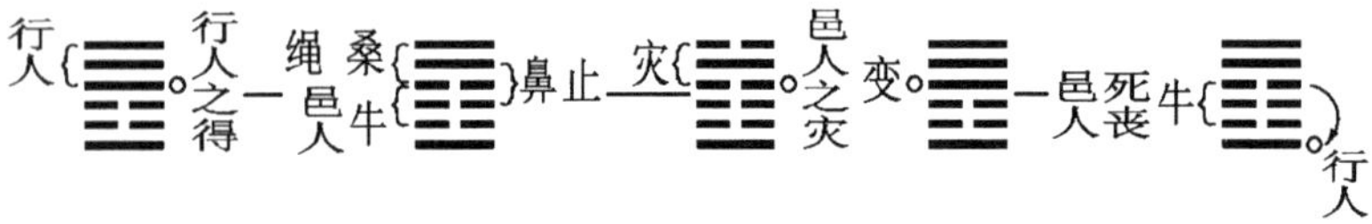

九四　可贞，无咎。

注　动得正，故可贞。承五应初，故无咎也。

释　九四失位，动成六四得正，卦成益，故可贞。益六四上承九五，下应初九，阴阳相得，故无咎，即初九之往吉。

九五　无妄之疾，勿药有喜。

注　谓四已之正，上动体坎，坎为疾，故曰无妄之疾也。巽为木，艮为石，故称药。坎为多眚，药不可试，故勿药有喜。康子馈药，丘未达，故不尝，此之谓也。

释　无妄之九四已之正，卦为益。益上卦巽为木，上参艮为石，五当巽艮之木石，故称药，无妄之药也。益上卦动为屯，屯上卦坎为疾，无妄之疾也。坎又为多眚，以见药不可试，试则多败。眚，败也，故勿药有喜。《论语·乡党》："康子馈药，拜而受之，曰：'丘未达，不敢尝。'"虞氏引之，以明药之不可试也。

上九　无妄，行有眚，无攸利。

注　动而成坎，故行有眚。乘刚逆命，故无攸利。天命不右行矣哉。

释　无妄四正成益，益上卦巽为天命。益上动成屯，屯上卦坎为多眚，故行有眚。上六乘九五阳天而逆巽命，故无攸利。天命不右行矣哉，谓不可行也。

天命　多眚　乘刚

《彖》曰：动而健，刚中而应。大亨以正，天之命也。其匪正有眚，不利有攸往。

注　动，震也。健、大亨谓乾。刚中谓五，而应二。大亨以正，变四承五。乾为天，巽为命，故曰大亨以正，天之命也。

释　无妄下卦震为动，上卦乾为健，故曰动而健。又乾为大亨，刚中谓九五而应六二，为刚中而应，大亨以正。无妄上卦乾为天，四变成益，六四承九五，上卦巽为命，故曰大亨以正，天之命也。正字应大亨谓六二，承大亨谓六四也。

健　动　大亨　正　刚中应　天　承正　命

无妄之往何之矣。

注　谓四已变，上动体屯，坎为泣血涟如，故何之矣。

释　无妄四已变成益，益上动成屯。屯上六曰："泣血涟如。"当上卦坎象，谓无妄往则体屯，故何之矣，明不可往也。

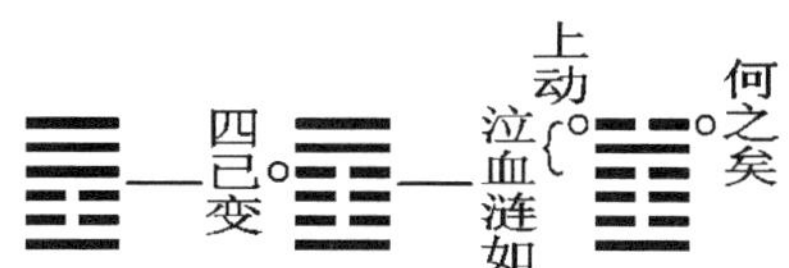

天命不右行矣哉。

注　天，五也。巽为命。右，助也。四已变成坤，天道助顺。上动，逆乘巽命，故天命不右行矣哉，言不可行也。马君云："天命不右行。"非矣。

释　无妄上卦乾为天，九五当之，故曰天，五也。四已变成益，益上卦巽为命，下参坤为顺。右，助也。天道助顺，谓九五右下参坤。若上动成屯，则上六逆乘九五天，亦为逆乘益上卦巽命，故天命不右行矣哉，言不可行也。马君以右行连读，谓天左旋不右行，盖断章取义而已。

《象》曰：天下雷行，物与无妄。

注　与，谓举。妄，亡也。谓雷以动之，震为反生，万物出震，无妄者也，故曰物与无妄。《序卦》曰："复则不妄矣，故受之以无妄。"而京氏及俗儒，以为大旱之卦，万物皆死，无所复望，失之远矣。有无妄然后可畜，不死明矣。若物皆死，将何畜聚，以此疑也。

释　无妄上卦乾为天，下卦震为雷，《说卦》曰："雷以动之。"故曰天下雷行。又震为反生，由雷行而万物皆出震，故曰物与无妄。与，举也。妄，亡也。谓万物因雷行皆举而生，无所亡失也。更以《序卦》"复则不妄"为证，明妄为亡失之义。若京氏及俗儒，皆以妄为望，益卦象为天下有雷而无云，当大旱之象。万物皆死，无所复往，是之谓无妄，故无妄为大旱之卦。乃虞氏又引《序卦》"有无妄然后可畜"为证，明物皆未死，死则将何畜聚。夫虞义可取，然京氏之说，亦合"无妄灾也"之象。去天地之灾，出诸死地而生之，则京虞二氏之说，殊可通焉。

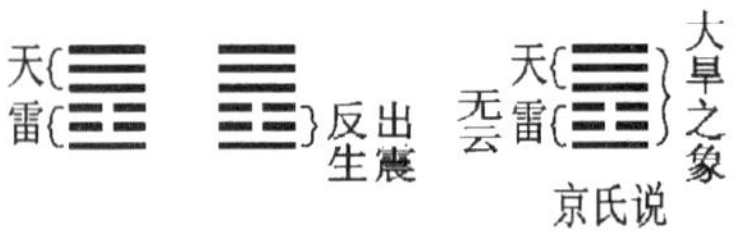

先王以茂对时，育万物。

注　先王谓乾，乾盈为茂，艮为对时。体颐养象，万物出震，故以茂对时育万物。言物皆死，违此甚矣。

释　无妄上卦乾为先王，又乾盈为茂。下参艮时行时止，故为对时。下互颐，养育之象。下卦震，万物所出。故先王以茂对时育万物，此象确言育物以生之。然不能茂对时，则灾眚并作，物皆死矣。

无妄之往，得志也。

注　四变应初，夫妻体正，故往得志矣。

释　无妄之往，四变成益。益下卦震为夫，初九正位，上卦巽为妻，六四正位，是谓夫妻体正。初四正应，故往得志矣。

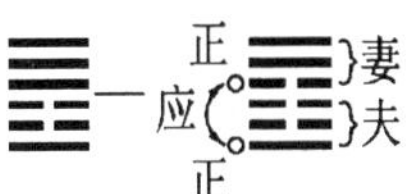

不耕获，未富也。

注　四动坤虚，故未富也。

释　无妄四动成益，益有耒耨之利，下参坤为田。然坤又为虚，谓虽有可耕之田而不耕，故未富也。

可贞无咎，固有之也。

注　动阴承阳，故固有之也。

释　四当为阴位，故九四动成六四阴，以承九五之阳，乃四爻固有之德也。于卦即无妄而益。

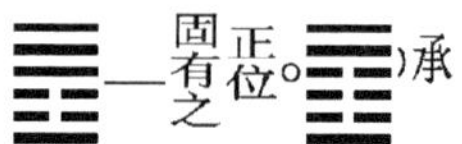

䷙大畜　利贞。

注　大壮初之上，其德刚上也，与萃旁通。二五失位，故利贞。此萃五之复二成临，临者，大也。至上有颐养之象，故名大畜也。

释　大壮初九之刚，上之上六之上，卦成大畜，故其德刚上，与萃卦旁通。大畜之九二、六五失正，故利贞而卦成家人。又乾坤相通，乾四之坤初成小畜复，亦即小畜四之复初，复一阳小，是谓小畜。小畜五之复二成大畜临，亦即大畜五之临二，临二阳大，是谓大畜。若小畜四之复初，谓复初之阳，当小畜旁通卦豫四，故虞氏于小畜卦注曰："与豫旁通，豫四之坤初为复。"大畜五之临二者，谓临二之阳，当大畜旁通卦萃五，故虞氏注曰："此萃五之复成临。"《序卦》曰："临者大也。"又上互颐养为畜，故此卦名大畜也。畜之大小，犹积阳之多寡云。

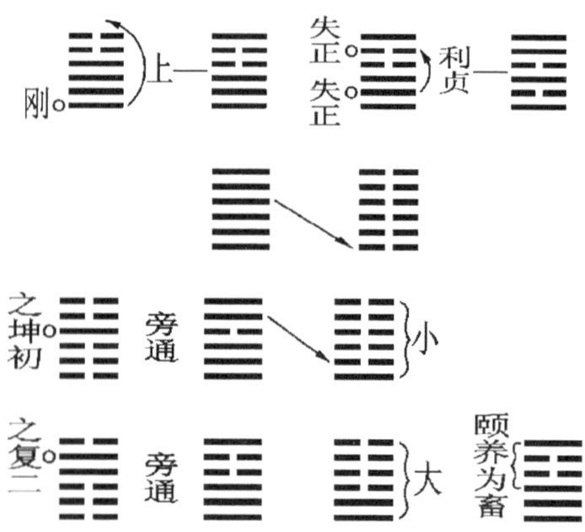

不家食吉，利涉大川。

注　二称家，谓二五易位，成家人。家人体噬嗑食，故利涉大川，应乎天也。

释　以爻位取象，二当内卦之中，故称家。《杂卦》曰：“家人内也。”大畜二五未正，宜易位成家人卦。家人下伍得噬嗑食，谓九二由内及外，有家人之象而不家食，是以吉。家人九五为天，下参坎为大川，二五相应，故利涉大川，应乎天也。

九二　舆说腹。

注　萃坤为车为腹，坤消乾成，故车说腹。腹，或作輹也。

释　大畜旁通萃，萃下卦坤为车为腹。坤消乾成者，谓萃由随兑而成夬。夬下卦乾，不见坤象，故舆说腹。依虞氏本，经文舆做车，小畜同。腹或作輹者，腹古文，輹今文，义同。

九三　良马逐，利艰贞吉。日闲舆卫。

注　乾为良马，震为惊走，故称逐也。谓二已变，三在坎中，故利艰贞吉。离为日，二至五体师象，坎为闲习。坤为车舆，乾人在上，震为惊卫，讲武闲兵，故曰日闲舆卫也。

释　下卦乾为良马，上参震为惊走称逐，故为良马逐。二已变为贲，九三在下参坎中，坎为艰，故利艰贞吉，贞吉谓下参坎正位。下卦离为日，中互得师象，下参坎为闲习。又大畜旁通萃，下卦坤为车舆，大畜下卦乾为人，萃坤在大畜乾下，象当乾人在车舆之上。上参震为惊卫，谓人乘车舆，每日讲武闲兵，故日闲舆卫也。

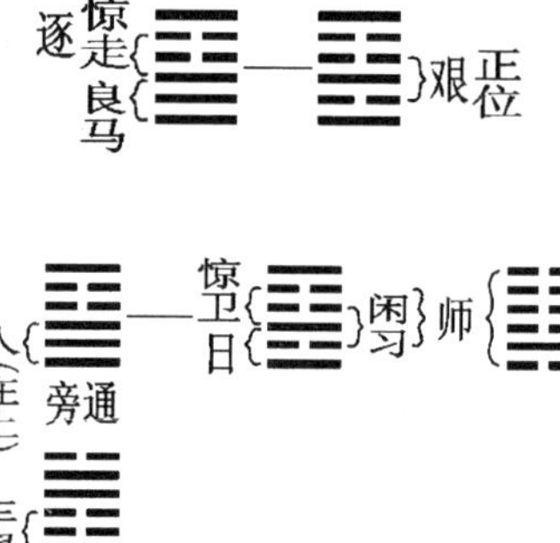

六四　童牛之告，元吉。

注　艮为童。五已之正，萃坤为牛，告谓以木楅其角。大畜，畜物之家，恶其触害。艮为手为小木，巽为绳，绳缚小木，横著牛角，故曰童牛之告。得位承五，故元吉而喜，喜谓五也。

释　大畜上卦艮为童，旁通萃，下卦坤为牛，故视艮童为童牛。又艮为手为小木，五已之正成小畜，上卦巽为绳，手持绳缚小木横著牛角，故曰童牛之告。告谓以木楅其角，盖大畜象畜物之家，恶牛角之触害物也。又六四得位，五正而承之，故元吉而喜，喜谓九五云。

六五　豮豕之牙，吉。

注　二变时，坎为豕，剧豕称豮，令不害物。三至上体颐象。五变之刚，巽为白，震为出，刚白从颐中出，牙之象也。动而得位，豮豕之牙，吉。

释　上互颐为口，当二变时，卦为贲。贲下参坎为豕，豮，剧豕也，去势令不害物。贲上参震为出，五正卦为家人，九五为刚，上卦巽为白，刚白出自颐口中为牙，当豮豕之牙。六五动而成九五得位，故豮豕之牙，吉。

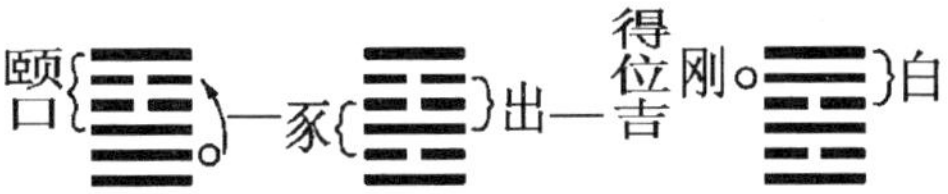

上九　何天之衢，亨。

注　何，当也。衢，四交道。乾为天，震艮为道，以震交艮，故何天之衢，亨。上变，坎为亨也。

释　下卦乾为天，上参震为大涂，上卦艮为径路。大涂径路为道，四交道为衢。何，当也，位当乾上，故为何天之衢。又大畜利贞成家人，家人上变成既济。既济上卦坎通为亨，谓天衢无所不通也。

《彖》曰：大畜，刚健笃实，辉光日新。

注　刚健谓乾，笃实谓艮。二已之五，利涉大川。互体离坎，离为日，故辉光日新也。

释　下卦乾为刚健，上卦艮为笃实。二已之五，卦为家人，下参坎为大川，二五正位，故利涉大川。上参离为日，故辉光日新。上下参即中互，当互体离坎之象。

能止健,大正也。

注　健,乾。止,艮也。二五易位,故大正。旧读言能止健,误也。

释　下卦乾为健,上卦艮为止。凡《象》言上下二象皆由下而上,故当为能健止。旧读言能止健,以他卦例之确误。二五易位,卦为家人,九二阳大,正位于九五,故大正。

止
健
大
正
大

不家食吉,养贤也。

注　二五易位成家人。今体颐养象,故不家食吉,养贤也。

释　二五易位成家人,下伍得噬嗑食,有家食之象。当未易位时,上互颐养,下卦乾为贤人,故不家食吉,养贤也。

颐养
贤人
噬嗑食

《象》曰:君子以多志前言往行,以畜其德。

注　君子谓乾。乾为言,震为行,坎为志。乾知大始,震在乾前,故志前言往行。有颐养象,故以畜其德矣。

释　下卦乾为君子为言,《系辞上》曰:“乾知大始。”故其言为前言。上参震为行,以消息言,由震兑而乾,故震在乾前,以乾视之,其行为往行。上卦艮为多,二正下参坎为志,故君子以多志前言往行。上互颐养,故以畜其德矣。

有厉利己，不犯灾也。

注 谓二变正，四体坎，故称灾也。

释 二变正成贲，下参坎为灾。初应四而四当坎上，故初九有厉利己，不可犯六四之灾也。

利有攸往，上合志也。

注 谓上应也。五已变正，上动成坎，坎为志，故利有攸往，与上合志也。

释 三与上相应，由二正而五亦以变正，卦为家人。上九又动成上六以应九三，卦为既济，上卦坎为志，故三之上为利有攸往而与上合志也。

六五之吉，有庆也。

注 五变得正，故有庆也。

释 大畜而家人，六五变成九五得正。阳爻称庆，故有庆也。

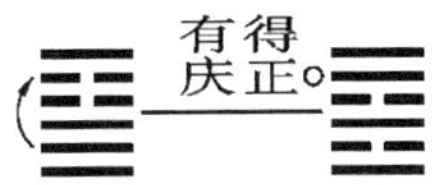

何天之衢，道大行也。

注　谓上据二阴。乾为天道，震为行，故道大行矣。

释　下卦乾为天道，上参震为行。上当天衢以据二阴，谓已得道之本，故道大行矣。

䷚颐　贞吉。

注　晋四之初，与大过旁通。养正则吉，谓三爻之正，五上易位，故颐贞吉。反复不衰，与乾、坤、坎、离、大过、小过、中孚同义，故不从临观四阴二阳之例。或以临二之上，兑为口，故有口实也。

释　颐与乾、坤、坎、离、大过、小过、中孚同义。此八卦为反复不衰卦，凡初与上、二与五、三与四同时易位为反复。虞注乾三《象》“反复道”曰：“谓否泰反其类也。”他如观《彖》注曰：“观反临也。”其义同。明来知德名之曰综卦者，实即虞氏所谓反。以卦象言，因反而其卦不同。虞氏于剥反复之入坤出坤，当衰世之意，谓由反而衰。然六十四卦中亦有虽反而其卦不变，即上述八卦，故虞氏名之曰反复不衰云。此八卦中之乾坤为纯阴纯阳，而阴阳物相杂之文，由消息相推而出焉。其他六卦皆为二阴二阳卦，以消息之例，乾坤成临、观、遯、大壮。凡四阴二阳之卦，皆从临观来。四阳二阴之卦，皆从遯、大壮来。而此反复不衰卦，可不从此例。盖与乾坤同为反复不衰，乃可由乾坤消息而得。虞注坎曰：“乾二五之坤。”注离曰：“坤二五之乾。”则颐者，乾初上之坤。大过者，坤初上之乾。小过者，乾三四之坤。中孚者，坤三四之乾是也。此可谓反复不衰卦之例。然于爻尚多变化，故颐者，当晋四之初，义谓去硕鼠之贪，庶可得颐养之正，与大过旁通。若养正之道，宜六三之正而六五、上九易位，卦成既济，六位皆正，故颐贞吉。或以临二之上，临下卦兑为口，成颐有口实，以观其自养。甘临位不当，犹颐之六三宜之正。

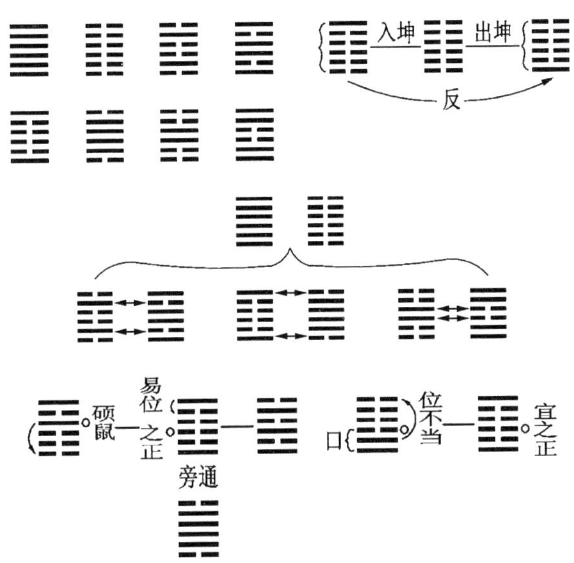

观颐。

注　离为目，故观颐，观其所养也。

释　晋上卦离为目，四之初成颐，当以目观颐。颐者，养也，故观其所养，谓不当养贪如硕鼠者。

自求口实。

注　或以大过兑为口，或以临兑为口。坤为自，艮为求。口实，颐中物，谓其自养。

释　颐旁通大过，故或以大过兑为口，或以颐由临来，临下卦兑为口。颐中互坤为自，上卦艮为求，口实指颐中物。自求口实者，所以自养，谓不当以位不当之甘临自养也。

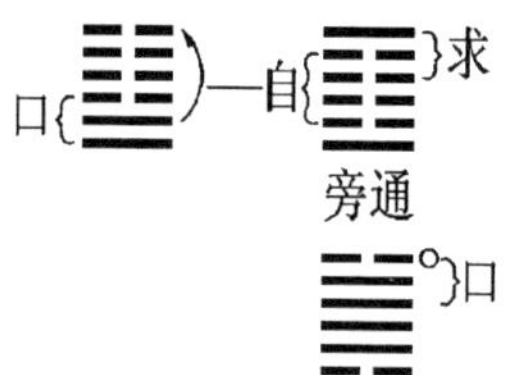

初九　舍尔灵龟，观我朵颐，凶。

注　晋离为龟，四之初，故舍尔灵龟。坤为我，震为动。谓四失离入坤，远应多惧，故凶矣。

释　晋上卦离为龟，四之初成颐而离象不见，故舍尔灵龟。颐中互坤为我，下卦震为动，朵者，下垂而动之貌，即震象。故观我朵颐，谓晋四之初，失离灵龟，入坤成朵颐，且初九远应于多惧之四爻以求合，故凶矣。

六三　拂颐，贞凶。十年勿用，无攸利。

注　三失位体剥，不正相应，弑父弑君，故贞凶。坤为十年，动无所应，故十年勿用，无攸利也。

释　颐上伍剥，六三失位，与上相应皆不正。时当消阳，为弑父弑君，故贞凶。又六三当中互坤为十年，动成九三，则与上九同为阳而无所应，故十年勿用，无攸利也。

六五　拂经，居贞吉，不可涉大川。

注　失位，故拂经。无应顺上，故居贞吉，艮为居也。涉上成坎，乘阳无应，故不可涉大川矣。

释　六五失位，故拂经。无应于六二而顺于上九，当上卦艮为居，故居贞吉。若涉上而五上易位，卦成屯。屯上卦坎为大川，上六乘九五之阳而无应于六三，故不可涉大川矣。

上九　由颐，厉，吉。

注　由，自从也。体剥居上，众阴顺承，故由颐。失位，故厉。以坤艮自辅，故吉也。

释　上伍剥，上九当剥上，众阴顺承之，故由颐。由，自从也，谓众阴皆由此而得养。又上九失位，故厉。以下参坤、上卦艮自辅，犹剥上君子德车民所载，故吉也。

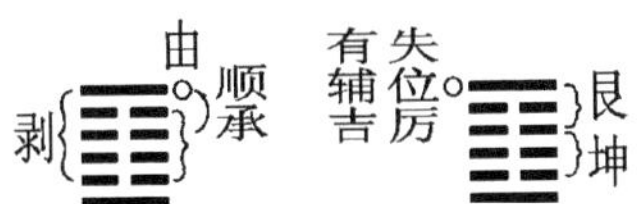

《象》曰：圣人养贤，以及万民。

注　乾为圣人，艮为贤人，颐下养上，故圣人养贤。坤阴为民，皆在震上。以贵下贱，大得民，故以及万民。

释　乾为圣人，指初九乾元。上卦艮为贤人，指上九。中互坤阴为民。颐由下养上，故圣人养贤。又初九乾元当震，坤民皆在震上，义当以贵下贱大得民，故以及万民。即颐上利涉大川，卦成屯，初九建侯以养民之象。

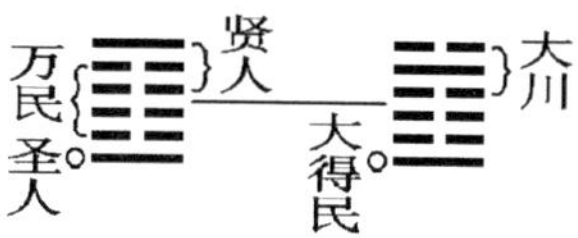

《象》曰：十年勿用，道大悖也。

注　弑父弑君，故大悖也。

释　上伍剥，六三失位。时当消阳，为弑父弑君，故道大悖也。

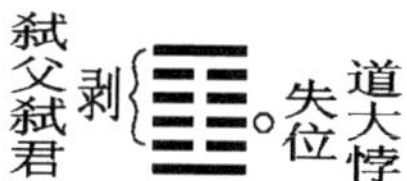

颠颐之吉，上施光也。

注　晋四之初，谓三已变，故颠颐。与屯四乘坎马同义。坤为虎，离为目。眈眈，下视貌。逐逐，心烦貌。坤为吝啬，坎水为欲，故其欲逐逐。得位应初，故无咎。谓上已反三成离，故上施光也。

释　晋四之初成颐，颐三已变卦为贲。贲下参坎为马，六四乘之。凡屯四曰乘马，亦当屯三已变而成下参坎马，故四与屯四乘坎马同义。且颐之上五先三而变，卦即屯，故合屯四而言。乘马而班如不进，犹颐养之颠蹶也，故颠颐。当三未变时，中互坤为虎为吝啬，三变成贲而下卦离为目，当虎之目位在下，故虎视眈眈。眈眈，下视貌。又贲下参坎水为欲，谓虎性吝啬而有欲，故其欲逐逐。逐逐，心烦貌。然六四得位应初九乾元，故无咎。谓上已反者，上五易位而卦成既济也。上之五为施，与三成离为光，故上施光也。

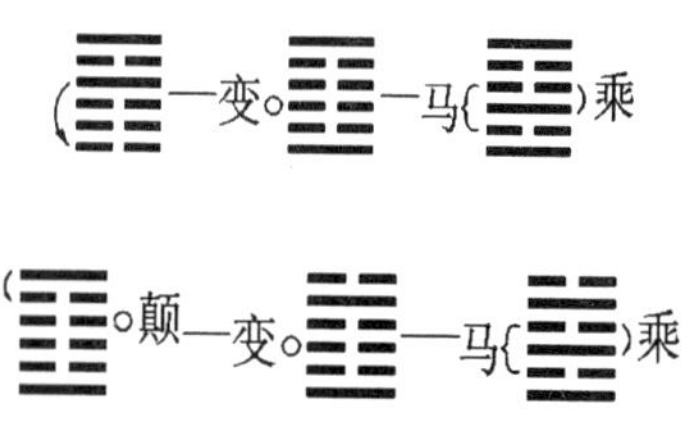

由颐厉吉，大有庆也。

注　失位，故厉。之五得正成坎，坎为大川，故利涉大川。变阳得位，故大有庆也。

释　上九失位，故有危厉。之五得正，卦成屯，屯上卦坎为大川，故利涉大川。六五变阳称大，五正有庆，故大有庆也。

䷛大过　栋桡。

注　大壮五之初，或兑三之初。栋桡谓三，巽为长木称栋。初上阴柔本末弱，故栋桡也。

释　大过为反复不衰卦，故可不从二阴二阳卦由临、观、遯、大壮来之例。然非谓不可从临、观、遯、大壮来，故颐或以临二之上，大过亦取以大壮五之初，皆五位进退，有过以相与之象。或以兑三之初，取兑、巽相反之象。不论大壮五之初，或兑三之初，皆成大过。大过下卦巽为长为木，长木称栋。九三曰："栋桡凶。"故栋桡谓三。桡，下屈也。盖初本上末皆为阴柔而弱，故栋桡也。

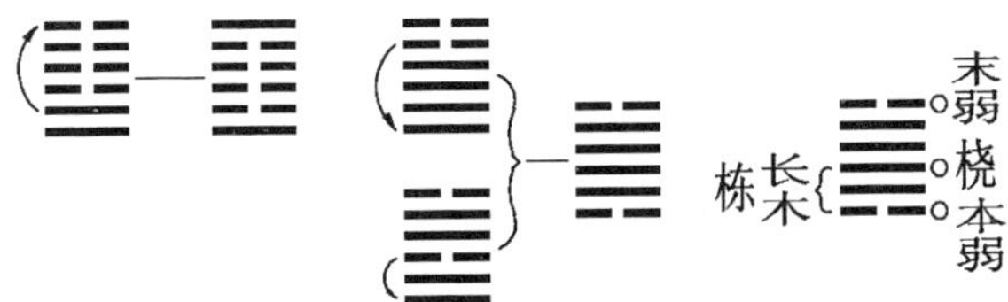

利有攸往,亨。

注　谓二也。刚过而中,失位无应,利变应五。之外称往,故利有攸往,乃亨也。

释　大过九二,虽中而刚过,失位而无应于九五,利变成六二以应九五。二之五为之外称往,卦成咸,山泽通气,故利有攸往,乃亨也。

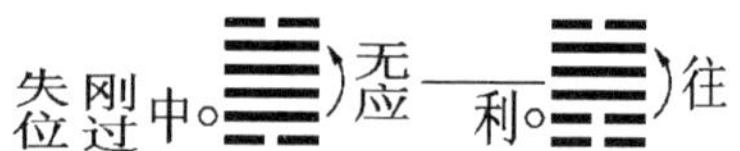

初六　藉用白茅,无咎。

注　位在下称藉,巽柔白为茅,故藉用白茅。失位咎也,承二过四,应五士夫,故无咎矣。

释　初六位在下称藉,下卦巽为柔为白又为茅,故藉用白茅。初六失位为咎,能承二而过四应五,即初位应在四,今承二而过之,以应二之应爻五。五当士夫之象,故无咎矣。

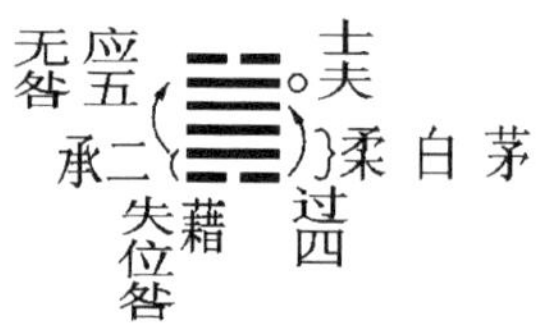

九二　枯杨生稊,老夫得其女妻,无不利。

注　稊,稚也。杨叶未舒称稊。巽为杨,乾为老,老杨故枯,阳在二也。十二月时,周之二月。兑为雨泽,枯杨得泽复生稊。二体乾老,故称老夫。女妻谓上兑,兑为少女,故曰女妻。大过之家,过以相与,老夫得其女妻,故无不利。

释　大过下卦巽为杨,下参乾为老,老杨则枯,故为枯杨。阳在二为九二,于辰属丑。以建寅言,当十二月,周建子,故为周之二月。上卦兑为雨泽，谓枯杨于二月得雨泽而复生稊。稊，稚也，阳叶未舒之貌。又九二当下参乾老为老夫，上卦兑为少女，故曰女妻，上六当之。大过之家，过以相与，谓九二过九五而相与于上六，象为老夫得其女妻，阴阳相合而生稊，故无不利。

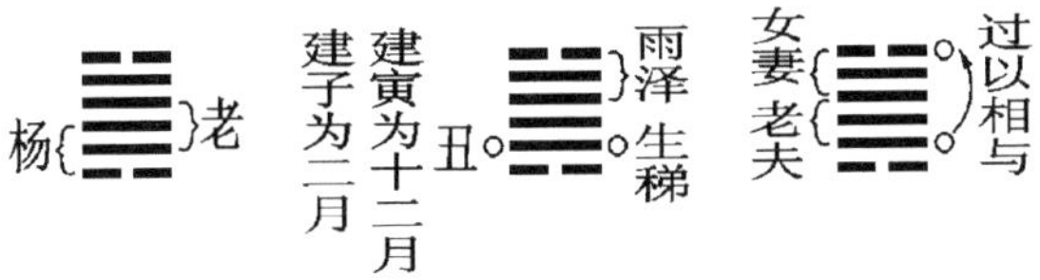

九四　栋隆，吉。有它吝。

注　隆，上也。应在于初。己与五，意在于上。故栋隆，吉。失位动，入险而陷于井，故有它吝。

释　九四应在初六，然九四与九五，其意皆在上六。隆，上也，不桡乎下，故栋隆吉。由是知栋桡凶者，即三之应在上，然其意在初，故桡下而凶。或取大过由兑三之初，栋桡之谓也。又九四失位动成六四，上卦坎为险，其卦为井，犹陷于井。故有它吝谓不可变，变而陷于井仍桡下。此爻栋隆，不以失位论，与剥上之硕果不食可并论。

九五　枯杨生华，老妇得其士夫，无咎无誉。

注　阳在五也。夬三月时，周之五月。枯杨得泽，故生华矣。老妇谓初，巽为妇，乾为老，故称老妇也。士夫谓五，大壮震为夫，兑为少，故称士夫。五过二，使应上。二过五，使取初。五得位，故无咎。阴在二多誉，今退伏初，故无誉。体姤淫女，故过以相与，使应少夫，《象》曰：“亦可丑也。”旧说以初为女妻，上为老妇，误矣。马君亦然。

荀公以初阴失正当变,数六为女妻。二阳失正,数九为老夫。以五阳得正位不变,数七为士夫。上阴得正,数八为老妇。此何异俗说也。悲夫学之难,而以初本为小,反以上末为老。后之达者,详其义焉。

释　阳在五为九五,于辟卦为夬,于辰属辰。以建寅言,当三月。周建子,故为周之五月。枯杨得上卦兑之雨泽,于二月生稊,今于五月,故生华矣。下卦巽为妇,下参乾为老,故称老妇,初六当之。又大过由大壮来,大壮上卦震为夫,上参兑为少,五之初称大过,故大过九五当士夫。合九二而言,即虞氏以大过之初六为老妇,九二为老夫,九五为士夫,上六为女妻。五过二使应上者,谓九五士夫不应九二老夫,而使老夫过以应上六女妻也。而过五使取初者,谓九二老夫不应九五士夫,而使士夫过以取初六老妇也。九五士夫得位,故无咎。若阴在二,即六二多誉,今退伏于初,故初六老妇无誉。大过下伍姤,初六老妇当姤初淫女,故过以相与使应九五士夫,此亦可丑也。马君谓马融,与旧说同,皆以初六为女妻,上六为老妇之乘九五士夫也,于象义亦可备一说。然此爻之承乘,未合于过以相与之理,故虞氏非之。荀公谓荀爽,与俗说同。凡初六女妻,九二老夫,九五士夫,上六老妇,与马君亦同。唯以四象变不变之数明之,且合以既济之定位。位当者,阳不变而为七,阴不变而为八,位不当者,阳变而为九,阴变而为六。其例达六十四卦,实变不变之精义,自古皆用此说,故荀、虞亦宗之。详见《成既济定卦象图》。此处非荀公者,仍指初本不当为小,即当为老妇而不当为女妻,上末不当为老,即当为女妻而不当为老妇,非指四象之数,论者宜辨焉。今以虞义言之,九六老阳老阴为老夫老妇,七八少阳少阴为士夫女妻,变不变过以相与,确较马荀之说为允。

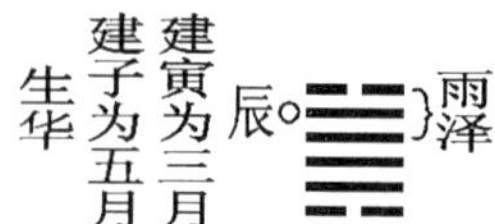

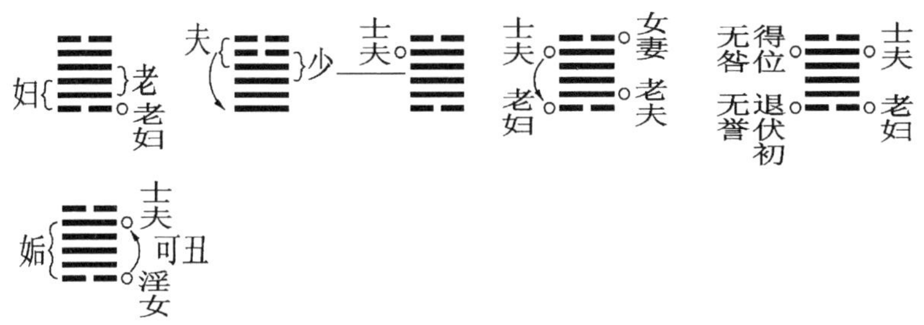

马君及旧说　　荀公与俗说

上六　过涉灭顶,凶,无咎。

注　大壮震为足,兑为水泽,震足没水,故过涉也。顶,首也。乾为顶,顶没兑水中,故灭顶凶。乘刚,咎也。得位,故无咎。与灭耳同义也。

释　大过由大壮来,大壮上卦震为足,五之初成大过,上卦兑为水泽,足没于水,故过涉也。上参乾为首为顶,顶,首也,位当上卦兑水之下,故灭顶凶。上六乘九五之刚,咎也,然得位故无咎。又大过四变桡下而陷于井,井错噬嗑,故灭顶与噬嗑上之灭耳同义。此谓上参乾首灭于上六,彼谓上参坎耳灭于上九,即各有所陷也。

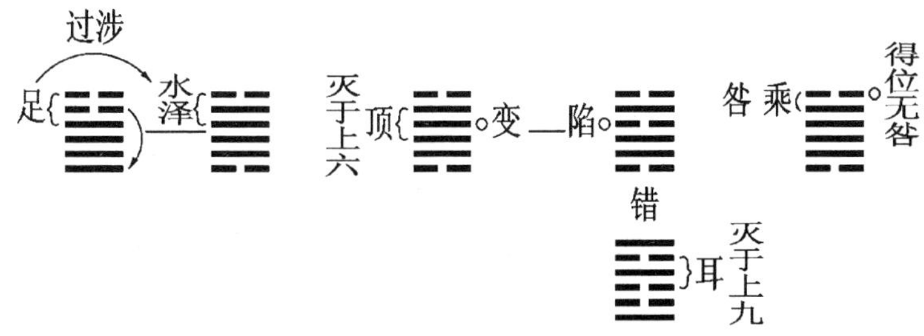

《彖》曰：大过，大者过也。

注　阳称大，谓二也。二失位，故大者过也。

释　阳称大，兼及中互四爻，失位有过，当九二九四。然九四与初六，虽不当位而刚柔应，唯九二与九五之应皆为阳刚，而九二失位，故大者过指九二，下曰刚过而中同。

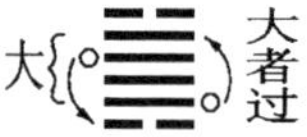

刚过而中，巽而说行，利有攸往，乃亨。

注　刚过而中，谓二。说，兑也，故利有攸往。大壮震五之初，故亨。与遯二同义。

释　二五为中，九二九五为刚中，九二失位有过，故刚过而中谓二。大过下卦巽，上卦兑为说，其行说，故利有攸往。卦由大壮来，大壮上卦震为行，五之初成大过为亨。大过二又利变应五，卦成咸，二五正应，故利有攸往，乃亨。咸下伍遯，遯二五刚当位而应，消息由姤而遯，象亦为九二而六二以应九五，故曰与遯二同义。

大过之时大矣哉。

注　国之大事，在祀与戎。藉用白茅，女妻有子，继世承祀，故大矣哉。

释　大过之时，犹国有大事，《左传》成公十三年刘子曰："国之大事，在祀与戎。祀有执膰，戎有受脤，神之大节也。"虞氏引之，以明祀与戎当敬当慎。大过初六藉用白茅，慎之至也。九二老夫得其女妻，女妻有子以继世承祀，此父子相继之际，尤国家安危治乱之本。孝子忠臣之心，于大过而显，臣死足以当大事，故大矣哉。

《象》曰：君子以独立不惧，遯世无闷。

注　君子谓乾初。阳伏巽中，体复一爻，潜龙之德，故称独立不惧。忧则违之，乾初同义，故遯世无闷也。

释　大过旁通颐，颐初九乾阳为君子，伏于大过下卦巽中。颐下伍复，复初乾元有潜龙之德，确乎其不可拔，故独立不惧，乐行忧违，故遯世无闷也。本末由弱而强，大过即乾，故与乾初同义。

老夫女妻，过以相与也。

注　谓二过初与五，五过上与二。独大过之爻得过其应，故过以相与也。

释　二过不应五，使初与五，五过不应二，使上与二。此初与五，上与二皆过其应爻之位，故为过以相与。独大过之爻得过其应，谓老夫得其女妻，老妇得其士夫，位在应外，是之谓过也。

栋桡之凶,不可以有辅。

注　本末弱,故桡。辅之益桡,故不可以有辅,阳以阴为辅也。

释　阴以辅阳,比《彖》曰“比,辅也,下顺从也”,是其义。然九三之应在上六,过应在初六,初上阴本末弱,故桡。辅九三则益桡,故不可以有辅也。谓九三不可及阴,犹九四之有它吝。

栋隆之吉,不桡乎下也。

注　乾为动直,远初近上,故不桡下也。

释　大过中互乾,其动也直,直行近于曲行。四位于上隔一位,于初隔二位,故远初近上,乃直行隆上而不曲桡乎下也。

枯杨生华,何可久也。老妇士夫,亦可丑也。

注　乾为久,枯而生华,故不可久也。妇体姤淫,故可丑也。

释　枯杨生华者,乾老巽杨为枯杨,得上卦兑泽而生华。又乾为久,为阴所乘,盖枯而生华,不可久也。初六巽为老妇,体下伍姤,姤初女壮淫,故亦可丑也。

**习坎。有孚。**

注　乾二五之坤,与离旁通。于爻,观上之二。习,常也。孚,信,

谓二五。水行往来，朝宗于海，不失其时，如月行天，故习坎为孚也。

释　乾二五之坤，坤成坎而乾成离，坎与离旁通。坎反复不衰，故可不从临观来之例，然于爻仍可取之，当观上之二亦成坎象。坎为水，水行往来皆朝宗于海，潮汐涨落不失其时，如月之行天，故习坎有孚。习，常也。孚，信也。虞氏以阳在二五称孚，或坎为孚者，盖准此卦而言。

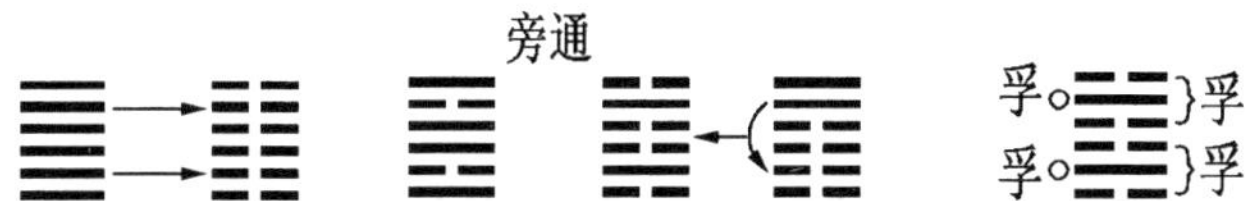

维心亨。

注　坎为心。乾二五旁行流坤，阴阳会合，故亨也。

释　乾二五阳爻，旁行流坤而坤成坎，下上二卦皆当坎为心，由旁行而阴阳会合，故亨也。

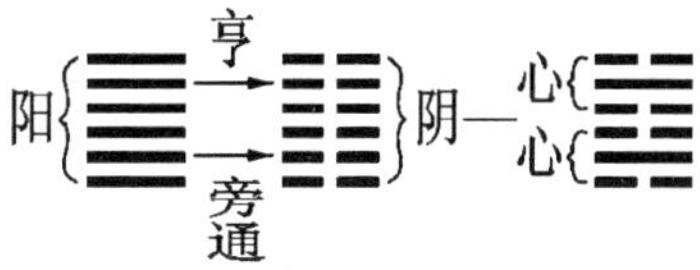

行有尚。

注　行谓二，尚谓五也。二体震为行，动得正应五，故行有尚，往有功也。

释　坎下参震为行，九二当之，故行谓二。二应在五，故尚谓五。当二动得正，卦成比，六二应九五，五位多功，由内之外称往，故往有功也。

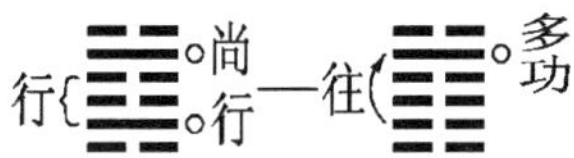

九二　坎有险，求小得。

注　阳陷阴中，故有险。据阴有实，故求小得也。

释　九二之阳，位于初六、六三二阴之中，为阳陷阴中，故有险。然九二阳为有实，据于初六之阴小，故求小得。

六三　来之坎坎，险且枕，入于坎窞，勿用。

注　坎在内称来，在坎终坎，故来之坎坎。枕，止也，艮为止。三失位乘二则险，承五隔四，故险且枕。入于坎窞，体师三舆尸，故勿用。

释　六三当下卦坎在内称来，又当下卦坎之终，在坎终坎，故来之坎坎。下卦坎为阴谓二，上参艮为止。枕，止也。盖六三失位，乘九二则险，承九五则隔六四而体艮止为枕，故险且枕。入于坎窞，又下互得师，坎三体师三"师或舆尸"，故勿用。

六四　尊酒，簋贰，用缶。

注　震主祭器，故有尊簋。坎为酒。簋，黍稷器。三至五，有颐口象。震献在中，故为簋。坎为木，震为足，坎酒在上，尊酒之象。贰，副也。坤为缶，礼有副尊，故贰用缶耳。

释　下参震为长子主器，故有尊簋。尊，注酒器。下卦坎，于木也为坚多心，下参震为足，上卦坎酒在上，尊酒之象也。谓以棘枣之木为尊，其形有足，其中注酒云。簋，黍稷器，虞注三至五当二至五，必传写之误，即中互颐口象。下参震为稼为黍稷，谓震黍稷之献在其口中，故为簋。贰，副也。三四爻坤象半见，坤为缶，《天官·酒正》曰："大祭三贰，中再贰，小祭一贰。"是谓礼有副尊，以缶为之，故贰用缶焉。

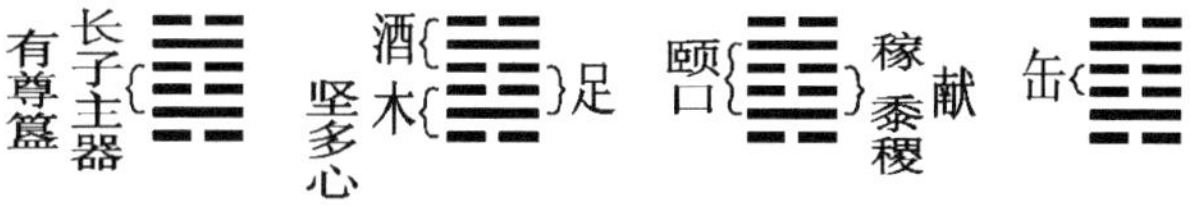

有尊簋 长子主器{☵☳　酒{ 木{ }足 坚多心　颐口{ }稼黍稷献　缶{

内约自牖，终无咎。

注　坎为内也。四阴小，故约。艮为牖，坤为户，艮小光照户牖之象。贰用缶，故内约自牖。得位承五，故无咎。

释　上卦坎为内，内，纳也。六四阴小，故约。三四爻坤象半见为户，上参艮为星，故为小光。又艮为门阙，故为牖，合为小光照户牖之象。谓六四阴小而用副尊，自约以交九五也。得位承之，光虽小，其明已由户牖而通，故无咎。

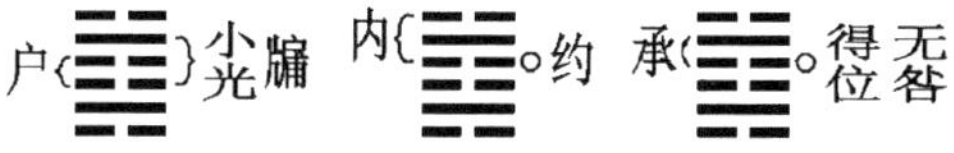

户{ }小光牖　内{ 。约　承{ 。得位无咎

九五　坎不盈，禔既平，无咎。

注　盈，溢也。艮为止，谓水流而不盈。坎为平。禔，安也。艮止坤安，故禔既平。得位正中，故无咎。

释　上卦坎为水流，上参艮为止，谓水流有止，故坎不盈。盈，溢也。又上卦坎为平，上参艮为止，三四爻坤为安。禔通祇，安也。谓九五止而安于既平，得位正中，故无咎。

水流{ }止　平{ 祇安{ }止　得位正中。 。无咎

上六　系用徽纆，寘于丛棘，三岁不得，凶。

注　徽纆，黑索也。观巽为绳，艮为手，上变入坎，故系用徽纆。寘，置也。坎多心，故丛棘。狱外种九棘，故称丛棘。二变则五体剥，剥伤坤杀，故寘于丛棘也。不得，谓不得出狱，艮止坎狱。乾为岁，五从乾来，三非其应，故曰三岁不得，凶矣。

释　坎于爻由观来，观上卦巽为绳，下卦坤为黑，故为徽纆。徽纆，黑索也。又上参艮为手，观上变之二，入坎为陷，谓手为黑索所缚，故系用徽纆。坎于木也为坚多心，故为丛棘。凡狱外种九棘以围之，曰寘于丛棘，犹寘于狱。寘，置也。坎二变卦为比，下伍剥，六三比之匪人，不亦伤乎。坤为杀，故寘于丛棘也。又上参艮为止，上卦坎为狱，九五由乾来，乾为岁，六三为三，与九五为三岁。三五非应，是谓三岁不得，盖止于狱中，三岁不得出而凶矣。

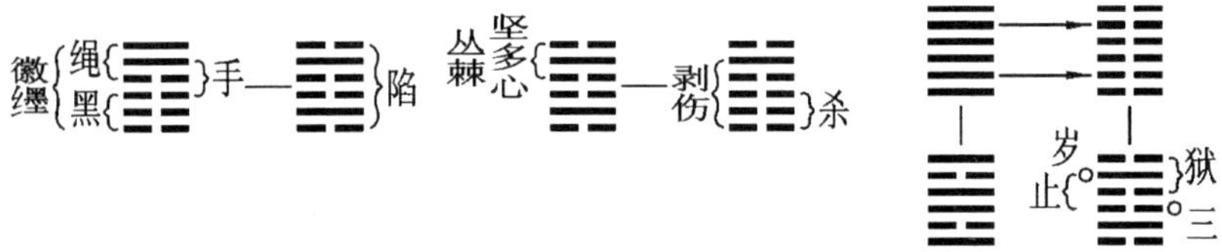

《象》曰：习坎，重险也。

注　两象也。天险地险，故曰重险也。

释　坎为险，上下两象皆为坎。上卦坎为天险，九五当之，下卦坎为地险，九二当之，故曰重险也。

行险而不失其信。

注　信谓二也，震为行。水性有常，消息与月相应，故不失其信矣。

释　下参震为行，当下卦坎险为行险。水性有常，潮汐消息，与月相应，故不失其信矣。信以行险言，故谓二也。

行有尚，往有功也。

注　功谓五。二动应五，故往有功也。

释　《系下》曰："五多功。"故功为五。坎九二动成六二，卦成比，二以应五，之外称往，故往有功也。

天险不可升也。

注　谓五在天位。五从乾来，体屯难，故天险不可升也。

释　九五从乾天来，又五当天位成坎为险，是谓天险。坎上伍屯，《序卦》曰："屯者，难也。"九五屯其膏，故天险不可升也。

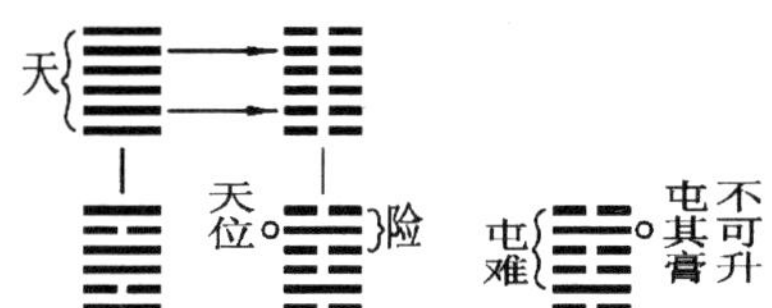

地险山川丘陵也。

注　坤为地，乾二之坤，故曰地险。艮为山，坎为川，半山称丘，丘下称陵，故曰地险山川丘陵也。

释　于象乾为天，坤为地。于位五为天，二为地。故乾二居坤地之位成坎险，为地险。坎上参艮为山，六四当半山称丘，六三当丘下称陵，下卦坎为川，故地险山川丘陵也。

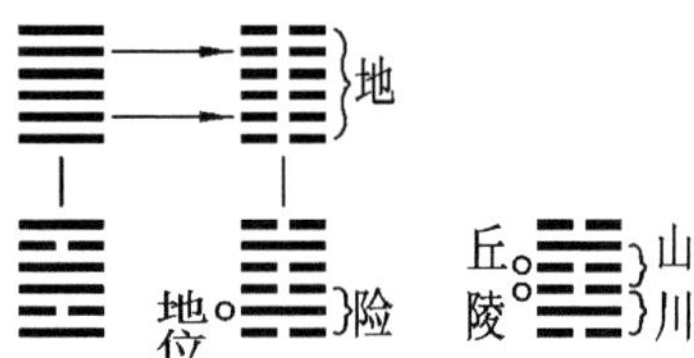

王公设险以守其邦。

注　王公，大人，谓乾五。坤为邦。乾二之坤成坎险，震为守，有屯难象，故王公设险以守其邦。离言“王用出征以正邦”是也。

释　乾二五之坤，而乾成离坤成坎。坎五即乾五，为王公大人。坤为邦，成坎险为设险，而当下参震为守，上伍屯，有屯难象，故王公设险以守其邦。又以五言，义当离上《象》“王用出征以正邦”。或守或正，皆王公设险之谓。

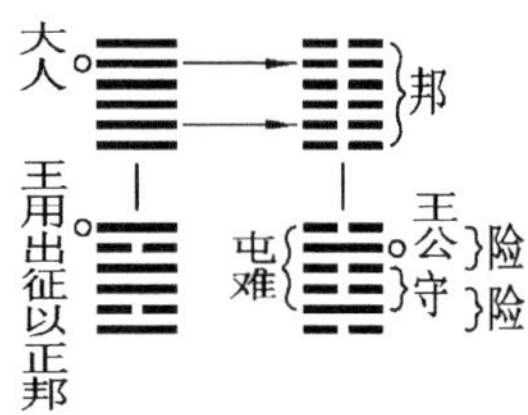

《象》曰：水洊至，习坎。君子以常德行，习教事。

注　君子谓乾。五在乾称大人，在坎为君子。坎为习为常，乾为德，震为行，巽为教令，坤为事，故以常德行习教事也。

释　坎五即乾五，乾九五曰“利见大人”，故在乾为大人，乾九三曰“君子”，故于乾九三为君子。若坎象当六三而非九三，之正前未可象君子，故以九五为君子。盖在乾在坎，其时不同也。又乾为德，坤为事，由乾二五之坤成坎离，坎为习为常，下参震为行，离下参巽为教令，故九五君子以常德行习教事也。

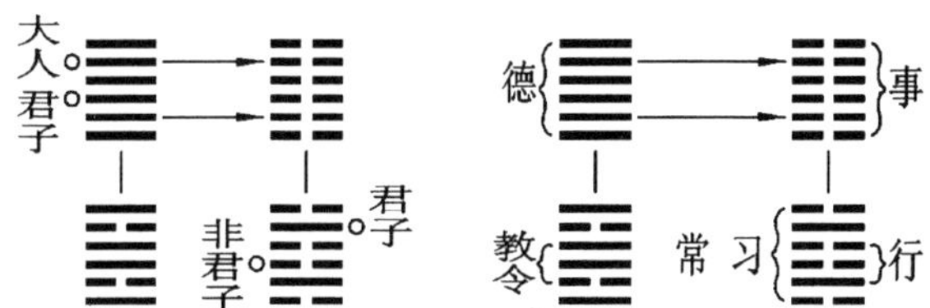

习坎入坎，失道凶也。

注　习，积也。位下，故习。坎为入。坎中小穴称窞。上无其应，初二失正，故曰失道凶矣。

释　初六位下故习，习，积也，谓由下而积之。坎陷为入。坎中小穴称窞，窞者，坎失位之险象，初六、六三是也。初六上无应于六四，故入于坎窞。又初六、九二皆失正，未合一阴一阳之道，故曰失道凶矣。

尊酒簋，刚柔际也。

注　乾刚坤柔，震为交，故曰刚柔际也。

释　《杂卦》曰："乾刚坤柔。"由乾二五之坤而坤成坎，坎下参震为交，故曰刚柔际。以位言，当六四之柔与九五之刚是也。

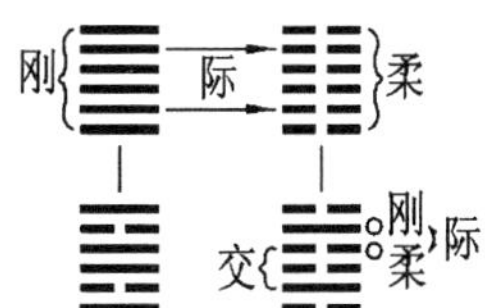

坎不盈，中未光大也。

注　体屯五中，故未光大也。

释　坎上伍屯，坎五当屯五，屯五《象》曰："屯其膏，施未光也。"谓离伏坎下，下卦坎未正，故未光大也。

䷝离　利贞，亨。

注　坤二五之乾，与坎旁通。于爻，遯初之五。柔丽中正，故利贞，亨。

释　坤二五之乾成离，离与坎旁通。离又为反复不衰卦，可不从遯大壮来之例，然从之亦可。凡颐、大过、坎、离四卦，既可不从二阴二阳之例，而虞氏仍取之。颐者，临二之上。大过者，大壮五之初。坎者，观上之二。离者，遯初之五。盖卦象之变，不可不知其例，然亦不可固执其例而不知变。若此四卦，例有乾坤消息而不从二阴二阳，而其间又使二阴二阳之临、观、遯、大壮各来一卦，于象理皆合，亦截然絜齐，虞氏可谓善变矣。或未知其例，或知其例而未知其变，皆未能得其精，亦未能得卦象之自然变化。此为治易之要，非徒治虞氏易而已。又乾五中正，坤柔来丽之，是谓柔丽中正，故利贞亨。利贞谓中正，亨谓柔来丽之云。

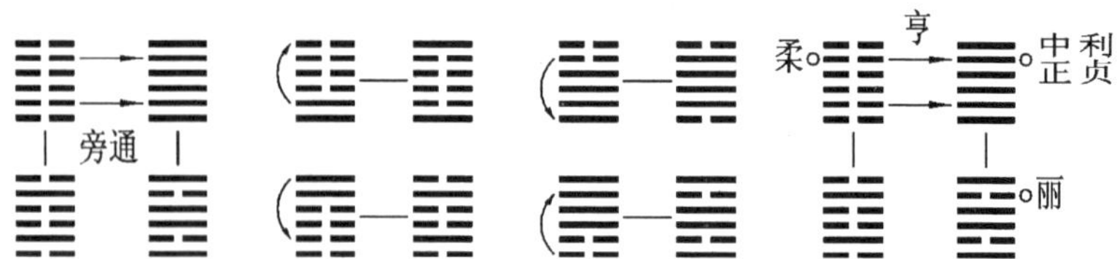

畜牝牛，吉。

注　畜，养也。坤为牝牛。乾二五之坤成坎，体颐养象，故畜牝牛，吉。俗说皆以离为牝牛，失之矣。

释　坤为牝牛。乾二五之坤而坤成坎，坎中互颐，颐养为畜。畜，养也。坎伏离下，故畜牝牛，吉。俗说即以本卦之象取之，故离为牝牛，显与《说卦》坤为牛为子母牛未合，故虞氏非之。

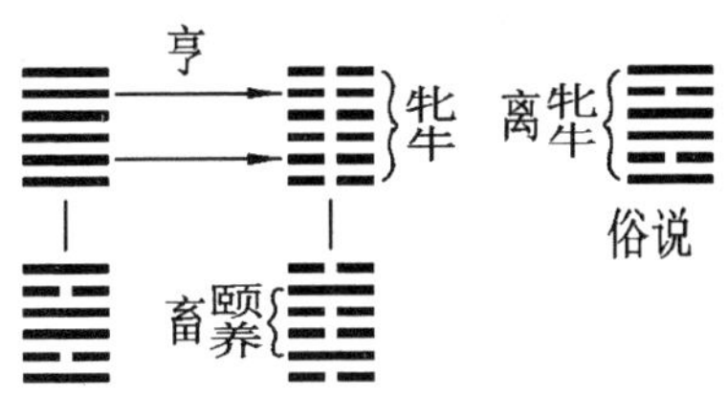

六五　戚嗟若，吉。

注　坎为心，震为声，兑为口，故戚嗟若。动而得正，尊丽阳，故吉也。

释　离旁通坎，坎为心，下参震为声，离上参兑为口，谓心声由离五兑口出，位尚未正，故戚嗟若。六五动而得正，卦成同人，九五阳居尊位，伏阴丽之，故吉也。

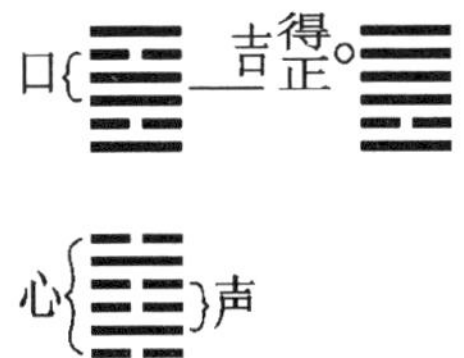

上九　王用出征，有嘉折首，获匪其丑，无咎。

注　王谓乾。乾二五之坤成坎，体师象，震为出，故王用出征。首谓坤二五来折乾，故有嘉折首。丑，类也。乾征得坤阴类，乾阳物，故获非其丑，无咎矣。

释　乾为王，乾二五之坤而坤成坎，坎五亦为王，下互体师象，下参震为出，故王用出征。又乾为首，坤二五来折首而乾成离，故有嘉折首。当乾二五之坤成坎,谓乾阳物征得坤阴类。丑,类也,故为获匪其丑。以阳获阴,故无咎。

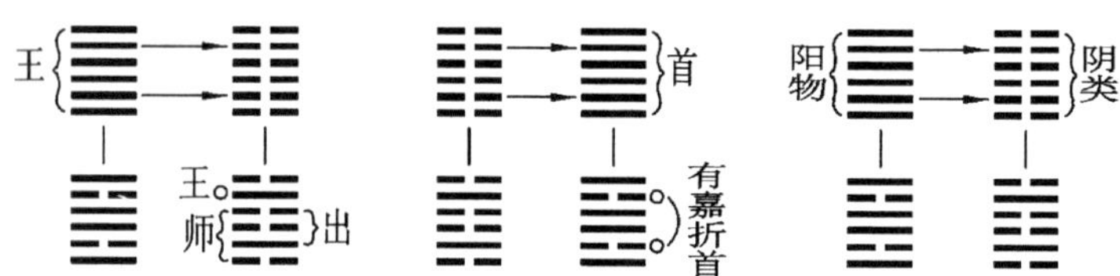

《象》曰:离,丽也,日月丽乎天。

注　乾五之坤成坎为月,离为日,日月丽天也。

释　乾二五之坤,而坤成坎乾成离。以乾五言,乾为天,五当天位,坎上卦坎为月,离上卦离为日,故日月丽乎天也。

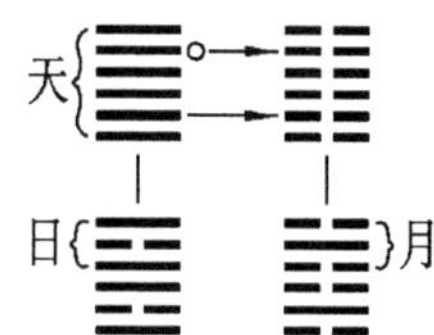

百谷草木丽乎地。

注　震为百谷,巽为草木,坤为地。乾二五之坤成坎,震体屯。屯者,盈也,盈天地之间者唯万物。万物出震,故百谷草木丽乎地。

释　乾二五之坤,而乾成离坤成坎。坎下参震为百谷,离下参巽为草木。又坎上伍屯,《序卦》曰:"屯者,盈也,盈天地之间者唯万物。"《说卦》曰:"万物出乎震。"震初即屯初,当坎卦九二,二爻为地,故百谷草木丽乎地。

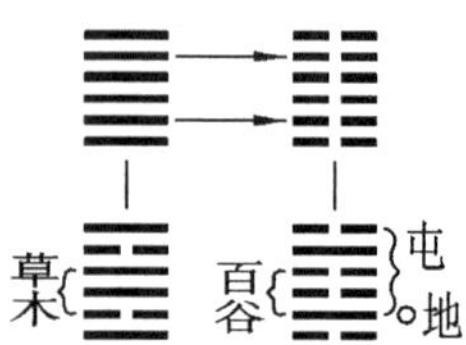

重明以丽乎正，乃化成天下。

注　两象故重明，正谓五阳。阳变之坤来化乾，以成万物，谓离日化成天下也。

释　离为明，离下离上两象，故为重明。正谓九五阳变之坤而坤来化乾，犹乾坤成坎离。六五柔丽乎正以成万物，《文言》曰“圣人作而万物睹”是其义，谓离日化成天下也。

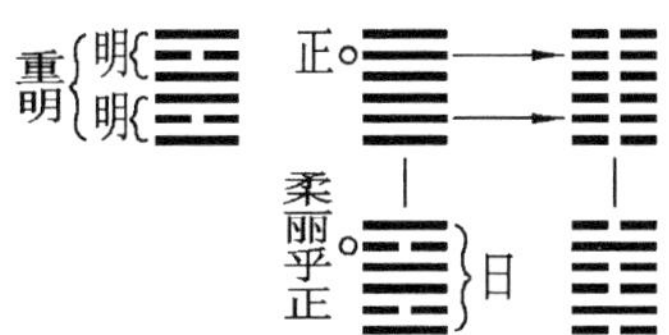

柔丽乎中正，故亨。

注　柔谓五阴，中正谓五伏阳。出在坤中，畜牝牛，故中正而亨也。

释　柔谓离六五阴，中正谓坎九五阳伏在离下，出则离五由中而正矣。当在坤中，坤为牝牛，坎中互颐养称畜，是谓畜牝牛。故离五正位为中正而亨，畜牝牛吉也。

《象》曰：明两作，离。

注　两谓日与月也。乾五之坤成坎，坤二之乾成离。离坎日月之象，故明两作，离。作，成也。日月在天，动成万物，故称作矣。或以日与火为明两作也。

释　离谓明，两谓日与月。乾五之坤五成坎为月，而乾上卦成离为日。坤二之乾二成离为日，而坤下卦成坎为月。即乾坤二五往来成坎离日月之象，故明两作，离。作，成也。若虞氏仅取上卦坎月下卦离日者，合坎离已成既济之象。凡日月在天以消息，资始资生而动成万物，故称作矣，犹先天纳甲之义。又离为日为火，日与火皆明，故或以明两作为日与火，此即以本卦取象。

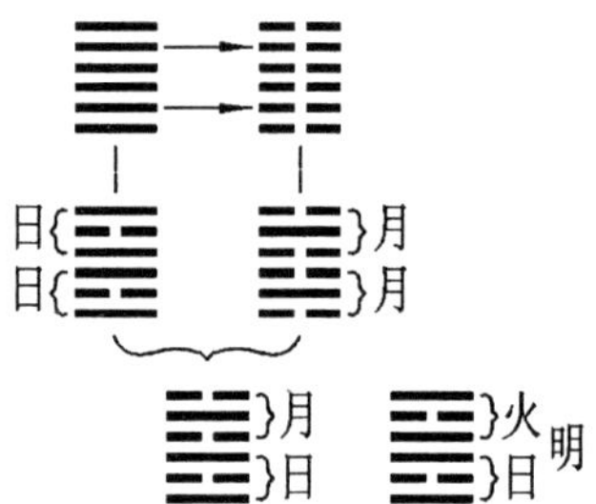

大人以继明照于四方。

注　阳气称大人，则乾五大人也。乾二五之光，继日之明。坤为方，二五之坤，震东兑西，离南坎北，故曰照于四方。

释　乾阳气称大人，九五当之。坤为方，乾二五之坤，乾成离为明。坤成坎，坎五即乾五大人，以继离日之明照于坤方。四方者，坎下参震东，离上参兑西及离南坎北是也。

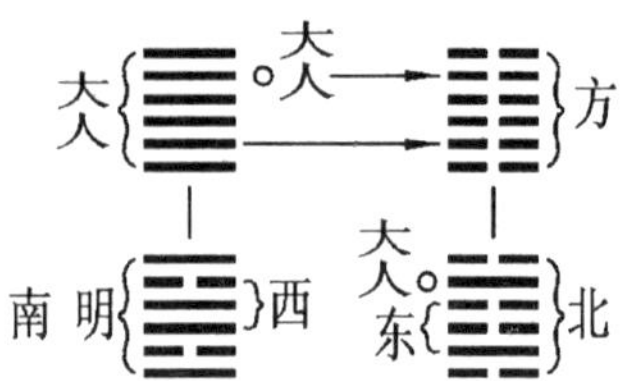

王用出征，以正邦也。

注　乾五出征坤，故正邦也。

释　乾五为王，坤为邦。乾二五之坤成坎，以五言，即王用出征以正邦也。

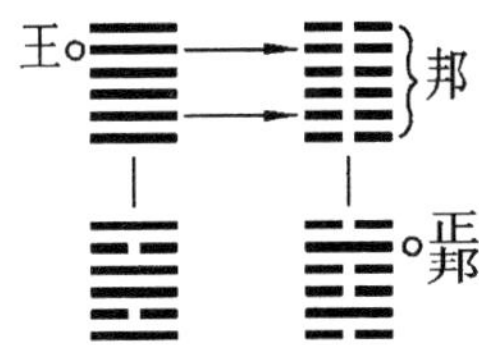

卷　中

下经　彖下　象下

䷞咸　亨利贞，取女吉。

注　咸，感也。坤三之上成女，乾上之三成男，乾坤气交以相与。止而说，男下女，故通利贞，取女吉。

释　咸，感也。咸由否来，否下卦坤三之乾上成兑女，上卦乾上之坤三成艮男，乾坤气交以相与，故否成咸。成咸则下卦艮为止，上卦兑为说，艮少男在兑少女之下，故通利贞，取女吉。

初六　咸其母。

注　母，足大指也。艮为指，坤为母，故咸其母。失位远应，之四得正，故志在外，谓四也。

释　否下卦坤为母。否成咸，咸下卦艮为指。母指，大指也。初爻足象，故咸其母。母，足大指也。初六失位，远应之四，初四易位而皆得正，卦成既济。既济上卦坎为志，故志在外，谓四也。

母 指 足 志

九三　咸其股，执其随，往吝。

注　巽为股，谓二也。巽为随，艮为手，故称执。三应于上，初四已变，历险，故往吝。

释　咸下参巽为股，谓二者，六二当下参巽象之主也。巽又为随，下卦艮为手，故称执，是谓咸其股，执其随。又初四已变，卦成既济。既济上卦坎为险，三应上必将历险，故往吝。

随 股 手 称执 险 应

九四　贞吉，悔亡。憧憧往来，朋从尔思。

注　失位悔也。应初动得正，故贞吉而悔亡矣。憧憧，怀思虑也。之内为来，之外为往。欲感上隔五，感初隔三，故憧憧往来矣。兑为朋，少女也。艮初变之四，坎心为思，故曰朋从尔思也。

释　咸九四失位而有悔。应初六而与之易位，动而得正，卦成既济，故贞吉而悔亡。当未正之时，四于三阳之中，欲感上则隔五，欲感初则隔三，故憧憧往来矣。憧憧，怀思虑也。往谓感上，来谓感初也。又咸上卦兑为朋，少女也，指上六而言。下卦艮为少男。初变之四，上卦成坎为思，故曰朋从尔思也。尔指艮初而言，变之四，即既济之六四也。

朋 悔 尔 往 来 贞吉 悔亡 思

九五　咸其脢，无悔。

注　脢，夹脊肉也。谓四已变，坎为脊，故咸其脢。得正，故无悔。

释　咸四已变，卦成蹇。蹇上卦坎为脊，五当坎中，故咸其脢。脢，夹脊肉也。九五得正，故无悔。

上六　咸其辅颊舌。

注　耳目之间称辅颊。四变为目，坎为耳，兑为口舌，故曰咸其辅颊舌。

释　咸上卦兑为口舌，四变卦成蹇。蹇上参离为目，上卦坎为耳，耳目之间称辅颊，故曰咸其辅颊舌。

口舌 目 耳

《象》曰：圣人感人心而天下和平。

注　乾为圣人，初四易位成既济，坎为心为平，故圣人感人心而天下和平。此保合太和，品物流形也。

释　咸上参乾为圣人，初四易位成既济，上卦坎为心为平，故圣人感人心而天下和平。乾卦《象》曰："云行雨施，品物流行。"又曰："乾道变化，各正性命，保合太和，乃利贞。"皆谓乾成既济也。咸卦圣人感人心成既济而天下和平，即"保合太和"、"品物流形"也。

圣人 心 平

观其所感，而天地万物之情可见矣。

注　谓四之初，以离日见天，坎月见地，悬象著明，万物见离，故天地万物之情可见也。

释　咸四之初而成既济。既济上参离为日，五爻在天，故以离日见天。下参坎为月，二爻在地，故以坎月见地。《系辞》曰："法象莫大乎天地。"又曰："悬象著明莫大于日月。"《说卦》曰："离者明也，万物皆相见。"既济下伍离为见是也，故天地万物之情可见也。

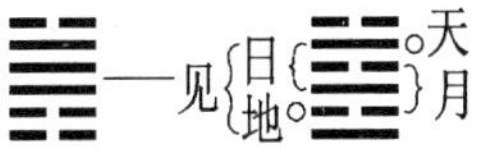

☷—见{日 地 ☷ 天 月}

《象》曰：山上有泽，咸。君子以虚受人。

注　君子谓否乾。乾为人，坤为虚，谓坤虚三受上，故以虚受人。艮山在地下为谦，在泽下为虚。

释　咸由否来。否上卦乾为君子为人，下卦坤为虚。坤虚三受上，故以虚受人，君子正位于九三也。夫地中有山，君子谦焉。山上有泽，君子虚焉。其唯谦，故君子有终。其唯虚，故君子能受人。

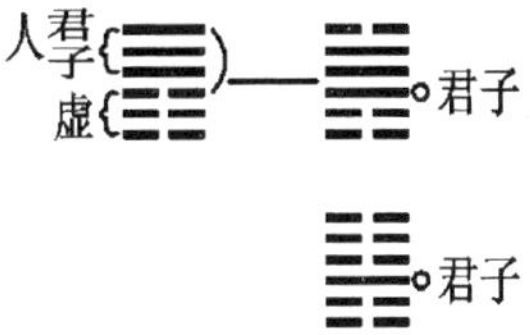

人君子 虚 — 君子

君子

咸其股，亦不处也。志在随人，所执下也。

注　巽为处女也，男已下女，以艮阳入兑阴，故不处也。凡士与女未用，皆称处矣。志在于二，故所执下也。

释　咸下参巽为处女。然咸象男下女，下卦艮阳已入上卦兑阴，故不处也。即士已仕而女已字，故咸其股，亦不处也。又巽为随，艮手称执，初四正，三往吝，故志于二而所执下也。

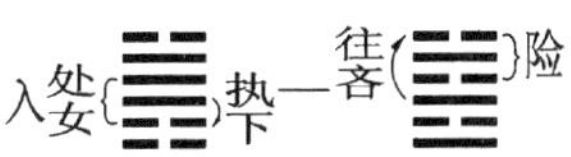

入处女 执下 — 往吝 险

贞吉,悔亡,未感害也。

注　坤为害也。今未感坤初,体遯弑父,故曰未感害也。

释　咸初二爻坤象半见,坤为害。四未感初,下伍遯,遯下卦艮子弑父,故曰未感害也,感则咸成既济而贞吉悔亡矣。

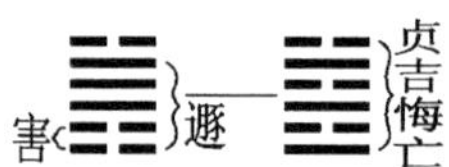

憧憧往来,未光大也。

注　未动之离,故未光大也。

释　咸上参乾为大,初四易位,上参离为光,是为光大。当憧憧往来于初上而未动之离,故未光大也。

咸其辅颊舌,媵口说也。

注　媵,送也。不得之三,山泽通气,故媵口说也。

释　初四未正,故上不得之三。下卦艮为山,上卦兑为泽为口说,山泽通气,故上六媵口说以应三。媵,送也。

恒　亨,无咎,利贞。

注　恒,久也。与益旁通。乾初之坤四,刚柔皆应,故通无咎,利贞矣。

释　恒,久也。与益旁通。由泰卦来,泰下卦乾初之上卦坤四而成也。刚柔皆应，故通无咎，利贞矣。

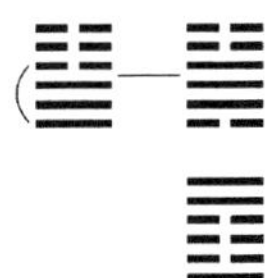

利有攸往。

注　初利往之四，终变成益，则初四二五皆得其正，终则有始，故利有攸往也。

释　恒初利往之四，卦成复。至上终变，卦成益。益初四二五皆得其正，故利有攸往也。

复　益　正

初六　浚恒，贞凶，无攸利。

注　浚，深也。初下称浚，故曰浚恒。

释　初二爻属地。初爻当地下称浚，浚，深也，故曰浚恒。

九二　悔亡。

注　失位悔也，动而得正，处中多誉，故悔亡也。

释　恒九二失位，宜有悔焉。动而得正，则六二处中，且二多誉，故悔亡也。

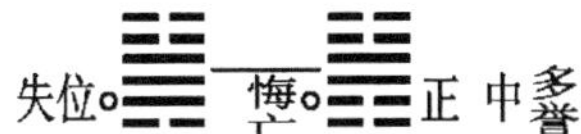

九四　田无禽。

注　田谓二也，地上称田。无禽，谓五也。九四失位，利二上之五，已变承之，故曰田无禽。言二五皆非其位，故《象》曰："久非其位，安得禽也。"

释　初二爻属地，地上称田，故田为二也。阳称禽，五失位而为阴，故无禽谓五也。二五皆非其位，故《象》曰："久非其位，安得禽也。"所以言于九四者，九四亦失位，故利二上之五，则九四可变六四以承九五也。

无禽
田
承

六五　恒其德，贞。妇人吉，夫子凶。

注　动正成乾，故恒其德。妇人谓初，巽为妇。终变成益，震四复初，妇得归阳，从一而终，故贞，妇人吉也。震，乾之子，而为巽夫，故曰夫子。终变成益，震四从巽，死于坤中，故夫子凶也。

释　恒五失位，动正成乾五，乾为德，故恒其德。又恒旁通益，恒下卦巽为妇，下参乾为父，上卦震为夫子，即乾父之子，巽妇之夫也。终变成益，则恒四震夫，复位成益初震夫，恒初巽妇即伏于震夫之下，得归于阳，从一而终，故贞，妇人吉也。然恒四夫子成益而反成巽妇，益下参坤为死，恒震四伏于坤下而死于坤中，故夫子凶也。

恒其德

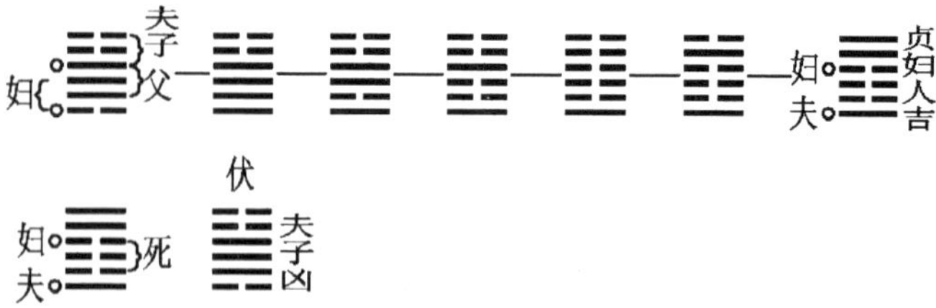

上六　震恒，凶。

注　在震上，故震恒。五动乘阳，故凶。

释　恒上卦震，上六当震上，故震恒。五动正位，上六乘九五之阳，故凶。

《象》曰：天地之道，恒久而不已也。

注　泰，乾坤为天地，谓终则复始，有亲则可久也。

释　泰下卦乾为天，上卦坤为地。十二辟卦消息出入无疾，由泰而恒，恒旁通益。终则复始，六子皆见，故恒久而不已也。

日月得天而能久照。

注　动初成乾为天，至二离为日，至三坎为月，故日月得天而能久照也。

释　恒初动卦为大壮，大壮下卦乾为天。大壮二动卦为丰，丰下卦离为日。丰三动卦为震，震上参坎为月。故日月得天而能久照也。

四时变化而能久成。

注　春夏为变，秋冬为化。变至二离夏，至三兑秋，至四震春，至五坎冬。故四时变化而能久成，谓乾坤成物也。

释　张云："此误。应云变至二离夏兑秋，至三震春，至五坎冬。"

夫春夏为变，秋冬为化。恒变至二，卦为丰，丰下卦离为夏，上参兑为秋。至三卦为震，震上下卦皆为震春。至五卦为屯，屯上卦坎为冬。故四时变化而能久成，谓乾坤成物也。乾坤者，恒下参为乾，益下参为坤也。

乾 夏 秋—春 冬 坤

圣人久于其道而天下化成。

注　圣人谓乾，乾为道。初二已正，四五复位，成既济定。乾道变化，各正性命，有两离象，重明丽正，故化成天下。

释　恒下参乾为圣人为道。初二已正，卦为丰，丰四五复位成既济定。乾《彖》曰："乾道变化，各正性命。"谓成既济也。既济下伍离，下卦上参两离象，重明丽正，故化成天下，离《彖》曰"重明以丽乎正乃化成天下"是也。

道圣人 已正 复位 两离

观其所恒，而天地万物之情可见矣。

注　以离日照乾，坎月照坤，万物出震，故天地万物之情可见矣。与咸同义也。

释　恒上卦震，故曰万物出震。初二已正而四五复位，卦成既济。既济上参离为日，九五为乾天，以离日照天也。下参坎为月，六二为坤地，以坎月照坤也。下伍离为见，故天地万物之情可见矣。咸恒皆成既济而取象，故同义也。

出 日 地 坤 乾 天 月 离 见

《象》曰：雷风恒，君子以立不易方。

注　君子谓乾三也。乾为易为立，坤为方。乾初之坤四，三正不动，故立不易方也。

释　泰下卦乾为易为立，九三当乾三为君子，上卦坤为方。泰乾初之坤四而卦成恒，是谓易方。成恒后三正不动，故君子以立不易方。

方　立　易　君子　君子

浚恒之凶，始求深也。

注　乾初为渊，故深矣。失位变之正，乾为始，故曰始求深也。

释　乾初为渊，故深。恒初失位，变之正成乾，乾为始，故始求深也。

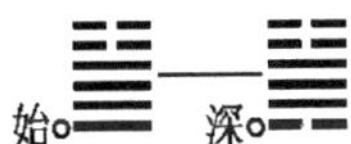

妇人贞吉，从一而终也。

注　一谓初，终变成益，以巽应初震，故从一而终也。

释　恒旁通益，下卦巽为妇人，益下卦震为夫子。终变成益，恒初巽妇从益初震夫而终，一谓初，故从一而终也。

妇人　夫

夫子制义，从妇凶也。

注　震没从巽入坤，故从妇凶矣。

释　恒终变成益。恒四震为夫子，益上卦巽为妇，下参坤为死。

夫子没于巽坤之下，从巽入坤，故从妇凶也。

夫子 妇 死

震恒在上，大无功也。

注　终在益上，五远应，故无功也。

释　恒终变成益。恒上在益上，五多功。然益五远应六二而不应上九，故大无功也。大者，益上阳爻也。

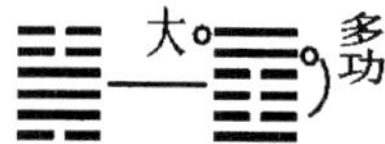

遯　亨。

注　阴消姤二也。艮为山，巽为入，乾为远，远山入藏，故遯。以阴消阳，子弑其父，小人道长，避之乃通，故遯而通，则当位而应，与时行也。

释　遯由姤来。姤初六阴，上消九二阳而成遯。下卦艮为山，下参巽为入，上卦乾为远为人。人入藏于远山，故遯。盖当遯卦之时，以阴消阳，下卦艮子将上弑上卦乾父，小人道长，避之乃通，故遯而通。九五乾刚当位而应二，与时行也。时者，下卦艮为时。

父 人 远
时 子 山 入

小利贞。

注　小，阴，谓二。得位浸长，以柔变刚，故小利贞。

释　阴称小，谓六二也。得位而当以柔变刚之时，浸而长也，故小利贞。谓利于凝乾，而不利消乾也。凝乾者，旁通临二也。消乾者，消剥入坤也。

小。

初六　遯尾厉，勿用有攸往。

注　艮为尾也。初失位，动而得正，故遯尾厉。之应成坎为灾，在艮宜静，若不往于四，则无灾矣。

释　遯下卦艮为尾，初六失位，故遯尾厉。动而得正，卦成同人，艮尾之象不见，庶可无厉。又艮象宜静，故动而得正则可，之应往四则不可。盖往则卦成家人，家人下参坎为灾，故勿用有攸往，《象》曰："不往何灾也。"

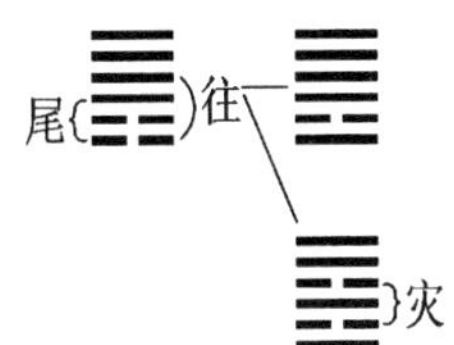

六二　执之用黄牛之革，莫之胜说。

注　艮为手称执，否坤为黄牛，艮为皮。四变之初，则坎水濡皮，离日乾之，故执之用黄牛之革。莫，无也。胜，能。说，解也。乾为坚刚，巽为绳，艮为手，持革缚三在坎中，故莫之胜说也。

释　遯下卦艮为手称执，消三成否，则下卦坤为黄牛。今未消，故以艮手执之。又艮为皮，黄牛之皮也。四变之初而卦成家人，则艮皮濡于下参坎水之中，且以上参离日乾之，皮成革焉，故执之用黄牛之革。莫，无。胜，能。说，解也。遯上卦乾为坚刚，下参巽为绳，下卦艮为手。四变之初，以艮手持革，用坚刚之绳缚三于坎中。三即黄牛之革，缚而陷于坎中，故莫之胜说也。《象》曰："执用黄牛，固志也。"志即家人下参坎为志也。夫六二所以执之而不使其说者，乃防其消阳而遯成否也。

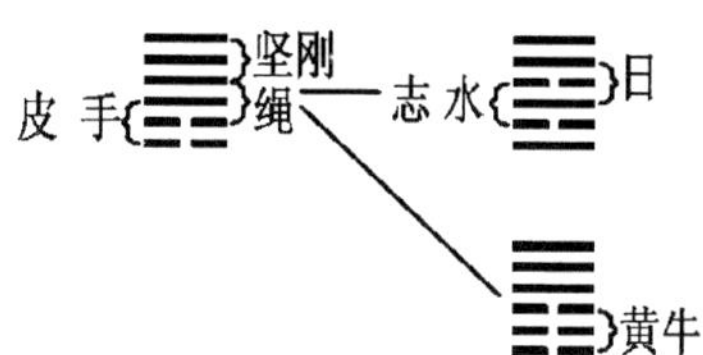

九三　系遯，有疾厉，畜臣妾，吉。

注　厉，危也。巽为四变时，九三体坎，坎为疾，故有疾厉。遯阴剥阳，三消成坤，与上易位。坤为臣，兑为妾，上来之三，据坤应兑，故畜臣妾，吉也。

释　巽为绳称系，故系遯。四变时卦为渐，渐下参坎为疾，九三当坎中，故有疾厉。厉，危也。惠曰："巽为下脱'绳称系'三字。"即遯下参巽。又遯者，谓卦也。三消成否，否下卦坤为臣，与上易位，卦成咸。咸上卦兑为妾，否上来之三，据坤臣而应兑妾。守正于九三，以阻止阴消，故畜臣妾，吉也。

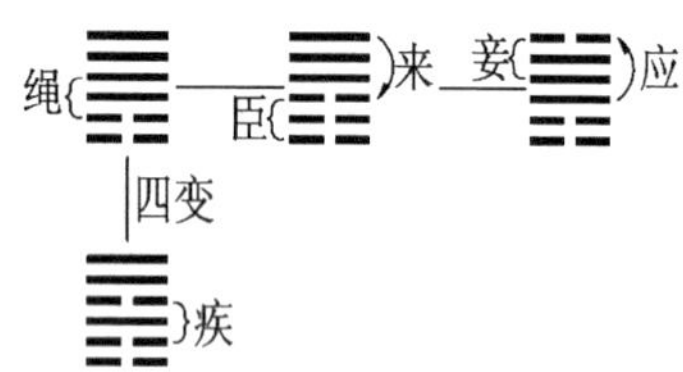

九四　好遯，君子吉，小人否。

注　否乾为好为君子，阴称小人。动之初，故君子吉。阴在四多惧，故小人否。得位承五，故无凶咎矣。

释　遯消成否，上卦乾为好为君子，下卦坤阴称小人。否四动之初，卦成益。益初震，君子得正，故好遯，君子吉。否初之四，四爻多惧，故小人否。然六四得位而承九五。故无凶咎矣。

九五　嘉遯，贞吉。

注　乾为嘉，刚当位应二，故贞吉。谓三已变，上来之三成坎，《象》曰："以正志也。"

释　此注承上爻而言。谓三已变者，遯消成否也，否上卦乾为嘉。九五刚当位以应六二，故贞吉。又否四之初，成益而君子吉。故益上来之三成既济，而上卦下参皆成坎，坎为志而正位，故《象》曰："以正志也。"

上九　肥遯，无不利。

注　乾盈为肥，二不及上，故肥遯无不利。《象》曰："无所疑也。"

释　遯上卦乾为盈，盈于上为肥。二应五消三而不及于上，则上无消阳之不利，故肥遯无不利。《象》曰："无所疑也。"疑者坎象也。三变好遯君子吉，而上来之三，则成坎为疑。今三来消而二不及上，故不之三而无所疑也。

《彖》曰：刚当位而应，与时行也。

注　刚谓五而应二，艮为时，故与时行矣。

释　遯上卦乾为刚，九五当位，故刚谓五。六二应之，而二当下卦艮为时。故刚当位而应，与时行也。

《象》曰：君子以远小人，不恶而严。

注　君子谓乾，乾为远为严。小人谓阴，坤为恶为小人。故以远小人，不恶而严也。

释　遯消成否。否上卦乾为君子为远为严，下卦坤阴为小人为恶。以乾正坤，故君子以远小人，不恶而严也。

畜臣妾吉，不可大事也。

注　三动入坤，坤为事，故不可大事也。

释　三动入坤，遯消成否。否上卦乾为大，下卦坤为事，否塞不通，故不可大事。上来之三而卦成咸，畜臣妾吉也。

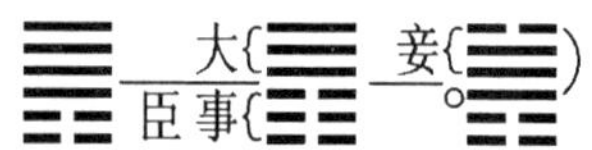

大壮　利贞。

注　阳息，泰也。壮，伤也。大谓四，失位为阴所乘，兑为毁折，伤。与五易位乃得正，故利贞也。

释　泰上息四，卦成大壮，故大谓四。然九四失位而不中，为六五所乘，且上参兑为毁折而伤，壮者伤也。故宜与五易位而卦成需，则得九五天位之正中，是谓利贞也。

乘
大　毁折伤　利贞

初九　壮于趾，征凶，有孚。

注　趾谓四。征，行也。震足为趾为征。初得位，四不征之五，故凶。坎为孚，谓四上之五成坎，已得应四，故有孚。

释　大壮上卦震为足，震足为趾，故壮于趾。趾谓四者，九四震爻也。又震为征，征，行也。四不征之五，故凶。盖初四敌应，而初得上卦征象，失位而凶，是谓征凶。若四上之五，即征行而不凶，则卦成需。需上卦坎为孚，初四皆当位而应，故有孚。

征　趾　足　失位　孚　有孚

九二　贞吉。

注　变得位，故贞吉。

释　大壮九二失位，变成六二则得位，故贞吉，卦成丰也。

失位　贞吉

九三　小人用壮，君子用罔，贞厉。

注　应在震也。三，阳，君子。小人谓上，上逆，故用壮。谓二已变离，离为罔，三乘二，故君子用罔。体乾夕惕，故贞厉也。

释　大壮三应上，上卦为震，故三应在震也。九三阳为君子，上六阴为小人。上逆乘阳,故用壮。壮,伤也,小人欲伤君子也。又大壮下互乾,三当乾三夕惕。二变而卦成丰,丰下卦离为罔为日。九三君子,当位而乘六二,故君子用罔。终日乾乾夕惕若,故贞厉也。

小人 君子 乾 日 罔 乘

九四　贞吉悔亡,藩决不羸,壮于大舆之輹。

注　失位悔也,之五得中,故贞吉而悔亡矣。体夬象,故藩决。震四上处五,则藩毁坏,故藩决不羸。坤为大舆为腹,四之五折坤,故壮于大舆之腹。而《象》曰“尚往”者,谓上之五。

释　大壮九四,失位悔也。之正之九五卦为需,则得中正,故贞吉而悔亡矣。当未正之时,大壮下伍夬。夬,决也。上卦震为藩,四上处五则藩象坏,故藩决不羸。又大壮五上爻坤象半见,坤为大舆为腹,四之五折坤,故壮于大舆之腹。《象》曰“尚往”者,亦谓震四上往之五而卦成需也。

悔 决也 夬 藩 大舆 腹 贞吉悔亡

六五　丧羊于易,无悔。

注　四动成泰,坤为丧也。乾为易,四上之五,兑还属乾,故丧羊于易。动各得正而处中和,故无悔矣。

释　大壮上参兑为羊,四动之正而卦成泰,泰上卦坤为丧。四上之五,上卦成坎,坎五即乾五,乾为易。六五兑羊,还入乾易,故丧羊于易。四五二爻动各得正而处中和,故无悔矣。

上六　羝羊触藩,不能退,不能遂。无攸利,艰则吉。

注　应在三,故羝羊触藩。遂,进也。谓四已之五体坎,上能变之巽,巽为进退,故不能退,不能遂。退则失位,上则乘刚,故无攸利。坎为艰,得位应三利上,故艰则吉。

释　上六应在三,三为羝羊。羝羊,牡羊也。大壮上参兑为羊,下卦乾为壮,三当乾兑之间,故为羝羊。上当震上,震为藩,故三应上为羝羊触藩。遂,进也,谓大壮已成需。需上能变成巽,巽为进退。然上六当位而不能变之巽,故不能退,不能遂。又上六若退于三,则六三失位,位于上则乘九五之刚,故无攸利。惠曰:“应三利上”当为“利三应上”。需上卦坎为艰,上爻得位,合四五爻为一而守之,利三之应,故艰则吉。

《彖》曰:大壮利贞,大者正也。

注　谓四进之五乃得正,故大者正也。

释　大谓四,四进之五而得正,故大者正也。

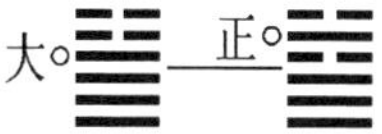

正大而天地之情可见矣。

注　正大谓四之五成需。以离日见天,坎月见地,故天地之情可见也矣。

释　正大者,大者正而卦成需。需上参离为日为见,上卦坎为月,五爻为天,二爻为地,故天地之情可见矣。

《象》曰：壮于趾，其孚穷也。

注　应在乾终，故其孚穷也。

释　初应四，四当乾终，乾二五称孚，终则其孚穷也。

九二贞吉，以中也。

注　动体离，故以中也。

释　九二失位，正则下卦体离。离者阴丽阳中，故以中也。

不能退，不能遂，不详也。艰则吉，咎不长也。

注　乾善为详，不得三应，故不详也。巽为长，动失位为咎。不变之巽，故咎不长也。

释　大壮利贞而卦成需，需下卦乾善为详。上六乘刚而不得三应，故不详也。若动而失位，咎也，则上卦成巽为长。上爻体坎而需变之巽，故艰则吉，咎不长也。

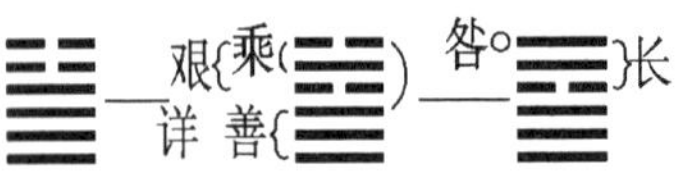

晋　康侯用锡马蕃庶，昼日三接。

注　观四之五。晋，进也。坤为康，康，安也。初动体屯，震为侯，故曰康侯。震为马，坤为用，故用锡马。艮为多，坤为众，故繁庶。离日在上，故昼日。三阴在下，故三接矣。

释　观四之五卦为晋，晋，进也。下卦坤为用为康，康，安也。初爻正，卦成噬嗑。噬嗑下伍屯，屯下卦震为侯为马，故康侯用锡马。又晋下参艮为多，下卦坤为众，众多故繁庶。上卦离为日，下卦坤三阴，日在上为昼日，三阴为三接，故昼日三接也。

日　用　康　众　三阴　多　马　侯　屯

初六　晋如，摧如，贞吉。罔孚，裕无咎。

注　晋，进。摧，忧愁也。应在四，故晋如。失位，故摧如。动得位，故贞吉。应离为罔，四坎称孚，坤弱为裕。欲四之五成巽，初受其命，故无咎也。

释　初上应四，故晋如。晋，进也。初六失位，故摧如。摧，忧愁也。动得正，卦成噬嗑。噬嗑初九得正，故贞吉。然与九四敌应，上卦离为罔，四当上参坎为孚，故罔孚。欲四之五成巽，当四变而未之五，卦成颐，颐下参坤弱为裕，《象》曰："未受命也。"四变而五已正，颐成益，益上卦巽为命，初受其命，故无咎也。

晋如　摧如　失位　罔　贞吉　孚　裕　命　无咎

六二　晋如，愁如，贞吉。受兹介福，于其王母。

注　震为应，在坎上，故愁如。得位处中，故贞吉也。乾为介福，艮为手，坤为虚，故称受。介，大也。谓五已正中，乾为王，坤为母，故受兹介福，于其王母。

释　震为下脱字，张曰："当云震为行，故晋如。"晋初爻正，卦成噬嗑。噬嗑下卦震为行，震行应五，故晋如。五当上参坎上，坎为加忧，故愁如。六二得位处中，故贞吉也。二贞吉而五正位，卦成无妄。无妄上卦乾为介福为王，介，大也。下参艮为手，以手持福也。四正而卦成益，益下参坤为虚，故称受，又为母，故受兹介福，于其王母。

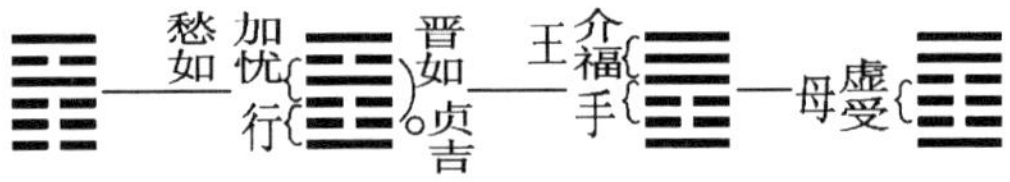

愁如 加忧 行 晋如 贞吉 王 介福 手 母 虚受

六三　众允，悔亡。

注　坤为众。允，信也。土性信，故众允。三失正，与上易位，则悔亡，故《象》曰："上行也。"此则成小过，小过故有飞鸟之象焉。臼杵之利，见硕鼠出入坎穴，盖取诸此也。

释　晋下卦坤为众为土，土性信，故众允。允，信也。六三失位，与上易位而卦成小过，则三上皆得位而悔亡，故《象》曰："上行也。"小过上卦震为行。小过有飞鸟之象者，即晋上卦离为飞鸟也。又晋下参艮为鼫鼠，上参坎为穴，晋成小过，则下参巽为入，上卦震为出，此硕鼠出入坎穴之象也。人见而取之，则有臼杵之利，故臼杵之利，盖取诸此也。

信 土 众 飞鸟 悔亡 硕鼠 穴 出 入

臼杵之利

上九　晋其角。惟用伐邑，厉吉无咎，贞吝。

注　五已变之乾为首，位在首上称角，故晋其角也。坤为邑。动成震而体师象，坎为心，故惟用伐邑。得位乘五，故厉吉无咎而贞吝矣。

释　晋五已变，卦为否。否上卦乾为首，上九在首上称角，故晋其角也。若五未变而上动，卦为豫。豫下卦坤为邑为用，上参坎为心称惟。惟，思也。五上爻坤象半见，而上互体师，故惟用伐邑。又上动而五亦变，卦为萃，则上六得位而乘九五之阳，故厉吉无咎而贞吝矣。萃上得位，故厉吉无咎。乘阳，故贞吝也。

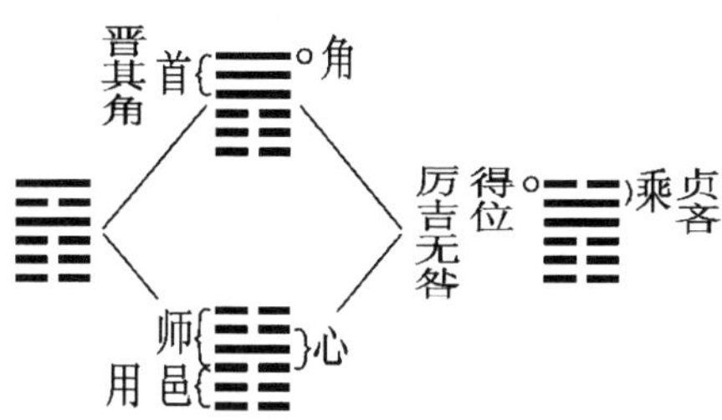

《象》曰：君子以自照明德。

注　君子谓观乾。乾为德，坤为自，离为明。乾五动，以离日自照，故以自照明德也。

释　观九五乾为君子为德，四之五而乾五动之四，卦成晋。晋下卦坤为自，上卦离为日为明，以离日自照，故君子以自照明德也。

晋如摧如，独行正也。裕无咎，未受命也。

注　初动震为行，初一称独也。五未之巽，故未受命也。

释　晋初正，下卦震为行。震初一阳称独，故独行正也。四正而未之五，卦为颐，颐上卦未成巽命之象，故未受命也。颐成益，则初受其命而无咎矣。

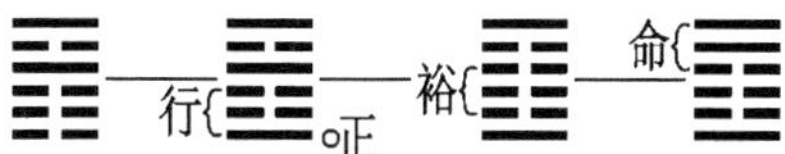

众允之志，上行也。

注　坎为志，三之上成震，故曰上行也。

释　晋上参坎为志，三之上而悔亡，卦成小过。小过上卦震为行，故曰上行也。

矢得勿恤，往有庆也。

注　动之乾，乾为庆也。矢，古誓字。誓，信也。勿，无。恤，忧也。五变得正，坎象不见，故誓得勿恤，往有庆也。

释　矢，古誓字，信也。晋上参坎为加忧，恤，忧也。五变得正，矢得也。坎象不见，勿恤也。故矢得勿恤，往有庆也。晋五动，上卦成乾，乾为庆，故往有庆也。

䷣明夷。

注　夷，伤也。临二之三而反晋也。明入地中，故伤矣。

释　临二之三，卦成明夷。上卦坤为地，下卦离为明。明入地中，故伤。夷，伤也。又明夷反晋。

利艰贞。

注　谓五也。五失位，变出成坎为艰，故利艰贞矣。

释　明夷六五失位，变出卦成既济。既济上卦坎为艰，故利艰贞。

失位　艰　贞

上六　不明晦，初登于天，后入于地。

注　应在三。离灭坤下，故不明晦。晋时在上丽乾，故登于天照四国。今反在下，故后入于地失其则。

释　明夷上六应三，三当下卦离为明，上当上卦坤为晦。离灭坤下，故不明晦。晋时离日在上，六五丽乾九五，故登于天照四国。今晋反明夷，故明入地中而失则也。

晦　明　丽

《象》曰：以蒙大难，文王以之。

注　以，用也。三喻文王，大难谓坤。坤为弑父，迷乱荒淫，若纣杀比干。三幽坎中，象文王之拘羑里。震为诸侯，喻从文王者，纣惧出之，故以蒙大难，得身全矣。

释　以，用也。九三喻文王，上卦坤为弑父为迷乱，谓难也，若纣杀比干。下参坎为狱，三幽坎中，象文王之拘羑里。上参震为诸侯，喻从文王者。纣惧出之，故以蒙大难，得身全矣。上参震为出，上卦坤为身为全。

诸侯　大难　文王　狱　　出　身　全　文王　狱

内难而能正其志，箕子以之。

注　箕子，纣诸父，故称内难。五乾天位，今化为坤，箕子之象。

坤为晦,箕子正之。出五成坎体离,重明丽正。坎为志,故正其志,箕子以之,而纣奴之矣。

释　内难谓家难。箕子,纣诸父,故称内难。九五乾天位,明夷则化坤为晦,故有难。箕子正之,五出而卦成既济。既济上卦坎为志,下伍离,重明丽正,乃化成天下,故箕子以之而正其志也。

《象》曰:君子以莅众,用晦而明。

注　而,如也。君子谓三,体师象。以坎莅坤,坤为众为晦,离为明,故用晦如明也。

释　而,如也。九三为君子,上伍师。师象以坎莅坤,坤为众为用为晦,下卦离为明,故君子以莅众,用晦而明也。

家人　利女贞。

注　遯初之四也。女谓离巽,二四得正,故利女贞也。

释　家人由遯来,遯初之四而成。家人下卦离,上卦巽,离巽为女而二四得正,故利女贞也。

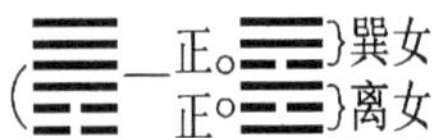

六四　富家,大吉。

注　三变体艮,艮为笃实,坤为大业。得位应初,顺五乘三,比据三阳。故曰富家大吉，顺在位也，谓顺于五矣。

释　家人三变卦为益。益上参艮为笃实，下参坤为大业，富之象也。又家人六四得位而应初九，顺于九五而乘于九三，初、三、五三阳皆为六四所比据。阳为富，故六四富家大吉，《象》曰“顺在位”者，顺于五也。

应 顺 乘 —— 笃实 大业

上九　有孚威如，终吉。

注　谓三已变，与上易位成坎，坎为孚，故有孚。乾为威如，自上之坤，故威如。易则得位，故终吉也。

释　家人三变卦为益。益三上易位，卦为既济。既济上卦坎为孚，故有孚。益五上爻乾象半见，乾为威如。自上之三，三当下参坤，以乾之坤，故威如。三上易而六爻皆得位成既济定，故终吉也。

威如 —— 孚

《象》曰：家人，女正位乎内，男正位乎外。男女正，天地之大义也。

注　遯乾为天，三动坤为地。男得天正于五，女得地正于二，故天地之大义也。

释　家人由遯来，遯上卦乾为天。遯三动，卦为否，否下卦坤为地。男得天，故正位乎外卦之九五。女得地，故正位乎内卦之六二。此天地之大义也。

家人有严君焉，父母之谓也。父父，子子，兄兄，弟弟，夫夫，妇妇。

注　遯乾为父，艮为子，三五位正，故父父，子子。三动时，震为兄，艮为弟，初位正，故兄兄，弟弟。三动时，震为夫，巽四为妇，初四位正，故夫夫，妇妇也。

释　遯上卦乾为父，下卦艮为子，三五位正，故父父，子子。遯初之四而卦成家人，家人三动，卦为益。益下卦震为兄，上参艮为弟，初五位正，故兄兄，弟弟。又下卦震为夫，上卦巽为妇，初四位正，故夫夫，妇妇也。

王假有家，交相爱也。

注　乾为爱也，二称家。三动成震，五得交二，初得交四，故交相爱，震为交也。

释　家人五上爻乾象半见，乾为爱，九五为王，六二称家。三动成益，益下卦震为交。除三上未正者外，五得交二，初得交四，故交相爱也。

威如之吉，反身之谓也。

注　谓三动，坤为身。上之三成既济定，故反身之谓。此家道正，正家而天下定矣。

释　家人三动卦为益。益下参坤为身，益上之三成既济定，故反身之谓也。《象》曰："正家而天下定矣。"

䷥睽　小事吉。

注　大壮上之三，在《系》“盖取”无妄二之五也。小谓五，阴称小，得中应刚，故吉。

释　睽由大壮或无妄来。大壮上之三，卦成睽。无妄二之五，卦亦成睽。睽六五阴称小，得中而应伏卦蹇九五之刚，故吉。

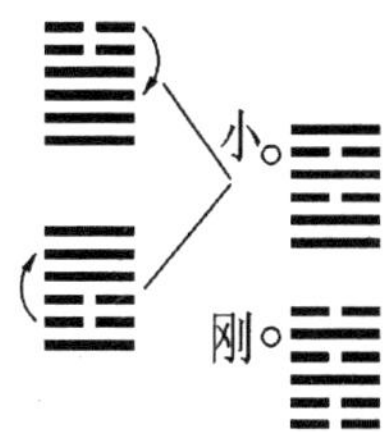

初九　悔亡。丧马勿逐，自复。见恶人，无咎。

注　无应，悔也。四动得位，故悔亡。应在于坎，坎为马。四而失位，之正入坤，坤为丧。坎象不见，故丧马。震为逐，艮为止，故勿逐。坤为自，二至五体复象，故自复。四动震马来，故勿逐自复也。离为见，恶人谓四，动入坤初，四复正，故见恶人，以避咎矣。

释　睽初四皆刚而无应，悔也。四动得正而应初，故悔亡。当未正时，四当上参坎为马。已正后卦为损，损上参坤为丧而坎象不见，故丧马。损下参震为逐，上卦艮为止，故勿逐。上参坤为自，中互复，下参震亦为马，故睽四动则勿逐所丧之坎马，而有震马自复也。又睽上卦离为见，离四为恶人，四动入坤，初四复正而悔亡，故《象》曰：“见恶人，以辟咎也。”

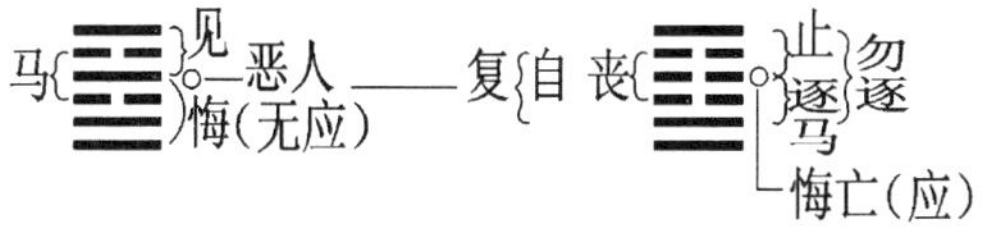

马
见
恶人
悔（无应）
复
自
丧
止
逐
马
勿逐
悔亡（应）

九二　遇主于巷，无咎。

注　二动体震，震为主为大涂，艮为径路。大道而有径路，故称巷。变而得正,故无咎而未失道也。

释　睽二动,卦为噬嗑。下卦震为主为大涂,下参艮为径路。大道而有径路,故称巷。睽二失位,变而得正,故无咎而未失道也。

失位。——大涂　主{　}径路}巷

六三　见舆曳。

注　离为见,坎为车为曳,故见舆曳。

释　睽下参离为见,上参坎为车为曳,故见舆曳。

见{　}车　曳

其牛掣。

注　四动坤为牛为类。牛角一低一仰,故称掣。离上而坎下,其牛掣也。

释　睽四动卦为损,损上参坤为牛。张氏曰:“为类未详,疑字之误。”或谓牛皆掣也。牛角一低一仰,故称掣。当睽四未动时,上卦离为上,上参坎为下,牛角上下,故其牛掣也。

上{　}下—牛{

其人天且劓,无初有终。

注　其人谓四,恶人也。黥额为天,割鼻为劓。无妄乾为天,震二之乾五,以阴墨其天。乾五之震二毁艮,割其鼻也。兑为刑人,故其人天且劓。失位,动得正成乾,故无初有终。《象》曰:“遇刚。”是其义也。

释　其人谓九四恶人也。黥额为天，割鼻为劓。睽由无妄来，无妄上卦乾为天，下卦为震，震二之乾五，以六二之阴墨其天，黥额也。乾五之震二，二当下参艮为鼻，五之毁艮而割其鼻，劓也。成睽则下卦兑为刑人，故其人天且劓。六三失位，动得正下卦成乾，乾为刚，故无初有终，《象》曰："遇刚。"天且劓，无初也。遇刚，有终也。

天 鼻 —其人 刑人 黥额 劓 — 刚

九四　睽孤，遇元夫，交孚，厉无咎。

注　孤，顾也。在两阴间，睽五顾三，故曰睽孤。震为元夫，谓二已变，动而应震，故遇元夫也。震为交，坎为孚，动而得正，故交孚，厉无咎矣。

释　孤，顾也。九四在六五六三两阴间，乘三而反承五，是谓睽五顾三，故曰睽孤。二正卦为噬嗑，噬嗑下卦震为元夫。九四动而应震，卦为颐。四应初，故遇元夫也。又睽上参坎为孚，九四正卦为损，损下参震为交，四动而得正，故交孚，厉无咎矣。

顾三 睽五 元夫 遇元夫 孚 正 交
睽孤　交孚厉无咎

六五　悔亡，厥宗噬肤，往何咎。

注　往得位，悔亡也。动而之乾，乾为宗。二体噬嗑，故曰噬。四变时，艮为肤，故曰厥宗噬肤也。变得正成乾，乾为庆，故往无咎而有庆矣。

释　睽二三爻震象半见，上卦为离，则上伍体噬嗑，故曰噬。六五失位，悔也。动而之正，卦为履，履上卦乾为宗，九五得位故悔亡。四变时卦为中孚，中孚上参艮为肤，故厥宗噬肤也。当九五正成乾，乾为庆,故往吉无咎而有庆矣。

悔 噬 庆宗 悔亡 肤

上九　睽孤,见豕负涂,载鬼一车。

注　睽三顾五,故曰睽孤也。离为见,坎为豕为雨。四变时坤为土,土得雨,为泥涂。四动艮为背,豕背有泥,故见豕负涂矣。坤为鬼,坎为车,变在坎上,故载鬼一车也。

释　睽上九乘六五而反应六三,是谓睽三顾五,故曰睽孤也。上卦离为见,上参坎为豕为雨。四变时卦为损,损上参坤为土,下参震为大涂,土得雨则为泥。上卦艮为背,豕背有泥,故见豕负涂矣。睽上参坎为车,四变成损,损上参坤为鬼,四变在坎上,坤鬼乘坎车也,故载鬼一车。

睽三 顾五 见 豕 雨—土 背 大涂 车 鬼

睽孤　见豕负涂　载鬼一车

先张之弧,后说之壶。

注　谓五已变,乾为先,应在三。坎为弧,离为矢,张弓之象也,故先张之弧。四动震为后,说,犹置也。兑为口,离为大腹,坤为器。大腹有口,坎酒在中,壶之象也。之应历险以与兑,故后说之壶矣。

释　睽上参坎为弧,下参离为矢,五变上参巽为入,矢入弧,张弓之象也。上应在三,五已变,卦为履,履上卦乾为先,故先张之弧。又睽下卦兑为口,下参离为大腹,上参坎为酒,四正上参坤为器。大腹有口,坎酒在中之器,壶也。夫睽上应三,将历上参坎险,四正则坎险之象不见,卦为损。巽下参震为后,故后说之壶,说犹置也。

先张之弧

后说之壶

匪寇婚媾，往遇雨则吉。

注　匪，非。坎为寇，之三历坎，故匪寇。阴阳相应，故婚媾。三在坎下，故遇雨。与上易位，坎象不见，各得其正，故则吉也。

释　睽上参坎为寇，上之三历坎，疑为寇，然阴阳相应，故婚媾而匪寇。匪，非也。又三在上参坎下，坎为雨，故遇雨。与上易位，而卦成大壮，坎象不见。三上各得其正，故则吉也。

《象》曰：睽，火动而上，泽动而下。

注　离火炎上，泽水润下也。

释　睽上卦离火炎上，下卦兑泽润下，故火动而上，泽动而下。

二女同居，其志不同行。

注　二女，离兑也。坎为志。离上兑下，无妄震为行，巽为同，艮为居。二五易位，震巽象坏，故二女同居，其志不同行也。

释　睽上卦离为中女，下卦兑为少女，是谓二女。上参坎为志。又睽由无妄来，无妄下卦震为行，上参巽为同，下参艮为居，故二女同居。二五易位，成睽而有坎志之象，则同行之震巽象坏，故其志不同行也。

二女 中女 少女 志 行 同居

说而丽乎明，柔进而上行，得中而应乎刚。

注　说，兑。丽，离也。明谓乾，当言大明以丽于晋。柔谓五，无妄巽为进。从二之五，故上行。刚谓应乾五伏阳，非应二也。与鼎五同义也。

释　睽下卦兑为说，上卦离为丽。明当言大明，谓乾九五以丽于晋。张曰："丽疑当为例，晋言丽乎大明。"柔谓六五，睽由无妄来，无妄上参巽为进，六二柔之五，故柔进而上行。刚谓应乾五伏阳，即蹇五也，故与鼎五应屯五同义。

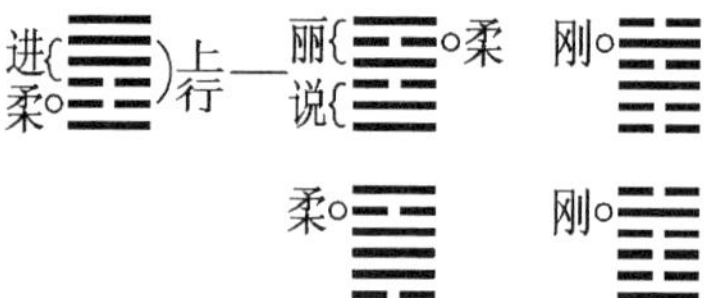

天地睽而其事同也。

注　五动乾为天，四动坤为地，故天地睽。坤为事也，五动体同人，故事同矣。

释　睽五动卦为履，履上卦乾为天，上伍同人。睽四动卦为损，损上参坤为地为事。故天地睽而其事同矣。

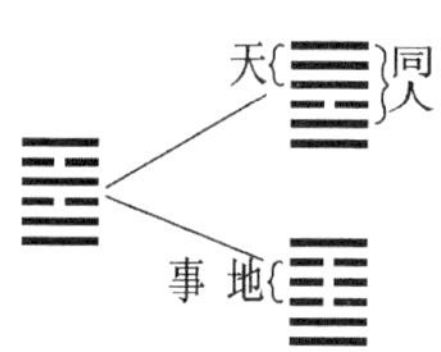

男女暌而其志通也。

注　四动艮为男，兑为女，故男女暌。坎为志为通，故其志通也。

释　暌上参坎为志为通，四动卦为损。损上卦艮为男，下卦兑为女，故男女暌而其志通也。

通 志 男 女

万物暌而其事类也。

注　四动，万物出乎震，区以别矣，故万物暌。坤为事为类，故其事类也。

释　暌四动卦为损，损下参震，为万物所由出，出而区别之，故万物暌。上参坤为事为类，故其事类也。

万物出 事 类

《象》曰：遇主于巷，未失道也。

注　动得正，故未失道。

释　暌九二失位，动成六二则得正焉，故未失道也。

无初有终，遇刚也。

注　动正成乾，故遇刚。

释　暌三动正，卦成大有。大有下卦乾为刚，故遇刚也。

交孚无咎，志行也。

注　坎动成震，故志行也。

释　睽上参坎为志，四动成下参震为行，故志行也。

志{☲—行{☳

遇雨之吉，群疑亡也。

注　物三称群。坎为疑，三变坎败，故群疑亡矣。

释　乾阳物，坤阴物，凡阴阳物成三称群。睽上参坎为疑，三上易位而坎败，下卦乾三阳为群，故群疑亡矣。

疑{☵——群{☰

䷦蹇　利西南。

注　观上反三也。坤西南卦，五在坤中，坎为月，月生西南，故利西南。往得中，谓西南得朋也。

释　观上九反之三，卦成蹇。蹇上卦坎为月，西南坤卦也。蹇九五在坤中而成坎月，月生西南，故利西南。往得中，谓震庚西兑丁南而得朋也。

(䷓—䷦}月　☷西南卦　☳庚西　☱丁南

不利东北。

注　谓三也。艮东北之卦，月消于艮，丧乙灭癸。故不利东北，其道穷也，则东北丧朋矣。

释　蹇下卦艮，艮东北之卦。月消于艮，丧乙灭癸。故不利东北，其道穷也，则坤乙东癸北而丧朋也矣。

东北卦
乙东
癸北

利见大人。

注　离为见，大人谓五。二得位应五，故利见大人，往有功也。

释　蹇上参离为见，九五谓大人，六二得位应九五，故利见大人，往有功也。

见
大人

贞吉。

注　谓五当位正邦，故贞吉也。

释　谦上卦坤为邦，五正而卦成蹇，九三当位正邦，故贞吉也。

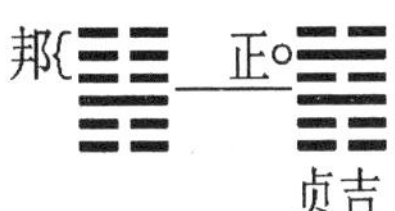

初六　往蹇，来誉。

注　誉谓二，二多誉也。失位应阴，往历坎险，故往蹇。变而得位，以阳承二，故来而誉矣。

释　蹇初六失位而应六四阴，下参坎为险，往历坎险，故往蹇。变而得位，卦为既济，既济初九以阳承六二而二来，二多誉，故来而誉矣。

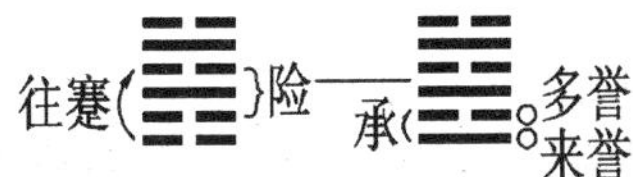

六二　王臣蹇蹇，匪躬之故。

注　观乾为王，坤为臣为躬，坎为蹇也。之应涉坤，二五俱坎，故王臣蹇蹇。观上之三，折坤之体，臣道得正，故匪躬之故，《象》曰："终无尤也。"

释　观五上爻乾象半见，乾为王，下参坤为臣为躬。观上之应涉坤而卦成蹇，蹇上伍坎，二五俱坎，坎为蹇，王臣同难，故王臣蹇蹇。然观上之三，折坤体而使六三臣道得正，故匪躬之故，《象》曰："终无尤也。"

九三　往蹇，来反。

注　应正历险，故往蹇。反身据二，故来反也。

释　蹇上卦坎为险，九三正应上六而历险，故往蹇。反身而据六二阴爻，故来反也。

六四　往蹇，来连。

注　连，辇。蹇，难也。在两坎间，进则无应，故往蹇。退初介三，故来连也。

释　连犹辇。蹇，难也。六四在上卦下参两坎险之间，谓初已正，若四进而成阳则无应于初，故往蹇。若四不变而退应初，则又介于九三之险，故来连也。

九五　大蹇,朋来。

注　当位正邦,故大蹇。睽兑为朋,故朋来也。

释　谦上卦坤为邦,五正当位正邦,九五阳称大。上卦坎为蹇,故大蹇。蹇旁通睽,睽下卦兑为朋,蹇变至三,故朋来也。别卦成节,故《象》曰:"大蹇,朋来,以中节也。"

上六　往蹇,来硕,吉。利见大人。

注　阴在险上,变失位,故往蹇。硕谓三,艮为硕,退来之三,故来硕。得位有应,故吉也。离为见,大人谓五,故利见大人矣。

释　蹇上卦坎为险,上六阴在险上,变则卦为渐。渐上九失位,故往蹇。下卦艮为硕,谓九三也。渐上失位,退来之三,故来硕。蹇三上得位有应,故吉也。上参离为见,九五为大人,故利见大人矣。

《象》曰:见险而能止,知矣哉。

注　离见坎险,艮为止,观乾为知,故知矣哉。

释　观五上爻,乾象半见,乾为知。观上之三而成蹇,蹇上参离为见,上卦坎为险,下卦艮为止,故知者见险而能止焉。

利见大人，往有功也。

注　大人谓五。二往应五，五多功，故往有功也。

释　蹇九五为大人，六二往应之，五多功，故往有功也。

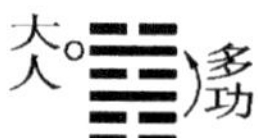

蹇之时用大矣哉。

注　谓坎月生西南而终东北。震象出庚，兑象见丁，乾象盈甲，巽象退辛，艮象消丙，坤象穷乙，丧灭于癸，终则复始，以生万物，故用大矣。

释　坤西南卦，蹇九五在坤中而成坎月，月生西南也。下卦艮为东北，月消于艮，丧乙灭癸，故蹇三将消而卦成比，乃月终东北也。比而屯，屯下卦震象出庚。屯而节，节下卦兑象见丁。是即大蹇朋来，故利西南。节而需，需下卦乾象盈甲。需而井，井下卦巽象退辛。井而蹇，蹇下卦艮象消丙。蹇而比，比下卦坤象穷乙，丧灭于癸。是即东北丧朋，故不利东北。然终则复始，有孚盈缶，比而屯，屯下卦震以生万物，故用大矣。

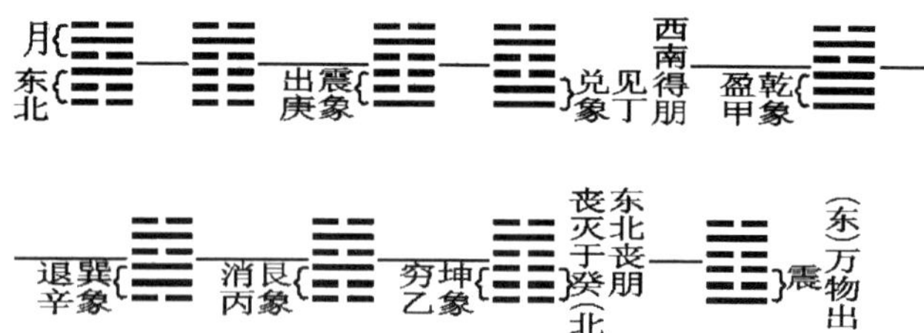

《象》曰：君子以反身修德。

注　君子谓观乾。坤为身，观上反三，故反身。阳在三，进德修业，故以反身修德。孔子曰：“德之不修，是吾忧也。”

释　观五上爻乾象半见，乾为君子。下互坤为身，观上反三，故反身。九三君子进德修业，故以反身修德。孔子忧德之不修，盖九三被消，将成比三之匪人矣。

君子　身　反　修德　不修德　匪人

往蹇来誉，宜待时也。

注　艮为时，谓变之正以待四也。

释　蹇下卦艮为时，初变正以待四，可免往历坎险之蹇，故宜待时也。

时　险　待四

往蹇来反，内喜之也。

注　内，谓二阴也。

释　九三由观上反身而据六二一阴，六二得位而承九三，故内喜之也。

内喜之也

解　利西南。

注　临初之四，坤西南卦。初之四，得坤众，故利西南，往得众也。

释　临上卦坤为西南卦为众，初之四卦成解，故解利西南，往得众也。

众西南卦 往

无所往，其来复，吉。

注　谓四本从初之四，失位于外，而无所应，故无所往。宜来反初，复得正位，故其来复，吉也。二往之五，四来之初，成屯体复象，故称来复吉矣。

释　解四本从临初之四，九四失位而无所应，故无所往，宜复于初爻。解二亦失位而宜往之五，卦成萃，萃四则来之初而复得正位，卦成屯，屯下互复，故称来复吉矣。

无所往 来 复

有攸往，夙吉。

注　谓二也。夙，早也。离为日为甲，日出甲上，故早也。九二失正，早往之五，则吉，故有攸往，夙吉，往有功也。

释　解下参离为日为甲，日出甲上故早。夙，早也。谓九二失正，宜早于四复初，而往之五则吉，五多功，故有攸往，夙吉，往有功也。

甲 日 有攸往 多功

初六　无咎。

注　与四易位，体震得正，故无咎也。

释　谓二已往五，卦为萃。萃初与四易位，卦为屯。屯初九体震得正，故无咎也。

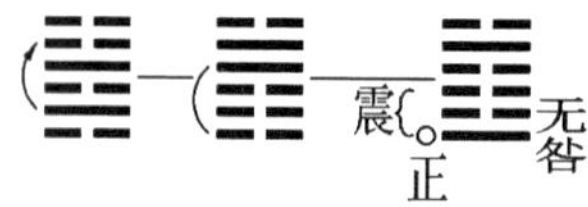

九二　田获三狐，得黄矢，贞吉。

注　二称田。田，猎也。变之正，艮为狐，坎为弓，离为黄矢，矢贯狐体。二之五，历三爻，故田获三狐，得黄矢。之正得中，故贞吉。

释　二在地上称田。田，猎也。上参坎为弓，下参离为黄矢，二之五卦成萃，萃下参艮为狐，解二当矢贯狐体，获狐也。二往之五，凡历三爻以象三狐，故田获三狐，得黄矢。二往五之正得中，故贞吉。

弓　田　黄矢　贞吉　狐　历三爻

六三　负且乘。

注　负，倍也。二变时艮为背，谓三以四艮倍五也。五来寇三时，坤为车，三在坤上，故负且乘，小人而乘君子之器，《象》曰："亦可丑也。"

释　负，倍也。解二往之五，卦为萃，萃下参艮为背，谓三以四艮倍五也。萃五为君子，下卦坤为车为器，六三在坤上而乘君子之器，故负且乘，《象》曰："亦可丑也。"又萃五之二，卦成解，解下卦坎为寇盗，乃夺六三之负且乘也。

背　君子　车　器　寇盗

致寇至，贞吝。

注　五之二成坎，坎为寇盗。上位慢五，下暴于二，慢藏悔盗，故致寇至，贞吝。《象》曰："自我致戎，又谁咎也。"

释　解变成萃，六三上则倍慢五，下则暴于二，慢藏悔盗。故萃五之二，卦又成解。解下卦坎为寇盗，致寇至，贞吝，乃六三上慢下暴以致之。《象》曰："自我致戎，又谁咎也。"

慢五
暴二
寇盗

九四　解而母，朋至斯孚。

注　二动时艮为指。四变之坤为母，故解而母。临兑为朋，坎为孚。四阳从初，故朋至斯孚矣。

释　解二动之五卦为萃，萃下参艮为指。又二未动而四变之初，卦为临，临上卦坤为母，故解而母。下卦兑为朋，临二之五，卦为屯，屯上卦坎为孚，故朋至斯孚矣。

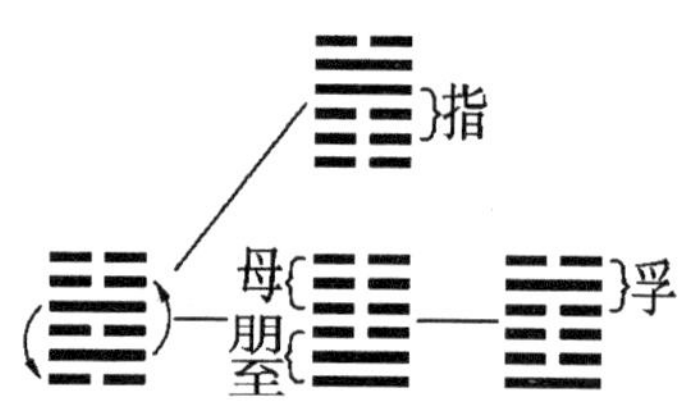

六五　君子惟有解，吉，有孚于小人。

注　君子谓二，之五得正成坎，坎为心，故君子惟有解，吉。小人谓五，阴为小人。君子升位，则小人退在二，故有孚于小人，坎为孚也。

释　谓解初四已正而卦为临，临九二为君子。二之五卦成屯，屯五得正，上卦坎为心，故君子惟有解，吉。小人谓临六五，阴为小人。九二君子升位于五，则六五小人退在二，故有孚于小人，屯上卦坎为孚也。

小人
君子
孚　心
君子
小人

上六　公用射隼于高庸之上，获之无不利。

注　上应在三。公，谓三伏阳也。离为隼，三失位动出成乾，贯隼入大过死象，故公用射隼于高庸之上，获之无不利也。

释　上六应在三，三伏阳为公。下参离为隼，六三失位动出，卦为恒，恒下伍大过死。隼，死也。故公用射隼于高庸之上，获之无不利也。

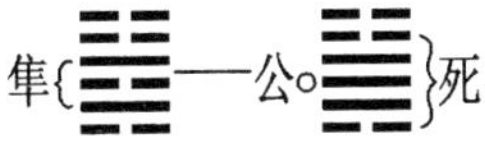

隼{☲——公○☱}死

《象》曰：解，险以动，动而免乎险，解。

注　险，坎。动，震。解，二月。雷以动之，雨以润之，物咸孚甲，万物生震。震出险上，故免乎险也。

释　解于卦气属二月。上卦震为雷为动，雷以动之也。下卦坎为雨，雨以润之也。物咸孚甲，万物生震，震出坎险上，故险以动，动而免乎险，解。

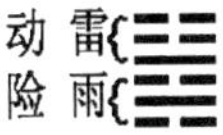

动 雷{☳
险 雨{☵

《象》曰：君子以赦过宥罪。

注　君子谓三。伏阳出成大过，坎为罪，入则大过象坏，故以赦过。二四失位，皆在坎狱中。三出体乾，两坎不见，震喜兑说，罪人皆出，故以宥罪。谓三入则赦过，出则宥罪，公用射隼以解悖，是其义也。

释　解三伏阳为君子，上参下卦坎为罪，三正下伍大过，入则大过象坏，故以赦过。二四失位而皆坎狱中，三出卦为恒，恒下参为乾，两坎不见，上卦震为喜，上参兑为说，罪人皆出狱而喜说，故以宥罪。谓三入则赦过，出则宥罪，故君子以赦过宥罪。藏器则赦过，动则宥罪，公用射隼以解悖，是其义也。

狱 罪{ ○}失位—喜说{ ○君子}大过
狱 罪{
赦过　宥罪

刚柔之际，义无咎也。

注　体屯初震，刚柔始交，故无咎也。

释　解二五、初四皆正，卦为屯，初九当屯初震刚柔始交，故无咎也。

九二贞吉，得中道也。

注　动得正，故得中道。

释　九二失位，动之五，卦成萃，萃二五正，故得中道也。

负且乘，亦可丑也。自我致戎，又谁咎也。

注　临坤为丑也。坤为自我，以离兵伐三，故转寇为戎。艮手招盗，故谁咎也。

释　解由临来，临上卦坤为丑为自我。初四正卦为解，解下参离为戈兵。解二五正卦为萃，萃下参艮为手。六三上慢下暴以招盗，故萃又成解。解下卦坎为寇盗，寇盗以离兵伐三，故转寇为戎。此乃负乘可丑，自我致戎，故谁咎也。

君子有解，小人退也。

注　二阳上之五，五阴小人退之二也。

释　解初四正而卦成临，临二君子上之五，五阴小人退之二也。

公用射隼，以解悖也。

注　坎为悖，三出成乾而坎象坏，故解悖也。

释　解上参下卦皆坎象，坎为悖，公用射隼，则三出成乾而坎象坏，故解悖也。

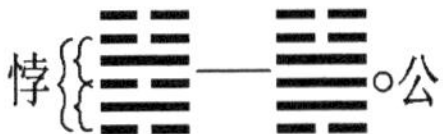

损　有孚，元吉，无咎。可贞，利有攸往。

注　泰初之上，损下益上，以据二阴，故有孚，元吉，无咎。艮男居上，兑女在下，男女位正，故可贞，利有攸往矣。

释　损由泰来，泰初之上，损下益上，其卦成损。损上卦艮，艮上九阳以据六五、六四两阴，故有孚，元吉，无咎。艮为少男居于上，下卦兑为少女在下，男女位正，故可贞，利有攸往矣。

初九　巳事遄往，无咎，酌损之。

注　巳，借为“祀”，指祭祀。坤为事，谓二也。遄，速。酌，取也。二失正，初利二速往，合志于五，得正无咎。已得之应，故遄往，无咎，酌损之，《象》曰：“上合志也。”

释　祀，祭祀。坤为事，谓二者，损成益，益下参坤象也。遄，速。酌，取也。损二失正，初利二速往，合志于五，得九五之正而无咎。初九亦得应六四，故遄往，无咎，酌损之，《象》曰："上合志也。"

遄往　事　志

九二　利贞，征凶，弗损益之。

注　失位当之正，故利贞。征，行也。震为征，失正毁折，故不征。之五则凶，二之五成益，小损大益，故弗损益之矣。

释　九二失位，当之正而卦成益，故利贞。征，行也。损下参震为征，下卦兑为毁折，九二失正而毁折，故不征行之五，则下参震征之象凶，是谓征凶。利贞而损成益，小损大益，故弗损益之矣。

征凶　征　毁折　利贞

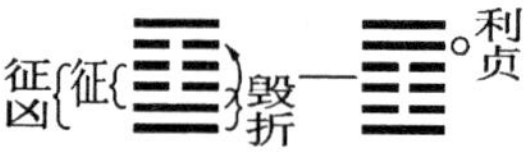

六三　三人行，则损一人。

注　泰乾三爻为三人，震为行，故三人行。损初之上，故则损一人。

释　损由泰来，泰下卦乾三爻为三人，上参震为行，故三人行。泰初之上而卦成损，乃损泰初一人，故则损一人。

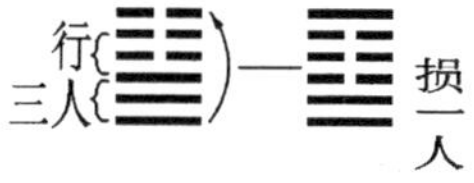

行　三人　损一人

一人行，则得其友。

注　一人谓泰初之上，损刚益柔，故一人行。兑为友，初之上，据坤应兑,故则得其友,言致一也。

释 泰初之上而卦成损,损上九即泰初九之一人。损下卦乾刚益上卦坤柔,故一人行。损下卦兑为友,上九据二阴而应六三兑,故则得其友,言致一也。

一人行 得其友 据 友 应

六四 损其疾,使遄有喜,无咎。

注 四,谓二也。四得位,远应初。二疾上五,已得承之。谓二之五,三上复,坎为疾也。阳在五称喜,故损其疾,使遄有喜。二上体观,得正承五,故无咎矣。

释 损六四得位而远应初九,上无所承,有咎焉。故使九二疾上之五而卦为益,则得正而承九五,无咎也。阳在五称喜,上伍观,大观可喜也。益三上复,卦成既济,既济上卦坎为疾,故损其疾,使遄有喜,无咎。

远应 承 喜 观 疾

六五 或益之十朋之龟,弗克违,元吉。

注 谓二五已变成益,故或益之。坤数十,兑为朋,三上失位,三动离为龟。十谓神、灵、摄、宝、文、筮、山、泽、水、火之龟也,故十朋之龟。三上易位成既济,故弗克违,元吉矣。

释 损上参为坤,坤数十,下卦兑为朋。二五已变,卦成益,故或益之。益三动,上参下卦皆成离象,离为龟。据《尔雅》,十朋之龟谓神龟、灵龟、摄龟、宝龟、文龟、筮龟、山龟、泽龟、水龟、火龟也。又三动而与上易位,益成既济,故弗克违,元吉矣。

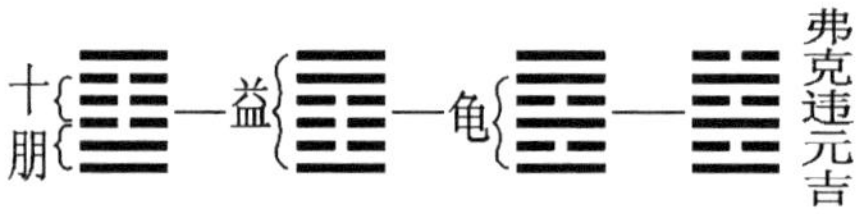

十朋—益—龟—弗克违元吉

上九　弗损益之，无咎，贞吉。

注　损上益三也。上失正，之三得位，故弗损益之，无咎，贞吉。动成既济，故大得志。

释　九二失位，弗损益之而卦成益。上九亦失位，故弗损益之而损上益三。上之三得位，无咎贞吉。益三上动卦成既济，故大得志也。

弗损益之—弗损益之—志

利有攸往，得臣无家。

注　谓三往之上，故利有攸往。二五已动成益，坤为臣，三变据坤成家人，故曰得臣。动而应三，成既济则家人坏，故曰无家。

释　损二五已动，卦成益，益下参坤为臣。益三利有攸往之上，当三变而上未动，卦为家人，九三据坤，故曰得臣。上亦动应三，卦成既济而家人卦坏，故曰无家。

臣—家人—据坤得臣—无家

《象》曰：二簋应有时。

注　时谓春秋也。损二之五，震二月，益正月，春也。损七月，兑八月，秋也。谓春秋祭祀，以时思之。艮为时，震为应，故应有时也。

释　春秋祭祀，以时思之，故时谓春秋也。损于卦气属七月，下卦兑为八月。七、八月，秋也。下参震为应，上卦艮为时，应秋时之祭祀也。损二之五卦成益，益于卦气属正月，下卦震为二月。正、二月，春也。下卦震为应，上参艮为时，应春时之祭祀也，故春秋祭祀应有时也。

七月 应 时 八月—正月 时 二月应

损刚益柔有时。

注　谓冬夏也。二五已易成益，坤为柔。谓损益上之三成既济，坎冬离夏，故损刚益柔有时。

释　损二五已易，卦成益。益下参坤为柔，上九为刚，损益上之刚，以益六三之柔，卦成既济。既济上卦坎为冬，下卦离为夏，损刚益柔有时，故谓易也。

—刚 柔—冬 夏

损益盈虚，与时偕行。

注　乾为盈，坤为虚，损刚益柔，故损益盈虚。谓泰初之上，损二之五，益上之三，变通趋时，故与时偕行。

释　泰下卦乾为盈，上卦坤为虚，损刚益柔，故损益盈虚，谓损泰初之刚以益上六之柔而卦为损。损，秋也。又损二之刚以益六五之柔而卦为益。益，春也。又损益上之刚以益六三之柔，而卦为既济。既济，冬夏也。变通趋时，故与时偕行。

柔 虚 刚 盈—秋—春—冬 夏

《象》曰：君子以惩忿窒欲。

注　君子泰乾。乾阳刚武为忿，坤阴吝啬为欲。损乾之初成兑说，故惩忿。初上据坤，艮为山，故窒欲也。

释　泰下卦乾为君子为刚武，刚武则近忿。上卦坤为吝啬，吝啬则近欲。今泰成损，则乾成兑而坤成艮。兑说惩忿，艮山窒欲，故君子以惩忿窒欲。

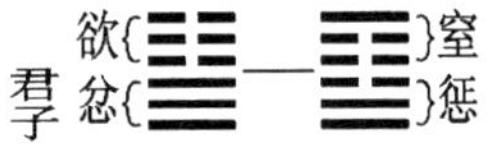

欲　窒
君子　忿　惩

祀事遄往，上合志也。

注　终成既济，谓二上合志于五也。

释　损二之五成益，而益成既济，上卦坎为志。九五即损九二，故曰二上合志于五也。

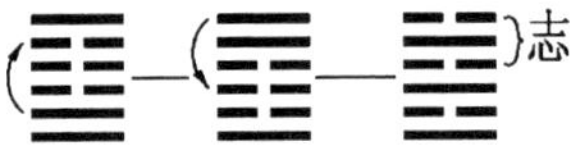

志

九二利贞，中以为志也。

注　动体离中，故为志也。

释　九二利贞，由损而益，益三上复，卦成既济。既济下卦离，故二体离中。二应五，五当上卦坎为志，故为志也。

利贞　中　志

一人行，三则疑也。

注　坎为疑，上益三成坎，故三则疑。

释　由损而益，益上益三，卦为既济。既济下参坎为疑，九三当之，故三则疑也。

损其疾，亦可喜也。

注　二上之五，体大观象，故可喜也。

释　损二上之五，卦为益。益上伍观，九五大观在上，阳称喜，故可喜也。

弗损益之，大得志也。

注　谓二五已变，上下益三，成既济定。离坎体正，故大得志。

释　损而益，益而既济定。离坎体正，上卦下参坎为志，故大得志。

益　利有攸往。

注　否上之初也。损上益下，其道大光。二利往坎应五，故利有攸往，中正有庆也。

释　益由否来，否上之初，损上益下，其道大光。成益后，二利往应五，故利有攸往，中正有庆也。又益上益三而九五当坎，故曰二利往坎应五。

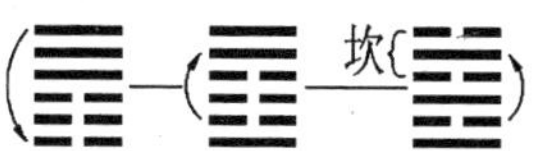

利涉大川。

注　谓三失正,动成坎体涣,坎为大川,故利涉大川。涣,舟楫象,木道乃行也。

释　益三失正,动则卦成家人,家人下参坎为大川,故利涉大川。上伍涣,涣,舟楫象,故木道乃行也。

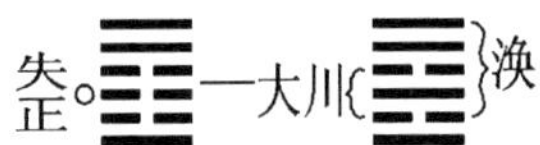

初九　利用为大作,元吉,无咎。

注　大作谓耕播,耒耨之利,盖取诸此也。坤为用,乾为大,震为作,故利用为大作。体复初得正,朋来无咎,故元吉,无咎。震,二月卦,日中星鸟,敬授民时,故以耕播也。

释　益由否来,否上卦乾为大,下卦坤为用。否上之初坤成益,益下卦震为作,故利用为大作,大作谓耕播。下互复,益初当复初,元吉得正,朋来无咎,故元吉,无咎。益下卦震,于卦气属二月卦,日中星鸟当春分,敬授民时,故以耕播也。

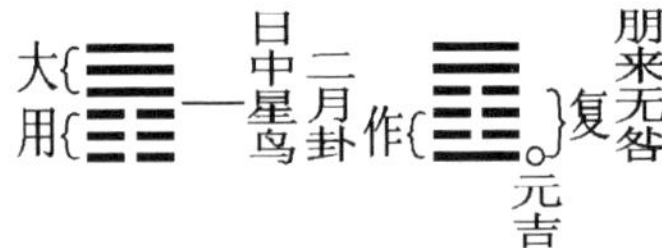

六二　或益之十朋之龟,弗克违,永贞吉。

注　谓上从外来,益也,故或益之。二得正远应,利三之正,已得承之。坤数十,损兑为朋,谓三变离为龟,故十朋之龟。坤为永,上之三得正,故永贞吉。

释　益上从外来益三而卦成既济,故或益之。六二得正,远应九五,利三之正,二得承之。未正时下参为坤,坤数十,变正时下卦上参离为龟。又益反损，损下卦兑为朋，故十朋之龟。益下参坤为永，益上之三，或益之而得正，卦成既济，故弗克违，永贞吉。

王用亨于帝，吉。

注　震称帝，王谓五。否乾为王，体观象，艮为宗庙。三变折坤牛，体噬嗑食，故王用享于帝。得位，故吉。

释　否上卦乾为王，上之初而成益。益九五为王，下卦震称帝。上伍观，上参艮为宗庙，下参坤为用为牛，三变折坤牛而卦成家人。家人初二爻震象半见，上参为离，则下伍噬嗑食，故王用亨于帝。六二得位，故吉。

六三　益之用凶事，无咎。

注　坤为事，三多凶。上来益三得正，故益用凶事，无咎。

释　益下参坤为事，三多凶。上来益三，坤成既济而得正，故益用凶事无咎。

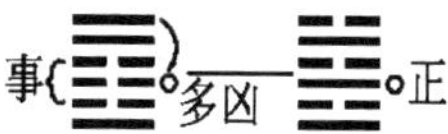

有孚中行，告公用圭。

注　公谓三，伏阳也。三动体坎，故有孚。震为中行为告，位在中,故曰中行。三,公位。乾为圭,乾之三,故告公用圭。圭,桓圭也。

释　益下参坤为用,下卦震为中行为告。位在中者,指震初九也,故曰中行。三爻公位,九三谓公。益三伏阳出,卦成家人,家人下参坎为有孚,故有孚中行。益上乾阳为圭,上之三,故告公用圭。圭,桓圭也。

用 中行 告 圭 公 有孚 圭

六四　中行,告公从。

注　中行谓震位在中,震为行为从,故曰中行。公谓三,三上失位,四利三之正,已得以为实,故曰告公从矣。

释　六四应初九,初九震位在中,震为行为从,故曰中行。公谓三,三上失位,正则卦成既济。故四利三正而以三为实,九三阳爻称实,故曰告公从矣。

中 行 从 实

利用为依迁邦。

注　坤为邦。迁,徙也。三动坤徙,故利用为依迁邦也。

释　益下参坤为邦,三动而坤邦徙焉,动而正位为利,故利用为依迁邦。

九五　有孚惠心,勿问元吉。

注　谓三上也,震为问。三上易位,三五体坎,已成既济。坎为心,故有孚惠心,勿问元吉。《象》曰:"勿问之矣。"

释　益下卦震为问,三上易位而卦成既济,震象不见,是谓勿问。而既济上卦下参皆为坎象,坎为心为有孚,故有孚惠心,勿问元吉。《象》曰:"勿问之矣。"

有孚惠我德。

注　坤为我,乾为德,三之上体坎为孚,故惠我德,《象》曰:"大得志。"

释　益下参坤为我,五上爻乾象半见,乾为德。三之上成既济,上卦坎为孚为志,故有孚惠我德,《象》曰:"大得志也。"

上九　莫益之。

注　莫,无也。自非上无益初者,唯上当无应,故莫益之矣。

释　莫,无也。自非上无以益三,然益上当阳亢而无应于六三,故莫益之矣。

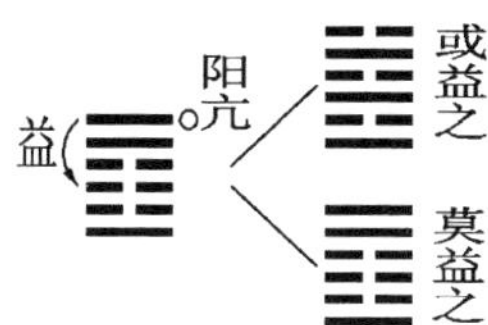

或击之。

注　谓上不益初,则以剥灭乾,艮为手,故或击之。

释　益中互剥，上参艮为手，故益。上若不益三则阴变阳，剥灭乾，以艮手上消，故或击之。

立心勿恒，凶。

注　上体巽为进退，故勿恒。动成坎心，以阴乘阳，故立心勿恒，凶矣。

释　益上卦巽为进退，故勿恒。上动卦为屯，上六以阴乘阳，上卦坎为心，故立心勿恒，凶矣。谓必益三而三爻正，然后上动，则立心勿凶焉。

进退　乘　心

《象》曰：益，损上益下，民说无疆。

注　上之初，坤为无疆，震为喜笑。以贵下贱，大得民，故说无疆矣。

释　否上卦乾为贵，下卦坤为民为无疆。否上之初而卦成益，益下卦震为喜笑。震初以贵下贱，大得民，故说无疆矣。

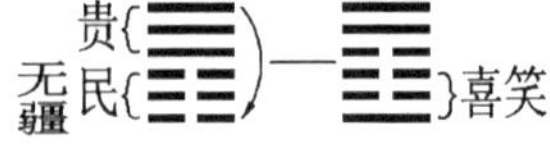

自上下下，其道大光。

注　乾为大明，以乾照坤，故其道大光。或以上之三，离为大光矣。

释　否上卦乾为大明，否上之初而卦成益，以乾照坤也，故自上下下，其道大光。既成益卦后，益上之三而卦成既济，既济下伍离为大光，故亦为自上下下，其道大光。一以成卦言，一以之正言，故并成益焉。

大明　大光

利有攸往，中正有庆。

注　中正谓五，而二应之，乾为庆也。

释　益二利往应五，九五中正而乾阳为庆，故利有攸往，中正有庆。

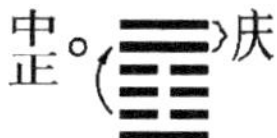

利涉大川，木道乃行。

注　谓三动成涣。涣，舟楫象。巽木得水，故木道乃行也。

释　益三动卦成家人，家人上伍涣。涣，舟楫象。上卦巽木得下卦坎水，故木道乃行也。

益动而巽，日进无疆。

注　震三动为离，离为日，巽为进，坤为疆。日与巽俱进，故日进无疆也。

释　益下卦震为动，三动下伍离，离为日，上卦巽为进。震三未动时，益下参坤为无疆，动则日与巽俱进，故日进无疆也。

进{ }无疆—日
动{

天施地生，其益无方。

注　乾下之坤，震为出生，万物出震，故天施地生。阳在坤初为无方，日进无疆，故其益无方也。

释　否上卦乾为天，下卦坤为地，乾上下之坤初，卦成益。益下卦震为出生，万物出震，故天施地生。又否坤为方，阳在坤初成震，是谓无方。然益下参坤又为方，故三动而日进无疆，坤成坎而坤方不见，故其益无方也。

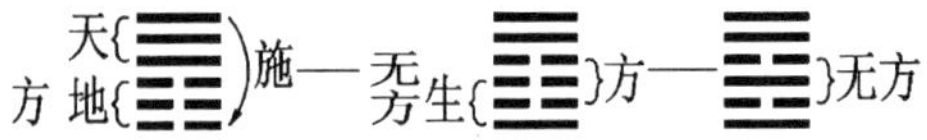

天{ }施—无方 生{ }方—}无方
方 地{

凡益之道，与时偕行。

注　上来益三，四时象正。艮为时，震为行，与损同义，故与时偕行也。

释　益上参艮为时，下卦震为行。又益反损，损，秋也，益，春也。益上来益三，卦成既济，既济冬夏也。四时象正，故与时偕行也（参阅损）。

秋{ —时{ }春— }冬
行{ }夏

《象》曰：君子以见善则迁，有过则改。

注　君子谓乾也。上之三，离为见，乾为善，坤为过。坤三进之乾四，故见善则迁。乾上之坤初，改坤之过，体复象，复以自知，故有过则改也。

释　否上卦乾为君子为善，下卦坤为过。否上之初而卦成益，则否坤六三之位进之否乾之位，九四而成六四，故见善则迁。见者，益上之三成既济，既济上参下卦成离，离为见也。又否乾上九之否坤初六之下，改坤之过，下互复，复以自知，故有过则改也。

善 君子 过 复 见

或益之，自外来也。

注　乾上称外，来益三也。

释　益之上爻乾象半见，乾上称外，故益上九来益三，而卦成既济，自外来也。

外 来

益用凶事，固有之矣。

注　三上失正当变，是固有之。

释　益三上失正，当变而成既济，是六爻固有之定位也。

失位 固有之

告公从，以益志也。

注　坎为志，三之上有两坎象，故以益志也。

释　益三之上而卦成既济，既济上卦下参成两坎象，坎为志，故以益志也。

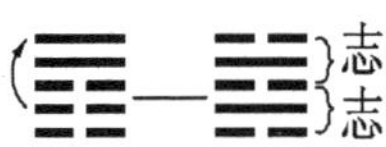

莫益之，遍辞也。

注　遍，周匝也。三体刚凶，故至上应乃益之矣。

释　益中互剥，三体剥凶，故变正而至上应，上乃益之，卦成既济。而六爻遍正，莫益之，遍辞也。若三不上应而上益之，则为立心勿恒凶也。

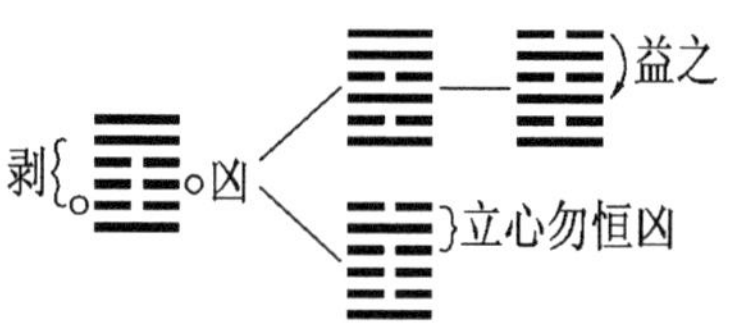

或击之，自外来也。

注　外谓上。上来之三，故曰自外来也。

释　乾上称外，上来之三，故曰自外来也。上若不来，或击而体剥上消也。

夬　扬于王庭。

注　阳决阴，息卦也。刚决柔，与剥旁通。乾为扬为王，剥艮为庭，故扬于王庭矣。

释　夬，息卦也。阳刚以决阴柔，与剥旁通。夬下卦乾扬为王，剥上卦艮为庭，故扬于王庭矣。

孚号有厉。

注　阳在二五称孚，孚谓五也。二失位，动体巽，巽为号，离为光，不变则危,故孚号有厉,其危乃光也。

释　习坎有孚,故阳在二五称孚,二失位,故孚谓五。二动卦成革,革下参巽为号,下卦离为光,二失位而不变则危,故孚号有厉,其危乃光也。益二变有光,则不危焉。

告自邑,不利即戎。

注　阳息动复,刚长成夬。震为告,坤为自邑。夬从复升,坤逆在上,民众消灭。二变时,离为戎,故不利即戎,所尚乃穷也。

释　夬,息卦也。息自复卦起,复下卦震为告,上卦坤为自邑。复息临而泰,仍有坤逆在上,坤为民众。泰息而大壮、夬,民众消灭。夬二变卦为革,革下卦离为戎,刚长而即戎,不利焉,故不利即戎,所尚乃穷也。

利有攸往。

注　阳息阴消,君子道长,故利有攸往,刚长乃终。

释　阳由复而至夬,君子道长,小人道消,故利有攸往,刚长成乾乃终也。

利有攸往　刚长乃终

初九　壮于前趾,往不胜为咎。

注　夬变大壮,大壮震为趾,位在前,故壮于前。刚以应刚,不能克之，往如失位，故往不胜为咎。

释　夬由大壮而息，大壮上卦震为趾，夬九五位在趾前，故壮于前趾。初四以刚应刚，不能克之，四不变而初往，卦成大过，初六失位，故往不胜为咎。

九二　惕号，莫夜有戎，勿恤。

注　惕，惧也。二失位，故惕。变成巽，故号。剥坤为莫夜。二动成离，离为戎，变而得正，故有戎。四变成坎，坎为忧，坎又得正，故勿恤，谓成既济定也。

释　惕，惧也。夬九二失位，故惕。二正下参巽为号，下卦离为戎，旁通剥，下卦坤为莫夜，故惕号莫夜。四亦变，下参坎为忧为恤，二四皆正位，故有戎勿恤，谓夬成既济定也。

九四　臀无肤，其行次且。

注　二四已变，坎为臀，剥艮为肤，毁灭不见，故臀无肤。大壮震为行，坎为破为曳，故其行次且也。

释　夬由大壮息，大壮上卦震为行。夬旁通剥，剥上卦艮为肤。夬爻变既济，既济下参坎为臀为破为曳，艮肤伏下，毁灭不见，故臀无肤。震行不正而破曳，故其行次且。

行　曳破臀

肤

牵羊悔亡，闻言不信。

注　兑为羊，二变巽为绳，剥艮手持绳，故牵羊。谓四之正，得位承五，故悔亡。震为言，坎为耳，震坎象不正，故闻言不信也。

释　夬上卦兑为羊，二变下参巽为绳。旁通剥，上卦艮为手，艮手持绳，故牵羊。四变得位承五，故悔亡。又夬由大壮息，大壮上卦震为言，九四不正，四上之五，卦由泰而成需。泰九三震言，需九五坎耳皆正，今大壮息夬，故震坎象不正而闻言不信也。

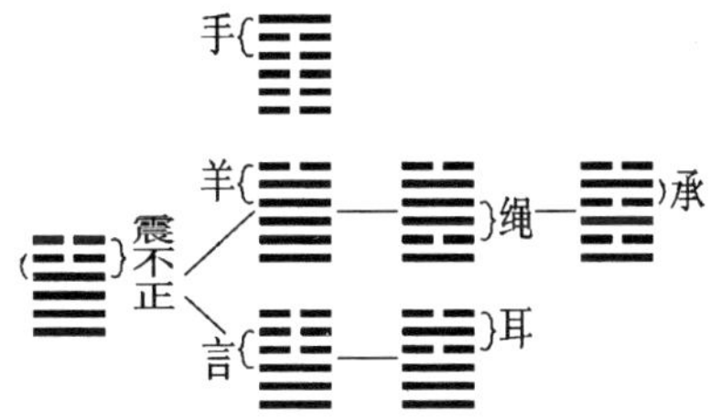

九五　苋陆夬夬，中行无咎。

注　苋，说也。苋，读夫子苋尔而笑之苋。陆，和睦也。震为笑言，五得正位，兑为说，故苋陆夬夬。大壮震为行，五在上中，动而得正，故中行无咎。旧读言苋陆，字之误也。马君、荀氏皆从俗言苋陆，非也。

释　大壮上卦震为笑言为行，息成夬，夬上卦兑为说，笑言而说，故苋陆夬夬。苋，说也。陆，和睦也。五在上中，大壮五爻动而得正，故中行无咎。马、荀言："苋陆，植物名也。"

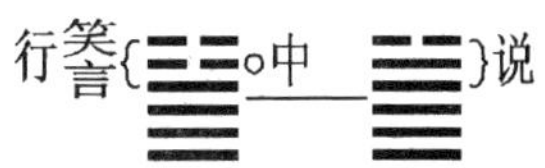

上六　无号，终有凶。

注　应在于三，三动时体巽，巽为号令。四已变坎，之应历险，巽象不见，故无号。位极乘阳，故终有凶矣。

释　夬二动，下参巽为号令。四已变，上卦坎为险，上应在三，历险而巽象不见，故无号。上六位极而乘九五之阳，故终有凶矣。

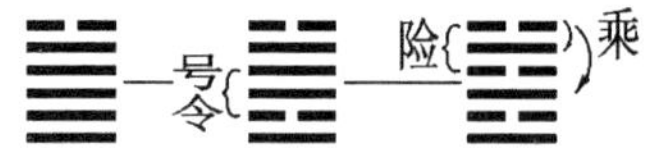

《彖》曰：夬，决也，刚决柔也。

注　乾决坤也。

释　夬由复上息，由一阳而成五阳，以乾刚决坤柔也。

健而说，决而和。

注　健，乾。说，兑也。以乾阳获阴之和，故决而和也。

释　夬下卦乾为健，上卦兑为说。以乾阳获阴而阴阳和，故决而和也，谓终于乾而和于既济也。

利有攸往，刚长乃终也。

注　乾体大成，以决小人。终乾之刚，故乃以终也。

释　夬上息，刚长成乾而大成，决小人，终乾刚，故乃以终也。

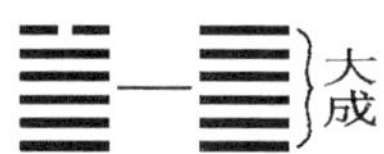

《象》曰：君子以施禄及下，居德则忌。

注　君子谓乾，乾为施禄。下为剥坤，坤为众臣。以乾应坤，故施禄及下。乾为德，艮为居，故居德则忌。阳极阴生，谓阳忌阴。

释　夬下卦乾为君子为施禄，下谓下及剥下卦坤，坤为众臣，以乾应坤，故施禄及下。又剥上卦艮为居，夬息乾为德，阳极阴生，故居德则忌，乃阳忌阴之消，姤也。

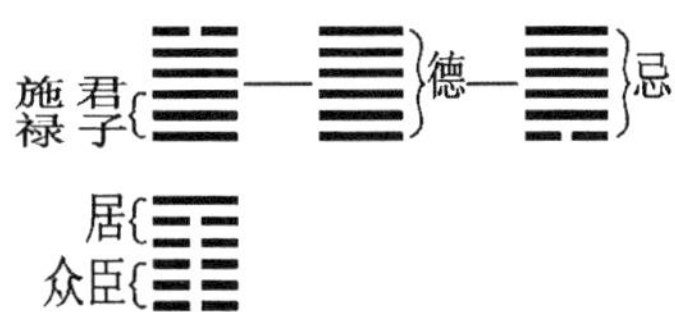

不胜而往，咎也。

注　往失位应阳，故咎矣。

释　夬初四刚以应刚，然初九得位而九四失位。今四不变而初往应阳，故失位而咎矣。

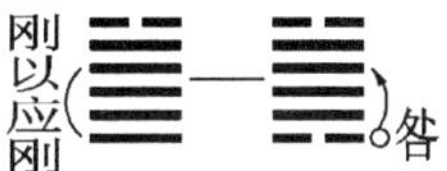

有戎勿恤，得中道也。

注　动得正应五，故得中道。

释　九二动得正，成六二以应九五，故得中道。

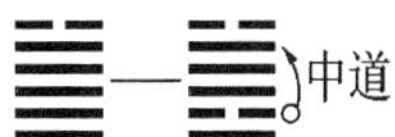

闻言不信，聪不明也。

注　坎耳离目，折入于兑，故聪不明矣。

释　大壮四上之五，由泰而需，震坎象正，闻言而信也。需上卦坎为耳，上参离为目，坎离正位也。今夬象九四失位，上卦兑为毁折，坎离象不见，故聪不明矣。

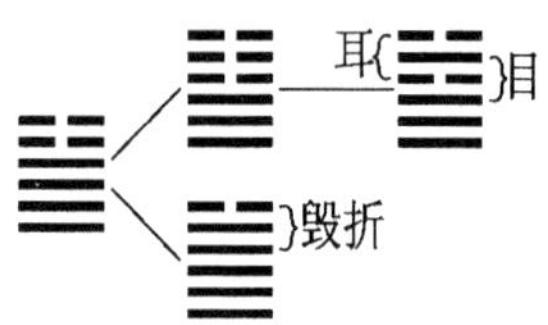

中行无咎，中未光也。

注　在坎阴中，故未光也。

释　大壮中行上息而成夬，夬未成乾而四正，九五在坎阴中，故未光也。

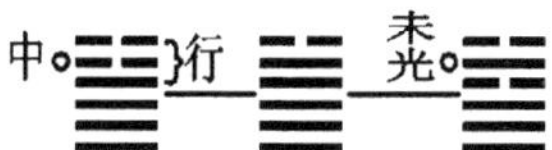

无号之凶，终不可长也。

注　阴道消灭，故不可长也。

释　夬必息乾而阴道消灭，上六位极乘阳，不可长也。

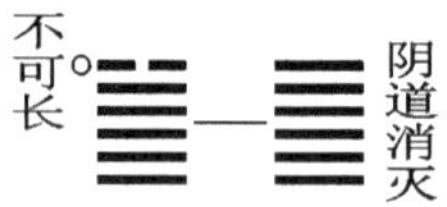

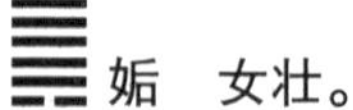

姤　女壮。

注　消卦也，与复旁通。巽，长女。女壮，伤也。阴伤阳，柔消刚，故女壮也。

释　姤消卦也。阴柔以消阳刚，与复旁通。姤下卦巽为长女，女上消故曰女壮。壮,伤也。

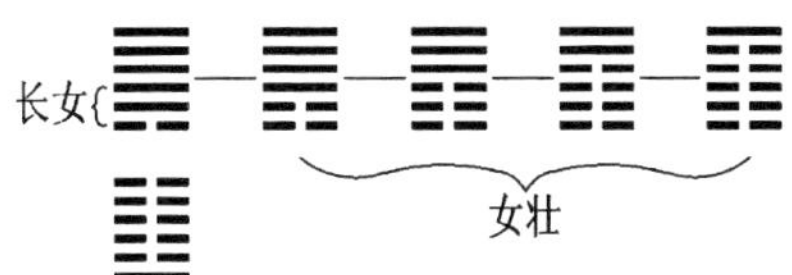

勿用取女。

注　阴息剥阳,以柔变刚,故勿用取女,不可与长也。

释　姤初六之柔以变乾刚,由遯否观而剥,阳伤也,故勿用取女,不可与长也。

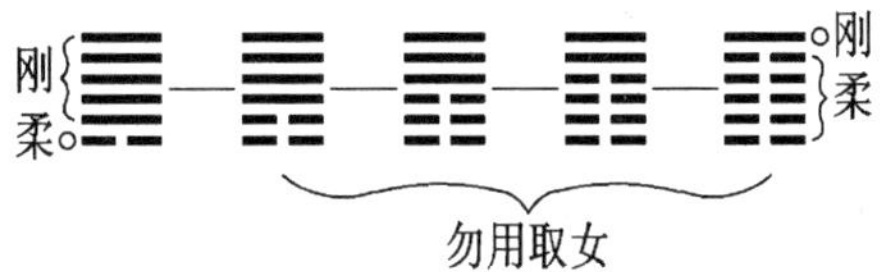

初六　系于金柅,贞吉。

注　柅,谓二也。巽为绳,故系柅。乾为金,巽木入金,柅之象也。初四失正,易位乃吉,故贞吉矣。

释　姤下卦巽为绳为木,下参乾为金,巽木入金,柅象也,故柅谓二以绳系之于金柅。初四失正,易位而卦成小畜,初四得正,故贞吉矣。

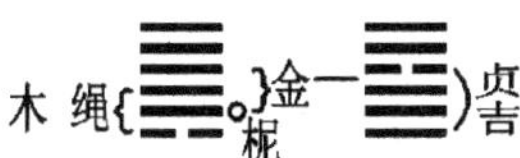

有攸往,见凶,羸豕孚蹢躅。

注　以阴消阳,往谓成坤。遯子弑父,否臣弑君。夬时三动,离为见,故有攸往,见凶矣。三夬之四,在夬动而体坎,坎为豕为孚,巽绳操之，故称羸也。巽为舞为进退，操而舞，故羸豕孚蹢躅。以喻姤女望于五阳，如豕蹢躅也。

释　姤卦以阴消阳，往则成遯艮子弑父，遯往成否，否坤臣弑君。云夬三动时者，三据姤言，即否臣弑君也。故姤三当夬四，夬四动卦为需，需上参离为见，故有攸往，见凶矣。又需上卦坎为豕为孚，姤下卦巽为绳为进退，以绳操豕，故羸豕。操犹进退而舞，故羸豕孚蹢躅。以喻姤初淫女，望于上伍五阳，如豕之蹢躅也。

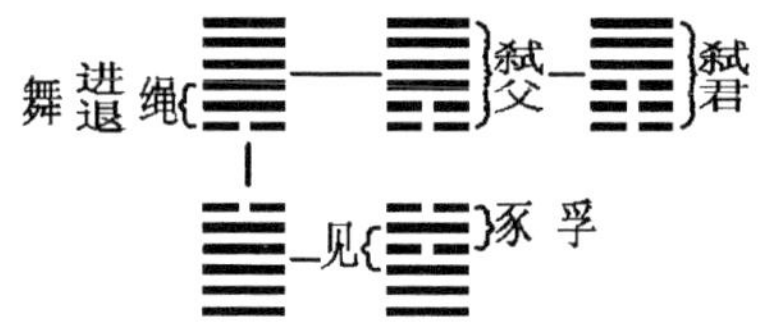

九二　包有鱼，无咎，不利宾。

注　巽为白茅，在中称包。《诗》云："白茅包之。"鱼谓初阴，巽为鱼。二虽失位，阴阳相承，故包有鱼，无咎。宾谓四，乾尊称宾，二据四应，故不利宾。或以包为庖厨也。

释　姤下卦巽为白茅为鱼，鱼谓初阴，九二在中称包。《诗》曰："白茅包之。"故九二包有鱼。初二虽失位，以阴承阳，故无咎。九四乾尊称宾，四应初而九二据之，故不利宾。盖初阴及宾，柔变刚而不利焉，《象》曰："义不及宾也。"或以包为庖厨也。庖有鱼而不利宾，亦谓庖中初阴之鱼不及四也。

九三　臀无肤，其行次且，厉，无大咎。

注　夬时动之坎为臀，艮为肤，二折艮体，故臀无肤。复震为行，其象不正，故其行次且。三得正位，虽则危厉，故无大咎矣。

释　姤三即夬四，夬时动之者，夬成需也，需上卦坎为臀。艮为肤者，姤上消遯，遯下卦艮象也。今未消，姤二折艮体，故臀无肤。姤旁通复，复下卦震为行，今震行伏于姤巽之下而其象不正，故其行次且。三多凶，故厉。得正位，故无大咎矣。

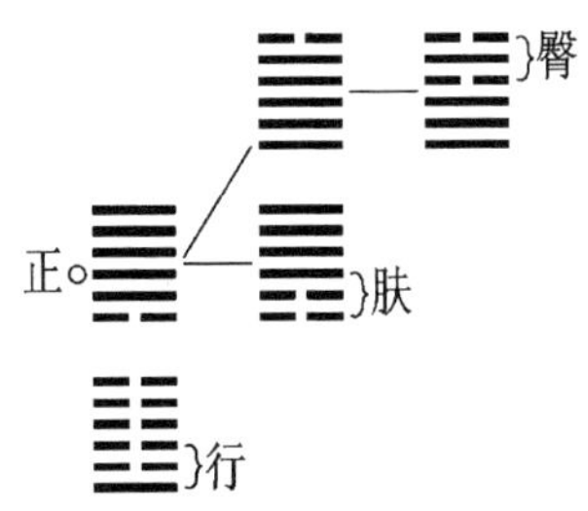

九五　以杞苞瓜，含章。

注　杞，杞柳，木名也。巽为杞为苞，乾圆称瓜，故以杞苞瓜矣。含章，谓五也。五欲使初四易位，以阴含阳，已得乘之，故曰含章。初之四体兑口，故称含也。

释　姤下卦巽为杞为苞。杞，杞柳。苞，蔓也。上卦乾为圜称瓜，故以杞苞瓜。五使初四易位，卦成小畜，六四以阴含阳，下参兑口称含，九五得乘六四，故曰含章。

有陨自天。

注　陨，落也。乾为天，谓四陨之初，初上承五，故有陨自天矣。

释　姤上卦乾为天，九四之初，陨自天也。陨，落也。初上之四，以承九五，不舍命也。

天 陨 命

上九　姤其角，吝，无咎。

注　乾为首，位在首上，故称角。动而得正，故无咎。

释　姤上卦乾为首，上九位在首上，故称角，姤其角也。失位而吝，动而得正，故无咎。

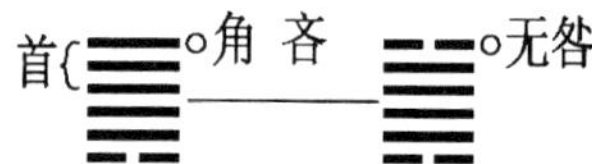

《象》曰：后以施命诰四方。

注　后，继体之君。姤阴在下，故称后，与泰称后同义也。乾为施，巽为命为诰。复震二月东方，姤五月南方，巽八月西方，复十一月北方，皆总在初，故以诰四方也。孔子行夏之时，《经》用周家之月，夫子传《彖》、《象》以下，皆用夏家月。是故夏为十一月，姤为五月矣。

释　后，继体之君，阴象也，姤阴在下，故称后。泰五女主，故亦称后。姤上卦乾为施，下卦巽为命为诰。四方者，姤旁通复，于卦气复下卦震二月东方，姤五月南方，姤下卦巽八月西方，复十一月北方。四方皆在初爻，故姤初后以诰四方也。孔子行夏之时，故以复为十一月，姤为五月。《经》用建子，故临卦八月为遯也。

施 命 诰 后 四方 二月东方 十一月北方 五月南方 八月西方

系于金柅，柔道牵也。

注　阴道柔，巽为绳，牵于二也。

释　姤初六阴道柔，下卦巽为绳，故柔道牵者，初六牵于九二也。

其行次且，行未牵也。

注　在夬失位，故牵羊。在姤得正，故未牵也。

释　夬九四失位，故二正而四牵羊。姤九三得正，故二牵初，而三行未牵也。

有陨自天，志不舍命也。

注　巽为命也。欲初之四承己，故不舍命矣。

释　姤下卦巽为命。初四正而卦成小畜，六四以承九五，上卦巽为命，故不舍命矣。

䷬萃　亨，王假有庙。

注　观上之四也。观乾为王，假，至也。艮为庙，体观享祀。上之四，故假有庙，致孝享矣。

释　萃由观来。观五上爻乾象半见，乾为王，假，至也。上参艮为庙，观上之四，乾王至艮庙也，卦成萃。萃下伍又体观，观享祀而通，故假有庙，致孝享矣。

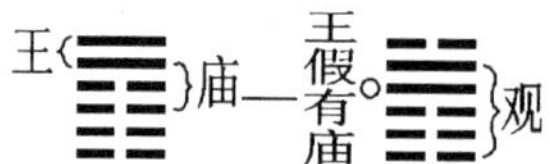

利见大人,亨利贞。

注　大人谓五。三四失位,利之正变成离,离为见,故利见大人,亨利贞,聚以正也。

释　萃九五为大人,六三、九四失位,利之正而卦成蹇。蹇上参离为见,故利见大人,亨利贞,聚以正也。

大人
聚
见
正

用大牲吉,利有攸往。

注　坤为牛,故曰大牲。四之三,折坤得正,故用大牲吉。三往之四,故利有攸往,顺天命也。

释　萃下卦坤为牛,故曰大牲。九四之六三,折坤而九三得正,故用大牲吉。六三往之九四,顺天命而六四得正,故有攸往。

大牲
牛
用大牲吉
顺天命

初六　有孚不终,乃乱乃萃。

注　孚谓五也。初四易位,五坎中,故有孚。失正当变,坤为终,故不终。萃,聚也。坤为乱为聚,故乃乱乃萃。失位不变,则相聚为乱,故《象》曰:"其志乱也。"

释　萃下卦坤为终为乱为聚,初四易位而卦成屯。屯上卦坎为孚,故有孚,谓九五也。下卦由坤终而成震,故不终。若失位而不变,则下卦坤相聚为乱,故乃乱乃萃。萃,聚也。变则上卦坎为志,故《象》

曰："其志乱也。"

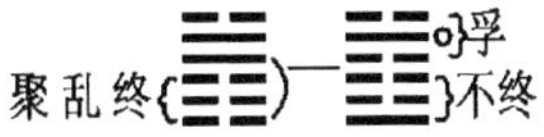

聚乱终{䷬}—䷐ 孚 不终

若号，一握为笑，勿恤，往无咎。

注　巽为号，艮为手，初称一，故一握。初动成震，震为笑。四动成坎，坎为恤。故若号，一握为笑，勿恤。初之四得正，故往无咎矣。

释　萃上参巽为号，故若号。下参艮为手，初爻称一，故一握。初正而卦成随，随下卦震为笑，故一握为笑，谓四之初得正也。四之初而初亦之四，则四动而卦成屯。屯上卦坎为恤，四未动时，坎象未成，故勿恤。又初之四得正，故往无咎矣。

号 往无咎 手 一 — 勿恤 笑 — 恤 正

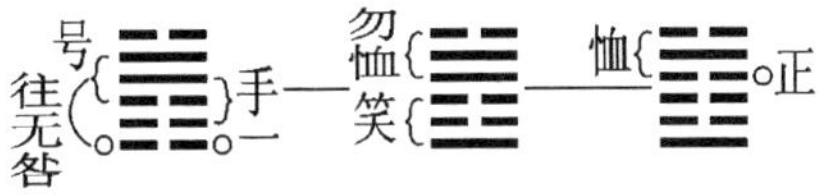

六二　引吉，无咎。

注　应巽为绳，艮为手，故引吉。得正应五，故无咎。利引四之初，使避己，己得之五也。

释　二应五，五当上参巽为绳，下参艮为手，故引吉。六二得正应九五，故无咎。然二应五碍于九四之阳，故利引四之初，使避己而卦成屯，则己得之五也。

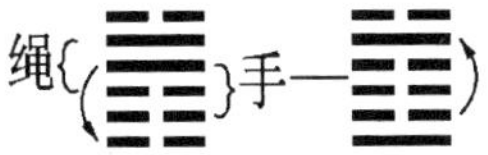

绳 手 —

孚乃利用禴。

注　孚谓五。禴，夏祭也。体观象，故利用禴。四之三，故用大牲。离为夏，故禴祭，《诗》曰"禴祭烝尝"是其义。

释　萃下伍观，故利用禴。下卦坤牛为大牲，四之三用大牲吉，卦成蹇。蹇上卦坎九五为孚，上参离为夏，故禴祭。禴，夏祭也，《诗》曰“禴祭蒸尝”是其义。

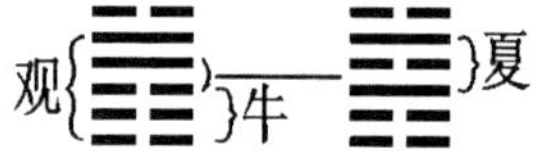

六三　萃如嗟如，无攸利，往无咎，小吝。

注　坤为萃，故萃如。巽为号，故嗟如。失正，故无攸利。动得位，故往无咎，小吝，谓往之四。

释　萃下卦坤为萃，故萃如。上参巽为号，故嗟如。六三失正，故无攸利。动而往之四则得位，故往无咎，小吝。三阴，故称小。

往
萃
号
失正
无攸利
无咎
小吝

九五　萃有位，无咎，匪孚，元永贞，悔亡。

注　得位居中，故有位无咎。匪孚，谓四也。四变之正，则五体皆正，故元永贞。与比《彖》同义。四动之初，故悔亡。

释　萃九五得位居中，故有位无咎。四未变，上卦坎孚之象未成，故匪孚。四变之初卦为屯，屯除六三外五爻皆正，故元永贞。与比《彖》同义，即比初正成屯也。又四动之初，而初四皆当位，故悔亡。

有孚
匪孚
悔亡
屯

上六　赍资涕洟，无咎。

注　赍，持。资，赙也。货财丧称赙。自目曰涕，自鼻称洟。坤为财，巽为进，故赍资也。三之四体离坎，艮为鼻，涕泪流鼻目，故涕洟。得位应三，故无咎。上体大过死象，故有赍资涕洟之哀。

释 萃下卦坤为财，上参巽为进，上互大过死，故赍资也。赍，持。资，赙也。货财丧称赙。又萃三之四卦为蹇，蹇上参离为目，下卦艮为鼻。上卦坎水出目，涕也，下参坎水出鼻，洟也。因大过死象，故有赍资涕洟之哀。

《彖》曰：王假有庙，致孝享也。

注 享，享祀也。五至初有观象，谓享坤牛，故致孝享矣。

释 萃下伍观，下卦坤为牛，以坤牛享祀，故致孝享矣。

利见大人，亨，聚以正也。

注 坤为聚，坤三之四，故聚以正也。

释 萃下卦坤为聚，六三失位而之四，六四当位，故聚以正也。

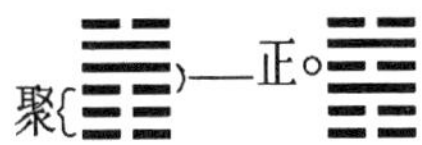

利有攸往，顺天命也。

注 坤为顺，巽为命，三往之四，故顺天命也。

释 萃下卦坤为顺，上参巽为命，天谓九五，三往之四，故顺天命也。

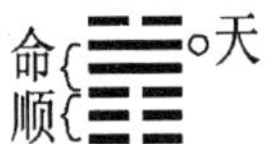

观其所聚，而天地万物之情可见矣。

注　三四易位成离坎，坎月离日，日以见天，月以见地，故天地之情可见矣。与大壮、咸、恒同义也。

释　萃三四易位而卦成蹇，蹇上参离为日为见，五爻为天，日以见天也。下参坎为月，二爻为地，月以见地也。故天地万物之情可见矣。大壮、咸、恒皆有离日坎月之象，故同义也。

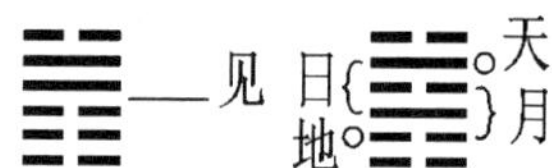

《象》曰：君子以除戎器，戒不虞。

注　君子谓五。除，修。戎，兵也。《诗》曰："修尔车马，弓矢戎兵。"阳在三四为修，坤为器。三四之正，离为戎兵、甲胄、飞矢，坎为弓弧，巽为绳，艮为石，谓敕甲胄，锻厉矛矢，故除戎器也。坎为寇，坤为乱，故戒不虞也。

释　萃九五为君子。除，修也。戎器，兵器也。《诗》曰"修尔车马，弓矢戎兵"是也。乾《文言》三四爻皆言修德，故阳在三四为修。下卦坤为器，上参巽为绳，下参艮为石，三四正而卦为蹇，蹇上参离为戎兵、甲胄、飞矢，下参坎为弓弧，谓以绳石敕甲胄，锻厉矛矢以除戎器也。又萃下卦坤为乱，蹇下参坎为寇，有寇乱之象，故戒不虞也。

君子
乱　器
绳
石
飞矢　甲胄　戎兵
弓弧　寇

乃乱乃萃，其志乱也。

注　坎为志，初之四，其志乱也。

释　萃初与四应，四未正，下卦坤为乱。初之四易位得正，卦成屯，屯上卦坎为志，故其志乱也。

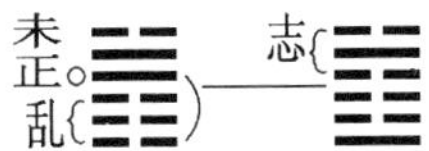

引吉无咎，中未变也。

注　二得正，故不变也。

释　萃二利引四之初，卦成屯。二居中得正应五，故不变也。

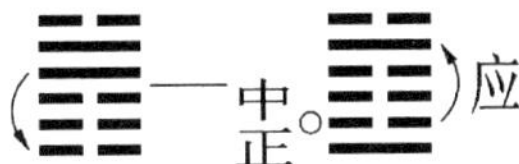

往无咎，上巽也。

注　动之四，故上巽。

释　三上参巽，动之四，故上巽。

大吉无咎，位不当也。

注　以阳居阴，故位不当。动而得正，承五应初，故大吉而无咎矣。

释　四以阳居阴，故位不当。初四易位，动而得正，承五应初，故大吉而无咎矣。

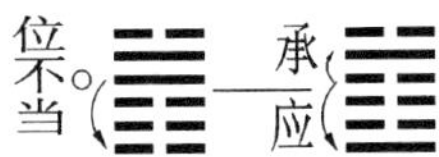

萃有位，志未光也。

注　阳在坎中，故志未光。与屯五同义。

释　萃九五阳，四未之初正成坎，故曰阳在坎中。初四易位成坎为志，三正成离为光，乃成既济定。与屯五“施未光”同义也。

贲资涕洟，未安上也。

注　乘刚远应，故未安上也。

释　上六得位易安，然居九五之上，以柔乘刚，又无应于三，故未安上也。当初四易位，三正应之，上乃安矣。

升　元亨。

注　临初之三，又有临象。刚中而应，故元亨也。

释　升由临来，临初之三成升。升上伍临，故又有临象。九二刚中，六五应之，故元亨，谓二当亨之五也。

用见大人，勿恤。

注　谓二当之五为大人，离为见，坎为恤。二之五得正，故用见大人勿恤，有庆也。

释　二元亨之五，卦为蹇，九五为大人。升上卦坤为用，蹇上参离为见，上卦坎为恤，九五乾阳得正为庆，故用见大人勿恤，有庆也。

南征吉。

注　离，南方卦。二之五成离，故南征吉，志行也。

释　升上参震为行，二之五成蹇。蹇上参离为南，下参坎为志，故南征吉，志行也。

行　南　志

九二　孚乃利用禴，无咎。

注　禴，夏祭也。孚谓二之五成坎为孚，离为夏，故乃利用禴，无咎矣。

释　二升五卦成蹇。蹇上卦坎为孚，上参离为夏，禴，夏祭也，故孚乃利用禴。二未正有咎，升五得正，乃无咎矣。又升综萃，萃二亦曰孚乃利用禴，升二正于五成蹇，与萃四正于三同。

孚乃利用禴

六五　贞吉，升阶。

注　二之五，故贞吉。巽为高，坤为土，震升高，故升阶也。

释　升二五失位，二之五得正，故贞吉。二未升五时，下卦巽为高，上卦坤为土为阶，上参震足升高，阴为阳阶，故升阶也。

阶　土　高　升高　贞吉

《象》曰：柔以时升。

注　柔谓五，坤也。升谓二。坤邑无君，二当升五虚，震兑为春秋。二升,坎离为冬夏。四时象正,故柔以时升也。

释　升上卦坤五为柔,二之五为升,坤为邑为虚,二之五为君。当二未升时,升上参震为春,下参兑为秋,二升于五,上参离为夏,下参坎为冬。四时象正,故柔以时升也。

柔 升 邑 虚 君

春 秋 夏 冬

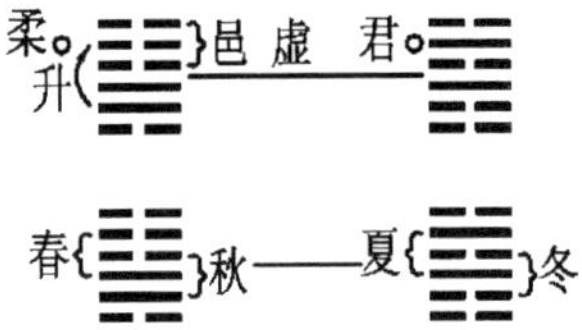

南征吉,志行也。

注　二之五,坎为志,震为行。

释　升上参震为行,二至五成蹇,蹇上卦坎为志,故志行也。

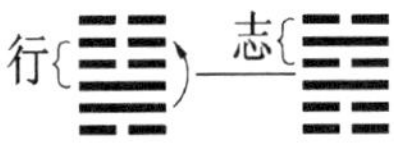

行 志

《象》曰:君子以慎德,积小以成高大。

注　君子谓三。小谓阳息复时,复小,为德之本。至二成临,临者,大也。临初之三,巽为高。二之五,艮为慎,坤为积,故慎德积小成高大。

释　乾三称君子,故君子谓三。复小,为德之本。至二阳息成临,临为大也。临初之三成升,下卦巽为高。升二之五成蹇,下卦艮为慎,初二半象为积,故慎德积小成高大。

君子 小 大 高 慎 积

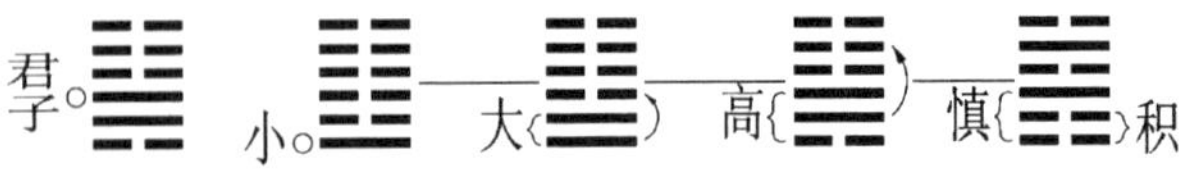

九二之孚,有喜也。

注　升五得位,故有喜。

释　二升五得位，九五乾阳为庆，故有喜也。

喜

升虚邑，无所疑也。

注　坎为疑，上得中，故无所疑也。

释　二之五成坎为疑，然五得中位，三五同功，上比五应三，故无所疑也。

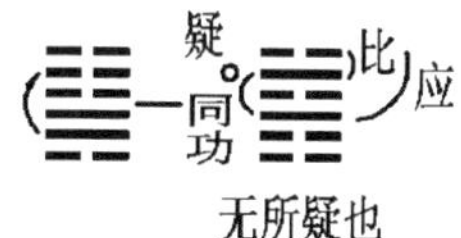

困　亨。

注　否二之上，乾坤交，故通也。

释　困由否来，否上卦乾天，下卦坤地。二之上，乾坤交，故成坎通也。

天
地
交
通

贞大人吉，无咎。

注　贞大人吉，谓五也。在困无应，宜静则无咎，故贞大人吉，无咎。

释　九五阳中正为大人，即乾五之大人，故贞大人吉。五在困时，无应于二，宜有咎矣。静以待二之变，二正应五，则无咎矣。

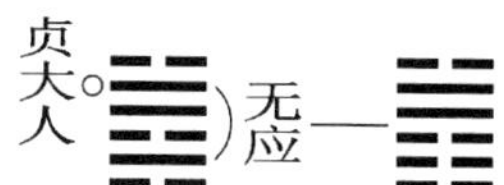

有言不信。

注　震为言，折入兑，故有言不信，尚口乃穷。

释　否上反初成益，否上卦乾为信，益下卦震为言，故有言不信。今二上折否乾入兑，兑为口为毁折，故尚口乃穷也。

六三　困于石，据于蒺藜。

注　二变正时，三在艮山下，故困于石。蒺藜，木名。坎为蒺藜，二变艮手据坎，故据蒺藜者也。

释　困二未正，二变正时，三在艮山下，故困于石，艮为石也。三失位，又为不正之阳所据，故困于石焉。三体坎，故曰蒺藜，二变艮手据坎，故据蒺藜者也。

未正　失位　蒺藜　手　石　不正　据

入于其宫，不见其妻，凶。

注　巽为入。二动艮为宫，兑为妻，谓上无应也。三在阴下，离象毁坏，隐在坤中，死其将至，故不见其妻，凶也。

释　困上参巽为入，下参离为见。二动卦为萃，萃下参艮为宫，上卦兑为妻。三在下卦，以阴据阳，与上敌应，故在阴下。二动离象毁坏，三隐在坤中，体大过死，故不见其妻，凶也。

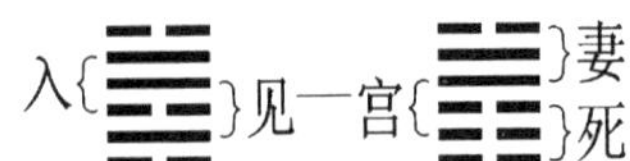

九四　来荼荼，困于金舆，吝，有终。

注　来欲之初。荼荼，舒迟也。见险，故来荼荼。否乾为金，坤为舆。之应历险，故困于金舆。易位得正，故吝，有终矣。

释　自外曰来。四未正，宜与初易位，故来欲之初。初体坎为险，离目为见，见险，故来荼荼。荼荼，舒迟也。否上卦乾为金，下卦坤为舆，成困下卦坎为险，之应历险，故困于金舆。四失位宜吝，易位得正，故有终矣。

九五　劓刖，困于赤绂。

注　割鼻曰劓，断足曰刖。四动时震为足，艮为鼻，离为兵，兑为刑，故劓刖也。赤绂谓二，否乾为朱，故赤。坤为绂，二未变应五，故困于赤绂也。

释　四不正当动，四动时下参震为足，上参艮为鼻，未动时下参离为兵，上卦兑为刑。以兵刑之，割鼻曰劓，断足曰刖，故劓刖。又困由否来，否上卦乾为朱，下卦坤为绂，朱即赤。否上之二，故赤绂谓二，九二未变以应五，故困于赤绂，变则乃徐有说而卦成萃也。

乃徐有说。

注　兑为说，坤为徐，二动应已，故乃徐有说也。

释　困上卦兑为说，二动则卦成萃。萃下卦坤为徐，六二应九五，故乃徐有说也。

上六　困于葛藟，于鯢卼。

注　巽为草莽，称葛藟，谓三也。兑为刑人，故困于葛藟，于鯢卼也。

释　于困上参巽为草莽，称葛藟，六三当之。上卦兑为刑人，称鯢卼，上六当之。三上敌应，故困于葛藟，于鯢卼。

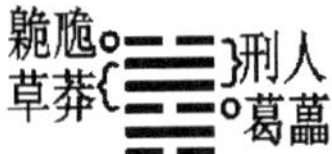

曰动悔有悔，征吉。

注　乘阳，故动悔。变而失正，故有悔。三已变正，已得应之，故征吉也。

释　上六动以乘九五之阳，故动悔。变而卦成讼，则上九失正，故有悔。若三已变正，卦成大过，上六得应九三，故征吉也。

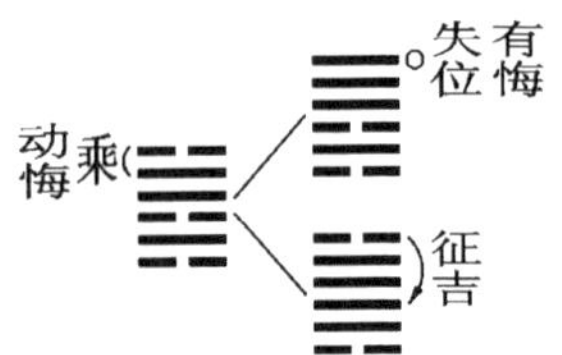

《象》曰：有言不信，尚口乃穷也。

注　兑为口，上变口灭，故尚口乃穷。

释　困上卦兑为口，上变兑象不见，口灭而有悔。上卦成乾，乾上九穷之灾也，故尚口乃穷。

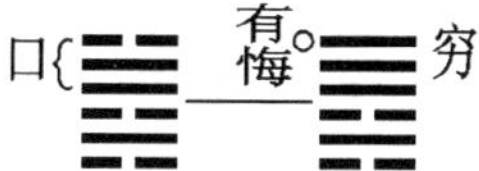

《象》曰：君子以致命遂志。

注　君子谓三，伏阳也。否坤为致，巽为命，坎为志，三入阴中，故致命遂志也。

释　否下卦坤为致，否成困，困三伏阳为君子。上参巽为命，下卦坎为志，三入阴中而不出，故君子以致命遂志。

致　君子　命　志

困于葛藟，未当也。

注　谓三未变当位应上故也。

释　困六三未变成当位以应上六，故困于葛藟，未当也。

动悔有悔，吉行也。

注　行谓三变，乃得当位之应，故吉行者也。

释　困六三行而变成九三，乃得当位而应上六，故吉行者也。

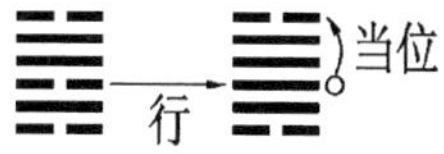

井　改邑不改井。

注　泰初之五也。坤为邑，乾初之五折坤，故改邑。初为旧井，四应甃之,故不改井。

释　井由泰来,泰上卦坤为邑,下卦乾初之五,折坤而卦成井,故改邑。井初六为旧井,六四应而甃之,修井也,故不改井。

无丧无得,往来井井。

注　无丧,泰初之五,坤象毁坏,故无丧。五来之初,失位无应,故无得。坎为通,故往来井井。往谓之五,来谓之初也。

释　泰上卦坤为丧,初之五,坤象毁坏,故无丧。五之初,初六失位而无应于四,故无得。井上卦坎为通,故往来井井。谓泰初往之五,而泰五来之初也。

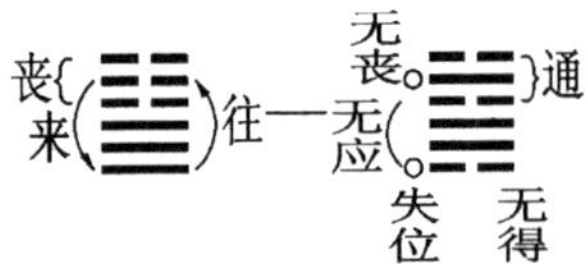

汔至亦未繘井。

注　巽绳为繘。汔,几也,谓二也。几至初改,未繘井,未有功也。

释　井下卦巽绳为繘。汔,几也。谓二几至初而犹未也,故未繘井,未有功也。若至初则初二正而井成既济,六二应五为有功,下伍体噬嗑食为繘井也。

羸其瓶,凶。

注　羸,钩罗也。艮为手,巽为繘,离为瓶,手繘折其中,故羸其瓶。体兑毁缺，瓶缺漏，故凶矣。

释　井下卦巽为繘，上参离为瓶，下参兑为折为毁缺。二正卦为蹇，蹇下卦艮为手，以手持繘而折其中，故羸其瓶。羸，钩罗也。又离瓶下有兑毁缺之象，故瓶缺漏而凶矣。

瓶
繘
折
毁缺
手

初六　井泥不食，旧井无禽。

注　食，用也。初下称泥，巽为木果，无噬嗑食象，下而多泥，故不食也。乾为旧，位在阴下，故旧井无禽，时舍也。

释　下卦巽为木果，井伏噬嗑食为无食象。食，用也。初下称泥，下而多泥，故井泥不食。井由泰来，泰下卦乾为旧，成井而初九位在初六阴之下，故旧井无禽，时舍也。

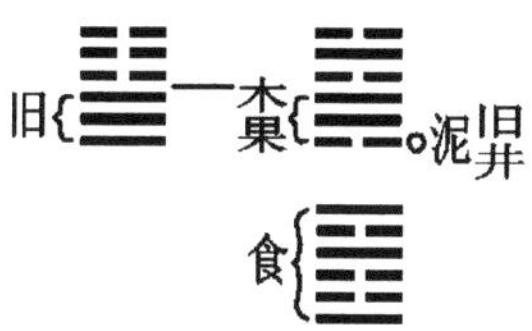

九二　井谷射鲋，瓮敝漏。

注　巽为谷为鲋。鲋，小鲜也。离为瓮，瓮瓶毁缺，羸其瓶凶，故瓮敝漏也。

释　井下卦巽为谷为鲋，故井谷射鲋。鲋，小鲜也。上参离为瓮，下参兑为毁缺，瓮犹瓶，羸其瓶凶，故瓮敝漏也。

六四　井甃，无咎。

注　以瓦甓垒井称甃。坤为土，初之五成离，离火烧土，为瓦治象。故曰井甃无咎，修井也。

释　泰上卦坤为土，泰成井，井上参离为火，以火烧土为瓦，以瓦垒井称甃。四应初而甃之，使其正位也，故曰井甃无咎，修井也。

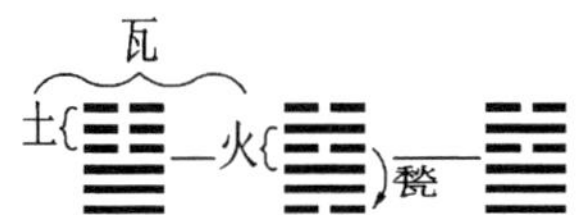

九五　井冽，寒泉食。

注　泉自下出称井。周七月，夏之五月，阴气在下。二已变，坎十一月为寒泉。初二已变，体噬嗑食，故冽寒泉食矣。

释　井卦于卦气属五月，夏之五月即周之七月，于辟卦为姤。姤阴气在下，井二变卦为蹇，蹇上伍坎，蹇、坎于卦气皆属十一月，十一月为寒泉。又井初二已变，卦为既济，既济下伍噬嗑食，故井冽寒泉食矣。

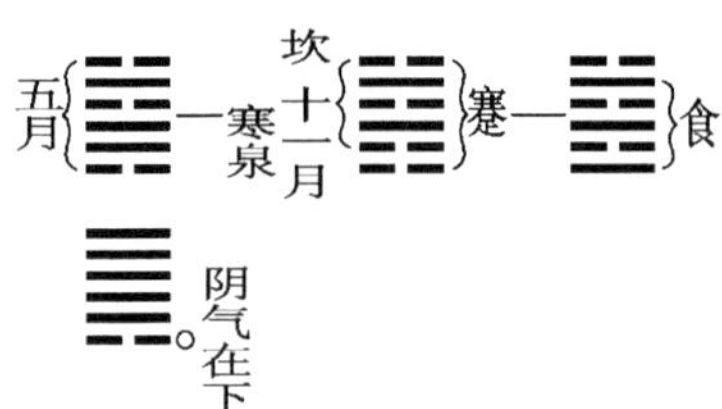

上六　井收勿幕，有孚元吉。

注　幕，盖也。收，谓以辘轳收繘也。坎为车，应巽绳为繘，故井收勿幕。有孚谓五坎，坎为孚，故元吉也。

释　井上卦坎为车，辘轳车类。下卦巽绳为繘，收谓辘轳收繘也。幕，盖也，故井收勿幕。又上卦坎为孚，井初二已正，六爻相孚，故元吉也。

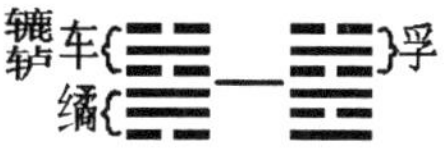

辘轳车　孚
繘

《象》曰：井养而不穷也。

注　兑口饮水，坎为通，往来井井，故养不穷也。

释　井下参兑为口，上卦坎为水为通，往来井井而通，故口饮水而养不穷也。

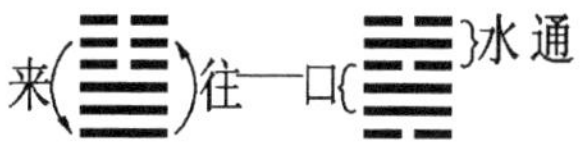

来　往—口　水 通

汔至亦未繘井，未有功也。

注　谓二未变应五，故未有功也。

释　二几至而未及初，亦未变应九五，五多功而九二未应，故未有功也。

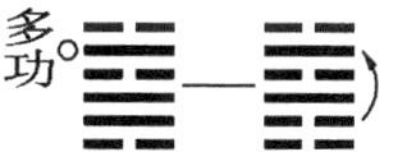

多功

《象》曰：君子以劳民劝相。

注　君子谓泰乾也。坤为民，初上成坎为劝，故劳民劝相。相，助也，谓以阳助坤矣。

释　泰下卦乾为君子，上卦坤为民，初上之五而成井。井上卦坎为劳为劝，相，助也，谓九五以阳助坤，故君子以劳民劝相。

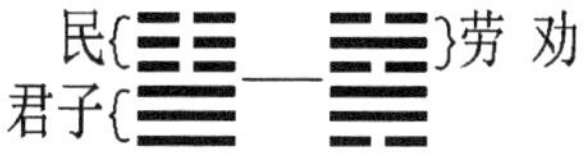

民　劳 劝
君子

旧井无禽，时舍也。

注　谓时舍于初，非其位也，与乾二同义。

释　谓初九时舍于初六，非其位也，犹乾九二之失位，亦为时舍，故与乾二同义。当初二正，井成既济矣。

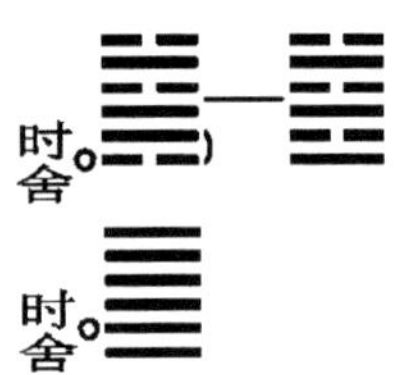

井甃无咎，修井也。

注　修，治也。

释　井四应初而甃之。修，治旧井也，故不改井。

元吉在上，大成也。

注　谓初二已变，成既济定，故大成也。

释　初变则井治焉，二变则瓮不敝漏焉。井深而渫，卦成既济定，故大成也。

䷰革　巳日乃孚，元亨利贞，悔亡。

注　遯上之初，与蒙旁通。悔亡，谓四也。四失正，动得位，故悔亡。离为日，孚谓坎，四动体离，五在坎中，故巳日乃孚。以成既济，乾道变化，各正性命，保合太和，乃利贞，故元亨利贞，悔亡矣。与《乾·

彖》同义也。

释　遯上之初卦成革，革与蒙旁通。九四失正，悔也，动得正故悔亡。四正卦成既济，既济上参离为日，上卦坎为孚。坎孚之象，由四动体离日而成，故巳日乃孚。革成既济，与乾成既济同，故元吉利贞，悔亡矣。

悔　日　孚　悔亡

九四　悔亡，有孚，改命吉。

注　革而当，其悔乃亡，孚谓五也。巽为命，四动五坎改巽，故改命吉。四乾为君，进退无恒，在离焚弃，体大过死，《传》以比桀纣。汤武革命，顺天应人，故改命吉也。

释　革下参巽为命，上参乾为君。九四失位进退无恒，在离四焚弃，上伍大过死，《传》以比桀纣。汤武革命，顺天应人，革而当，其悔乃亡。成上卦坎为孚，四动五坎改巽，故改命吉也。

悔　命　君　死　孚　改命

九五　大人虎变，未占有孚。

注　乾为大人，谓五也。蒙坤为虎变，《传》论汤武以坤臣为君。占，视也，离为占。四未之正，五未在坎，故未占有孚也。

释　革上参乾为大人，谓九五也。旁通蒙，上参坤为虎，蒙变成革，故大人虎变，《传》论汤武以坤臣为君也。又革四正，卦成既济，既济上参离为占。占，视也。上卦坎为孚，四未之正，离象未成，是谓未占。五未在坎，似将无孚，然阳在二五称孚，故未占有孚也。

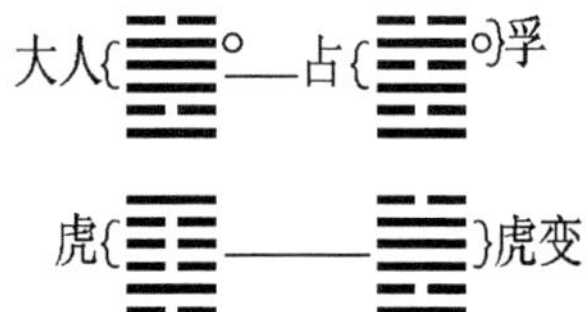

上六　君子豹变。

注　蒙艮为君子为豹，从乾而更，故君子豹变也。

释　革旁通蒙，蒙上卦艮为君子为豹，变成革，君子从大人而更，故君子豹变也。

豹君子　豹变　大人

小人革面。征凶，居贞吉。

注　阴称小人也。面谓四，革为离，以顺承五，故小人革面。乘阳失正，故征凶。得位，故居贞吉，蒙艮为居也。

释　革四当乾首之中，是谓面。乾成离，六四阴称小人。小人以顺承五，故小人革面，顺以从君也。又上六乘九五之阳，征行则将失正，故征凶。若得位而应，蒙艮为居，则既不乘阳，又不失正，故居贞吉。

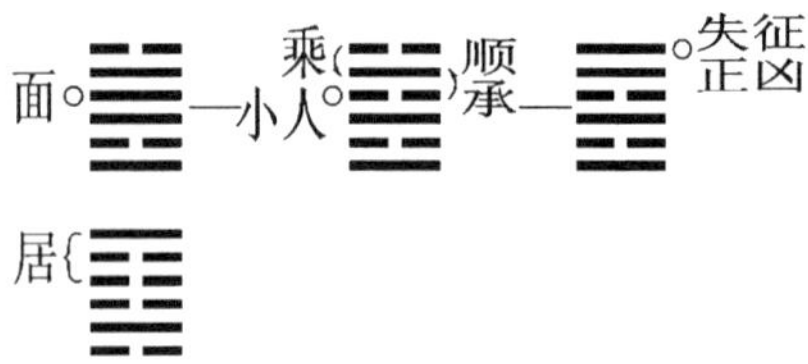

《象》曰：革，水火相息。

注　息，长也。离为火，兑为水。《系》曰："润之以风雨。"风，巽。雨，兑也。四革之正，坎见，故独于此称水也。

释　息，长也。革下卦离为火，上卦兑为水，故水火相息。《说卦》曰："兑为泽。"以称水者。《系》曰："润之以风雨。"乃风巽雨兑也，则坎兑皆得称雨。四革之正，下坎成雨，上兑之泽亦成坎水。又水火相对，故六十四卦中唯革上卦兑称水也。

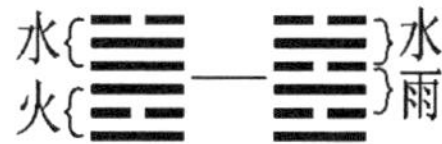

二女同居，其志不相得，曰革。

注　二女离兑，体同人象。蒙艮为居，故二女同居。四变体两坎象，二女有志。离火志上，兑水志下，故其志不相得，坎为志也。

释　革下卦离为中女，上卦兑为少女，故为二女。下伍同人，旁通蒙，上卦艮为居，故二女同居。四变卦成既济，既济上卦下参有两坎象。坎为志，离火当下参坎志上，兑水当上卦坎志下，故其志不相得。

文明以说，大亨以正，革而当，其悔乃亡。

注　文明谓离。说，兑也。大亨谓乾，四动成既济定，故大亨以正，革而当位，故悔乃亡也。

释　革下卦离为文明，上卦兑为说，故文明以说。上参乾为大，九四失位，故大亨谓乾四。四动革成既济定，故大亨以正。革而当位，故失位之悔乃亡也。

说
文明
大亨
悔
正
当位
悔亡

天地革而四时成。

注　谓五位成乾为天,蒙坤为地。震春,兑秋,四之正,坎冬离夏,则四时具。坤革而成乾,故天地革而四时成也。

释　革蒙旁通,蒙上参坤为地。蒙变至二卦为颐,颐下卦震为春。至五卦为同人,五位成乾为天。至上卦为革,革上卦兑为秋。革四之正,卦为既济。既济上卦坎为冬,下卦离为夏,则四时具。坤革而成乾,故天地革而四时成也。

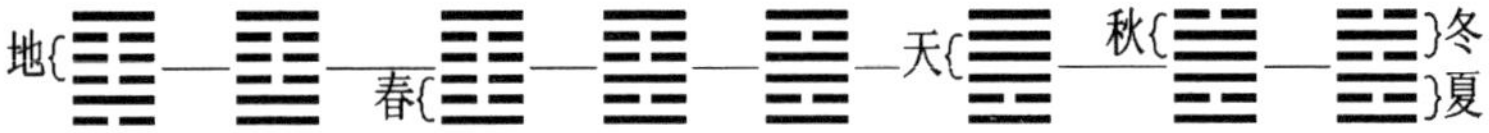

地　春　天　秋　冬　夏

汤武革命,顺乎天而应乎人。

注　汤武谓乾,乾为圣人。天谓五,人谓三。四动顺五应三,故顺天应人,巽为命也。

释　革上参乾为圣人,谓汤武也。五天位,三人位,故天谓五,人谓三。下参巽为命,四动顺五应三,故汤武革命,顺乎天而应乎人。

汤武　圣人　天　命　人　顺天　应人

《象》曰:君子以治历明时。

注　君子,遯乾也。历象谓日月星辰也。离为明,坎为月,离为日,蒙艮为星。四动成坎离,日月得正。天地革而四时成,故君子以治历明时也。

释　遯上卦乾为君子。遯成革,革下卦离为明,旁通蒙,蒙上卦艮为星。革四动成既济,既济上卦坎为月,下卦离为日。历象谓日月星辰,日月得正历象治。蒙变成革,天地革而四时成,故君子以治历明时。

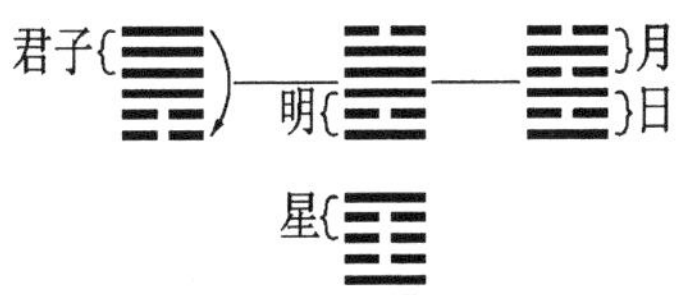

巩用黄牛，不可以有为也。

注　得位无应，动而必凶，故不可以有为也。

释　革初四皆阳而无应，然初九得位，而九四失位，故九四改命吉。初九不可以有为，若有为而动，失位以应九四恶人，故必凶。

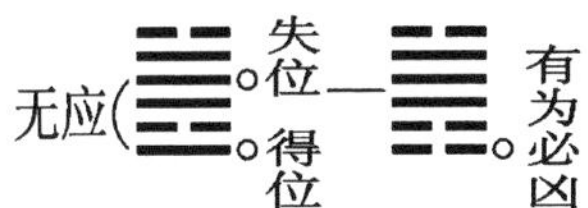

巳日革之，行有嘉也。

注　嘉谓五，乾为嘉。四动承五，故行有嘉矣。

释　革上参乾为嘉，谓九五，九四失位，动承九五，故行有嘉矣。行谓四动也。

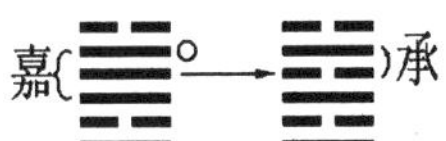

革言三就，又何之矣。

注　四动成既济定，故又何之矣。

释　革上参乾为信，四动成既济定，定则又何之矣。

改命之吉，信志也。

注　四动成坎，故信志也。

释　革上参乾为信，四动成既济，既济上卦坎为志，故信志也。

大人虎变，其文炳也。

注　乾为大明，四动成离，故其文炳也。

释　革上参乾为大明，四动成既济，既济上参离为炳，故其文炳也。

君子豹变，其文蔚也。

注　蔚，蔇也。兑小，故其文蔚也。

释　革上卦兑为小，故其文蔚。蔚，小蔇也，繁缛之貌，兑象也。

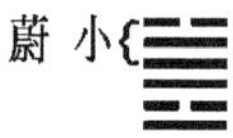

小人革面，顺以从君也。

注　乾，君，谓五也。四变顺五，故顺以从君也。

释　革上参乾为君，谓九五。小人革面而四变，则六四以顺九五，故顺以从君。

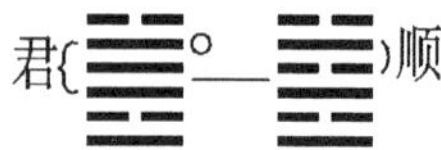

鼎　元吉，亨。

注　大壮上之初，与屯旁通。天地交，柔进上行，得中应乾五刚，故元吉，亨也。

释　大壮上之初，上阴为地，初阳为天，天地交而卦成鼎。鼎与屯旁通，六五柔进上行，得中而应屯五乾刚，故元吉，亨也。

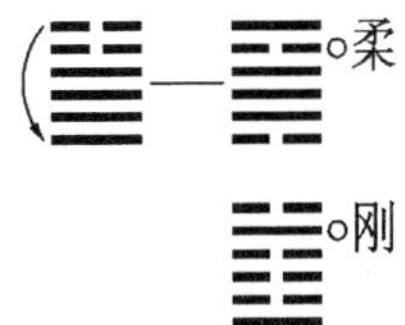

初六　鼎颠趾，利出否。得妾以其子，无咎。

注　趾，足也，应在四。大壮震为足，折入大过。大过，颠也，故鼎颠趾也。初阴在下，故否。利出之四，故曰利出。兑为妾，四变得正成震。震为长子，继世守宗庙而为祭主，故得妾以其子，无咎矣。

释　趾，足也。大壮上卦震为足，九四也。大壮成鼎，鼎下伍大过，大过颠也。初应四，四震足折入大过颠，故鼎颠趾也。初阴在下，势将上消而成否。利出之四，故利出否。鼎上参兑为妾，初四正卦成大畜。大畜上参震为长子，长子守宗庙而为祭主，故得妾以其子，无咎矣。

九二　鼎有实，我仇有疾，不我能即，吉。

注　二为实，故鼎有实也。坤为我，谓四也。二据四妇，故相与为仇。谓三变时四体坎，坎为疾，故我仇有疾。四之二历险，二动得正，故不我能即，吉。

释　阳称实，九二阳爻为实，故鼎有实也。旁通屯，下参坤为我，仇谓四。四应初为妇，初四失位而否。二据初而利出之，四不出而以二据其妇,故相与为仇。三变时卦成未济,坎为疾,九四在坎中,故我仇有疾。四之二将历坎险,此九四之不知位,故使九三变而有疾险之象。九二知位,动得正而卦为旅,承九三而慎所之,故九四不我能即而吉矣。

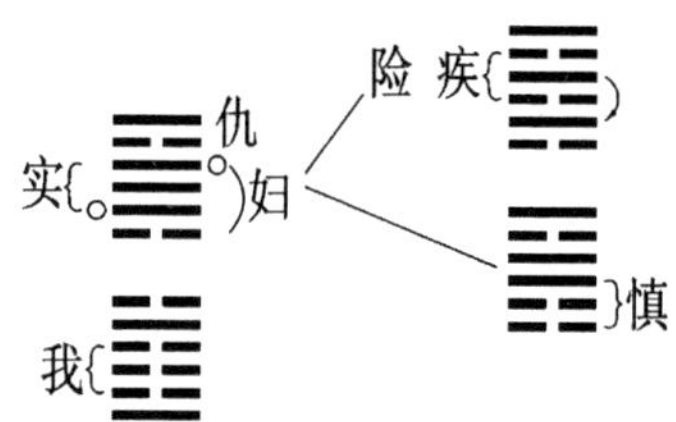

九三　鼎耳革,其行塞,雉膏不食。

注　动成两坎,坎为耳,而革在乾,故鼎耳革。初四变时,震为行。鼎以耳行,伏坎震,折而入乾,故其行塞。离为雉,坎为膏。初四已变,三动体颐,颐中无物,离象不见,故雉膏不食。

释　九三动卦成未济。未济下卦上参两坎,坎为耳,乃鼎之二耳也。上参坎耳,当革卦上参乾为实。鼎初四正卦成大畜,大畜上参震为行。鼎伏屯,屯上卦坎下卦震,屯成革则坎震折而入乾。盖鼎以耳行,耳则以虚受铉,今耳当乾实而不受铉,故鼎耳革,其行塞。又鼎上卦离为雉,三动卦成未济,未济上参坎为膏,初四正卦成大畜,体颐口为食,离坎象不见,故雉膏不食。

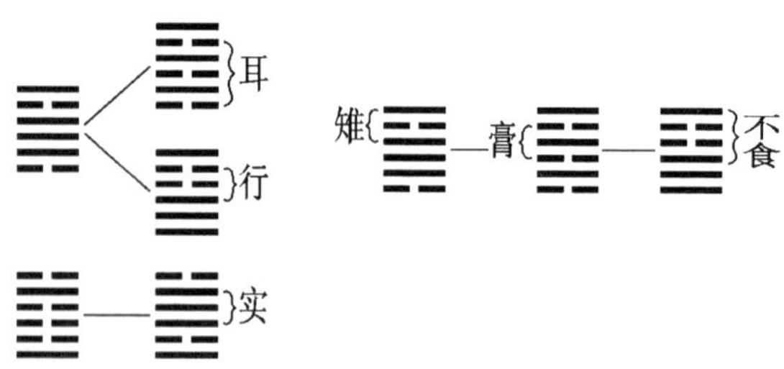

方雨亏悔,终吉。

注　谓四已变,三动成坤。坤为方,坎为雨,故曰方雨。三动亏乾而失位，悔也。终复之正，故方雨亏悔，终吉也。

释　鼎下参为乾，九三当位，动则亏乾，而失位悔也，是谓亏悔。又鼎四已变，而三动卦为蒙。蒙上参坤为方，下卦坎为雨，故方雨亏悔。上九来之三，终复之正，故终吉也。

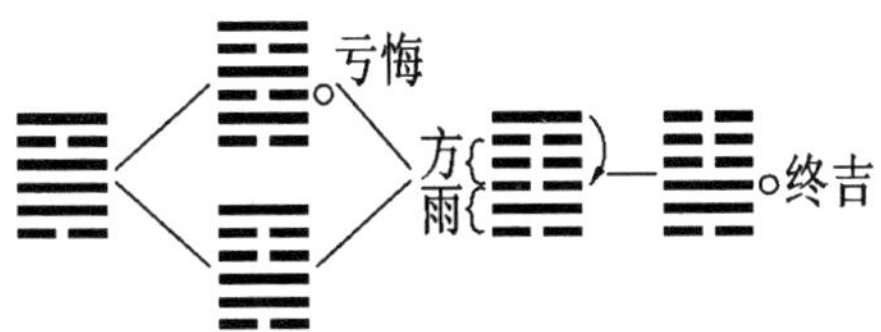

九四　鼎折足，覆公餗，其形渥，凶。

注　餗，八珍之具也[1]。形，通“刑”。谓四变时震为足，足折入兑，故鼎折足。兑为刑，渥，大刑也。鼎足折，则公餗覆，言不胜任。象入大过死凶，故鼎足折，覆公餗，其形渥，凶。

释　餗，八珍之具也。鼎四正卦为蛊，上参震为足，四未正，上参兑为折，故鼎折足。又兑为刑，故其刑渥。渥，大刑也。下参乾为大，鼎足折则公餗覆，言不胜任，下伍大过死，故凶。

死{刑 折{ }大— }足

六五　鼎黄耳，金铉，利贞。

注　离为黄，三变坎为耳，故鼎黄耳。铉谓三，贯鼎两耳，乾为金，故金铉。动而得正，故利贞。

释　鼎三变卦为未济，未济上卦下参离为黄，上参下卦坎为耳，故鼎黄耳。铉谓九三，贯鼎两耳，下参乾为金，故金铉。又六五失位，动而得正，故利贞。

---

〔1〕整理者按：此注辑自《经典释文》。

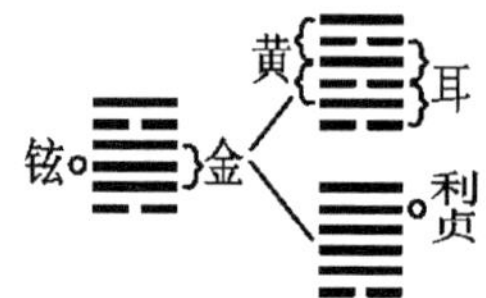

上九　鼎玉铉，大吉，无不利。

注　铉谓三，乾为玉铉。体大有上九“自天右之”。位贵据五，三动承上，故大吉，无不利。谓三亏悔，应上成未济，虽不当位，六位相应，故“刚柔节”。《象》曰：“巽耳目聪明。”为此九三发也。

释　铉谓九三，下参乾为玉，故鼎玉铉。上伍大有上九“自天右之”。位上为贵，据六五阴，三动亏悔以应承之，故大吉，无不利。卦成未济，虽不当位，而刚柔相应，故《象》曰：“刚柔节。”《象》曰：“巽耳目聪明。”为此九三发者，明六三亏悔，终复之正而成九三，则未济成既济矣。

《象》曰：鼎，象也。

注　六十四卦皆观象系辞，而独于鼎言象，何也？象事知器，故独言象也。

释　六十四卦皆观象系辞，而于鼎独言象者，盖象事知器，器则莫著于鼎，故鼎，象也。

圣人亨以享上帝，而大亨以养圣贤。

注　圣人谓乾。初四易位体大畜，震为帝，在乾天上，故曰上帝。

体颐象,三动噬嗑食,故以享上帝也。大亨谓天地养万物,圣人养贤以及万民。贤之能者,称圣人矣。

释　鼎下参乾为圣人,初四易位而亨,卦为大畜。大畜下卦乾为圣人为天,上参震为帝,帝在天上,故曰上帝。又鼎三动卦为未济,未济上伍噬嗑食,故圣人亨以享上帝。大亨谓大畜上互颐,颐,养也。上卦艮为贤人,故天地养万物,圣人养贤以及万民。贤之能者称圣人,颐上为贤人,颐初为圣人也。

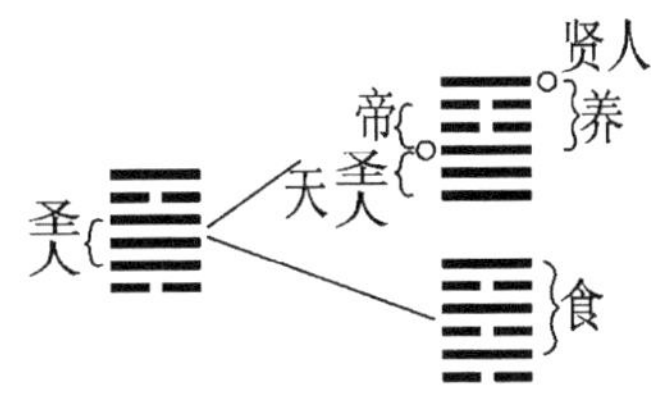

巽而耳目聪明。

注　谓三也。三在巽上,动成坎离,有两坎两离象,乃称聪明。日月相推而明生焉,故巽而耳目聪明。眇而视,不足以有明。闻言不信,聪不明。皆有一离一坎象故也。

释　鼎下卦为巽,三在巽上,动而卦成未济。未济下卦上参为坎,下参上卦为离,有两坎两离,乃称聪明。离日坎月相推而明生焉,故巽而耳目聪明。履三夬四皆有一离一坎象,且离象不正,故不足以有明。折入于兑,故聪不明也。

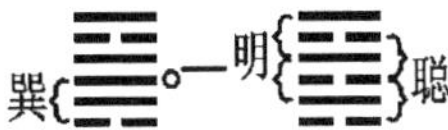

柔进而上行,得中而应乎刚。

注　柔谓五得上中,应乾五刚。巽为进,震为行,非谓应二刚,与睽五同义也。

释　鼎六五柔得上中，应屯九五刚。鼎下卦巽为进，屯下卦震为行，故柔进而上行，非谓应九二，故与睽五应蹇九五同义也。

《象》曰：君子以正位凝命。

注　君子谓三也。鼎五爻失正，独三得位，故以正位。凝，成也。体姤，谓阴始凝初，巽为命，故君子以正位凝命也。

释　鼎卦六爻独九三得位，故君子谓三。下互姤，阴始凝初，凝，成也。下卦巽为命，故君子以正位凝命。

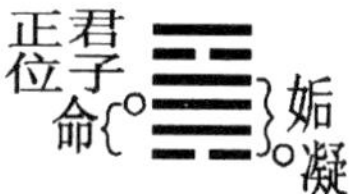

利出否，以从贵也。

注　出初之四，承乾五，故以从贵也。

释　鼎初否利出之四，卦成大畜。六五伏阳发而正位，卦成小畜。九五当阳为贵，六四承之，故以从贵也。

鼎有实，慎所之也。

注　二变之正，艮为慎。

释　鼎九二有实，变之正卦为旅，旅下卦艮为慎，故慎所之也。

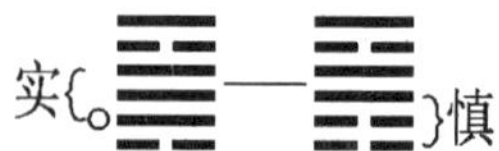

我仇有疾，终无尤也。

注　不我能即吉，故终无尤也。

释　鼎九四有疾，而不我能即吉，我则慎所之，故终无尤也。

鼎耳革，失其义也。

注　鼎以耳行，耳革行塞，故失其义也。

释　鼎以耳行，以虚受铉，鼎成未济。上参坎耳，当革卦上参乾实，实则不受铉而鼎不行，故鼎耳革，失鼎耳之义矣。

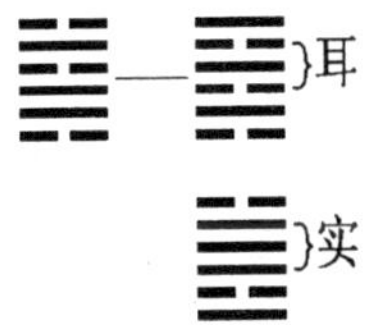

震　亨，震来虩虩。

注　临二之四，天地交，故通。虩虩谓四也。来应初命，四变而来应己。四失位多惧，故虩虩，之内曰来也。

释　临二之四卦成震，天地交，故通。九四失位多惧，故虩虩谓四。初命四变来应，之内曰来，故震来虩虩，卦成复也。

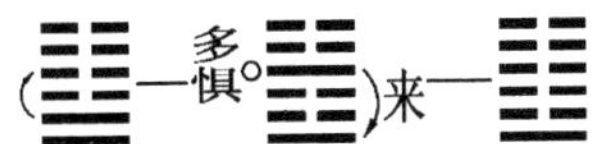

笑言哑哑。

注　哑哑，笑且言，谓初也。得正有则，故笑言哑哑，后有则也。

释　哑哑，笑且言，谓震初。震初得正，上参坎为则，四正来应，故笑言哑哑，后有则也。

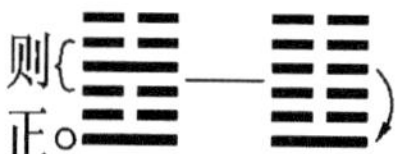

震惊百里，不丧匕鬯。

注　谓阳从临二。阴为百二十，举其大数，故当震百里也。坎为棘匕，上震为鬯，坤为丧。二上之坤，成震体坎，得其匕鬯，故不丧匕鬯也。

释　阳从临二之四而卦成震。当体复时，五阴爻数为百二十，即阴象数六，策数四，故每阴爻数为二十四，则五阴爻为百二十，举其大者，故当震百里也。已成震卦，上参坎为棘匕，上卦震为鬯，又临上卦坤为丧，临二之四无坤丧象，而得其匕鬯，故不丧匕鬯也。

初九　震来虩虩，后笑言哑哑，吉。

注　虩虩谓四也。初位在下，故后笑言哑哑。得位，故吉也。

释　震四多惧而虩虩。来以应初，初位在下为后，下卦震为笑言。初九得位，故后笑言哑哑，吉。

六二　震来厉，亿丧贝。跻于九陵，勿逐，七日得。

注　厉，危也。乘刚，故厉。亿，惜辞也。坤为丧。三动离为蠃蚌,故称贝。在艮山下,故称陵。震为足,足乘初九,故跻于九陵。震为逐,谓四已体复象,故丧贝勿逐。三动时离为日,震数七,故七日得者也。

释　六二来乘初九之刚,故震来厉。厉,危也。亿,惜辞也。四变体复,上卦坤为丧,三动下卦成离为蠃蚌而称贝,故亿丧贝。震下参艮为山,六二在山下称陵,下卦震为足,足乘初九,故跻于九陵。又下卦震为逐,下参艮为止,故勿逐。四变体复,复下卦震,其数七,三动下卦离为日,故七日得者也。

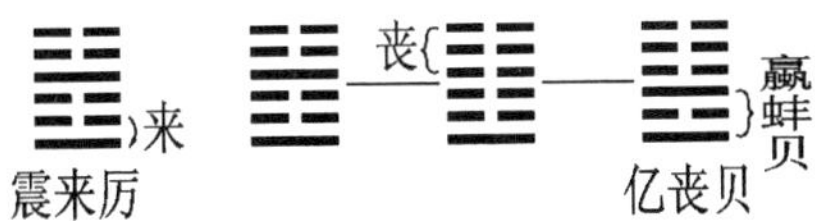

山 足 陵 初九 跻于九陵　逐 止 勿逐　七 日 七日得

六三　震苏苏,震行无眚。

注　死而复生称苏。三死坤中,动出得正,震为生,故苏苏。坎为眚,三出得正,坎象不见,故无眚。《春秋传》曰“晋获秦谍,六日而苏”也。

释　死而复生称苏,震为生,故苏苏。六三失位而阳死坤中,动出得正,苏焉。上参坎为眚,三正而坎象不见,故震行无眚。

生 生 眚 失位 行

九四　震遂泥。

注　坤土得雨为泥,位在坎中,故遂泥也。

释　临上卦坤为土，临而震，震上参坎为雨，土得雨为泥。九四位在坎中，故遂泥也。

土 — 雨 泥

六五　震往来厉。

注　往谓乘阳，来谓应阴。失位乘刚，故往来厉也。

释　六五失位，往则在外而乘九四之阳刚，来则应六二之阴，故往来厉也。

乘 失位 来

亿，无丧有事。

注　坤为丧也，事谓祭祀之事。出而体随，王享于西山，则可以守宗庙社稷为祭主，故无丧有事也。

释　临上卦坤为丧，临而震，不丧匕鬯，六五往来厉，故出而正位，别卦为随。随上王享于西山，则可以守宗庙社稷以为祭主，故无丧有事。事谓祭祀之事也。

丧 — 不丧匕鬯 — 王享于西山 有事

上六　震索索，视矍矍。

注　上谓四也，欲之三，隔坎，故震索索。三已动，应在离，故矍矍者也。

释　四当坎中，坎为险。上欲之三，为坎所隔，故震索索。三动下卦成离为视，上应之，故矍矍者也。

征凶。震不于其躬，于其邻，无咎。婚媾有言。

注　上得位，震为征，故征凶。四变时，坤为躬，邻谓五也。四上之五，震东兑西，故称邻。之五得正，故不于其躬于其邻，无咎。谓三已变，上应三，震为言，故婚媾有言。

释　震上卦震为征，上六得位，四五失位，故征凶，谓九四、六五也。震四变卦为复，复上卦坤为躬。震五变卦为随，随上卦兑为西，兑西则与下卦震东为邻，故邻谓五。震不于其躬于其邻者，以五正为重，故震成随而不成复也。又震为言，三正则无咎，三上相应为婚媾，故婚媾有言。

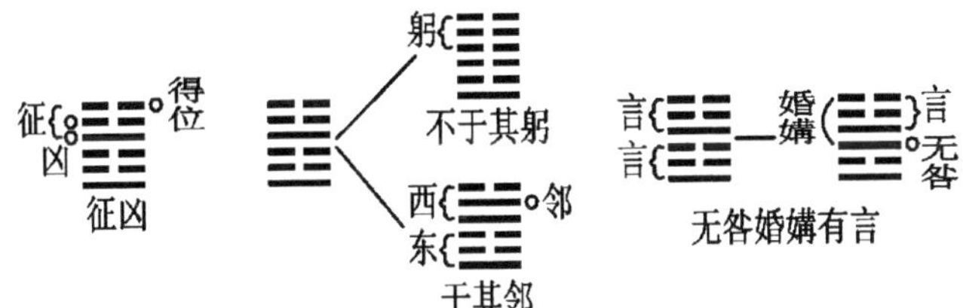

《象》曰：震，亨，震来虩虩，恐致福也。

注　惧变承五应初，故恐致福也。

释　震九四多惧而虩虩，故五正而变，卦为屯。屯六四承九五而应初九，阳称福，故恐致福也。

笑言哑哑，后有则也。

注　则，法也。坎为则也。

释　震上参坎为则，则，法也，谓四。四变应初，故笑言哑哑，后有则也，后谓初。

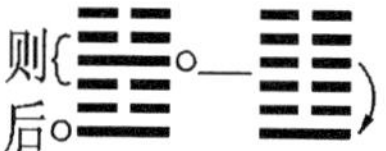

震惊百里，惊远而惧迩也。

注　远谓四，近谓初。震为百，谓四出惊远，初应惧近也。

释　远谓四，近谓初。震为百者，谓复下卦震惊，上伍五阴为百也。坤为里，故震惊百里。复四出应初，卦成震，故惊远而惧迩也。

出可以守宗庙社稷，以为祭主也。

注　谓五出之正。震为守，艮为宗庙社稷，长子主祭器，故以为祭主也。

释　震五出之正，卦为随，王享于西山也。随下卦震为守为长子，下参艮为宗庙社稷，长子主祭器而为祭主，故五出则初守宗庙社稷以为祭主也。

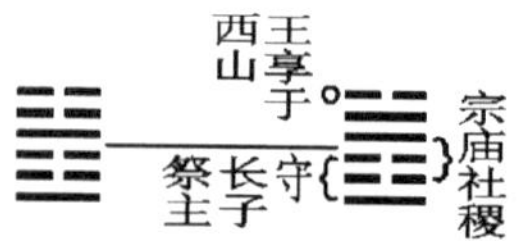

《象》曰：君子以恐惧修省。

注　君子谓临二。二出之坤四，体以修身，坤为身。二之四，以阳照坤，故以恐惧修省。《老子》曰："修之身，德乃真也。"

释　震由临来，临二为君子。二出之坤四，四未变时，卦为复。复初修身，上卦坤为身。四变而卦成震，震九四以阳照坤，四爻多惧，故君子以恐惧修省。《老子》曰："修之身，德乃真也。"

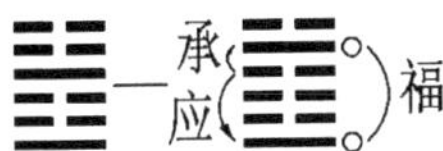

震来虩虩，恐致福也。

注　阳称福。

释　震五出而四变，卦为屯，屯六四承五应初，初五皆阳，阳称福也。

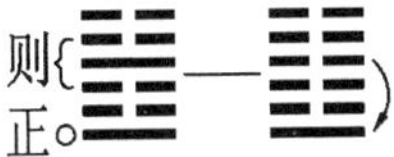

笑言哑哑，后有则也。

注　得正，故有则也。

释　震初得正，上参坎为则，四正来应，故有则也。

震遂泥，未光也。

注　在坎阴中，与屯五同义，故未光也。

释　震下伍屯，震四当屯五，皆在坎险中，故未光也。

震往来厉，危行也。

注　乘刚山顶，故危行也。

释　震下参艮为山，六五在山顶，而乘九四之刚，故危行也。

其事在中，大无丧也。

注　动出得正，故无丧。

释　震五动出得正，有祭祀之事焉，故无丧。

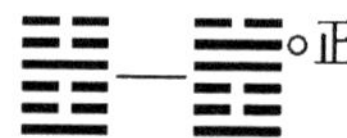

震索索，中未得也。

注　四未之五，故中未得也。

释　震九四失位不中，二五为得中，索索则未之五，故中未得也。

中未得　失位不中　得中

虽凶无咎，畏邻戒也。

注　谓五正位，己乘之逆，畏邻戒也。

释　震五失位，正则成兑为西邻，上六乘之为逆，故畏邻戒也。

䷳ **艮其背，不获其身，行其庭，不见其人，无咎。**

注　观五之三也。艮为多节，故称背。观坤为身，观五之三，折坤为背，故艮其背。坤象不见，故不获其身。震为行人，艮为庭，坎为隐伏，故行其庭，不见其人。三得正，故无咎。

释　观下卦坤为身，观五之三，卦成艮，艮为多节，故称背。下卦艮，折观坤为背而坤身之象不见，故艮其背，不获其身。上参震为行人，上卦艮为庭，下参坎为隐伏，行人隐伏故行其庭，不见其人。九三得正，故无咎。

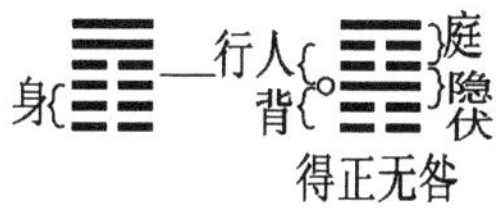

初六　艮其趾，无咎，利永贞。

注　震为趾，故艮其趾矣。失位变得正，故无咎，永贞也。

释　艮上参震为趾，故艮其趾矣。初六失位，变得正以应六四，故无咎，永贞也。

趾　正

六二　艮其腓，不拯其随，其心不快。

注　巽长为股，艮小为腓。拯，取也。随谓下二阴，艮为止，震为动，故不拯其随。坎为心，故其心不快。

释　艮下卦艮为腓，故艮其腓矣。拯，取也。随谓初二二阴随九三也。又下卦艮为止，上参震为动，下参坎为心，由止而动，故不拯其随而其心不快。

动　止　腓　心　随

九三　艮其限，裂其夤，厉阍心。

注　限，要带处也。坎为要，五来之三，故艮其限。夤，脊肉。艮为背，坎为脊，艮为手，震起艮止，故裂其夤。坎为心。厉，危也。艮为阍。阍，守门人。坎盗动门，故厉阍心。古阍作熏字，马因言熏灼其心，未闻易道以坎水熏灼人也。荀氏以熏为勋，读作动，皆非也。

释　艮由观来。观五之三，三当艮，下参坎，坎为腰，故艮其限。限，腰带处也。艮为手，下卦艮为止为背，下参坎为脊，上参震为起。夤，脊肉背脊处，九三当之。以两手或起或止之故，故裂其夤。厉，危也。下卦艮为门为阍，阍，守门人。下参坎为盗为心，上参震为动，坎盗动门，故厉阍心。阍或作熏，或作勋，而读作动，各有所当也。

六四　艮其身，无咎。

注　身，腹也。观坤为身，故艮其身。得位承五，故无咎。或谓妊身也。五动则四体离妇，离为大腹，孕之象也，故艮其身。得正承五，而受阳施，故无咎。《诗》曰“大任有身，生此文王”也。

释　观下参坤为身，身，腹也。六四得位而承九五，故艮其身，无咎。身或谓妊身，则象为由观而艮，艮五动，卦为渐。渐六四当上参离，离为妇为大腹，妇大腹，孕之象也。乃六四得正承九五之阳，而受其赐也。

身　承正——　——大腹　妇　承正

六五　艮其辅，言有孚，悔亡。

注　辅，面颊骨，上颊车者也。三至上体颐象，艮为止，在坎车上，故艮其辅，谓辅车相依。震为言，五失位悔也，动得正，故言有孚，悔亡也。

释　艮上互颐，颐，口也。上卦艮为止，下参坎为车，车，颊车也。当口而止于颊车之上者，辅也，故艮其辅。上参震为言，六五失位悔也，动得正悔亡，九五阳称孚，故言有孚，悔亡也。

口 止 颊车
艮其辅
言 失位 悔　孚 得正 悔亡
言有孚，悔亡

上九　敦艮，吉。

注　无应静止，下据二阴，故敦艮，吉也。

释　艮上九无应于九三，上卦艮为止，静止而下据四五二阴，故敦艮吉也。

《象》曰：艮，止也。

注　位穷于上，故止也。

释　上卦艮为止，上九阳穷，故止也。

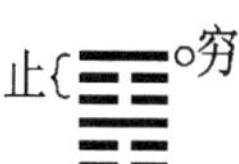

时止则止，时行则行。

注　时止谓上阳穷上，故止。时行谓三体处震为行也。

释　艮上卦艮，上九阳穷而止，故时止谓上。下卦艮，九三当上参震为行，故时行谓三。

动静不失其时，其道光明。

注　动谓三，静谓上。艮止则止，震行则行，故不失时。五动成离，故其道光明。

释　三体震行，故动谓三。上阳穷止，故静谓上。时止时行，故不失时。艮五动，卦成渐，渐上参离为光明，故其道光明。

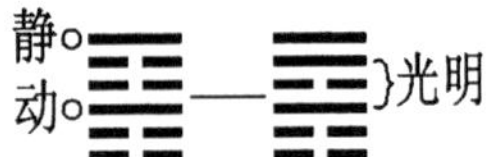

艮其止，止其所也。

注　谓两象各止其所。

释　艮为止，下艮则止于时行，上艮则止于时止，故两象各止其所也。

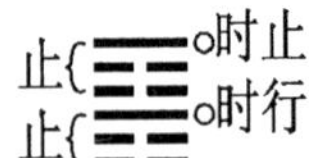

上下敌应，不相与也。

注　艮其背，背也。两象相背，故不相与也。

释　艮为背，上下两象相背而敌应，故不相与也。

《象》曰：君子以思不出其位。

注　君子谓三也，三，君子位。震为出，坎为隐伏为思，故以思不出其位也。

释　九三君子位，故君子谓三。上参震为出，下参坎为隐伏为思，盖君子之思隐伏而不出，有其位者也，故君子以思不出其位。

君子位 出 隐 伏 思

艮其趾,未失正也。

注　动而得正,故未失正也。

释　艮初六失位,应上参震趾,而动成初九得正,故未失正也。

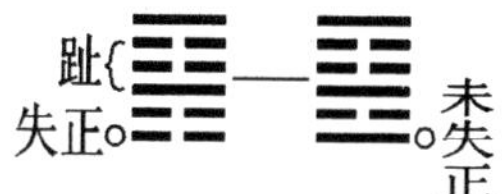

不拯其随,未违听也。

注　坎为耳,故未违听也。

释　艮下参坎为耳称听,二三四三爻皆正,故未违听也。

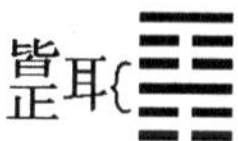

艮其限,危阍心也。

注　坎为心,坎盗动门,故危阍心也。

释　艮下卦艮为门为阍,下参坎为盗为心,上参震为动,坎盗动门,故阍也。

艮其身,止诸躬也。

注　艮为止,五动乘四则妊身,故止诸躬也。

释　观下参坤为身为躬,观成艮,艮上卦艮为止。五动乘四卦成渐,渐上参离妇大腹而妊身,故止诸躬也。

躬　身　止　乘　妊

艮其辅，以中正也。

注　五动之中，故以中正也。

释　艮五中而不正，动而之正，故以中正也。

不正　中正

敦艮之吉，以厚终也。

注　坤为厚，阳上据坤，故以厚终也。

释　谦上卦坤为厚，艮则上九之阳据坤，而上卦为艮。上九据四五二阴，故以厚终也。

厚　据

䷴ 渐　女归吉，利贞。

注　否三之四。女谓四，归，嫁也。坤三之四承五，进得位，往有功。反成归妹，兑女归吉。初上失位，故利贞，可以正邦也。

释　否三之四卦成渐。否六三失位，进之四得位而承九五，进得位，往有功也。渐反归妹，归妹下卦兑为女，即当渐六四，故女谓四。归，嫁也。女归吉者，兑女归而得位，故吉也。渐初上失位，初正而三权变受上，卦成既济，故利贞，可以正邦也。

初六　鸿渐于干，小子厉，有言，无咎。

注　鸿，大雁也。离五，鸿。渐，进也。小水从山流下称干，艮为山为小径，坎水流下山，故鸿渐于干也。艮为小子，初失位，故厉。变得正，三动受上成震，震为言，故小子厉，有言，无咎也。

释　渐上参离为鸿，九五当之。鸿，大雁也。下参坎为水，下卦艮为山为小径。水由山上小径流下，干也，故鸿渐于干。渐，进也，鸿由干而上进也。又渐下卦艮为小子，初六失位而为厉，变正而卦为家人。家人三动受上而卦为益，益下卦震为言，成益则上可反三正邦，故小子厉，有言，无咎也。

鸿渐于干　　小子厉，有言无咎

六二　鸿渐于磐，饮食衎衎，吉。

注　艮为山石，坎为聚，聚石称磐。初已之正，体噬嗑食，坎水阳物，并在颐中，故饮食衎衎。得正应五，故吉。

释　渐下卦艮为山石，下参坎为聚，聚石称磐，故鸿渐于磐。初已之正，卦为家人，家人下伍噬嗑食，下参坎为水。九三阳物，益下伍颐，今三未动，而坎水阳物在颐中，故饮食衎衎。六二得正，承三而应五，故吉。

鸿渐于磐　　饮食衎衎吉

九三　鸿渐于陆。

注　高平称陆。谓初已变，坎水为平，三动之坤，故鸿渐于陆。

释　渐初已变，卦为家人。家人下参坎水为平，三动而卦为益。

益下参坤为土,上卦巽为高,平而高,故鸿渐于陆,高平称陆也。

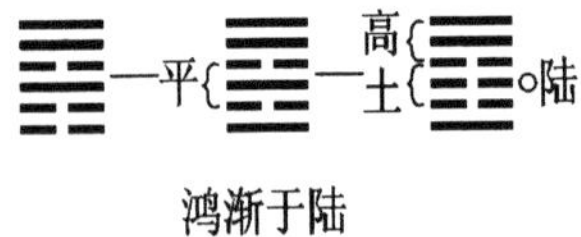

鸿渐于陆

夫征不复。

注　谓初已不正,三动成震。震为征为夫而体复象,坎阳死坤中,坎象不见,故夫征不复也。

释　渐初已正,卦为家人。家人三动卦成益,益下卦震为征为夫,下互复。然家人九三当下参坎阳,今成益而下参坤为死,阳死坤中,坎象不见,故夫征不复也。

妇孕不育,凶。

注　孕,妊娠也。育,生也。巽为妇,离为孕,三动成坤,离毁失位,故妇孕不育,凶。

释　渐上卦巽为妇,下参离为孕。初正而卦成家人,家人三动而卦成益,下参坤为丧。离毁而六三失位,孕丧焉,故妇孕不育,凶。

妇 孕 丧 失位

利用御寇。

注　御,当也。坤为用,巽为高,艮为山,离为戈兵甲胄,坎为寇。自上御下,三动坤顺,坎象不见,故利用御寇,顺相保。保,大也。

释　渐下卦艮为山,上卦巽为高,上参离为戈兵甲胄,下参坎为寇，乃在高山之上以戈兵甲胄御寇也。御，当也。初正而三动，卦成益，益下参坤为用为顺，而坎象不见，故利用御寇顺相保。保，大也。

高 寇 戈兵 甲胄 山 —— 用 顺

六四　鸿渐于木，或得其桷，无咎。

注　巽为木。桷，椽也，方者谓之桷。巽为交为长木，艮为小木，坎为脊，离为丽。小木丽长木，巽绳束之，象脊之形。椽，桷象也，故或得其桷。得位顺五，故无咎。四已承五，又顾得三，故或得其桷也矣。

释　渐上卦巽为木，故鸿渐于木。又巽为交为绳为长木，下卦艮为小木，下参坎为脊，上参离为丽，乃以小木丽长木，交成脊象，而以绳束之。椽，桷象也，故或得其桷。桷，椽也，方者谓之桷。六四得位而顺九五，故无咎。已承五而又顾得三，五长木，三小木，合成桷象，故或得其桷也矣。

长木 绳 交 木 脊 丽 小木

九五　鸿渐于陵，妇三岁不孕。

注　陵，丘。妇谓四也。三动受上时，而四体半艮山，故称陵。巽为妇，离为孕，坎为岁，三动离坏，故妇三岁不孕。

释　陵，丘也。当渐三动以受上时，六四体上参艮山之半，是谓丘陵，故鸿渐于陵。又渐上卦巽为妇，谓四也。上参离为孕，下参坎为岁，当九三为三岁，三动离坏，故妇三岁不孕。

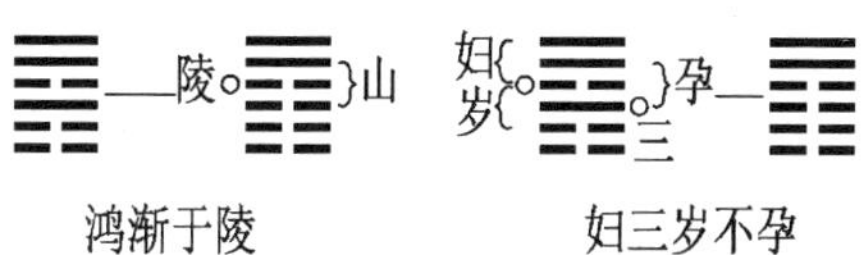

鸿渐于陵　　妇三岁不孕

终莫之胜，吉。

注　莫，无。胜，陵也。得正居中，故莫之胜，吉。上终变之三，成既济定，坎为心，故《象》曰："得所愿也。"

释　渐九五得正居中，而上九胜之。然初正而三动受上，上九终变之三而成既济定，故终莫之胜。莫，无。胜，陵也。又既济上卦坎为心，故《象》曰："得所愿也。"

正中　胜　心

上九　鸿渐于陆。

注　陆，谓三也。三坎为平，变而成坤，故称陆也。

释　渐初正，卦成家人。家人下参坎为平，三变受上卦为益，益下参坤为土，故三称陆。上九应三，故鸿渐于陆。

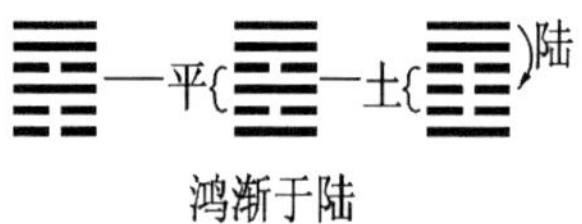

鸿渐于陆

其羽可用为仪，吉。

注　谓三变受成既济，与家人《彖》同义。上之三得正，离为鸟，故其羽可用为仪，吉。三动失位，坤为乱，乾四止坤，《象》曰"不可乱"，《彖》曰"进以正邦"，为此爻发也。三已得位，又变受上，权也。孔子曰："可与适道，未可与权。"宜无怪焉。

释　渐初正卦为家人，三变受上成既济，故与家人《彖》同义。益上之三得正而成既济，上参离为鸟，故其羽可用为仪，吉。当家人三动成益而失位，下参坤为乱，上九之三正坤，故《象》曰"不可乱"，《彖》曰"进以正，可以正邦"，为此上九发也。九三已正而又变受上，是之谓权也。

《象》曰：渐之进也，女归吉也。

注　三进四得位，阴阳体正，故吉也。

释　否三进之四，而卦成渐，六四、九三阴阳体正，故吉也。

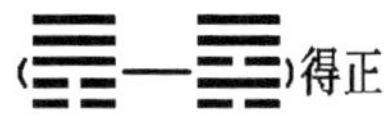

进得位，往有功也。

注　功谓五。四进承五，故往有功。巽为进也。

释　五爻多功，故功谓五。否三进之四，得正而承五，故往有功。上卦巽为进也。

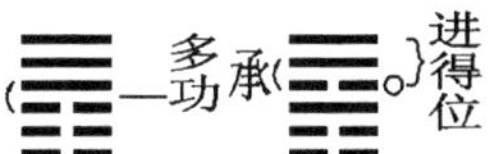

进以正，可以正邦也。其位，刚得中也。

注　谓初已变为家人。四进已正而上不正，三动成坤为邦，上来反三，故进以正，可以正邦。其位刚得中，与家人道正同义。三在外体之中，故称得中。乾《文言》曰“中不在人”，谓三也，此可谓上变既济定者也。

释　否三进之四，而卦成渐。渐初变而为家人，则四进已正而上不正。家人三动卦成益，益下参坤为邦，上来反三，故进以正，可以正邦。中谓三，三在外体之中，中犹内也。《文言》九四曰：“中不在人。”明人之中在三也。故其位刚得中者，谓益上反三，九三得中而成既济定也。

止而巽，动不穷也。

注　止，艮也。三变震为动，上之三据坤，动震成坎，坎为通，故动不穷。往来不穷谓之通。

释　渐下卦艮为止，初正而三权变，卦为益。益下卦震为动，上之三据下参坤而成坎，坎为通，故动不穷。动犹往来，往来不穷谓之通也。

《象》曰：君子以居贤德善俗。

注　君子谓否乾。乾为贤德，坤阴小人柔弱为俗。乾四之坤为艮为居，以阳善阴，故以居贤德善俗也。

释　否卦乾为君子为贤德为善，下卦坤阴小人柔弱为俗。九四之三而卦成渐，渐下卦艮为居，九三以阳善阴，故君子以居贤德善俗。

小子之厉，义无咎也。

注　动而得正，故义无咎也。

释　渐初六失位而厉，动成初九而得正，故义无咎也，卦为家人。

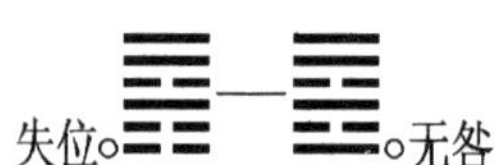

饮食衎衎，不素饱也。

注　素，空也。承三应五，故不素饱。

释　六二得位而承九三应九五，三五阳爻为实，故不素饱。素，空也。

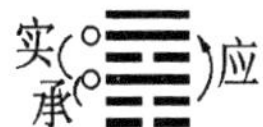

夫征不复，离群丑也。

注　坤三爻为丑，物三称群也。

释　渐初正而三权变，卦为益。益下参坤三爻为丑，物三称群，故离群丑也。上来反三，则群丑灭矣。

物三称群
丑

妇孕不育，失其道也。

注　三动离毁，阳陨坤中，故失其道也。

释　渐初正而卦为家人。家人三动，上参离象毁，离为孕，则不孕焉。又九三之阳陨于下参坤中，故失其道也。

利用御寇，顺相保也。

注　三动坤顺，坎象不见，故以顺相保也。

释　渐而家人，家人下参坎为寇。三动成益，益下参坤为顺而不见坎象，故以顺相保也。

—寇{ — }顺

或得其桷，顺以巽也。

注　坤为顺，以巽顺五。

释　由渐而家人，由家人而益。益下参坤为顺，上卦为巽，六四以巽顺于九五也。

— —巽{ 顺{

终莫之胜吉，得所愿也。

注　上之三，既济定，故得所愿也。

释　渐由家人而益，益上之三成既济定，既济上卦坎心为愿，故得所愿也。

— — —}心 愿

其羽可用为仪吉，不可乱也。

注　坤为乱，上来正坤，六爻得位成既济定，故不可乱也。

释　渐而益，益下参坤为乱。益上来之三，六爻皆得位而成既济定，故不可乱也。

— —乱{ —

䷵归妹。

注　归，嫁也。兑为妹，泰三之四，坎月离日，俱归妹象。阴阳之义配日月，则天地交而万物通，故以嫁娶也。

释　泰三之四，卦为归妹。归，嫁也。下卦兑为妹，又上参坎为月，下参离为日，《系辞传》曰：“阴阳之义配日月。”则泰下卦乾天上卦坤地交而万物通，故以嫁娶也。

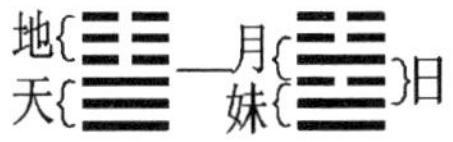

征凶。

注　谓四也。震为征，三之四不当位，故征凶也。

释　泰三之四而成归妹，归妹上卦震为征，九四不当位，故征凶也。

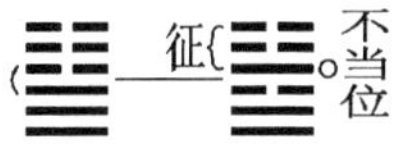

无攸利。

注　谓三也。四之三，失正无应，以柔乘刚，故无攸利也。

释　泰四之三，六三失正而无应于上六，以柔乘初九、九二之刚，故无攸利也。

初九　归妹以娣，跛而履，征吉。

注　震为兄，故嫁妹，谓三也。初在三下，动而应四，故称娣。履，礼也。初九应变成坎，坎为曳，故跛而履。应在震为征，初为娣，变为阴，故征吉也。

释　归妹上卦震为兄，下卦兑为妹，故嫁妹，妹谓三也。初在兑妹下，动而应四震兄，故称娣。履，礼也。初九动，应九四而变成初六，卦为解。解上卦震为足，下卦坎为曳，足曳而跛，故跛而履。又上卦震征失位而征凶，初六为娣以应之，初四易位，而九四变为阴，故征吉也。

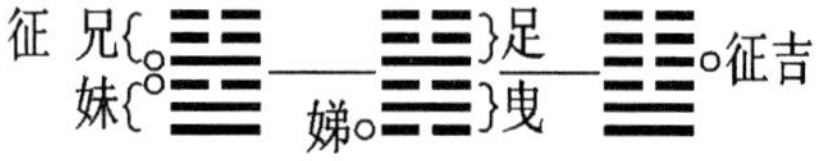

征 兄 妹 娣 足 曳 征吉

九二　眇而视，利幽人之贞。

注　视，应五也。震上兑下，离目不正，故眇而视。幽人谓二，初动，二在坎中，故称幽人。变得正，震喜兑说，故利幽人之贞。与履二同义也。

释　归妹之象，震上兑下而下参离，则离目不正，故眇而视。视，谓九二应六五也。又初为娣而动，卦成解，解下卦坎为狱，九二在坎狱中，故称幽人。九二变得正而之五，上卦震喜而又兑说，故利幽人之贞。与履二同义者，履二之幽人贞吉，亦为坎震兑三象也。

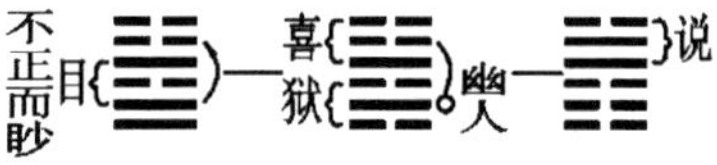

不正而眇 目 喜 狱 幽人 说

六三　归妹以须，反归以娣。

注　须，需也。初至五体需象，故归妹以须。娣，谓初也。震为反，反马归也。三失位，四反得正。兑进在四，见初进之，初在兑后，故反归以娣。

释　归妹下伍需，故归妹以须。须，需也，待也。六三失位，故宜待其变阳也。上卦震为反为马，初谓娣，九四反之三，九三得正反归也。反归即反马，反马者，上卦震，故反马则卦成泰。泰下参兑，谓四，故由三而进在四，四应初娣而进之。初在兑后，故反归以娣，象反马之后进其娣于君子也，为女家之马。郑氏《箴膏肓》云："大夫以上至天子皆留车反马。

留车，妇之道。反马，婿之道。女人三月祭行，行反马礼。”

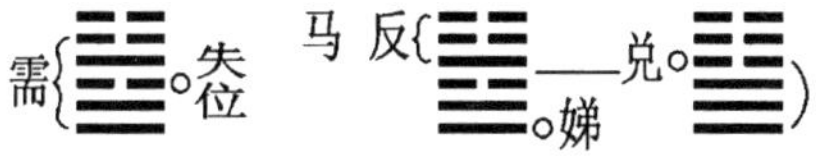

需{ 。失位　马 反{ ——兑。 ）
。娣

九四　归妹愆期，迟归有时。

注　愆，过也。谓二变，三动之正，体大过象。坎月离日为期，三变，日月不见，故愆期。坎为曳，震为行，行曳故迟也。归谓反三，震春兑秋，坎冬离夏，四时体正，故归有时也。

释　归妹上卦震为春为行，上参坎为冬为曳为月，下参离为夏为日，下卦兑为秋。行曳故迟，日月为期，四反三为归，三变卦成大壮，而日月象不见。二正卦成丰，而中互大过，愆，过也，故归妹愆期，迟归有时。

行 春{ }冬 曳 月}期 —— }日月不见 —— }过
日 夏{ }秋

六五　帝乙归妹，其君之袂，不如其娣之袂良。

注　三四已正。震为帝，坤为乙，故曰帝乙。泰乾为良为君，乾在下为小君，则妹也。袂口，袂之饰也。兑为口，乾为衣，故称袂。谓三失位无应，娣袂谓二得中应五，三动成乾为良，故其君之袂，不如其娣之袂良。故《象》曰“以贵行也”矣。

释　归妹三四已正而卦成泰，泰上参震为帝，上卦坤为乙，故曰帝乙。震又为兄，下参兑为妹，故归妹。泰中互归妹，故虞氏合二卦以取象。其君，小君也。泰下卦乾为君，归妹下卦兑为妹，归妹六三乾在下为小君，则妹也。袂口，衣之饰也。泰下卦乾为衣，下参兑为口，故称袂。归妹六三，其君之袂也，九二当泰下参兑，下为娣，故为娣之袂也。六三失位而无应，九二得中而应五，三动成乾为良，即归妹成泰，二之五成既济而五为贵，故其君之袂，不如其娣之袂良。故

《象》曰:“以贵行也。”

兄 帝 乙 妹 袂 衣 君 口 娣 小 君 失 位 妹 良 贵

帝乙归妹

月几望,吉。

注　几,其也。坎月离日,兑西震东,日月象对,故曰几望。二之五,四复三,得正故吉也。与小畜、中孚“月几望”同义也。

释　几,其也,犹近也。上参坎为月,下参离为日,下卦兑为西,上卦震为东,日月之象东西相对,故曰几望。二之五而四复三,六爻得正成既济定,故吉也。与小畜中孚同义者,“月几望”之象皆为坎月离日相对于震东兑西也。

月 西 东 日 吉

上六　女承筐无实。

注　女谓应三,兑也。自下受上称承,震为筐。以阴应阴,三四复位,坤为虚,故无实。《象》曰:“承虚筐也。”

释　上六应三,六三当下卦兑为女。三自下受上称承,上卦震为筐。三上皆阴而三无所受,三四复位而卦成泰,泰上卦坤为虚,故无实。《象》曰:“承虚筐也。”

筐 女 虚

士刲羊无血,无攸利。

注　刲,刺也。震为士,兑为羊,离为刀,故士刲羊。三四复位成泰,坎象不见,故无血。三柔乘刚,故无攸利也。

释　归妹上卦震为士,下卦兑为羊,下参离为刀,故士刲羊。刲,刺也。又上参坎为血,三四复位成泰而坎象不见,故无血。泰上卦三柔爻乘下卦三刚爻,故无攸利也。

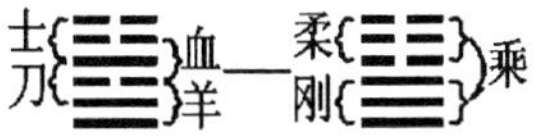

士{☳}血
刀{☲}羊—柔{☷}乘
刚{☰}

《彖》曰:归妹,天地之大义也。

注　乾天坤地,三之四,天地交。以离日坎月战阴阳,阴阳之义配日月,则万物兴,故天地之大义。乾主壬,坤主癸,日月会北。震为玄黄,天地之杂。震东兑西,离南坎北。六十四卦,此象最备四时正卦,故天地之大义也。

释　泰下卦乾为天,上卦坤为地,三之四而卦成归妹,天地交也。归妹下参离为日,上参坎为月,日月阴阳也,《系辞传》曰:“阴阳之义配日月。”日月阴阳相成而万物兴,故天地之大义。泰下卦乾主壬,上卦坤主癸,日月会北。归妹上卦震为玄黄,玄黄,天地之杂也。又六十四卦中,唯归妹备四方四时之象,故天地之大义也。

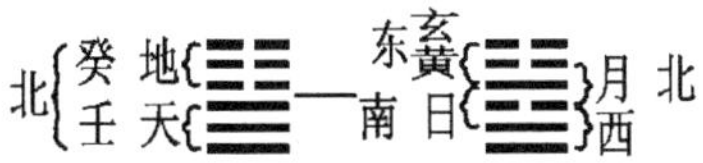

北{癸 地{☷}
壬 天{☰}—东玄黄{☳}月 北
南 日{☲}西

天地不交,而万物不兴。

注　乾三之坤四,震为兴,天地以离坎交阴阳,故天地不交则万物不兴矣。

释　泰下卦乾九三之上卦坤六四,而卦成归妹。归妹上卦震为兴,中互离坎,天地也,离坎交阴阳,阴阳交而万物兴,故天地不交,则不成离坎而万物不兴矣。

地 兴
天

归妹，人之终始也。

注　人始生乾而终于坤，故人之终始。《杂卦》曰："归妹，女之终。"谓阴终坤癸，则乾始震庚也。

释　人始生乾初子而终于坤上亥，故人之终始。《杂卦》曰："归妹，女之终。"谓阴终坤癸于北，乾始震庚于西也。此消息之大义，所以言于归妹者，归妹天地之大义也。即人生始于泰初而终于泰上，三四交而成归妹，日月之消息见焉。

终 日 月 癸北 亥终 女之终 庚西 子始
始

说以动，所归妹也。

注　说，兑。动，震也。谓震嫁兑，所归必妹也。

释　归妹下卦兑为说，上卦震为动，故说以动，谓震兄嫁兑妹，故所归必妹也。

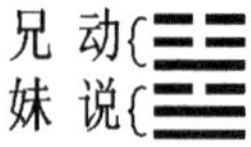

兄 动
妹 说

《象》曰：君子以永终知敝。

注　君子谓乾也。坤为永终为敝，乾为知。三之四，为永终。四之三，兑为毁折，故以永终知敝。

释　泰下卦乾为君子为知，上卦坤为永终为敝。泰三之四，使阴归阳，而得永终也。泰四之三，下卦成兑为毁折，乃敝乾之知，故以永终知敝。

归妹以娣，以恒也。跛而履，吉相承也。

注　阳得正，故以恒。恒动初承二，故吉相承也。

释　归妹初九阳得正，故以恒也。动则失位而跛，能承二而应四，故吉相承也。

利幽人之贞，未变常也。

注　常，恒也。乘初未之五，故未变常也。

释　归妹初动而承二，二则乘初而未之五，故未变常也。之五正位则为常，常，恒也。

归妹以须，位未当也。

注　三未变之阳，故位未当。

释　六三失位，未变之阳以成九三，故位未当也。

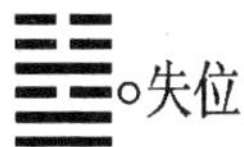

愆期之志，有待而行也。

注　待男行矣。

释　六三待九四之复位，然后行之六四也。九四反渐为艮男，故待男行矣。

帝乙归妹，不如其娣之袂良也。

注　三四复正，乾为良。

释　归妹三四复正，卦为泰，泰下卦乾为良也。

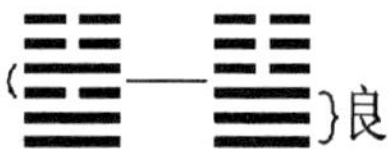

其位在中，以贵行也。

注　三四复，二之五成既济。五贵，故以贵行也。

释　三四复而成泰，泰二之五成既济。既济九五为贵，故以贵行也。

上六无实，承虚筐也。

注　泰坤为虚，故承虚筐也。

释　归妹六三承上，上卦震为筐。归妹而泰，泰上卦坤为虚，故承虚筐也。

䷶丰　亨。

注　此卦三阴三阳之例，当从泰二之四。而丰三从噬嗑上来之三，折四于坎狱中而成丰，故君子以折狱致刑。阴阳交，故通。噬嗑所谓利用狱者，此卦之谓也。

释　泰二之四卦成丰，此正例也。又丰三来自噬嗑上，此变例也。噬嗑上参坎为狱，上之三而成丰，丰上参兑为折为刑，故君子以折狱致刑，噬嗑所谓利用狱者，此卦也。亨者，泰二四或噬嗑三上阴阳交而成丰，故通。

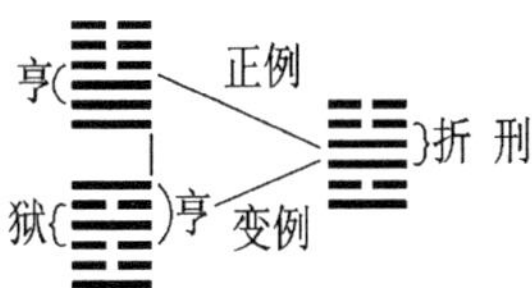

王假之。

注　乾为王，假，至也。谓四宜上至五，动之正成乾，故王假之，尚大也。

释　丰四五爻失位，故四宜上之五，当五动之正，卦为革。革上参乾为王为大，假，至也，故王假之，尚大也。

王 大

勿忧，宜日中。

注　五动之正，则四变成离。离，日中。当五在坎中，坎为忧，故勿忧，宜日中。体两离象，照天下也。日中则昃，月盈则食，天地盈虚，与时消息。

释　丰六五动之正而卦为革，革四变成既济。既济上参离为日，日中谓九五，而九五又在上卦坎中，坎为忧。故勿忧宜日中者，勿取上卦坎忧，而取上参离日也。又既济体上参下卦两离象，离为明，故宜照天下也。《彖》又曰："日中则昃，月盈则食，天地盈虚，与时消息。"乃明天地之变化,以申勿忧宜日中之意也。

初九　遇其妃主。

注　妃嫔,谓四也。四失位在震为主,五动体姤遇,故遇其妃主也。

释　妃嫔谓四也。九四失位而上卦震为主,五动卦为革,革中互姤,姤遇也,故遇其妃主。

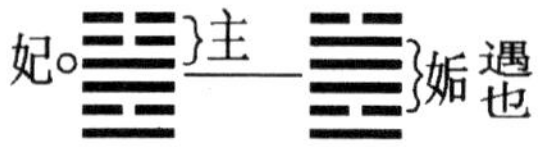

虽旬无咎,往有尚。

注　谓四失位,变成坤应初,坤数十。四上之五成离,离为日。

释　九四失位而变成六四,以应初九,卦为明夷,明夷上卦坤数十。九四又上之五而成既济,既济上参离为日。十日为旬,故虽旬无咎,往有尚,谓四往之五也。

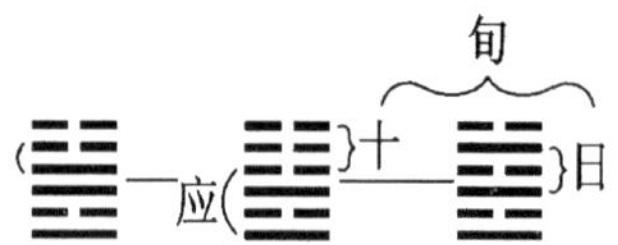

六二　丰其蔀,日中见斗,往得疑疾。

注　日蔽云中,称蔀。蔀,小,谓四也。二利四之五,故丰其蔀。噬嗑离为见,象在上为日中。艮为斗,斗,七星也。噬嗑艮为星为止,坎为北中,巽为高舞,星止于中而舞者,北斗之象也。离上之三,隐坎云下,故日中见斗。四往之五,得正成坎,坎为疑疾,故往得疑疾也。

释　丰由噬嗑来，噬嗑上卦离为见，离象在上为日中，下参艮为星为止为斗。斗，七星也。上参坎为北中为云，噬嗑上之三而成丰，丰下参巽为高舞，星止于中而高舞者，北斗之象也。又噬嗑上卦离日之三，而隐于坎云之下，日蔽云中称蔀，故丰其蔀，日中见斗。蔀者，谓九四坎云蔽日而日光小也。故丰二利四之五，四往之五，则得正而卦成既济。既济上参离为日，然上卦坎为疑疾，故往得疑疾也。

有孚发若，吉。

注　坎为孚，四发之五成坎孚。动而得位，故有孚发若，吉也。

释　丰九四发而之五，卦成既济。既济上卦坎为孚，四五动而得位，故有孚发若，吉也。

九三　丰其沛，日中见沫。

注　日在云下称沛。沛，不明也。沫，小星也。噬嗑离为日，艮为沫，故日中见沫。上之三，日入坎云下，故见沫也。

释　日在云下称沛。沛，不明也。噬嗑上卦离为日，上参坎为云，下参艮为沫。沫，小星也。噬嗑上之三，日入云下，故丰其沛，日中见沫。

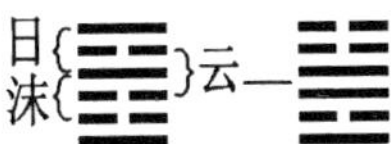

折其右肱，无咎。

注　兑为折为右，噬嗑艮为肱，上来之三，折艮入兑，故折其右肱。之三得正，故无咎也。

释　噬嗑下参艮为肱，上来之三而卦成丰，丰上参兑为折为右，故折其右肱。三上易位而得正，故无咎也。

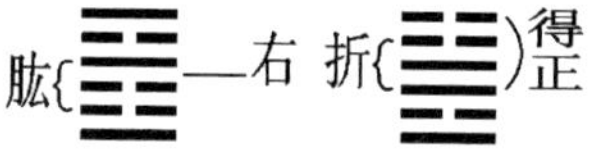

肱{䷔—右　折{䷶}得正

九四　丰其蔀。

注　蔀，蔽也。噬嗑离日之坎云中，故丰其蔀。《象》曰：“位不当也。”

释　噬嗑上卦离为日，上参坎为云，上之三而成丰，日之云中，故丰其蔀。蔀，蔽也。九四失位，故《象》曰：“位不当也。”

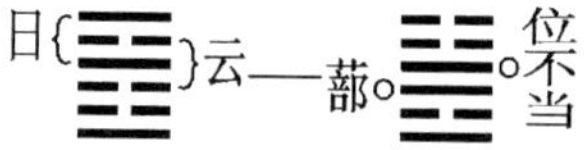

日{䷔}云—蔀○䷶○位不当

日中见斗。

注　噬嗑日在上为中。上之三为巽，巽为入。日入坎云下，幽伏不明，故日中见斗。《象》曰“幽不明”，是其义也。

释　噬嗑上卦离日在上为日中，上参坎为云。上之三而成丰，丰下参巽为入。日入坎云下幽伏不明，故日中见斗。《象》曰：“幽不明也。”

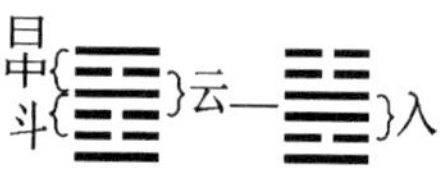

日中{斗{䷔}云—䷶}入

遇其夷主，吉。

注　震为主，四行之正成明夷，则三体震为夷主。故遇其夷主，吉也。

释　丰上卦震为主，九四也。失位而之正，卦为明夷。明夷上参震为主，是谓夷主，九三也。九三得位，故遇其夷主，吉。

主　失位—夷主　得位

六五　来章，有庆誉，吉。

注　在内称来。章，显也。庆谓五，阳出称庆也。誉谓二，二多誉。五发得正则来应二，故来章，有庆誉，吉也。

释　六五失位，发而阳出得正而乾为庆，谓九五也。二多誉，故誉谓二。五有庆而来应二，故来章有庆誉，吉。章，显也，显其阳也。

多誉—来　庆

上六　丰其屋，蔀其家。

注　丰，大。蔀，小也。三至上，体大壮屋象，故丰其屋。谓四五已变，上动成家人，大屋见则家人坏，故蔀其家。与泰二同义。故《象》曰"天际祥"，明以大壮为屋象故也。

释　丰上互大壮，大壮屋象，故丰其屋。丰，大也。家谓四五已变，上动成家人也。当丰卦时，家人上卦巽伏于丰上卦震之下，故大屋见则家人坏，蔀其家也。蔀，小者，谓家人为大屋所敝而小焉。又泰二之象，包荒则不遐遗，用冯河则朋亡，故与丰屋蔀家同义，皆谓其象不可得兼也。所以取大壮为屋象者，大壮上栋下宇，屋之高大如天际飞翔也。

窥其户,阒其无人,三岁不觌,凶。

注　谓从外窥三应。阒,空也。四动时坤为阖户,阖故窥其户。坤为空虚,三隐伏坎中,故阒其无人。《象》曰:"自藏也。"四五易位,噬嗑离目为窥。窥人者,言皆不见。坎为三岁,坤冥在上,离象不见,故三岁不觌,凶。

释　丰上自外窥三而三应上,四动时卦成明夷。明夷上卦坤为阖户,阖故窥其户。又坤为空虚,阒,空也。人谓九三,三隐伏于下参坎中,故阒其无人,《象》曰:"自藏也。"若四动之五,易位而成既济。既济下伍噬嗑,噬嗑上卦离为目,离目为窥又为觌,则丰上能窥而觌见九三焉。然丰成明夷而未成既济,故上参离象不见,上卦坤冥在上,下参坎为三岁,则三上相应而上窥三,窥人者上也,言皆不见,故三岁不觌,凶。

窥 人 —— 冥 空虚 阖户 隐伏 三岁 —— 噬嗑 目 窥 觌

《象》曰:勿忧,宜日中,宜照天下也。

注　五动成乾,乾为天。四动成两离,重明丽正,故宜照天下,谓化成天下也。

释　丰五动卦为革,革上参乾为天。革四动卦为既济,既济下伍离,成上参下卦两离,重明丽正,故宜照天下。离《彖》曰:"重明丽乎正,乃化成天下。"

—— 天 —— 离

月盈则食。

注　月之行,生震见兑。盈于乾甲,五动成乾,故月盈。四变体噬嗑食，故则食，此丰其屋，蔀其家也。

释　丰上卦震，月生震庚也。上参兑，月见兑丁也。五动卦成革，革上参乾，月盈乾甲也。革四变卦为既济，既济下伍噬嗑食，故月盈则食，此月之行也。又以上卦取象，丰上卦为震，革上卦为兑，同人上卦为乾，四变体噬嗑食，亦为月盈则食。而别卦成家人，故曰此丰其屋蔀其家也。

天地盈虚，与时消息，而况于人乎，况于鬼神乎。

注　五息成乾为盈，四消入坤为虚，故天地盈虚也。丰之既济，四时象具。乾为神人，坤为鬼，鬼神与人，亦随时消息。谓人谋鬼谋，百姓与能，与时消息。

释　丰五息而卦成革，革上参乾为天为盈为神为人，四消而卦成明夷，明夷上卦坤为地为虚为鬼。合四消五息则丰成既济，丰上卦震为春，革上卦兑为秋，既济上卦坎为冬，下卦离为夏，四时象具，故天地盈虚与时消息，而况于人乎，况于鬼神乎。谓人谋鬼谋，百姓与能，莫不与时消息也。

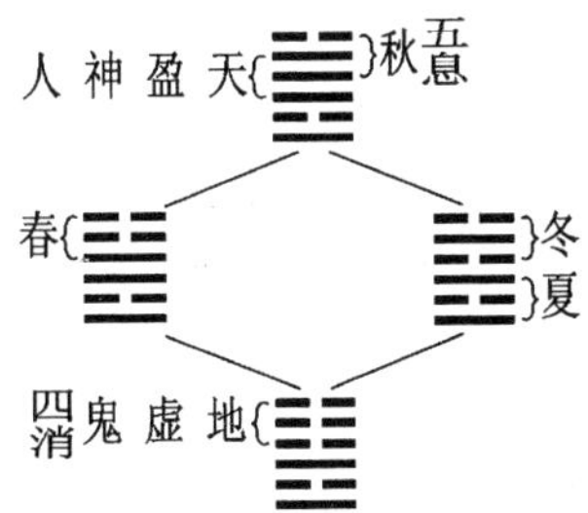

《象》曰：君子以折狱致刑。

注　君子谓三。噬嗑四失正，系在坎狱中。故上之三折四，入大过死象，故以折狱致刑。兑折为刑，贲三得正，故无敢折狱也。

释　噬嗑上参坎为狱，九四失正，象在狱中。上之三而卦成丰，丰九三为君子，上参兑为折为刑，中互大过死，故君子以折狱致刑，乃刑离四之恶人也。若贲三当下参坎狱而得正，故无敢折狱也。

狱 恶人 刑 折 死 君子 狱 得正
折狱致刑 无敢折狱

虽旬无咎，过旬灾也。

注　体大过，故过旬灾。四上之五，坎为灾也。

释　丰中互大过为过，四上之五由明夷而既济。明夷上卦坤数十，既济上参离为日，上卦坎为灾。十日为旬，故过旬灾也。

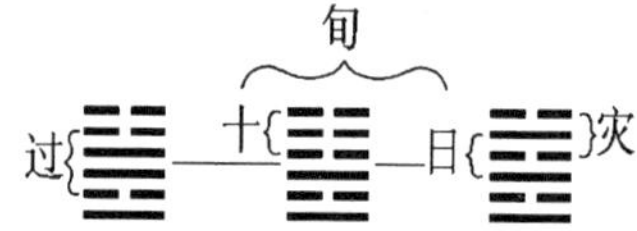

有孚发若，信以发志也。

注　四发之五，坎为志也。

释　丰四发之五而卦成既济，既济上卦坎为志，故信以发志也。

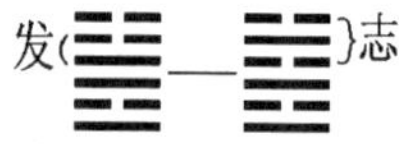

丰其沛，不可大事也。

注　利四之阴，故不可大事。

释　丰九四失位，故九三利四变之阴，变则上卦坤为事，阳大阴小，故不可大事也。

大　事　小

折其右肱，终不可用也。

注　四死大过，故终不可用。

释　丰中互大过死，九四失位而当大过，故终不可用也。

日中见斗，幽不明也。

注　离上变入坎云下，故幽不明。坎，幽也。

释　噬嗑上卦离为日为明，上参坎为云为幽。上之三，日在云下，故幽不明也。

明　日　云　幽　幽不明

遇其夷主，吉行也。

注　动体明夷，震为行，故曰吉行。

释　丰四失位而动，卦体明夷。明夷上参震为行，九三当位，故曰吉行也。

六五之吉，有庆也。

注　动而成乾，乾为庆。

释　丰五失位而动，卦为革。革上参乾为庆，故有庆谓九五也。

窥其户，阒其无人，自藏也。

注　谓三隐伏坎中，故自藏者也。

释　丰成明夷，下参坎为隐伏。九三隐伏坎中，故自藏者也。

旅　小亨，旅贞吉。

注　贲初之四，否三之五，非乾坤往来也。与噬嗑之丰同义。小谓柔，得贵位而顺刚，丽乎大明，故旅小亨，旅贞吉。再言旅者，谓四凶恶，进退无恒，无所容处。故再言旅，恶而愍之。

释　否三之五，乾坤往来而卦成旅，此正例也。贲初之四而卦成旅，此变例也，故与噬嗑上之三成丰之变例同义。小谓柔，六五也。否上卦乾为刚为大明，六五顺而丽之，故旅小亨，旅贞吉。再言旅者，九四恶人无所容处，故恶而愍之。

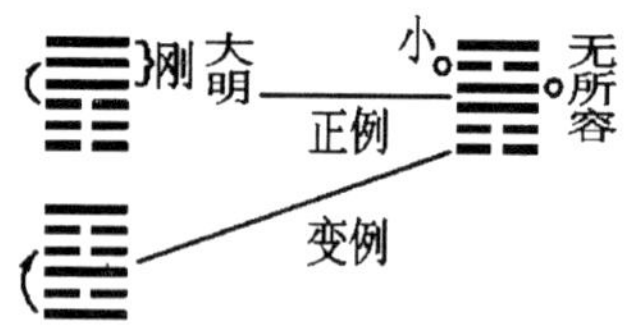

初六　旅琐琐，斯其所取灾。

注　琐琐，最蔽之貌也。失位远应，之正介坎，坎为灾眚，艮手为取。谓三动应坎。

释　旅下卦艮为取，初六失位而远应九四，之正则卦成贲。而贲下参为坎，故曰之正介坎。三动而卦成晋，晋四当上参为坎，故曰三动应坎。坎为灾眚，故旅琐琐，斯其所取灾。琐琐，最蔽之貌也。

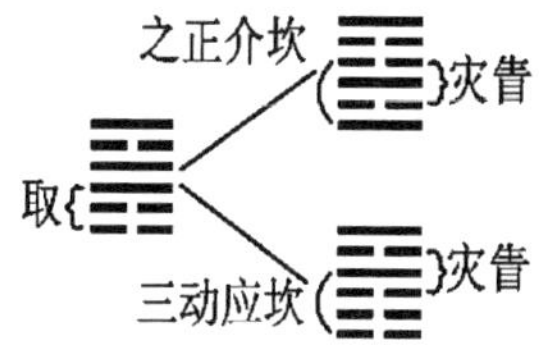

六二　得僮仆贞。

注　艮为僮仆，得正承三，故得僮仆贞，而终无尤也。

释　旅下卦艮为僮仆，六二得正而承九三，故得僮仆贞，而终无尤也。

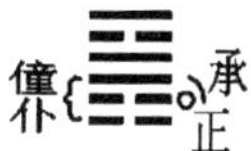

九三　旅焚其次，丧其僮仆，贞厉。

注　离为火，艮为僮仆，三动艮坏，故焚其次。坤为丧，三动艮灭入坤，故丧其僮仆。动而失正，故贞厉矣。

释　旅上卦离为火，下卦艮为僮仆为次。三动卦成晋，晋下卦坤为丧，由艮坏而入坤，故焚其次，丧其僮仆。九三动而失正，故贞厉矣。

九四　旅于处，得其资斧，我心不快。

注　巽为处，四焚弃恶人，失位远应，故旅于处，言无所从也。离为资斧，故得其资斧。三动，四坎为心，其位未正，故我心不快也。

释　旅下参巽为处，九四焚弃恶人，失位远应于初，无所容而旅于处。又上卦离为资斧，故得其资斧。三动而卦为晋，晋上参坎为心，九四未正,故我心不快也。

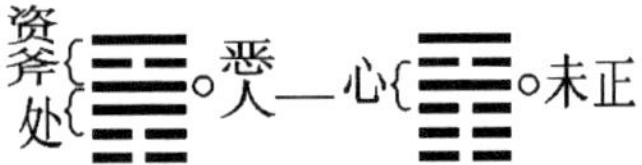

六五　射雉,一矢亡。

注　三变坎为弓,离为矢,故射雉。五变乾体,矢动雉飞,故一矢亡矣。

释　旅三变而卦成晋,晋上参坎为弓,上卦离为矢为雉,故射雉。晋五变卦为否,否上卦为乾而离象不见,故矢动雉飞,一矢亡矣。

终以誉命。

注　誉谓二,巽为命。五终变成乾,则二来应己,故终以誉命。

释　旅而晋,晋五终变成乾,而卦为否。否上参巽为命,二多誉,故誉谓二。二应五,故终以誉命。

上九　鸟焚其巢,旅人先笑后号咷。

注　离为鸟为火,巽为木为高,四失位变震为筐,巢之象也。今巢象不见,故鸟焚其巢。震为笑,震在前,故先笑。应在巽,巽为号咷,巽象在后,故后号咷。

释　旅由贲来。旅上卦离为鸟为火,下参巽为木为高,九四失位,变之初则卦成贲,贲上参震为筐,巢之象也。今贲而旅,巢象不见,故鸟焚其巢。又贲上参震为笑,旅下参巽为号咷,震在前而巽在后,故旅人先笑后号咷。旅人谓九三也。

火 鸟 旅人 木 高 号咷 筐 巢 笑

丧牛于易，凶。

注　谓三动时坤为牛，五动成乾，乾为易。上失三，五动应二，故丧牛于易。失位无应，故凶也。五动成遯，六二执之用黄牛之革，则旅家所丧牛也。

释　旅三动时，卦为晋，晋下卦坤为牛。旅五动时，卦为遯，遯上卦乾为易。旅遯无坤象，故丧牛于易。旅上九失位而无应于九三，故凶。旅六五动成遯，九五而应六二，故遯六二执之用黄牛之革，乃旅家所丧之牛也。

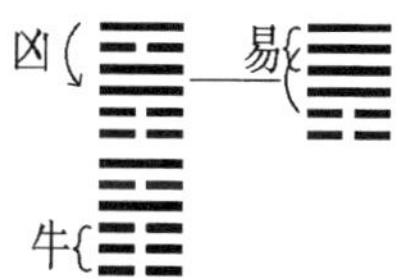

《彖》曰：旅之时义大矣哉。

注　以离日丽天，县象著明，莫大日月，故义大也。

释　旅上卦离日丽天，柔丽大明，故旅小亨，旅贞吉而义大也。

《象》曰：君子以明慎用刑而不留狱。

注　君子谓三。离为明，艮为慎，兑为刑，坎为狱。贲初之四，狱象不见，故以明慎用刑而不留狱。与丰折狱同义者也。

释　旅九三为君子，上卦离为明，下卦艮为慎，上参兑为刑。旅由贲来，贲下参坎为狱，贲初之四而成旅，狱象不见，故以明慎用刑而不留狱。与噬嗑上之三成丰折狱同义者也。

旅琐琐，志穷灾也。

注　坎为志，坤称穷，故曰志穷灾也。

释　旅三动卦成晋，晋下卦坤称穷，上参坎为志为灾，九四当之。初六应四，故曰志穷灾也。

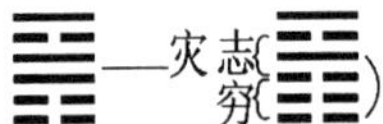

旅焚其次，亦以伤矣。

注　三动体剥，故伤也。

释　旅三动，卦为晋，晋下互剥，故伤也。

以旅与下，其义丧也。

注　三变成坤。坤为下为丧，故其义丧也。

释　旅而晋，晋下卦坤为下为丧，故以旅与下，其义丧也。

终以誉命，上逮也。

注　逮，及也。谓二上及也。

释　旅而晋，晋而否，否二上应五，上逮也。逮，及也。

以旅在上，其义焚也。

注　离火焚巢，故其义焚也。

释　旅上卦离火焚贲上参震巢，故其义焚也。

丧牛之凶，终莫之闻也。

注　坎耳入兑，故终莫之闻。

释　晋上参坎为耳，丧牛而入旅。旅上参兑，耳折而不闻，故终莫之闻。

巽　小亨，利有攸往，利见大人。

注　遯二之四，柔得位而顺五刚，故小亨也。大人谓五，离目为见，二失位，利正往应五，故利有攸往，利见大人矣。

释　遯二之四，六四柔将往而顺九五之刚，故小亨也。大人谓九五，上参离目为见，二失位利正而卦成渐，渐六二往应九五，故利有攸往，利见大人矣。

初六　进退，利武人之贞。

注　巽为进退，乾为武人。初失位，利之正为乾，故利武人之贞矣。

释　巽下卦为进退，初六失位，故利之正而卦为小畜。小畜下卦乾为武人，故利武人之贞矣。

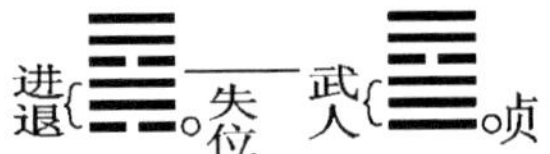

九三　频巽，吝。

注　频，頞也。谓二已变，三体坎艮，坎为忧，艮为鼻，故频巽。无应在险，故吝也。

释　巽九二失位而变，卦为渐。渐九三当下卦艮为鼻，下参坎为忧为险，鼻上忧，故频巽。频，蹙额也。无应于上九，而在坎险中，故吝也。

六四　悔亡，田获三品。

注　田，谓二也，地中称田。失位无应，悔也。欲二之初，已得应之，故悔亡。二动得正，处中应五，五多功，故《象》曰"有功也"。二动艮为手，故称获。谓艮为狼，坎为豕，艮二之初，离为雉，故获三品矣。

释　二爻当地上称田，九二失位而无应于九五，悔也。四欲二之初而卦成家人，则六四得应初九而悔亡。九二动卦为渐，渐六二得正处中而应九五，五多功，故《象》曰"有功也"。又渐下卦艮为手，故称获。三品者，渐下卦艮为狼，下参坎为豕，渐成家人，家人下卦离为雉也。

悔　田　狼　获　手　多功　豕　悔亡　雉

九五　贞吉，悔亡，无不利，无初有终。

注　得位处中，故贞吉，悔亡，无不利也。震巽相薄，雷风无形，当变之震矣。巽究为躁卦，故无初有终也。

释　巽九五得位处中，故贞吉，悔亡，无不利也。震巽旁通，雷风相薄而无形，《说卦传》曰“巽究为躁卦”，故当变之震。巽初失位，而震初得位，故无初有终也。

风　中　得位　无初　雷　有终　躁卦

先庚三日，后庚三日，吉。

注　震，庚也，谓变初至二成离，至三成震。震主庚，离为日，震三爻在前，故先庚三日，谓益时也。动四至五成离，终上成震，震爻在后，故后庚三日也。巽初失正，终变成震得位，故无初有终，吉。震究为蕃鲜白，谓巽白。巽究为躁卦，躁卦谓震也。与蛊“先甲三日，后甲三日”同义。五动成蛊，乾成于甲，震成于庚，阴阳天地之始终，故经举甲庚于蛊《彖》、巽五也。

释　月出震庚，故震为庚。巽变成震，初之二，卦成家人，家人下卦离为日。至三成益，益下卦震为庚，震三爻在前，故先庚三日。动四之五，益成噬嗑，噬嗑上卦离为日。终上成别卦震，震上卦震为庚，三爻在后，故后庚三日也。巽初失位，终变成震，而震初得位，故无初有终，吉。《说卦传》曰：“震究为蕃鲜。”蕃鲜，白也，谓巽白。又曰：“巽究为躁卦。”躁卦为震也。以明震巽二卦为互相变通也。又巽五动，卦成蛊，蛊旁通随，则为先甲三日，后甲三日。故与巽旁通震，而为先庚三日后庚三日同义也。乾盈甲阳之终，震出庚阳之始，阴阳天地之始终，故经举甲庚于蛊《彖》、巽五也。夫巽则阴消之始，经之言出庚，所以勉之也。巽五消而为蛊五，阴已盛焉，经又言盈甲之辞，所以戒之也。

上九　巽在床下。

注　床下，谓初也。穷上反下成震，故巽在床下。《象》曰："上穷也。"明当变穷上而复初者也。

释　巽木为床，故床下谓伏卦震初也。巽上穷而反下，故巽在床下。巽至三成益，益下互复，故床下震初即复初者也。

丧其齐斧，贞凶。

注　变至三时，离毁入坤。坤为丧，巽为齐，离为斧，故丧其齐斧。三变失位，故贞凶。

释　巽下卦巽为齐，巽变之震，至二成家人，家人下卦离为斧。至三成益，益下参坤为丧，巽离之象不见，故丧其齐斧。巽九三得位而变成益，六三失位故贞凶。

《象》曰：刚巽乎中正而志行。

注　刚中正，谓五也。二失位，动成坎，坎为志。终变成震，震为行也。

释　刚中正谓九五也。九二失位动正，卦为渐，渐下参坎为志。又巽变震至三，卦为益，益下卦震为行也。

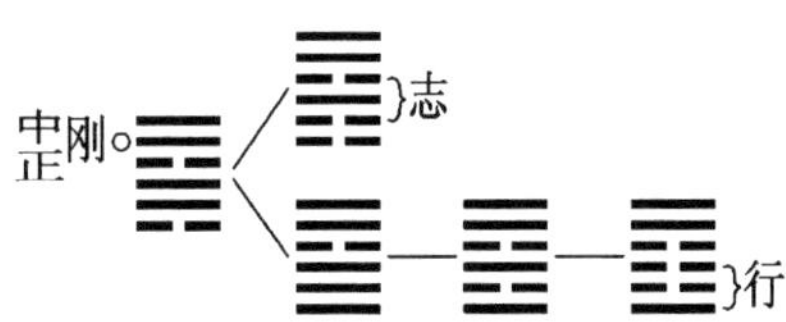

《象》曰：君子以申命行事。

注　君子，谓遯乾也。巽为命，重象，故申命。变至三，坤为事，震为行，故行事也。

释　巽由遯来，遯上卦乾为君子。遯成巽，巽为命，上下两象皆为巽，故申命。巽变之三，卦为益，益下参坤为事，下卦震为行，故君子以申命行事也。

利武人之贞，志治也。

注　动而成乾，乾为大明，故志治。乾元用九天下治，是其义也。

释　巽初六失位，动则卦成小畜。小畜下卦乾为大明，故志治。乾元用九天下治是其义，谓小畜通复初乾元也。

九五之吉，位正中也。

注　居中得正，故吉矣。

释　五爻为上中而阳居之，故正中而吉也。

巽在床下，上穷也。

注　阳穷上反下，故曰上穷也。

释　巽上九阳穷而反震初，故曰上穷也。

丧其齐斧，正乎凶也。

注　上应于三，三动失正，故曰正乎凶也。

释　巽由小畜而家人，家人三动失正，凶也。上应三而正之，故曰正乎凶也。

兑　亨利贞。

注　大壮五之三也。刚中而柔外，二失正动，应五承三，故亨利贞也。

释　大壮五之三卦成兑，兑二五刚中也，三上柔外也。二三四失正，正则卦成既济，既济六二应九五而承九三，故亨利贞也。

初九　和兑，吉。

注　得位，四变应已，故和兑，吉矣。

释　兑初九得位而九四失位，失位而变成六四，卦为节。节四应初，故和兑，吉矣。

失位　应

九二　孚兑，吉，悔亡。

注　孚谓五也，四已变，五在坎中称孚。二动得位，应之，故孚兑，吉，悔亡矣。

释　兑四已变而卦为节，节上卦坎，九五在坎中称孚。九二失位悔也，动而得正卦为屯。屯二应五，故孚兑，吉，悔亡矣。

孚　悔　失位　悔亡

六三　来兑，凶。

注　从大壮来，失位，故来兑，凶矣。

释　兑六三由大壮六五来，来而失位，故来兑，凶矣。

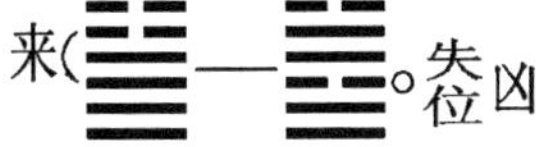

九四　商兑未宁，介疾有喜。

注　巽为近利市三倍，故称商兑。变之坎，水性流，震为行。谓二已变，体比象，故未宁，与比不宁方来同义也。坎为疾，故介疾。得位承五，故有喜。

释　兑上参巽，为近利市三倍，故称商兑。四变卦为节，节上卦坎为水。节二变卦为屯，屯上伍比，下卦震为行。水性流行故未宁，与比“不宁方来”同义也。又上卦坎为疾，故介疾。六四得位而承九五，故有喜，喜谓九五也。

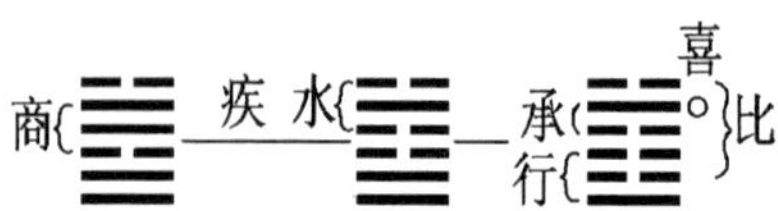

九五　孚于剥，有厉。

注　孚谓五也。二四变，体剥象，故孚于剥。在坎未光，有厉也。

释　兑四变卦为节，节上卦坎为孚。节二变卦为屯，屯中互剥，故孚于剥。三未正而上参离象未成，故九五在坎未光，有厉也。

上六　引兑。

注　无应乘阳，动而之巽为绳，艮为手。应在三，三未之正，故引兑也。

释　兑上六无应于六三，而乘九五之阳，谓二四已变体屯上，上动卦为益。益上卦巽为绳，上参艮为手，上应三而三未之正，故引兑。

《彖》曰：兑，说也。

注　兑口，故说也。

释　兑为口，故说也。

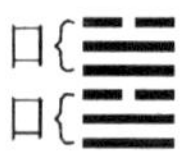

刚中而柔外，说以利贞。

注　刚中谓二五，柔外谓三上也。二、三、四利之正，故说以利贞也。

释　兑九二、九五刚中也，六三、上六柔外也，二三四失位，利变之正而卦成既济，既济以利贞也。

是以顺乎天而应乎人。

注　大壮乾为天，谓五也，人谓三矣。二变顺五承三，故顺乎天应乎人，坤为顺也。

释　大壮下卦乾为天，以位而言，九五为天而九三为人。大壮而兑，九五天也。兑二四变卦为屯，屯下参坤为顺，六二应五，顺乎天也。屯三正卦成既济，六二承之，应乎人也。

天　天　顺　承　人

说以先民，民忘其劳。

注　谓二四已变成屯。坎为劳，震喜，兑说，坤为民，坎为心。民心喜说，有顺比象，故忘其劳也。

释　兑为说，二四变而成屯。屯上卦坎为劳为心，下参坤为民为顺，下卦震为喜，上伍比有顺比象，民心喜说而顺比，故忘其劳也。

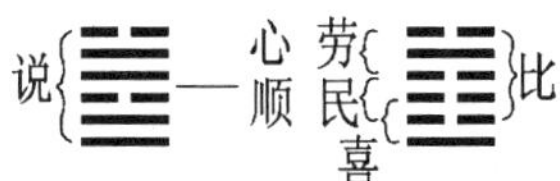

说以犯难，民忘其死。

注　体屯，故难也。三至上，体大过死。变成屯，民说无疆，故民忘其死。坎心为忘，或以坤为死也。

释　兑为说，上互大过死，二四变卦为屯。屯，难也。屯下参坤为民为无疆，上卦坎心为忘，民说无疆，故忘其死。或以屯下参坤为死而不取大过死，亦通。

说之大民劝矣哉。

注　体比顺象，故劳而不怨。震为喜笑，故人劝也。

释　以兑而屯，屯上伍比，下参坤为顺，下卦震为喜笑，比顺而喜笑，劳而不怨，故人劝也。

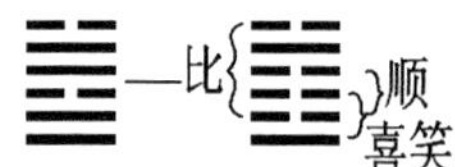

《象》曰：君子以朋友讲习。

注　君子，大壮乾也。阳息见兑，学以聚之，问以辩之。兑二阳同类为朋，伏艮为友，坎为习，震为讲，兑两口对，故朋友讲习也。

释　大壮下卦乾为君子。大壮而兑，兑二阳同类为朋，兑伏艮，艮为友。艮为友者，艮兑相友，故兑亦为友。兑而屯，屯上卦坎为习，下卦震为讲，兑卦两口对，故朋友讲习也。又阳息二，卦为临，临下卦兑，故乾二曰："学以聚之，问以辩之。"

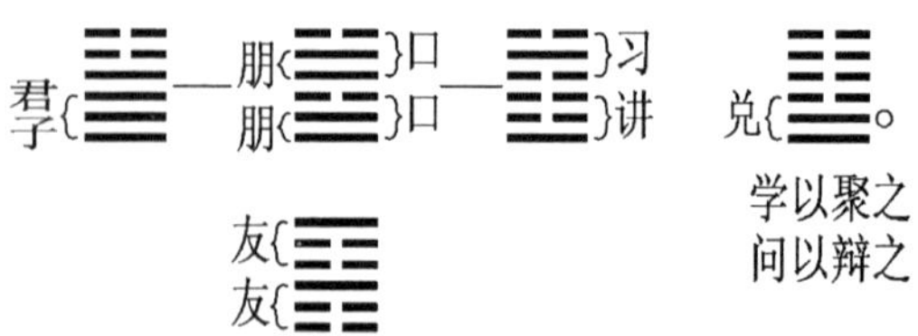

和兑之吉，行未疑也。

注　四变应初，震为行，坎为疑，故行未疑。

释　兑初四应，初变下卦坎为疑，四变下参震为行。初得位而四失位，故四变应初而行未疑也。

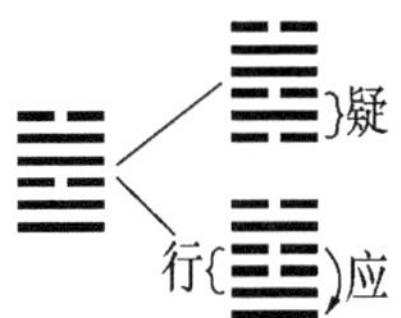

孚兑之吉，信志也。

注　二变应五，谓四已变，坎为志，故信志也。

释　兑四变而卦为节，节上卦坎为志，节二变应五，故信志也。

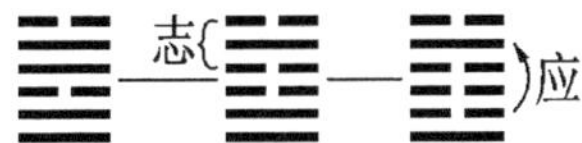

九四之喜，有庆也。

注　阳为庆，谓五也。

释　兑九四变以承九五，九五阳为庆，故有庆也。

上六引兑，未光也。

注　二四已变而体屯，上三未为离，故未光也。

释　兑二四已变而卦为屯，故兑上体屯上，屯三未正而离象未成，离为光，故未光也。

涣　亨。

注　否四之二成坎巽，天地交，故亨也。

释　否上卦乾天之四之下卦坤地之三，天地交，而卦成下坎上巽，故亨也。

王假有庙。

注　乾为王。假，至也。否体观，艮为宗庙。乾四之坤二，故王假有庙，王乃在中也。

释　否上卦乾为王，下伍观，下参当艮为宗庙。否乾四之坤二而卦成涣，故王假有庙，王乃在中也。假，至也，在中谓九二也。

王
宗庙
观
王在中

利涉大川，利贞。

注　坎为大川。涣，舟楫象。故涉大川，乘木有功。二失正，变应五，故利居贞也。

释　涣下卦坎为大川。上卦巽为木，木在水上，舟楫象。故涉大川，乘木有功。涣二失正，变应九五，故利贞也。

舟楫
木
大川
失正
应
利贞

初六　用拯马壮吉。

注　坎为马。初失正，动体大壮得位，故拯马壮吉，悔亡之矣。

释　涣下卦坎为马，初六失正，动则卦成中孚。中孚下互大壮，初九得位，故用拯马壮吉。

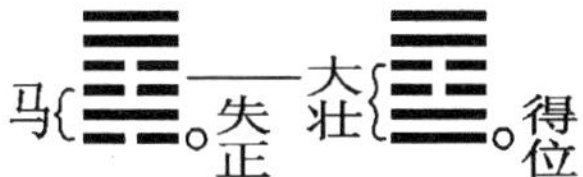

九二　涣奔其机，悔亡。

注　震为奔，坎为棘为矫輮，震为足。輮棘有足，艮肱据之，凭机之象也。涣宗庙中，故设机。二失位，变得正，故涣奔其机，悔亡也。

释　涣下卦坎为棘为矫輮，下参震为足，上参艮为肱。輮棘有足，以肱据之，凭机之象也。涣宗庙中，故设机。九二失位，悔也。变得正，而初六亦正，卦为益。益下卦震为奔，初二得位，故涣奔其机，悔亡也。

六四　涣其群，元吉。

注　谓二已变成坤，坤三爻称群，得位顺五，故元吉也。

释　涣九二失位而变，初亦正，卦为益。益下参坤三爻称群，六二得位顺九五，故元吉也。

涣有丘，匪夷所思。

注　位半艮山，故称丘。匪，非也。夷谓震四应在初，三变坎为思，故匪夷所思也。

释　涣上参艮为山，六四当半艮称丘，故涣有丘。涣而益，益下卦震为大涂，故夷谓震，六四应之。益三变卦为家人，家人下参坎为思，震夷之象不见，故匪夷所思。匪，非也。

山 丘 夷 思

上九　涣其血去逖出，无咎。

注　应在三，坎为血为逖。逖，忧也。二变为观，坎象不见，故其血去逖出，无咎。

释　涣上应三。三当下卦坎为血为逖。逖，忧也。二变卦为观，坎象不见而六二正位，故其血去逖出，无咎。

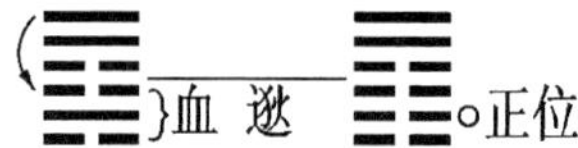

《象》曰：利涉大川，乘木有功也。

注　巽为木，坎为水，故乘木有功也。

释　涣上卦巽为木，下卦坎为水，木行水上，舟楫也，故乘木有功。

《象》曰：先王以享于帝立庙。

注　否乾为先王。享，祭也。震为帝为祭，艮为庙。四之二，杀坤大牲，故以享帝立庙。谓成既济，有噬嗑食象故也。

释　否上卦乾为先王，下参艮为庙，下卦坤牛为大牲。四之二而卦成涣，杀坤大牲，下参震为帝为祭，享，祭也，故以享帝立庙。又涣由中孚、益、家人而既济，既济下伍噬嗑食，故以享也。

先王 大牲 庙—祭 帝 食

初六之吉，顺也。

注　承二，故顺也。

释　涣初六承九二，故顺也。承而正位，卦为益，益二得位顺五，故元吉也。

涣奔其机，得愿也。

注　动而得位，故得愿也。

释　涣九二动而之初，初二皆得位，故得愿也。

涣其群，元吉，光大也。

注　谓三已变成离，故四光大也。

释　涣而益，益三已变，卦为家人。家人上参离为光，故四光大也。

王居无咎，正位也。

注　五为王，艮为居。正位居五，四阴顺命，故王居无咎，正位也。

释　涣九五为王，上参艮为居，上卦巽为命。九五正位居上，二变应五，四阴顺命，故王居无咎，正位也。

涣其血，远害也。

注　乾为远，坤为害。体遯上，故远害也。

释　涣而观，观下参坤为害。上互遯，遯上卦乾为远，故远害也。

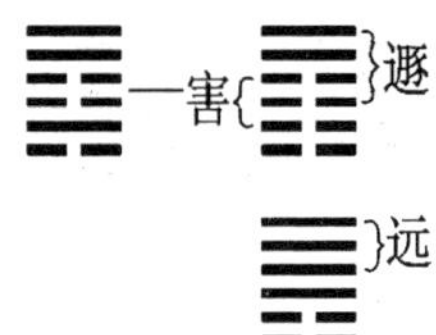

节　亨。

注　泰三之五，天地交也。五当位以节，中正以通，故节亨也。

释　泰下卦乾为天，上卦坤为地，三之五而卦成节，天地交也。九五当位以节，中正以通，故节亨也。

苦节不可贞。

注　谓上也，应在三。三变成离，火炎上作苦，位在火上，故苦节。虽得位乘阳，故不可贞。

释　节上六应三，三失位而变，卦为需。需上参离为火，火炎上作苦，上六位在火上，故苦节。虽得位而乘九五之阳，故不可贞。

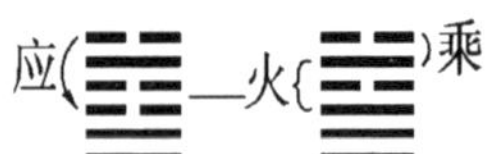

初九　不出户庭，无咎。

注　泰坤为户，艮为庭，震为出。初得位应四，故不出户庭，无咎矣。

释　泰上卦坤为户，泰而节，节上参艮为庭，下参震为出。初九得位而应六四，故不出户庭，无咎也。

九二　不出门庭，凶。

注　变而之坤，艮为门庭。二失位不变，出门应五，则凶。故言不出门庭，凶矣。

释　节上参艮为门庭，下参震为出，九二失位不变而出门，无应于九五，故言不出门庭凶，谓不变而出也。变则卦为屯，屯下参坤为顺，下卦震为出，顺时而出，往有尚也。

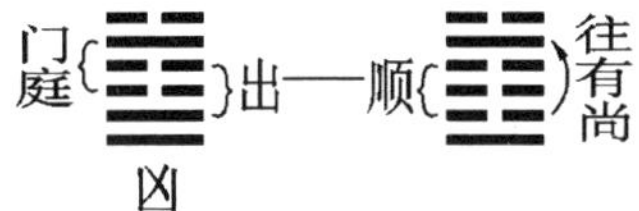

六三　不节若，则嗟若，无咎。

注　三，节家君子也。失位，故节若。嗟，哀号声。震为音声为出，三动得正而体离坎，涕流出目，故则嗟若。得位乘二，故无咎也。

释　三爻为节卦之君子，失位，故不节若。嗟，哀号声，下参震为音声为出。二已变而三动得正，卦为既济。三当下卦离为目，下参坎为涕，涕流出目，故则嗟若。九三得位而乘六二，故无咎也。

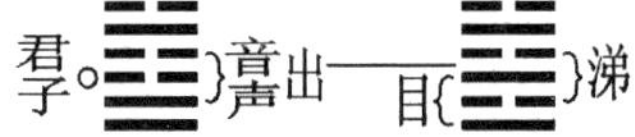

六四　安节，亨。

注　二已变，艮止坤安，得正承五，有应于初，故安节亨。

释　节二已变，卦为屯，屯上参艮为止，下参坤为安，止于所安。六四得正而承九五，有应于初九，故安节亨。

止 承 应 安

九五　甘节吉，往有尚。

注　得正居中，坎为美，故甘节吉。往谓二，二失正，变往应五，故往有尚也。

释　节九五得正居中，上卦坎为美，故甘节吉。往谓九二，九二失正，变而卦成屯，屯六二往应九五，故往有尚也。

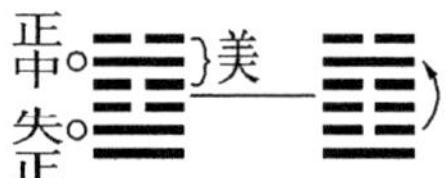

上六　苦节，贞凶，悔亡。

注　二三变，有两离，火炎上作苦，故苦节。乘阳，故贞凶。得位，故悔亡。

释　节二三变卦为既济，既济有上参下卦两离。离为火，火炎上作苦，上六在两离上，故苦节。乘九五之阳，故贞凶。得位，故悔亡。

《象》曰：苦节不可贞，其道穷也。

注　位极于上，乘阳，故穷也。

释　节上六位极而乘九五之阳，故穷也。

说以行险。

注　兑说，坎险，震为行，故说以行险也。

释　节下卦兑为说，上卦坎为险，下参震为行，故说以行险也。

中正以通。

注　中正谓五，坎为通也。

释　节九五中正也，当上卦坎为通，故中正以通。

天地节而四时成。

注　泰乾天，坤地。震春，兑秋，坎冬，三动离为夏。故天地节而四时成也。

释　节由泰来，泰下卦乾为天，上参坤为地。泰而节，节下参震为春，下卦兑为秋，上卦坎为冬，三动卦为需，需上参离为夏，故天地节而四时成也。

地　冬　夏
天　春　秋

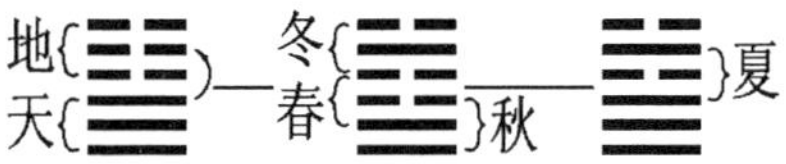

节以制度，不伤财，不害民。

注　艮手称制，坤数十为度，坤又为害为民为财。二动体剥，剥为伤。三出复位，成既济定，坤剥不见，故节以制度，不伤财，不害民。

释　节二动卦为屯，屯上参艮手称制，下参坤数十为度，又为害为民为财。中互剥，剥为伤，屯三出复位，卦成既济定，坤剥不见，故节以制度，不伤财，不害民。

制 手 伤 剥 度 害 民 财

《象》曰：君子以制数度议德行。

注　君子，泰乾也。艮止为制，坤为度，震为议为行，乾为德，故以制数度，议德行。乾三之五，为制数度。坤五之乾，为议德行也。

释　泰下卦乾为君子为德，上卦坤为度。乾三之五成上参艮止称制，故制数度。坤五之乾成下参震为议为行，故议德行也。

度 德 君子 制 议 行

不出户庭，知通塞也。

注　坎为通，二变坤土壅初为塞。

释　节上卦坎为通，初应之，知通也。二变卦为屯，屯下参坤为土，土壅初为塞，知塞也。初知通塞，故不出户庭无咎。体屯盘桓，居贞也。

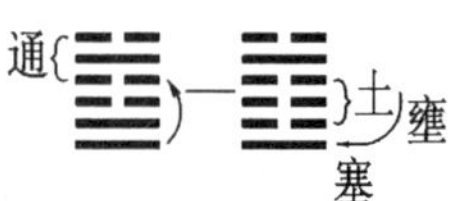

不出门庭，凶，失时极也。

注　极，中也。未变之正，失时极矣。

释　节二未正而出，或之坤顺而不出，失时中之道也。

未正○ }出—顺{ }不出

甘节之吉，居位中也。

注　艮为居，五为中，故居位中也。

释　节上参艮为居，九五为上中，故居位中也。

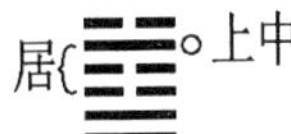

中孚。

注　讼四之初也。坎孚象在中，谓二也，故称中孚。此当从四阳二阴之例。遯阴未及三，而大壮阳已至四，故从讼来。二在讼时，体离为鹤。在坎阴中，有鸣鹤在阴之义也。

释　中孚从讼来，讼下卦坎为孚，讼四之初而成中孚。九二坎象在中，故称中孚。又讼下参离鹤，九二当之，而在下卦坎阴中，故有鸣鹤在阴之义也。

此卦从四阳二阴之例，当从遯或大壮来。乃遯阴未及三，而大壮阳已至四，然反复不衰卦不从此例，故从讼来。遯阴未及三，而大壮阳已至四者，与小过之临阳未至三而观四已消同义。盖否泰反类而相接若环，乃泰上接否上，否初接泰初也。故遯阴未及三而否为遯，大壮阳已至四而泰为大壮，遯、大壮环而分之，即为两中孚卦也。亦即遯上之初而成无妄，无妄上又之初而为中孚也，遯上无妄上即大壮初大畜初也。反之，大壮初之上而成大畜，大畜初又之上亦为中孚也，而大壮初大畜初即遯上无妄上也。至于小过亦然，乃临阳未至三而泰为临，观四已消而否为观，临观环而分之，即为两小过卦也。

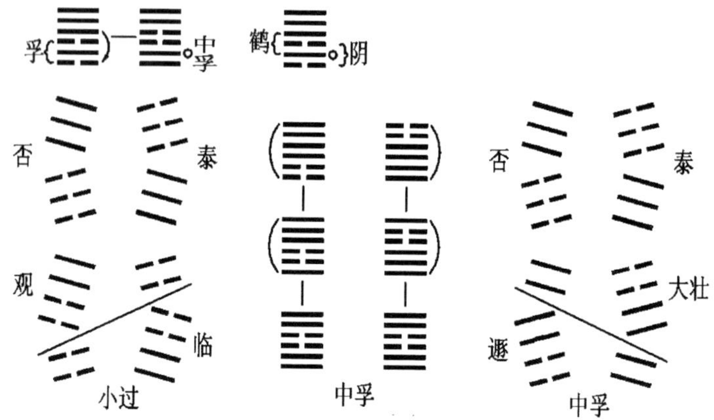

遯鱼吉。

注　李鼎祚案：虞氏以三至上体遯，便以豚鱼为遯鱼，虽生曲象之异见，乃失化邦之中信也。

释　中孚上互遯也。

利涉大川。

注　坎为大川。谓二已化邦，三利出涉坎，得正体涣。涣，舟楫象。故利涉大川，乘木舟虚也。

释　中孚九二化邦，而卦为益。益三利出，卦为家人，家人下参坎为大川，上伍涣。涣，舟楫象。故利涉大川，乘木舟虚也。

利贞。

注　谓二利之正而应五也，中孚以利贞，乃应于天也。

释　讼上卦乾为天，九五也。讼而中孚，中孚九二失位，二正应五，中孚以利贞，乃应于天也。

天　正　应

九二　鸣鹤在阴,其子和之。我有好爵,吾与尔靡之。

注　靡,共也。震为鸣,讼离为鹤,坎为阴夜,鹤知夜半,故鸣鹤在阴。二动成坤体益,五艮为子,震巽同声者相应,故其子和之。坤为身,故称我。吾,谓五也。离为爵,爵,位也。坤为邦国,五在艮,阍寺庭阙之象,故称好爵。五利二变,之正应以,故吾与尔靡之矣。

释　中孚由讼来,讼下参离为鹤,下卦坎为阴夜,中孚下参震为鸣,鹤知夜半,故鸣鹤在阴。中孚二动卦为益,益下参坤为母,二也。上参艮为子,五也。下卦震,上卦巽,震巽同声相应,故其子和之。坤为身,故称我。又为邦国,上参艮为阍寺庭阙,三动卦为家人,家人上参离为爵。爵,位也。故我有好爵,谓五。吾即我,尔,二也。五利二亨应己,故吾与尔靡之矣。靡,共也。

鸣鹤在阴　其子和之　　　我有好爵　吾与尔靡之

六四　月几望,马匹亡,无咎。

注　讼坎为月,离为日。兑西震东,月在兑二,离在震三,日月象对,故月几望。乾坎两马匹,初四易位,震为奔走,体遯山中,乾坎不见,故马匹亡。初四易位,故无咎矣。

释　讼下卦坎为月,二也,下参离为日,四也。初四易位而成中孚,中孚下卦兑为西,下参震为东。月在兑二,离在震三,日月象对,故月几望。又讼下卦坎上卦乾皆为马,故为马匹。讼而中孚,下参震为奔走,上互遯,上参艮为山,乾坎象不见,乃马匹奔走而遯入山中,故马匹亡。初四易位而得正,故无咎。

月 日 西兑 震东 马 马 山 奔走 遯

月几望

九五　有孚挛如，无咎。

注　孚，信也。谓二在坎为孚，巽绳艮手，故挛二，使化为邦，得正应己，故无咎也。

释　中孚九二，当讼下卦坎为孚，故孚谓二。孚，信也。上卦巽为绳，上参艮为手，九五以手持绳挛二，使化正而卦为益。益下参坤为邦，六二得正而应九五，故无咎也。

孚 绳 手 挛 邦 应 正

上九　翰音登于天，贞凶。

注　巽为鸡，应在震，震为音。翰，高也。巽为高，乾为天，故翰音登于天。失位，故贞凶。《礼》荐牲，鸡称翰音也。

释　讼上卦乾为天，讼而中孚，中孚上卦巽为鸡为高，上应在三，三当下参震为音。翰，高也，故翰音登于天，谓乾成巽也。上九失位，故贞凶。《礼》荐牲，鸡称翰音也。

《象》曰：孚乃化邦也。

注　二化应五成坤，坤为邦，故化邦也。

释　中孚九二失位，当讼坎为孚，五挛如而二化正，卦为益。益下参坤为邦，故孚乃化邦也。

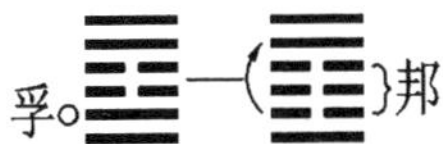

中孚以利贞,乃应乎天也。

注　讼乾为天,二动应乾,故乃应乎天也。

释　讼上卦乾为天,讼而中孚,九五为乾天,二正化邦而应五,故乃应乎天也。

《象》曰:君子以议狱缓死。

注　君子谓乾也。讼坎为狱,震为议为缓,坤为死。乾四之初,则二出坎狱,兑说震喜,坎狱不见,故议狱缓死也。

释　讼上卦乾为君子,下卦坎为狱。讼二动,下卦坤为死。今二未动,而乾四之初,卦为中孚。中孚下参震为议为缓为喜,下卦兑为说,二出坎狱而喜说,狱象不见,故议狱缓死也。

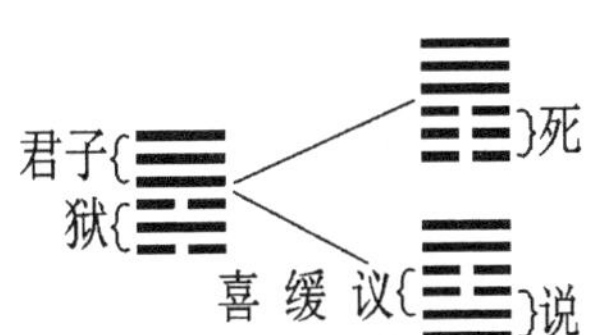

其子和之,中心愿也。

注　坎为心,动得正应五,故中心愿也。

释　中孚二动得正,卦成益。益震巽同声相应,其子和之。三动卦成家人,家人下参坎为心,故中心愿也。

马匹亡，绝类上也。

注　讼初之四，体与上绝，故绝类上也。

释　讼初之四体遯山中，马匹亡而与上绝，故绝类上也，谓绝马类而上承九五也。

小过　亨利贞。

注　晋上之三。当从四阴二阳临观之例，临阳未至三，而观四已消也。又有飞鸟之象，故知从晋来。杵臼之利，盖取诸此。柔得中而应乾刚，故亨。五失正，故利贞，过以利贞，与时行也。

释　晋上之三而成小过。从临观之例，释见中孚。晋上卦离为飞鸟，小过又有飞鸟之象，故知从晋来。杵臼之利，亦取晋成小过也。小过六五柔得中，而应中孚九五刚，故亨。失正，故利贞。正则卦成咸，过以利贞，与时行也。

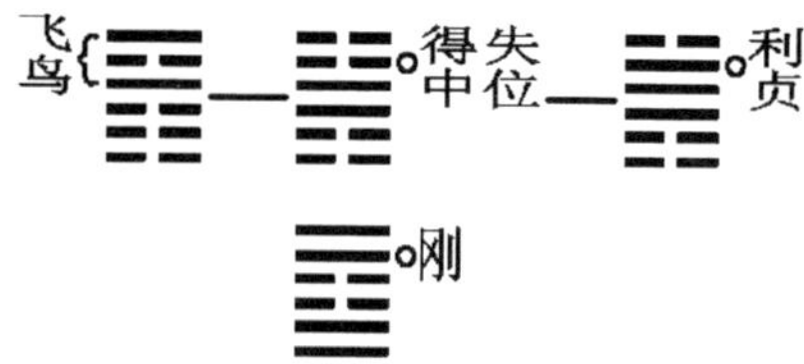

可小事。

注　小谓五。晋坤为事，柔得中，故可小事也。

释　晋下卦坤为事。晋而小过，小过六五柔得中而为小，故可小事也。

不可大事。

注　大谓四。刚失位而不中，故不可大事也。

释　晋下卦坤为事。晋而小过，小过九四阳称大，刚失位而不中，故不可大事也。

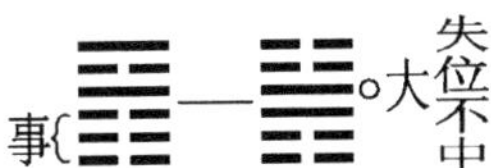

飞鸟遗之音，不宜上宜下，大吉。

注　离为飞鸟，震为音，艮为止。晋上之三，离去震在，鸟飞而音止，故飞鸟遗之音。上阴乘阳，故不宜上。下阴顺阳，故宜下，大吉。俗说或以卦象二阳在内，四阴在外，有似飞鸟之象，妄矣。

释　晋上卦离为飞鸟，晋而小过，离象不见。小过上卦震为音，下卦艮为止，乃鸟飞而音止，故飞鸟遗之音。五上之阴乘三四之阳，故不宜上。初二之阴顺三四之阳，故宜下，大吉。

初六　飞鸟以凶。

注　应四，离为飞鸟。上之三，则四折入大过死，故飞鸟以凶。

释　晋初应四，四当上卦离为飞鸟。晋上之三而成小过，小过中互大过死，四当之，故飞鸟以凶。

六二　过其祖，遇其妣。

注　祖谓祖母，初也。母死称妣，谓三。坤为丧为母，折入大过死，故称祖妣也。二过初，故过其祖。五变，三体姤遇，故遇妣也。

释　祖谓祖母，初爻也。母死称妣，三爻也。晋下卦坤为丧为母，晋而小过，小过中互大过死，故称祖妣也。二过初，故过其祖。小过五变卦为咸，咸中互姤，遇也，三体姤，故遇妣也。

妣　祖　丧　母　死　过　祖　遇　遇妣

不及其君，遇其臣，无咎。

注　五动为君，晋坤为臣。二之五隔三，艮为止，故不及其君止。如承三得正，体姤遇象，故遇其臣，无咎也。

释　晋下卦坤为臣，二也。晋而小过，小过五动卦为咸，咸上参乾为君，五也。下卦艮为止，二之五隔三艮止，故不及其君止而承九三。中互姤遇，六二得正，故遇其臣，无咎也。

臣　姤　君　止　承　隔三

九三　弗过防之，从或戕之，凶。

注　防，防四也。失位从或，而欲折之初。戕，杀也。离为戈兵，三从离上入坤，折四死大过中，故从或戕之，凶也。

释　晋上卦离为戈兵，上之三入下卦坤而成小过，小过中互大过，故为三折四死大过中也。夫九三得位而九四失位，三防四也。防而弗过，故曰弗过防之。若四从或而愿折之初，此四之善也，三必欲戕杀之，则为过防，故从或戕之凶也。

六五　密云不雨，自我西郊。

注　密，小也。晋坎在天为云，坠地成雨。上来之三，折坎入兑。小为密，坤为自我，兑为西，五动乾为郊，故密云不雨，自我西郊也。

释　晋上参坎为云，上之三成小过。小过上参兑小谓密，密，小也，下参坎雨之象未成，故密云不雨。又晋下卦坤为自我，小过上参兑为西，小过而咸，咸上参乾为郊，故自我西郊也。

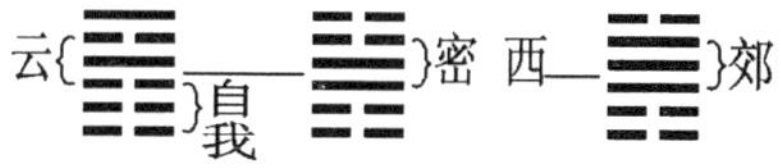

云　自我　密　西　郊

公弋取彼在穴。

注　公谓三也。弋，矰缴射也。坎为弓弹，离为鸟矢。弋，无矢也。巽绳连鸟，弋人鸟之象。艮为手，二为穴，手入穴中，故公弋取彼在穴也。

释　晋上卦离为鸟为矢，上参坎为弓弹。小过九三为公，下参巽为绳，弋，矰缴射也。晋而小过，以绳系矢而绳连鸟，弋人得鸟之象。下卦艮为手，六二为穴，手入穴中，故公弋取彼在穴也。

矢　鸟　弓弹　公　手　绳　穴

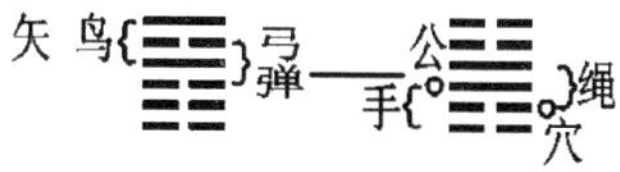

上六　弗遇过之，飞鸟离之凶，是谓灾眚。

注　谓四已变之坤，上得之三，故弗遇过之。离为飞鸟，公弋得之，鸟下入艮手而死，故飞鸟离之凶。晋坎为灾眚，故是谓灾眚矣。

释　晋上卦离为飞鸟，上参坎为灾眚。晋而小过，公弋取彼在穴。中互大过而死，故飞鸟离之凶，是谓灾眚。又小过五动卦成咸，咸中互姤遇。今四已变而卦为谦，谦上卦为坤，坤则虚，而上得过五之三，故弗遇过之。谓小过不成咸而成谦也。

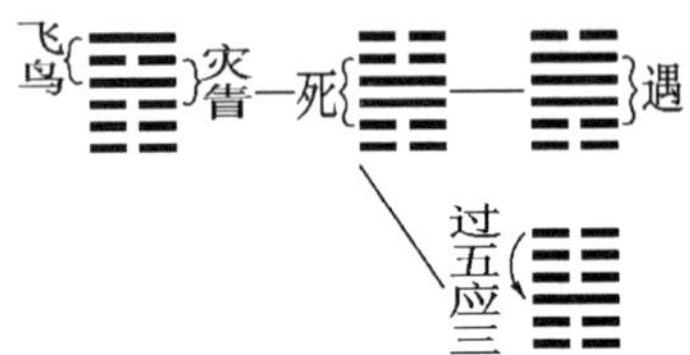

《象》曰：柔得中，是以小事吉也。

注　谓五也。阴称小，故小事吉也。

释　小过六五柔得中，阴柔称小，故小事吉也。

刚失位而不中，是以不可大事也。

注　谓四也。阳称大，故不可大事也。

释　小过九四刚失位而不中，阳称大，故不可大事也。

《象》曰：君子以行过乎恭。

注　君子，谓三也。上贵三贱，晋上之三，震为行，故行过乎恭。谓三致恭以存其位，与谦三同义。

释　晋上之三，小过上卦震为行，九三为君子，上贵三贱，故君子以行过乎恭。四不可大事而变卦为谦，致恭存位，故与谦三同义。

丧过乎哀。

注　晋坤为丧，离为目，艮为鼻，坎为涕洟，震为出。涕洟出鼻目，体大过遭死，丧过乎哀也。

释　晋下卦坤为丧，上卦离为目，下参艮为鼻，上参坎为涕洟。晋而小过，小过上卦震为出，中互大过死，遭死而涕洟出鼻目，故丧过乎哀也。

用过乎俭。

注　坤为财用为吝啬，艮为止，兑为小。小用止，密云不雨，故用过乎俭也。

释　晋下卦坤为财用为吝啬，小过下卦艮为止，上参兑为小。小用而止，犹密云不雨，故用过乎俭也。

吝啬财用
小
止

飞鸟以凶，不可如何也。

注　四死大过，故不可如何也。

释　晋而小过，小过中互大过，故晋上之三折四死大过中，不可如何也。

不及其君，臣不可过也。

注　体大过下，止舍巽下，故不可过。与随三同义。

释　小过中互大过，五未正而六二无应，止舍下参巽下而上承九三，藉用白茅，慎无咎也，故不可过。随卦乃上互大过，六三亦无应于上，止舍上参巽下而系九四丈夫，故同义也。

无应　承　大过　臣不可过　无应　大过　系丈夫

从或戕之，凶如何也。

注　三来戕四，故凶如何也。

释　小过九四从或而之初善也。三从晋上来，而必戕四，故凶如何也。

三来　戕四　从或　戕之凶

往厉必戒，终不可长也。

注　体否上倾，故终不可长矣。

释　小过下互否，九四当否上九倾否，否终则倾，则终不可长也。

密云不雨，已上也。

注　谓三坎水，已之上六，故已上也。

释　晋上参坎为水，晋而小过，六三已之上六，故已上而密云不雨也。

弗遇过之，已亢也。

注　飞下称亢。晋上之三，故已亢也。

释　晋上飞鸟，下飞之三，四变而三上应，已亢也。

飞鸟　已亢

既济　亨小。

注　泰五之二。小谓二也，柔得中，故亨小。

释　泰五之二，卦为既济。既济六二柔得中，阴称小，故亨小。

亨　小

利贞。

注　六爻得位，各正性命，保合大和，故利贞矣。

释　既济六爻得位，阴阳各正其性命而保合太和，故利贞矣。

初吉。

注　初，始也，谓泰乾。乾知大始，故称初。坤五之乾二，得正处中，故初吉，柔得中也。

释　泰下卦乾知大始，故称初。初，始也。上卦坤五之乾二，柔得正处中，故初吉。

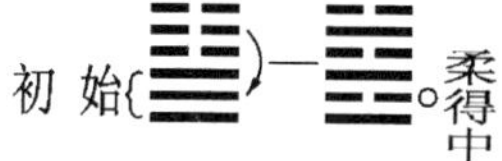

终乱。

注　泰坤称乱。二上之五，终止于泰，则反成否。子弑其父，臣弑其君，天下无邦，终穷成坤，故乱，其道穷。

释　泰上卦坤称乱，二上之五，卦成既济，坤象不见而不乱。若终止于泰，则反成否，弑父弑君而天下无邦，上消成坤，故乱，其道穷也。

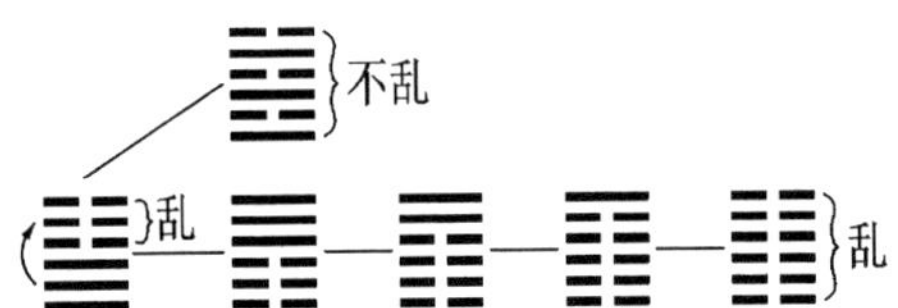

六二　妇丧其髴，勿逐，七日得。

注　离为妇，泰坤为丧。髴发，谓鬒发也。一名妇人之首饰。坎为玄云，故称髴，《诗》曰："鬒发如云。"乾为首，坎为美。五取乾二之坤为坎，坎为盗，故妇丧其髴。泰震为七，故勿逐，七日得。与睽"丧马勿逐"同义。髴，或作茀。俗说以髴为妇人蔽膝之茀，非也。

释　泰上卦坤为丧，下卦乾为首，上参震为逐为七。泰而既济，下卦由乾成离，离为妇，妇人之首也。下参上卦坎为玄云为美，故称髴。髴发为鬒发，一名妇人之首饰，《诗》曰："鬒发如云。"又上卦坎为盗，故妇丧其髴。震象不见，故勿逐。上参离为日，故七日得。与睽"丧马勿逐"同义者，丧上卦坎髴又有下参坎髴，犹睽之丧坎马而得震马也。

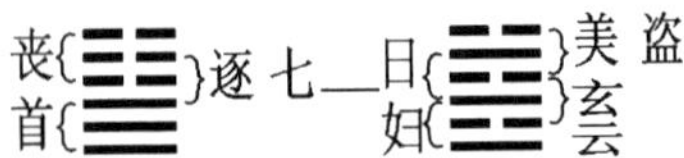

九三　高宗伐鬼方，三年克之，小人勿用。

注　高宗，殷王武丁。鬼方，国名。乾为高宗，坤为鬼方，乾二之坤五，故高宗伐鬼方。坤为年，位在三，故三年。坤为小人，二上克五，故三年克之，小人勿用，《象》曰："惫也。"

释　泰下卦乾为高宗，高宗殷王武丁。上卦坤为鬼方，鬼方国名。乾二之坤五而成既济，故高宗伐鬼方。又泰坤为年为小人，位在九三，故三年。二上克五，故三年克之，小人勿用，《象》曰："惫也。"

小人年鬼方{☷
高宗{☰ ○三— ䷾

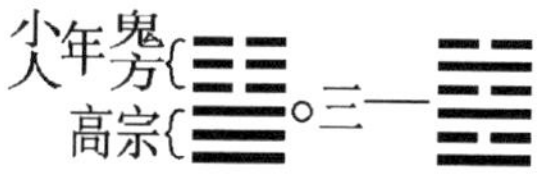

六四　繻有衣袽，终日戒。

注　乾为衣，故称繻。袽，败衣也。乾二之五，衣象裂坏，故繻有衣袽。离为日，坎为盗，在两坎间，故终日戒，谓伐鬼方三年乃克。旅人勤劳，衣服皆败，鬼方之民，犹或寇窃，故终日戒也。

释　泰下卦乾为衣，故称繻。乾二之五而成既济，下卦衣象裂坏，故繻有衣袽。袽，败衣也。既济上参离为日，下参上卦两坎为盗。六四在两坎间，故终日戒，谓伐鬼方之不易也。

☷
衣{☰ —日{袽{䷾}}盗

九五　东邻杀牛，不如西邻之禴祭，实受其福。

注　泰震为东，兑为西，坤为牛，震动五杀坤，故东邻杀牛。在坎多眚，为阴所乘，故不如西邻之禴祭。禴，夏祭也。离为夏，兑动二体离明，得正承五顺三，故实受其福，吉大来也。

释　泰上参震为东，下参兑为西，上卦坤为牛，震动五杀坤，卦成既济。既济上卦坎为多眚，九五在坎中而为上六阴所乘，故东邻杀牛不如西邻之禴祭。禴，夏祭也。兑二动卦成既济，既济下卦离为夏为明，六二得正承九五而顺九三，故实受其福也。

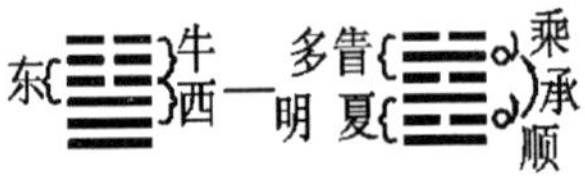

东邻杀牛 西邻禴祭

上六 濡其首,厉。

注 乾为首,五从二上在坎中,故濡其首,厉。位极乘阳,故何可久。

释 泰下卦乾为首,五从二上而成既济,九五在上卦坎水中,故濡其首,厉。上六位极而乘九五之阳,故何可久也。

《象》曰:初吉,柔得中也。

注 中,谓二。

释 泰而既济,六二柔得中,故中谓二。

终止则乱,其道穷也。

注 反否终坤,故其道穷也。

释 泰不成既济则将反否,上消穷于坤,故其道穷也。

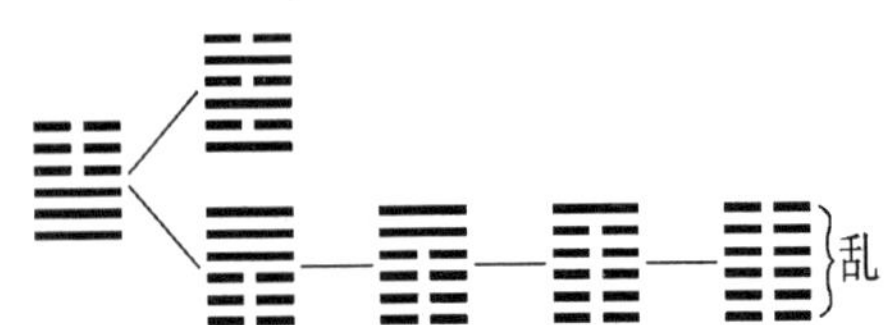

《象》曰:三年克之,惫也。

注 坎为劳,故惫也。

释　泰成既济，三年克鬼方也。既济上卦坎为劳，故惫也。

未济　亨。

注　否二之五也。柔得中，天地交，故亨。济，成也。六爻皆错，故称未济也。

释　否上卦天，下卦地，二之五天地交，六五柔得中，故亨也。济，成也。六爻皆错而不当位，未成也，故称未济。

天 地 交 中

小狐汔济。

注　否艮为小狐。汔，几也。济，济渡。狐济几度而濡其尾，未出中也。

释　否下参艮为小狐。否成未济，九二失位而在下卦坎水中，象狐济几度而濡其尾，未出中也。汔，几也。

小狐 水 濡其尾

濡其尾，无攸利。

注　艮为尾。狐，兽之长尾者也。尾谓二，在坎水中，故濡其尾。失位，故无攸利，不续终也。

释　否下参艮为尾，二也。否而未济，下卦坎为水，二在水中，故濡其尾。九二失位，故无攸利，不续终也。

尾{ ☵ ∘——水{ ☵ ∘失位

初六　濡其尾，吝。

注　应在四，故濡其尾。失位，故吝。

释　初六应九四，当下卦坎水，故濡其尾。初四皆失位，故吝。

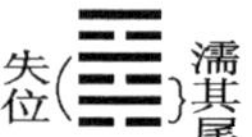

九四　贞吉，悔亡。

注　动正得位，故吉而悔亡矣。

释　未济九四动正而卦为蒙，蒙六四得位，故吉而悔亡矣。

失位∘——∘吉悔亡

震用伐鬼方，三年有赏于大邦。

注　变之震体师，坤为鬼方，故震用伐鬼方。坤为年为大邦，阳称赏，四在坤中，体既济离三，故三年有赏于大邦。

释　未济中互既济，故九四体既济离三，阳称赏也。四正而卦为蒙，蒙下参为震，上参坤为用为鬼方，下伍师，故震用伐鬼方。坤又为年为大邦，故三年有赏于大邦。

既济{ ∘赏—师{震{ }用鬼方年大邦

六五　贞吉，无悔。

注　之正则吉，故贞吉，无悔。

释　六五失位悔也，之正而卦成讼。九五正而吉，故贞吉，无悔。

悔　吉无悔

君子之光，有孚，吉。

注　动之乾，离为光，故君子之光也。孚谓二，二变应，已得有之，故有孚吉。坎称孚也。

释　未济五动卦为讼，讼上卦乾为君子，下参离为光，故君子之光也。下卦坎称孚，谓九二也。二变应五，卦为否，九五得九二之坎孚，而有六二之应，故有孚吉。

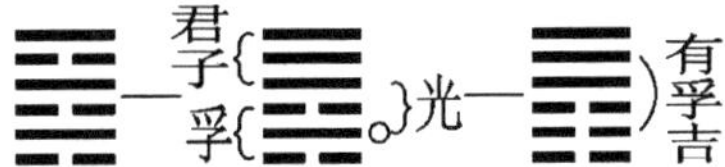

上九　有孚于饮酒，无咎。

注　坎为孚，谓四也。上之三介四，故有孚。坎酒流颐中，故有孚于饮酒。终变之正，故无咎。

释　未济上参坎为孚，谓九四也。上九之六三，而介九四，故有孚。又坎为酒，四动成蒙，蒙上伍颐，未动则为坎酒流颐中，故有孚于饮酒。终变之正而成既济，故无咎。

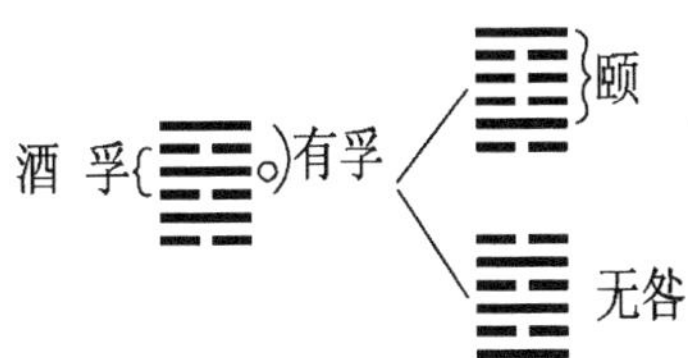

濡其首，有孚失是。

注　乾为首，五动首在酒中，失位，故濡其首矣。孚，信。是，正也。六位失正,故有孚失是。谓若殷纣沉湎于酒,以失天下也。

释　否上卦乾为首,否而未济,上参坎为酒,首在酒中而失位,故濡其首矣。上参下卦坎为孚信,然六爻皆失正,故有孚失是。是,正也。谓若殷纣之以酒而失天下也。

首 酒 孚 孚

《象》曰:小狐汔济,未出中也。

注　谓二未变,在坎中也。

释　否而未济,九二濡尾而在坎中,失位未变,故未出中也。

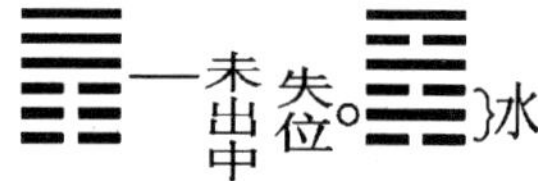

濡其尾,无攸利,不续终也。

注　否阴消阳,至剥终坤,终止则乱,其道穷也。乾五之二,坤杀不行,故不续终也。

释　否阴上消至剥终坤,此即既济之终止则乱,其道穷也。故否五之二而成未济,止下卦坤杀,亦为救否之道,可不续终于坤乱也。然未济六爻失正,故濡其尾,无攸利,宜反为既济也。

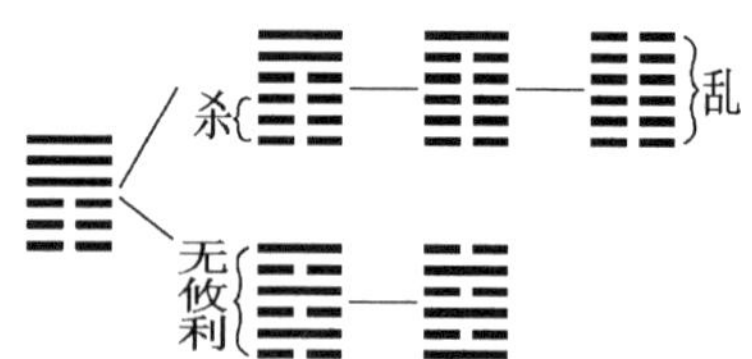

《象》曰:君子以慎辨物居方。

注　君子,否乾也。艮为慎。辨,别也。物谓乾阳物也,坤阴物也。艮为居，坤为方，乾别五以居坤二，故以慎辨物居方也。

释　否上卦乾为君子，下参艮为慎为居，下卦坤为方，物谓乾阳物坤阴物。辨，别也。否成未济，乾别以五居坤二，故君子以慎辨物居方也。

九二贞吉，中以行正也。

注　谓初已正，二动成震，故行正。

释　未济初正卦为睽，睽二动卦为噬嗑。噬嗑下卦震为行，初二已正，故中以行正也。

君子之光，其晖吉也。

注　动之正，乾为大明，故其晖吉也。

释　未济五动之正，卦为讼。讼上卦乾为大明，故其晖吉也。

饮酒濡首，亦不知节也。

注　节，止也。艮为节，饮酒濡首，故不知节矣。

释　否下参艮为节，饮酒濡首而否成未济，艮象不见，故不知节矣。

卷　下

系　辞　上

天尊地卑，乾坤定矣。

注　天贵故尊，地贱故卑。定谓成列。

释　天贵地贱而有尊卑。定谓成列，即纳甲也。

卑高以陈，贵贱位矣。

注　乾高贵五，坤卑贱二。列贵贱者，存乎位也。

释　九五乾高贵，六二坤卑贱。列贵贱者，存乎位也。

高贵 卑贱

动静有常，刚柔断矣。

注　断，分也。乾刚常动，坤柔常静，分阴分阳，迭用柔刚。

释　乾刚常动，坤柔常静，故动静有常。动分阳为刚以象昼，静分阴为柔以象夜，故刚柔断矣。断，分也。

刚动阳昼　柔静阴夜

方以类聚，物以群分，吉凶生矣。

注　物三称群。坤方道静，故以类聚。乾物动行，故以群分。乾生故吉，坤杀故凶，则吉凶生矣。

释　坤为方而其道静，故以类聚。乾为阳物而动行，故以群分。物三称群也。乾分而生故吉，坤聚而杀故凶，则吉凶生矣。

动行生吉　方静杀凶

在天成象，在地成形，变化见矣。

注　谓日月在天成八卦。震象出庚，兑象见丁，乾象盈甲，巽象伏辛，艮象消丙，坤象丧乙，坎象流戊，离象就己，故在天成象也。在地成形，谓震竹巽木，坎水离火，艮山兑泽，乾金坤土。在天为变，在地为化，刚柔相推，而生变化矣。

释　在天成象，谓日月在天成八卦也，八卦成列而乾坤定矣（图见《系辞下》）。在地成形，谓震为苍筤竹，巽为木，坎为水，离为火，艮为山，兑为泽，乾为金，坤为土等。乾刚坤柔，相推而生变化，乃变于天而化于地也。

在地成形

是故刚柔相摩，八卦相荡。

注　旋转称摩，薄也。乾以二五摩坤，成震坎艮。坤以二五摩乾，成巽离兑。故刚柔相摩，则八卦相荡也。

释　乾刚坤柔，乾坤二五相摩，刚柔相摩而卦成坎离也。坎下参震，上参艮，离下参巽，上参兑，故八卦相荡也。

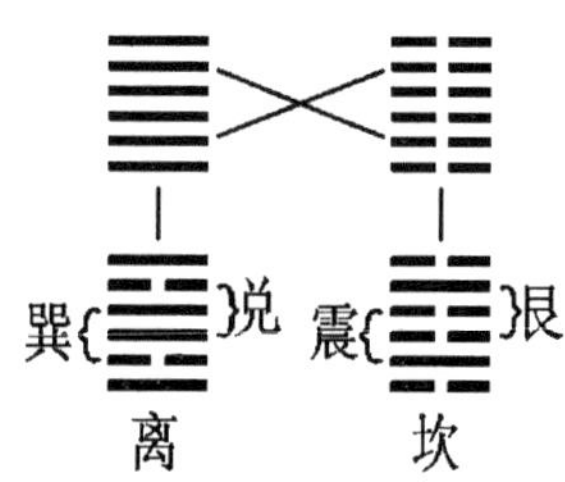

鼓之以雷霆，润之以风雨，日月运行，一寒一暑。

注　鼓，动。润，泽也。雷震霆艮，风巽雨兑也。日离月坎，寒乾暑坤也。运行往来，日月相推而明生焉，寒暑相推而岁成焉，故一寒一暑也。

释　震为雷，艮为霆，巽为风，兑为雨，离为日，坎为月，乾为寒，坤为暑，此八卦在天之象也。鼓动以雷霆，润泽以风雨，日月相推而生明，寒暑相推而成岁矣。

乾以易知，坤以简能。

注　阳见称易，阴藏为简。简，阅也。乾息昭物，天下文明，故以易知。坤阅藏物，故以简能矣。

释　乾阳见而坤阴藏，见则易知，藏则简能。简，阅也。以象而言，乾息坤而阳见，九二通坤六五，天下文明也，故以易知。坤卦阴物，阏藏于比九五，下顺从也，故简能矣。

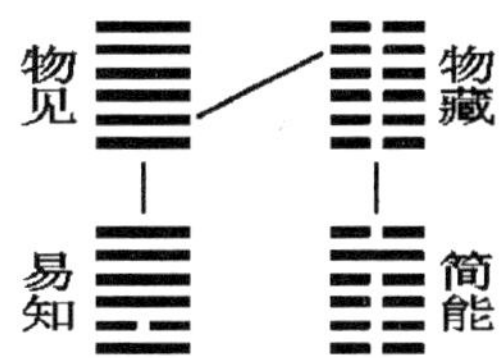

易则易知，简则易从。

注　乾悬象著明，故易知。坤阴阳动辟，故易从。不习无不利，地道光也。

释　乾悬象著明莫大乎日月，故易知，圣人作而万物睹也。坤阴应阳而其动也辟，故易从。以象而言，乾五之坤二而成大有、师。师二上之五得位而成比，六二不习无不利，地道光也。大有上卦离为日，比上卦坎为月，日月相推而明生焉。

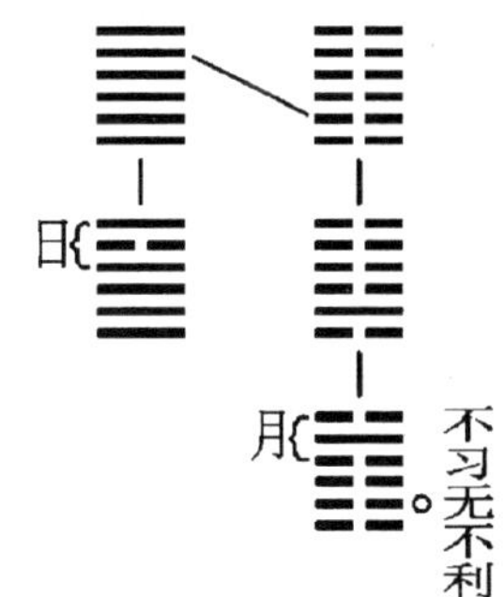

易知则有亲，易从则有功。

注　阳道成乾为父，震坎艮为子，本乎天者亲上，故易知则有亲。以阳从阴，至五多功，故易从则有功矣。

释　乾二五摩坤而成震坎艮，三子本天而亲乾父也，故易知则有亲。以阳从阴者，震坎艮之成于坤也。乾二之坤五，阳始通阴，五多功，故易从则有功矣。

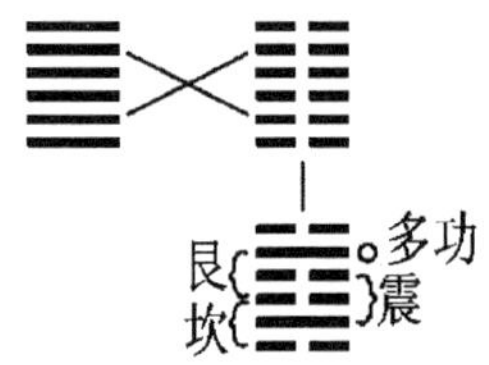

易简而天下之理得矣。

注　易为乾息，简为坤消。乾坤变通，穷理以尽性，故天下之理得矣。

释　此以十二辟卦释易简也。由复临而至乾，穷理也，是谓易。由姤遯而至坤，尽性也，是谓简。穷理尽性以至于命，故天下之理得矣。

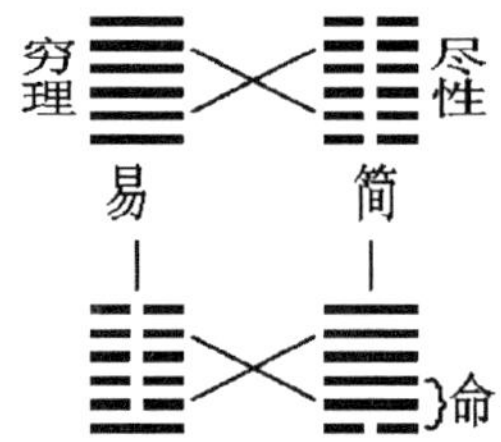

刚柔相推而生变化。

注　刚推柔生变，柔推刚生化也。

释　乾刚坤柔相推而生六十四卦。刚推柔则生变于天，柔推刚而生化于地。变于天者，日月在天生八卦也。化于地者，竹木水火山泽金土也。

是故吉凶者，失得之象也。

注　吉则象得，凶则象失也。

释　六十四卦中，凡得位则吉，失位则凶也。

悔吝者，忧虞之象也。

注　悔则象忧，吝则象虞也。

释　悔者忧而近吉，吝则虞而近凶也。虞同娱。

是故君子所居而安者，易之象也。

注　君子谓文王。象谓乾二之坤成坎月离日，日月为象。君子黄中通理，正位居体，故居而安者，易之象也。旧读象误作厚，或作序，非也。

释　乾二之坤五而成同人比。同人下卦离为日，比上卦坎为月，日月为象。坤五之乾二，黄中通理，正位居体，居而安者，易之象也。

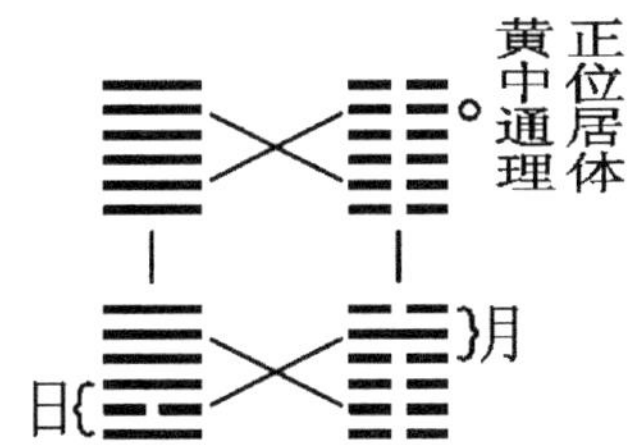

所变而玩者，爻之辞也。

注　爻者，言乎变者也。谓乾五之坤，坤五动则观其变。旧作乐，字之误。

释　乾五之坤二，二上之五，故坤五动则观其变。所变而玩者，爻之辞也。爻者，言乎变者也。

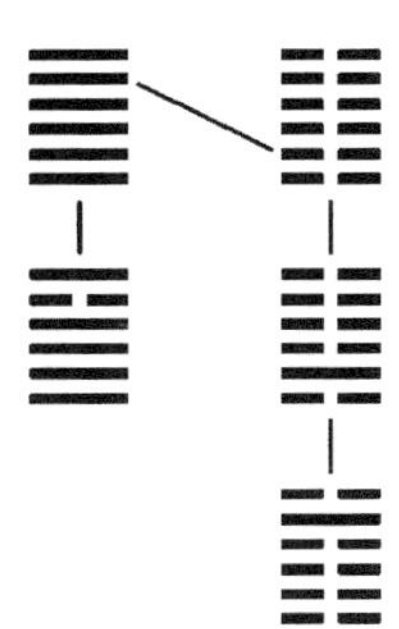

是故君子居则观其象而玩其辞。

注　玩，弄也。谓乾五动成大有，以离之目，观天之象。兑口玩习所系之辞，故玩其辞。

释　乾五动之坤二，而乾成大有。大有上卦离目观天之象，上参兑口玩习所系之辞，故观其象而玩其辞。

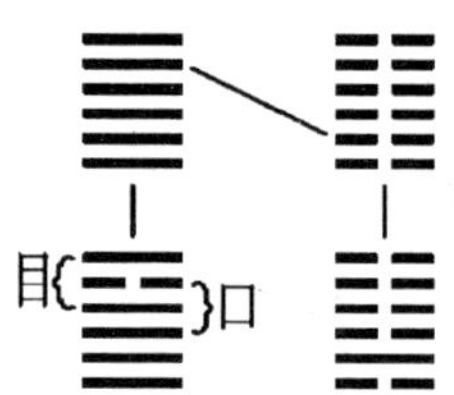

动则观其变而玩其占。

注　谓观爻动也。以动者尚其变，占事知来，故玩其占。

释　三百八十四爻，动成四千零九十六卦。动者尚变，占事知来，故观其变而玩其占。

是以自天右之，吉无不利。

注　谓乾五变之坤成大有，有天地日月之象。文王则庖犧，亦与天地合德，日月合明。天道助顺，人道助信，履信思顺，故自天右之，吉无不利也。

释　乾五变之坤二，而乾成大有、师。师成比，比上卦坎为月，下卦坤为地。大有上卦离为日，下卦乾为天。故有天地日月之象。文王则庖犧乾五，故自天右之，吉无不利也(详见十一章)。

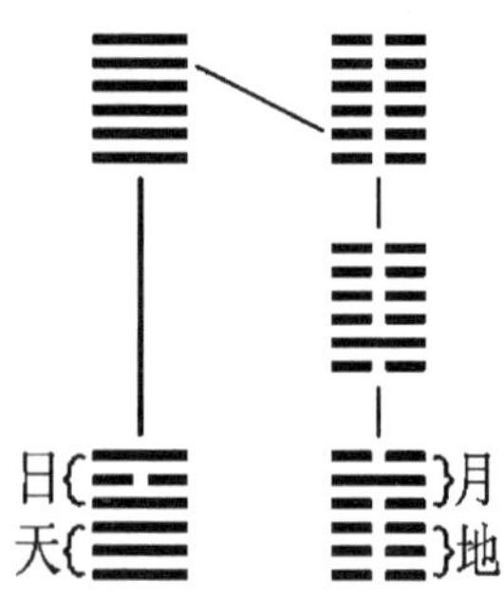

彖者，言乎象者也。

注　在天成象，八卦以象告。彖说三才，故言乎象也。

释　日月在天而成八卦之象，故八卦以象告。彖说三才，天象在焉，故言乎象者也。

爻者，言乎变者也。

注　爻有六画，所变而玩者，爻之辞也。谓九六变化，故言乎变者也。

释　爻六画之九六，变化而成四千零九十六卦。故爻者，言乎变者也。

吉凶者，言乎其失得也。

注　得正言吉，失位言凶也。

释　三百八十四爻中，一百九十二爻得正言吉，一百九十二爻失位言凶也。

无咎者，善补过也。

注　失位为咎，悔变而之正，故善补过。孔子曰“退思补过”者也。

释　三百八十四爻中，一百九十二爻失位为咎。若悔变而之正，则六十四卦皆成既济定，故善补过无咎也。孔子曰“退思补过”是也。

辩吉凶者存乎辞。

注　辩，别也。

释　观象系辞，辞者所以辩别爻位得失之吉凶也。

忧悔吝者存乎介。

注　介，纤也。介如石焉，断可识也，故存乎介，谓识小疵。

释　能识纤介之小疵，则忧悔而之正，犹豫四之初而成复，不识则吝而有小疵也。

震无咎者存乎悔。

注　震，动也。有不善未尝不知之，知之未尝复行。无咎者善补过，故存乎悔也。

释　复下卦震，动也。颜氏之子不迁怒，不贰过，动以其道，无咎者善补过，故存乎悔。无祇悔，元吉也。

辞有险易。辞也者，各指其所之。

注　阳易指天，阴险指地。圣人之情见乎辞，故指所之。

释　乾阳为天，易也。坤阴为地，险也。圣人之情见乎辞，故阳指其易，而阴指其险也。

易与天地准，故能弥纶天下之道。

注　准，同也。弥，大。纶，络。谓易在天下，包络万物，以言乎天地之间则备矣，故与天地准也。

释　易言乎天地之间则备，故能弥纶天下之道而与天地准。准，同也。弥，大。纶，络。谓易大而能纶络天下之道，故同于天地也。

精气为物,游魂为变,是故知鬼神之情状。与天地相似,故不违。

注　魂阳物,谓乾神也,变谓坤鬼。乾纯粹精,故主为物。乾流坤体,变成万物,故游魂为变也。乾神似天,坤鬼似地。圣人与天地合德,鬼神合吉凶,故不违。

释　《文言》曰:“大哉乾乎,刚健中正,纯粹精也。”故乾之精气主为物。又乾为神为魂,坤为鬼,乾流坤体,变成万物。故游魂为变,变为坤鬼之因精气而变成万物也。圣人德合天地,吉凶合鬼神,故知乾神似天、坤鬼似地而不违焉。

继之者善也,成之者性也。

注　继,统也。谓乾能统天生物,坤合乾性,养化成之,故继之者善,成之者性也。

释　《彖》曰:“大哉乾元,万物资始,乃统天。”又曰:“至哉坤元,万物资生,乃顺承天。”故乾之善统天以生物,坤则合乾性以养化之,故乾坤成两既济,《彖》曰“各正性命,保合太和”是也。

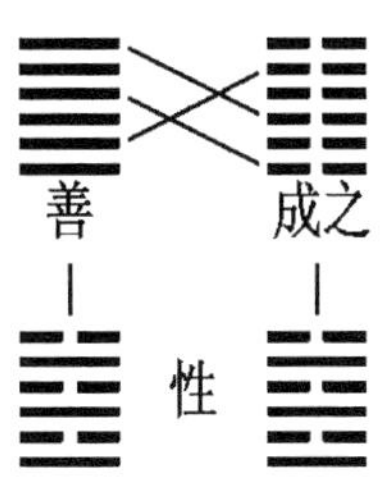

通变之谓事。

注　事谓变通趋时,以尽利天下之民,谓之事业也。

释　《系》曰:“变通配四时。”又曰:“变而通之以尽利。”“举而措之天下之民谓之事业。”事者以时而变通尽利，然后措之天下之民也。

夫易广矣大矣。

注　乾象动直，故大。坤形动辟，故广也。

释　在天成象，在地成形。乾象其动也直，故大。坤形其动也辟，故广。广大配天地也。

以言乎远则不御，以言乎迩则静而正。

注　御，止也。远谓乾，天高不御也。迩谓坤，坤至静而德方，故正也。

释　御，止也。乾为远，坤为迩。乾天高而不御，坤地至静而德方，故远则不御，迩则静而得承天之正也。

以言乎天地之间则备矣。

注　谓易广大悉备，有天地人道焉，故称备也。

释　天地之间合人为三才。易有天道、地道、人道，三才皆全，故称备矣。

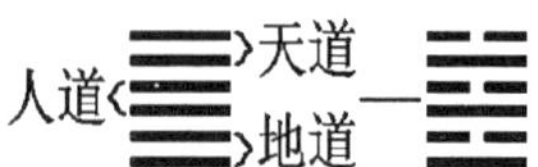

变通配四时。

注　变通趋时，谓十二月消息也。泰、大壮、夬配春，乾、姤、遯配夏，否、观、剥配秋，坤、复、临配冬。谓十二月消息相变通，而周于四时也。

释　十二月消息卦，以建寅言，泰、大壮、夬为正、二、三月，配春也。乾、姤、遯为四、五、六月，配夏也。否、观、剥为七、八、九月，配秋也。坤、复、临为十、十一、十二月，配冬也。是谓变通配四时。

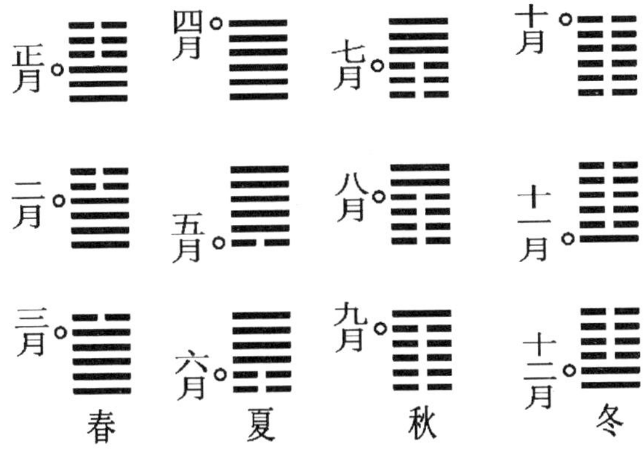

夫易，圣人之所以崇德而广业也。

注　崇德效乾，广业法坤也。

释　乾为崇德，坤为广业。圣人德合天地，所以崇德而广业也。

知崇体卑，崇效天，卑法地。

注　知谓乾，效天崇。体谓坤，法地卑也。

释　乾知崇而效天，坤体卑而法地。

天地设位，而易行乎其中矣。

注　位谓六画之位，乾坤各三爻，故天地设位。易出乾入坤，上下无常，周流六虚，故易行乎其中也。

释　乾坤各三爻，谓否泰也，故天地设位。又出乾入坤而成六十四卦，上下无常，周流六虚，故易行乎其中矣。

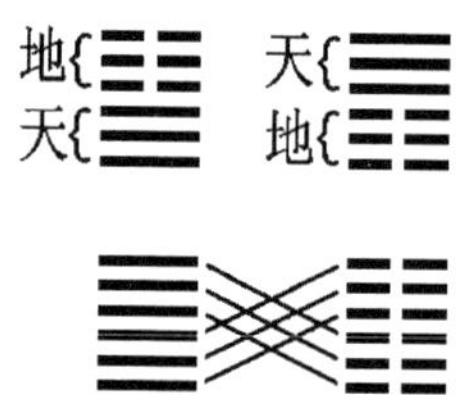

成性存存，道义之门。

注　知终终之，可与存义也。乾为道门，坤为义门。成性，谓成之者性也。阳在道门，阴在义门，其易之门邪。

释　乾坤为易之门，乾道门，坤义门。出乾入坤，坤合乾性，故成性存存，道义之门。谓乾坤成两既济，而可与存义也。

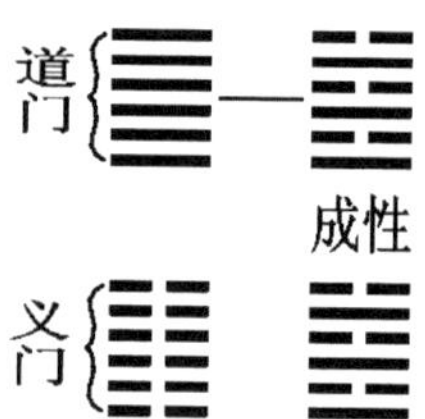

圣人有以见天下之啧，而拟诸其形容，象其物宜，是故谓之象。

注　乾称圣人，谓庖犧也。啧，谓初。自上议下称拟，形容谓阴，在地成形者也。物宜谓阳，远取诸物，在天成象，故象其物宜。象，谓三才，八卦在天也，庖犧重为六画也。

释　圣人谓庖犧，啧谓初九乾元也。乾元唯圣人见之，故拟诸形容。形容谓阴者，乾流坤形，而在地成形也。物宜谓阳者，物宜由象像之，而在天成象也。又八卦在天，庖犧重为六画而成六十四卦，兼三才而两之，远取诸物，以象其物宜，是故谓之象。

圣人有以见天下之动。

注　重言圣人，谓文王也。动，谓六爻矣。

释　谓文王演易而动成六爻，即观六十四卦卦象而动成三百八十四爻也。

言天下之至啧而不可恶也。

注　至啧无情，阴阳会通，品物流宕，以乾开坤，易之至也。元，善之长，故不可恶也。

释　以乾开坤，阴阳会通，而推情合性，故至啧无情，易之至也。初九乾元，善之长，故不可恶也。

言天下之至动而不可乱也。

注　以阳动阴，万物以生，故不可乱。六二之动直以方。动，旧误作啧也。

释　乾流坤形，以阳动阴而生万物，至动也。观其会通，以行其典礼，故不可乱。坤六二之动，阳直而阴方，不乱之谓也。

拟之而后言，议之而后动。

注　以阳拟坤而成震。震为言议为后动，故拟之而后言，议之而后动。安其身而后动，谓当时也矣。

释　自上议下称拟。坤初拟之而成复，下卦震为言为议为后动，故拟之而后言，议之而后动。又下参坤为安身，安其身而后动，谓当益卦之时也。

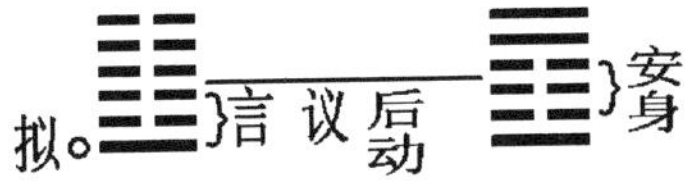

拟议以成其变化。

注　议天成变，拟地成化。天施地生，其益无方也。

释　乾流坤形，坤五上爻成阳，议天成变也。初爻成阳，拟地成化也。故拟议以成其变化，其卦为益，故曰天施地生，其益无方也。

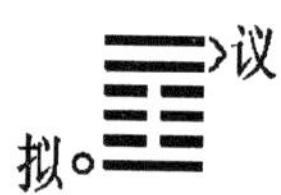

子曰：君子居其室，出其言善。

注　君子谓初也。二变五来应之，艮为居。初在艮内，故居其室。震为出言，讼乾为善，故出言善。此亦成益卦也。

释　讼上卦乾为善。讼而中孚，中孚初九为君子。九二变而正，卦为益，益上参艮为居，下卦震为出言。初九在艮内，故君子居其室，出其言善。与拟议之象同，故亦成益卦也。

善　君子　居　出言

则千里之外应之，况其迩者乎。

注　谓二变则五来应之，体益卦。坤数十，震为百里。十之，千里也。外谓巽震巽同声，同声者相应，故千里之外应之。迩谓坤，坤为顺，二变顺初，故况其迩者乎。此信及遯鱼者也。

释　中孚二变成益，益五应二，下参坤数十，下卦震为百里，百里十之，千里也。外谓巽，内卦震与外卦巽同声相应，故千里之外应之。又上互遯，上卦巽为鱼，故犹信及遯鱼。下参坤为迩为顺，中孚九二变成六二以顺初九，故况其迩者乎。

居其室，出其言不善。

注　谓初阳动，入阴成坤，坤为不善也。

释　中孚而益，益初动，初九入阴，卦成观。观下卦坤为不善，故居其室，出其言不善。

则千里之外违之，况其迩者乎。

注　谓初变体剥，弑父弑君。二阳肥遯，则坤违之而承于五，故千里之外违之，况其迩者乎。

释　中孚二变成益，益初变卦为观。观中互剥，弑父弑君。上互遯而二阳肥遯，初六失位，六四违之而承九五，故千里之外违之，况其迩者乎。

言出乎身，加乎民。

注　震为出为言，坤为身为民也。

释　中孚而益，益下卦震为出为言，下参坤为身为民。故言出乎身，加乎民。

行发乎迩，见乎远。

注　震为行，坤为迩，乾为远，兑为见，谓二发应五，则千里之外，故行发迩见远也。

释　又讼上卦乾为远。讼而中孚，中孚下卦兑为见。二发应五而为益，益下参坤为迩，下卦震为行，故行发乎迩见于远。

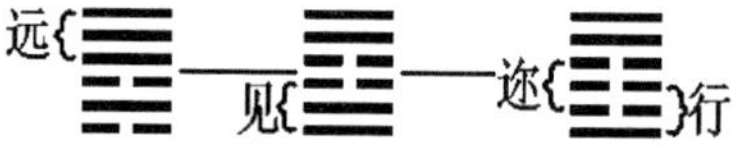

远　见　迩　行

可不慎乎。

注　二已变成益，巽四以风动天，震初以雷动地。中孚十一月，雷动地中，艮为慎，故可不慎乎。

释　以卦气言，中孚属十一月。二变成益，益上卦巽为风，下卦震为雷，上参艮为慎。巽四风动天，震初雷动地，故可不慎乎。

风　慎　雷

子曰：君子之道，或出或处，或默或语。

注　乾为道，故称君子也。同人反师，震为出为语，坤为默，巽为处，故或出或处，或默或语也。

释　同人上卦乾为道为君子，故称君子之道。又下参巽为处，同人反师，师上卦坤为默，下参震为出为语，故或出或处，或默或语。

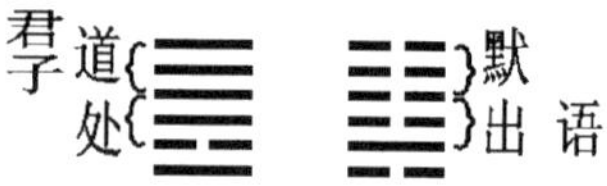

君子　道　处　默　出　语

二人同心，其利断金。

注　二人谓夫妇。师震为夫，巽为妇，坎为心，巽为同。六二震巽俱体师坎，故二人同心。巽为利，乾为金，以离断金，故其利断金。谓夫出妇处，妇默夫语，故同心也。

释　同人反师。师下参震为夫，下卦坎为心，同人下参巽为妇为同。震巽同体坎心，故二人同心。又同人上卦乾为金，下参巽为利，以离火断金，故其利断金。

夫　心　金　妇 同 利

同心之言，其臭如兰。

注　臭，气也。兰，香草。震为言，巽为兰，离日燥之，故其臭如兰也。

释　师下参震为言，而震巽同体下卦坎心，故为同心之言。又同人下参巽为兰，下卦离日燥之而生气，臭，气也，故其臭如兰。

言　心　兰　日

初六，藉用白茅，无咎。

注　其初难知，阴又失正，故独举初六。

释　于大过卦中所以举初六者，其初难知而阴爻失位也。

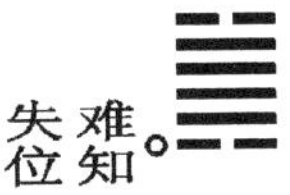

子曰：苟错诸地而可矣，藉之用茅，何咎之有，慎之至也。

注　苟，或。错，置也。颐坤为地，故苟错诸地。今藉以茅，故无咎也。

释　大过旁通颐，颐中互坤为地，故苟错诸地而可矣。苟，或。错，置也。今慎而藉以茅，故无咎也。

茅　地

夫茅之为物薄，而用可重也。

注　阴道柔贱，故薄也。香絜可贵，故可重也。

释　大过下卦巽为茅，初六阴道柔贱，故薄也。而茅之为物，香絜可贵，故可重也。

子曰：劳而不伐，有功而不德，厚之至也。

注　坎为劳，五多功。乾为德，德言至。以上之贵，下居三贱，故劳而不伐，有功而不德。艮为厚，坤为至，故厚之至也。

释　乾上卦乾为德，九五多功，上九为贵。今乾上来之坤三而成谦，谦下参坎为劳，三为贱，下卦艮为厚，上卦坤为至。故劳而不伐，有功而不德，厚之至也。

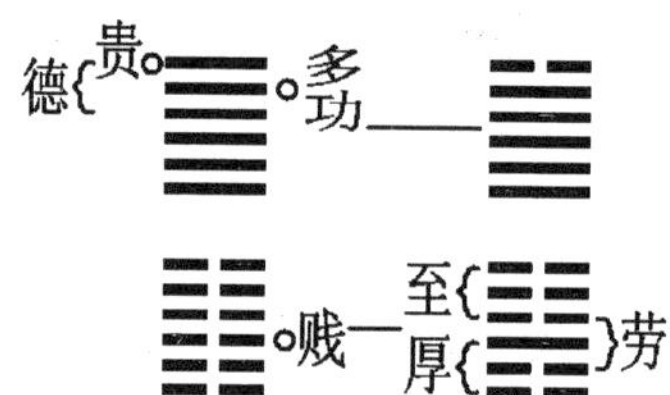

语以其功下人者也。

注　震为语，五多功，下居三，故以其功下人者也。

释　谦上参震为语，五多功。乾上不居五而下居三，故以其功下人者也。

德言盛，礼言恭。谦也者，致恭以存其位者也。

注　谦旁通履，乾为盛德，坤为礼。天道亏盈而益谦，三从上来，同之盛德，故恭。震为言，故德言盛，礼言恭。坎为劳，故能恭。三得位，故以存其位者也。

释　谦三从乾上来，天道亏盈而益谦，此周之盛德，故恭。谦旁通履，履上卦乾为盛德。谦上卦坤为礼，上参震为言，故德言盛，礼言恭。又谦下参坎为劳，故能恭。九三得位，故致恭以存其位者也。

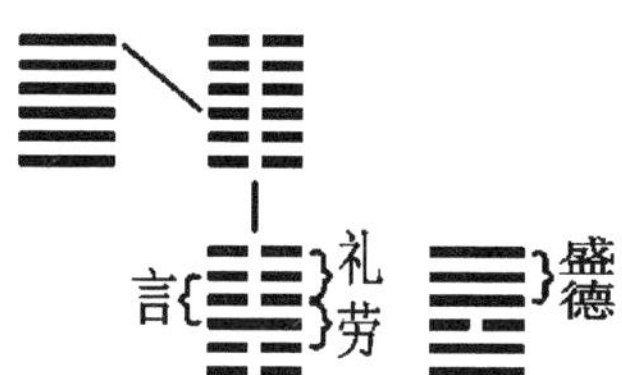

子曰：贵而无位，高而无民。

注　天尊故贵。以阳居阴，故无位。在上，故高。无阴，故无民也。

释　乾为天，天尊而贵。上九在上而高，居于阴位而全卦无阴，坤阴为民，故贵而无位，高而无民。

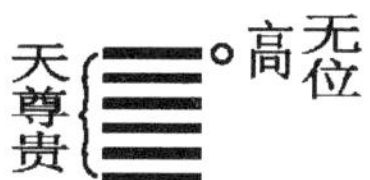

贤人在下位，

注　乾称贤人。下位，谓初也。遯世无闷，故贤人在下位而不忧也。

释　乾称贤人，下位初九也。初九潜龙，遯世无闷，确乎不拔，故贤人在下位而不忧也。

而无辅，是以动而有悔也。

注　谓上无民，故无辅。乾盈动倾，故有悔。文王居三，纣亢极上，故以为诫也。

释　乾卦无阴而无民，故上无辅。盈不可久，动则倾，故动而有悔。九三周之盛德，上九纣之亢极也。

子曰：乱之所生也，则言语以为阶。

注　节本泰卦。坤为乱，震为生为言语，坤称阶，故乱之所生，则言语以为阶也。

释　节由泰来。泰上卦坤为乱为阶，上参震为生为言语，故乱之所生也，则言语以为阶也。

阶 乱 生 言 语

君不密则失臣，臣不密则失身。

注　泰乾为君，坤为臣为闭，故称密。乾三之坤五，君臣毁贼，故君不密则失臣。坤五之乾三，坤体毁坏，故臣不密则失身。坤为身也。

释　泰下卦乾为君，上卦坤为臣为身为闭，闭故称密。泰而节，乾三之坤五，君臣毁贼而失臣。坤五之乾三，坤体毁坏而失身也。

闭 身 臣
君
失臣
失身

几事不密则害成。

注　几，初也。谓二已变成坤，坤为事，故几事不密。初利居贞，不密初动则体剥，子弑其父，臣弑其君，故害成。

释　节二变，卦为屯，屯下参坤为事。几谓初，屯初九利居贞，几事也。不密而初动卦为比，比下伍剥，子弑父，臣弑君，故害成。

是以君子慎密而不出也。

注　君子谓初。二动坤为密,故君子慎密。体屯盘桓,利居贞,故不出也。

释　初九为君子。节二动,卦为屯。屯下参坤为密,上参艮为慎。初九君子盘桓利居贞,故慎密而不出也。

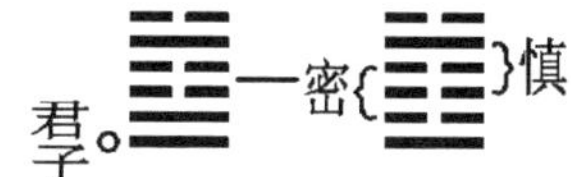

子曰:为易者其知盗乎。

注　为易者谓文王。否上之二成困,三暴慢,以阴乘阳,二变入宫为萃。五之二夺之成解,坎为盗,故为易者其知盗乎。

释　否上之二成困,困六三暴慢而乘九二之阳,故二变卦为萃。萃下参艮为宫,上参巽为入,六三入宫而五之二夺之,卦成解。解下卦坎为盗,故为易者其知盗乎。

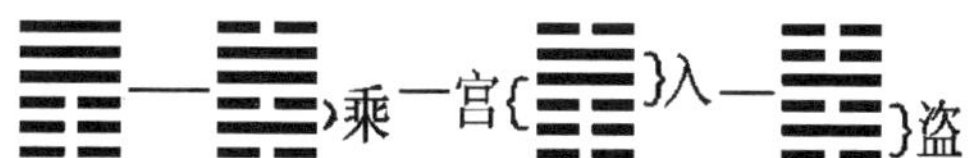

负也者,小人之事也。

注　阴称小人,坤为事。以贱倍贵,违礼悖义,故小人之事也。

释　由困而萃,萃六三阴称小人。下卦坤为事,三也。下参艮为宫,四也。负,倍也。以四艮倍五,三贱而五贵,故为以贱倍贵,违礼悖义,乃小人之事也。

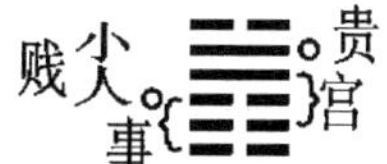

乘也者，君子之器也。

注　君子谓五。器，坤也，坤为大车，故乘君子之器也。

释　萃九五为君子，下卦坤为器为大舆，故君子之器谓大舆。九五应六二，故乘也者，君子之器也。

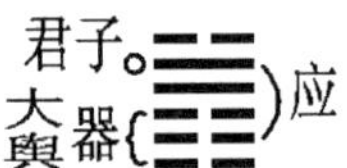

小人而乘君子之器，盗思夺之矣。

注　小人谓三，既违礼倍五，复乘其车。五来之二成坎，坎为盗，思夺之矣。为易者知盗乎，此之谓也。

释　萃六三小人，既倍五而复乘其车，故五来之二而卦成解。解下卦坎为盗，盗思夺之矣，乃夺为小人所乘之君子之器也。

负且乘　小人　盗

上慢下暴，盗思伐之矣。

注　三倍五，上慢乾君而乘其器，下暴于二。二藏于坤，五来寇三，以离戈兵，故称伐之。坎为暴也。

释　否而困，困下卦坎为暴。六三乘刚而下暴于二，故二变藏于坤而卦为萃。萃六三倍五，上慢乾君而乘其器，故萃五之二，寇三而卦成解。解下卦坎为盗，下参离为戈兵，以戈兵故称伐。六三上慢下暴，故盗思伐之矣。

慢藏悔盗，野容悔淫。

注　坎心为悔，坤为藏，兑为见。藏而见，故慢藏。三动成乾为野，坎水为淫。二变藏坤，则五来夺之，故慢藏悔盗，野容悔淫。

释　困下卦坎心为悔，悔谓悔恨。二变成萃，萃下卦坤为藏，上卦兑为见，藏而见，故慢藏。又萃三动卦成咸，咸上参乾为野，萃下卦坤为容，故萃六三为野容。萃而解，解下卦坎为盗。又坎水为淫，下参离为中女，乃五来之二，夺其藏而淫其女也。故慢藏悔盗，野容悔淫。

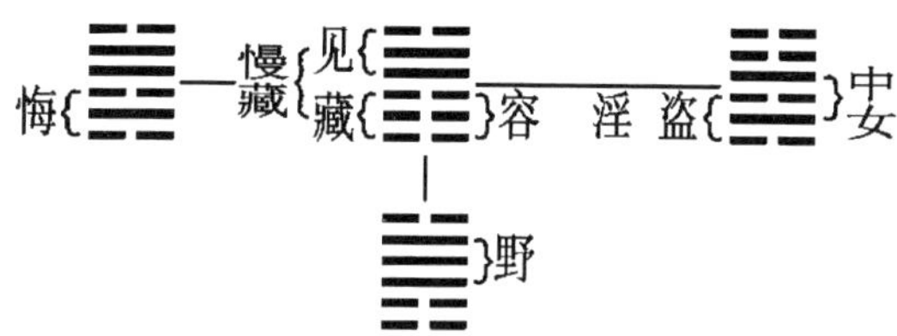

易曰：负且乘，致寇至，盗之招也。

注　五来夺三，以离兵伐之，故变寇言戎，以成三恶。二藏坤时，艮手招盗，故盗之招。

释　困二藏坤而卦为萃，萃下参艮手为招。萃五之二夺三而卦成解，解下卦坎为盗，下参离为戈兵。以戈兵夺三，故变寇言戎，以成六三招盗之恶也。虞本此处作致戎至。

归奇于扐以象闰。

注　奇所挂一策，扐所揲之余，不一则二，不三则四也。取奇以归扐，扐并合挂左手之小指为一扐，则以闰月定四时成岁，故归奇于扐以象闰者也。

释　奇者，挂一以象三之一策也。扐，所揲之余策。盖揲以四，故扐数不一则二，不三则四也。取奇以归扐，又并合两手之扐，以挂于左手之小指间，是名为一扐。夫历以闰月定四时成岁，此扐之策数即象闰，故归奇于扐以象闰者也。

五岁再闰，故再扐而后挂。

注　谓已一扐，复分挂，如初揲之归奇于初扐。并挂左手次小指间为再扐，则再闰也。又分挂揲之如初，而挂左手第三指间成一变，则布挂之一爻，谓已二扐，又加一为三，并重合前二扐为五岁，故五岁再闰，再扐而后挂，此参五以变。据此为三扐，不言三闰者，闰岁余十日，五岁闰六十日尽矣。后扐闰余分，不得言三扐二闰，故从言再扐而后挂者也。

释　一扐后，以所余之策，复分挂而揲之，归奇于扐亦同。而挂于左手次小指间，即三四指间，是为再扐，则再闰也。再扐后，以所余之策，复分挂而揲之，挂于左手第三指间，名之曰后扐。唯后扐不归奇，故三扐三岁也。又重合归奇之二扐为五岁，故五岁再闰，再扐而后挂，此参五以变也。据此为三扐，不言三扐者，后扐无归奇也。又不言三闰者，闰岁余十日，故五岁再闰而六十日尽矣。后扐为闰余分而不足三闰也。

天数五，地数五。

注　天数五，谓一、三、五、七、九。地数五，谓二、四、六、八、十也。

释　天数奇，故五数谓一、三、五、七、九。地数偶，故五数谓二、四、六、八、十也。

五位相得而各有合。

注　五位谓五行之位。甲乾乙坤相得合木，谓天地定位也。丙艮丁兑相得合火，山泽通气也。戊坎己离相得合土，水火相逮也。庚震辛巽相得合金，雷风相薄也。天壬地癸相得合水，言阴阳相薄而战于乾。故五位相得而各有合。或以一六合水,二七合火,三八合木,四九合金,五十合土也。

释　是即八卦成列也。图见《系辞下》,或可以数合,即河图也。

天数二十有五,地数三十。凡天地之数五十有五。

注　一、三、五、七、九,故二十五也。二、四、六、八、十,故三十也。天二十五,地三十,故五十有五。天地数见于此,故大衍之数略其奇五,而言五十也。

释　五天数之和二十五,五地数之和三十。故天地之数,其和五十有五也。大衍之数,即本乎此而略其奇五也。

引而信之,触类而长之。

注　引谓庖犧引信三才,兼而两之以六画。触,动也。谓六画以成六十四卦,故引而信之,触类而长之。其取类也大,则发挥刚柔而生爻也。

释　八卦而小成,庖犧引信三才,兼而两之以六画,故引而信之,触类而长之,谓成六十四卦也。触,动也。动长而成六十四卦,其取类也大。六画称爻,则发挥刚柔而生爻也。

天下之能事毕矣。

注　谓乾以简能,能说诸心,能研诸侯之虑,故能事毕。

释　以乾通坤,故能说诸心,能研诸侯之虑,而天下之能事毕矣。注文乾当为坤。

显道神德行。

注　显道神德行,乾二五之坤,成离日坎月。日月在天,运行照物,故显道神德行。默而成,不言而信,存于德行者也。

释　乾二五之坤而成坎离。坎为月，离为日，日月在天，运行照物，故显道神德行。天何言哉，四时行焉，百物生焉。故默而成之，不言而信，存乎德行者也。

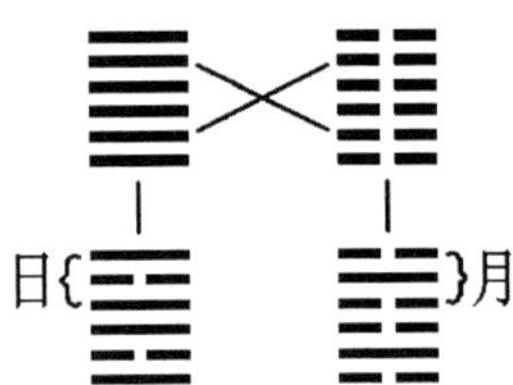

子曰：知变化之道者，其知神之所为乎。

注　在阳称变，乾二之坤。在阴称化，坤五之乾。阴阳不测之谓神，知变化之道者，故知神之所为。诸儒皆上“子曰”为章首，而荀马又从之，甚非者矣。

释　阳变阴化，乾二之坤五为变，坤五之乾二为化。阴阳之变化不测，是谓神也。故知变化之道者，知神之所为也。

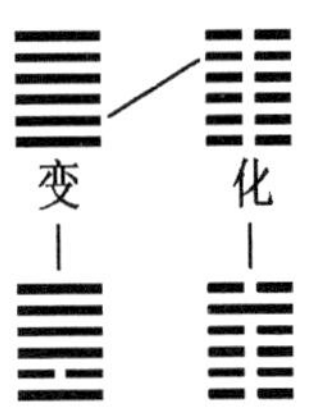

以言者尚其辞。

注　圣人之情见于辞，系辞焉以尽言也。

释　圣人系辞以尽言，而情见于辞，故言者尚其辞。

以卜筮者尚其占。

注　乾蓍称筮，动离为龟。龟称卜，动则玩其占，故尚其占者也。

释　卜以龟而筮以蓍。乾为蓍，乾二五动之坤而乾成离，离为龟。

爻动则玩其占，占事知来，故以卜筮者尚其占。

是故君子将有为也，将有行也，问焉而以言。

注　有为谓建侯，有行谓行师也。乾二五之坤成震，有师象，震为行为言问，故有为有行。凡应九筮之法则筮之，谓问于蓍龟，以言其吉凶。爻象动内，吉凶见外，蓍德圆神，卦德方智，故史拟神智以断吉凶也。

释　乾二五之坤，而坤成坎。坎下参震为建侯为行，下互师，故有为谓建侯，有行为行师。又震为问为言，故问焉而以言。凡应九筮之法则筮之，以明非义不筮也。筮则因蓍成卦，爻象动内，吉凶见外，故史拟神智以断吉凶也。

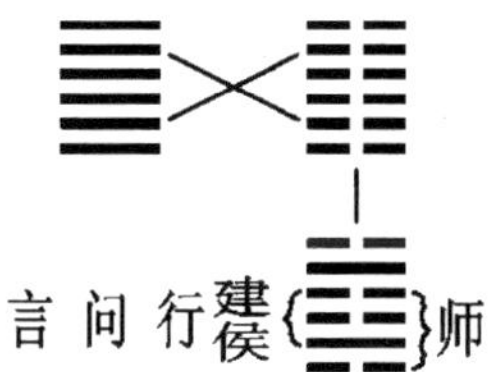

其受命也如响。

注　言神不疾而速，不行而至，不言善应。乾二五之坤成震巽，巽为命，震为响，故受命。同声相应，故如响也。

释　乾二五之坤而成坎离，神之所为也。坎下参震为响，离下参巽为命。震巽同声相应，不疾而速，不行而至，不言善应，故其受命如响。

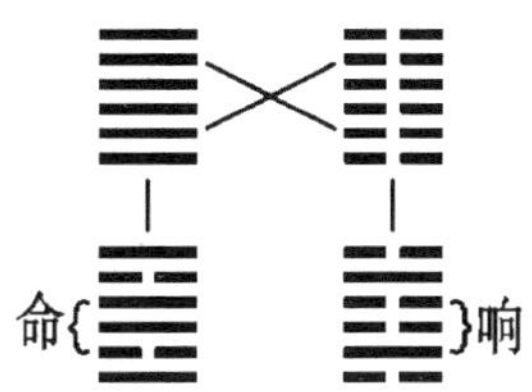

无有远近幽深，遂知来物。

注　远谓天，近谓地。幽谓阴，深谓阳。来物，谓乾神。神以知来，感而遂通，谓幽赞神明而生蓍也。

释　乾神知来，感而遂通，故远近幽深，莫不知焉。谓生蓍尚占也。

非天下之至精，其孰能与于此。

注　至精，谓乾纯粹精也。

释　唯乾之纯粹精，故为至精。而能与于此，谓知来物也。

参五以变，错综其数。

注　逆上称错。综，理也。谓五岁再闰，再扐而后挂，以成一爻之变，而倚六画之数。卦从下升，故错综其数，则三天两地而倚数者也。

释　五岁再闰，再扐而后卦，以成一爻之变。是谓参五以变。错者，逆上也。综，理也。成卦之理，从下而升，参天两地而倚数，成六画之卦，故错综其数。

通其变，遂成天地之文。

注　变而通之，观变阴阳始立卦。乾坤相亲，故成天地之文。物相杂，故曰文。

释　乾阳物，坤阴物。乾坤相杂而变通之，以立六十四卦。物相杂，故曰文，遂成天地之文也。

极其数，遂定天下之象。

注　数，六画之数。六爻之动，三极之道，故定天下吉凶之象也。

释　六爻之动，三极之道。故极六画之数，遂定天下吉凶之象，谓得位吉而失位凶也。

非天下之至变，其孰能与于此。

注　谓参五以变，故能成六爻之义，六爻之义易以贡也。

释　参五以变，由一爻而成六爻。六爻之义易以贡，至变之谓也。

易无思也，无为也。

注　天下何思何虑，同归而殊涂，一致而百虑，故无所为，谓其静也专。

释　乾为易，其静也专。无思也，无为也，谓既济定。

寂然不动，感而遂通天下之故。

注　谓隐藏坤初，机息矣。专，故不动者也。感，动也。以阳变阴，通天下之故，谓发挥刚柔而生爻者也。

释　谓复卦初九，以阳变阴，隐藏坤初。专，故寂然不动。下卦震为动，故感而动。遂通天下之故，谓乾刚爻坤柔爻，发挥变动而刚柔爻相生也。

非天下之至神，其孰能与于此。

注　至神谓易，隐初入微，知几其神乎。

释　初九乾元，至神而知几也。

夫易，圣人之所以极深而研几也。唯深也，故能通天下之志。

注　深谓幽赞神明，无有远近幽深，遂知来物，故通天下之志，谓蓍也。

释　乾神知来,幽赞神明而生蓍,故深而能通天下之志。

唯几也,故能成天下之务。

注　务,事也。谓易研几开物,故成天下之务,谓卦者也。

释　以阳通阴,阳息出初,是谓几也。开而当名,以成六十四卦,故易研几开物而成天下之务。务,事也,能事毕矣。

唯神也,故不疾而速,不行而至。

注　神谓易也,谓日月斗在天。日行一度,月行十三度,从天西转,故不疾而速。星寂然不动,随天右周,感而遂通,故不行而至者也。

释　日行一度,月行十三度,一日一夜,从天西转,过周天一度。天行健,故不疾而速。北斗居其所而众星拱之,寂然不动,随天右转,感而遂通,故不行而至者也。日月在天而易,是谓神,乾元之所为也。

天一。

注　水甲。

释　天一生水,于天干属甲。

地二。

注　火乙。

释　地二生火,于天干属乙。

天三。

注　木丙。

释　天三生木,于天干属丙。

地四。

注　金丁。

释　地四生金，于天干属丁。

天五。

注　土戊。

释　天五生土，于天干属戊。

地六。

注　水己。

释　地六成水，于天干属己。

天七。

注　火庚。

释　天七成火，于天干属庚。

地八。

注　木辛。

释　地八成木，于天干属辛。

天九。

注　金壬。

释　天九成金，于天干属壬。

地十。

注　土癸。此则大衍之数五十有五。蓍龟所从生，圣人以通神明之德，以类万物之情。

释　地十成土，于天干属癸。由天一至地十，其和五十有五，是谓天地之数。略其奇五而言五十，是谓大衍之数。此蓍龟之所以生也。圣人以通神明之德，以类万物之情，引信八卦以成六十四卦，蓍策之数备矣。虞氏即以天地之数为大衍之数。凡大衍之数五十者，乃略去奇五耳。犹乾之爻百又八策，略去奇八而为百物云。

子曰：夫易，何为而作也。

注　问易何为取天地之数也。

释　设问庖犠，何为而取天地之数以作易也。

夫易开物成务，冒天下之道，如斯而已者也。

注　以阳辟坤，谓之开物。以阴翕乾，谓之成务。冒，触也。触类而长之如此也。

释　以八卦小成而言，由震兑而乾，以阳辟坤，谓之开物。由巽艮而坤，以阴翕乾，谓之成务。又冒者触也，触类而长之，以成六十四卦，天下之能事毕矣。则开物成务，谓十二消息卦也。夫六十四卦，皆由十有八变而成，幽赞于神明而生蓍，故作易取诸天地之数也。

圣人以此先心，退藏于密，吉凶与民同患。

注　圣人谓庖犠。以蓍神知来，故以先心。阳动入巽，巽为退伏，坤为闭户，故藏密，谓齐于巽以神明其德。阳吉阴凶，坤为民，故吉凶与民同患，谓作易者其有忧患也。

释　庖犠以蓍神知来，故以先心，谓帝出乎震也。又阳动入巽，巽为退伏，由巽而坤，坤为闭户，故藏密，谓齐于巽也。夫出阳吉而入阴凶，坤阴为民，故吉凶与民同患。有忧患而作易，圣人之仁心也。

神以知来，知以藏往。

注　乾神知来，坤知藏往。来谓先心，往谓藏密也。

释　知来即先心，藏往即藏密也。

其孰能与于此哉。

注　谁乎能为此哉，谓古聪明睿知之君也。

释　唯古之聪明睿知神武而不杀者，方能与于知来藏往，谓庖牺也。

古之聪明睿知，神武而不杀者夫。

注　谓大人也。庖牺在乾五，动而之坤，与天地合聪明。在坎则聪，在离则明，神武谓乾，睿知谓坤。乾坤坎离，反复不衰，故而不杀者夫。

释　庖牺德合乾五，动而之坤成坎离。乾为天为神武，坤为地为睿知，坎耳为聪，离目为明。乾坤坎离反复不衰，故聪明睿知神武而不杀者夫。

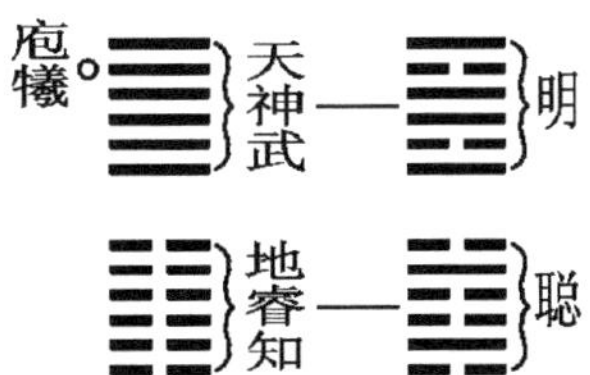

是以明于天之道，而察于民之故。

注　乾五之坤，以离日照天，故明天之道。以坎月照坤，故察民之故。坤为民。

释　乾五之坤，而乾成大有。大有上卦离为日，下卦乾为天。以离日照天，故明于天之道。又大有旁通比，比上卦坎为月，下卦坤为民。以坎月照坤，故察于民之故。

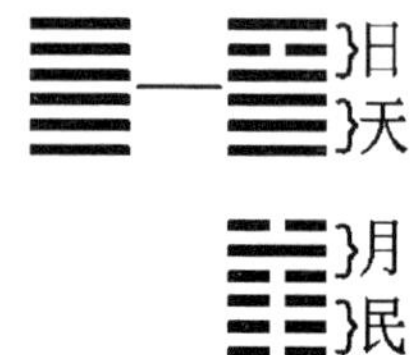

是故阖户谓之坤。

注　阖,闭翕也。谓从巽之坤,坤柔象夜,故以闭户者也。

释　从巽之坤,坤其静也翕为夜,夜以闭户,是故阖户谓之坤。阖,闭翕也。

辟户谓之乾。

注　辟,开也。谓从震之乾,乾刚象昼,故以开户也。

释　从震之乾,乾为昼,昼以开户,是故辟户谓之乾。辟,开也。坤其动也辟,本乾元出震也。

一阖一辟谓之变。

注　阳变阖阴,阴变辟阳,刚柔相推而生变化也。

释　谓出震入巽,乾辟坤阖。十二消息卦,刚柔相推而生变化也。

是故易有太极,是生两仪。

注　太极,太一也。分为天地,故生两仪也。

释　太极,乾元也。两仪,天地也。

两仪生四象。

注　四象,四时也。两仪,谓乾坤也。乾二五之坤,成坎离震兑。震春兑秋,坎冬离夏,故两仪生四象。归妹卦备,故《彖》独称天地之大义也。

释　乾为天，坤为地，故两仪谓乾坤。乾二五之坤，而成坎离。坎为冬，离为夏，坎下参震为春，离上参兑为秋，故两仪生四象。四象，四时也。六十四卦中唯归妹卦备震兑坎离四时之象，故《彖》独称天地之大义也。

四象生八卦。

注　乾二五之坤，则生震坎艮。坤二五之乾，则生巽离兑。故四象生八卦，乾坤生春，艮兑生夏，震巽生秋，坎离生冬者也。

释　乾二五之坤而成坎，坎下参震，上参艮。坤二五之乾而成离，离下参巽，上参兑。故四象生八卦，谓乾甲坤乙生春，艮丙兑丁生夏，震庚巽辛生秋，坎戊离己生冬也。

八卦定吉凶。

注　阳生则吉，阴生则凶。谓方以类聚，物以群分，吉凶生矣。已言于上，故不言生，而独言定吉凶也。

释　乾震坎艮阳生而吉，坤巽离兑阴杀而凶，吉凶生矣。已言于上，故此言八卦定吉凶也。

县象著明莫大乎日月。

注　谓日月县天，成八卦象。三日莫，震象出庚。八日，兑象见丁。十五日，乾象盈甲。十七日旦，巽象退辛。二十三日，艮象消丙。三十日，坤象灭乙。晦夕朔旦，坎象流戊。日中则离，离象就己。戊己土位，象见于中，日月相推而明生焉，故县象著明莫大乎日月者也。

释　是即纳甲也。图见《系辞下》。

崇高莫大乎富贵。

注　谓乾正位于五，五贵坤富，以乾通坤，故崇高莫大乎富贵也。

释　以乾通坤，乾二正位于坤五。五贵坤富，故崇高莫大乎富贵。

备物致用，立成器以为天下利，莫大乎圣人。

注　神农黄帝尧舜也。民多否闭，取乾之坤，谓之备物。以坤之乾，谓之致用。乾为物，坤为器用。否四之初，耕稼之利。否五之初，市井之利。否四之二，舟楫之利。否上之初，牛马之利。谓十二盖取以利天下，通其变，使民不倦，神而化之，使民宜之，圣人作而万物睹，故莫大乎圣人者也。

释　圣人谓神农黄帝尧舜也。当时民多否闭，否卦之象也。故取乾之坤谓之备物，取坤之乾谓之致用。否上卦乾为物，下卦坤为器用。神农取否四之初，益卦也，耕稼之利。否五之初，噬嗑卦也，市井之利。黄帝尧舜取否四之二，涣卦也，舟楫之利。否上之初，随卦也，牛马之利。变通而神化，使民不倦而宜之。圣人作而万物睹，故备物致用，立成器以为天下利，莫大乎圣人。

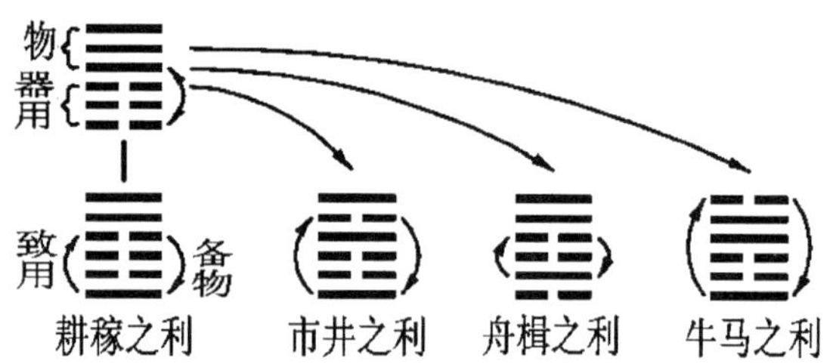

探啧索隐，钩深致远，以定天下之吉凶，成天下之娓娓者，莫善乎蓍龟。

注　探，取。啧，初也。初隐未见，故探啧索隐，则幽赞神明而生蓍。初深故曰钩深，致远谓乾。乾为蓍，乾五之坤，大有离为龟。乾生知吉，坤杀知凶，故定天下之吉凶，莫善乎蓍龟也。

释　幽赞神明而生蓍，蓍策成卦，由下而上，故探啧索隐，钩深致远。啧，初也。致远谓乾。乾五之坤为大有，大有上卦离为龟，下卦乾为蓍。凡卦为乾生知吉，坤杀知凶，故定天下之吉凶，莫善乎蓍龟也。

系辞焉，所以告也。

注　谓系彖象之辞，八卦以象告也。

释　八卦以象告，圣人观象系辞以明之也。

定之以吉凶，所以断也。

注　系辞焉以断其吉凶，八卦定吉凶，以断天下之疑也。

释　八卦以象告，象有吉凶，故又曰八卦定吉凶。圣人系辞焉而明吉凶，所以断天下之疑也。

子曰：右者助也。

注　大有兑为口，口助称右。

释　大有上参兑为口，口助称右，故右者助也。

天之所助者顺也。

注　大有五以阴顺上，故为天所助者顺也。

释　大有六五以阴顺上九，故为天所助者顺也。

人之所助者信也。

注　信，谓二也。乾为人为信，庸言之信也。

释　六五应九二，庸言之信。下卦乾为人为信，故人所助者信也。

履信思乎顺，有以尚贤也。

注　大有五应二而顺上，故履信思顺。比坤为顺，坎为思，乾为贤人，坤伏乾下，故有以尚贤者也。

释　大有六五应九二而顺上九，下卦乾为贤人。旁通比，比下卦坤为顺，上卦坎为思，故履信思顺。坤顺伏于乾贤人之下，故有以尚贤者也。

子曰：书不尽言，言不尽意。

注　谓书易之动，九六之变，不足以尽易之所言，言之则不足以尽庖犧之意也。

释　书易九六之动，谓初九、初六、九二、六二之类也。此不足以尽言，故下曰系辞焉以尽其言。又言则不足以尽庖犧氏之意，故曰圣人立象以尽意。盖圣人之意，不外乎六十四卦卦象也。

鼓之舞之以尽神。

注　神，易也。阳息震为鼓，阴消巽为舞，故鼓之舞之以尽神。

释　乾为神为易，故神，易也。阳息初复，复下卦震为鼓。阴消初姤，姤下卦巽为舞。乾坤十二消息卦，往来不息，故鼓之舞之以尽神。

乾坤其易之缊邪。

注　缊，藏也。易丽乾藏坤，故为易之缊也。

释　易之神，丽于乾而藏于坤，故乾坤为易之缊。缊，藏也。

系　辞　下

八卦成列，象在其中矣。

注　象谓三才成八卦之象。乾坤列东，艮兑列南，震巽列西，坎离在中，故八卦成列，则象在其中。天垂象，见吉凶，圣人象之是也。

释　谓三画八卦，列象于天，故八卦成列，象在其中矣。阳息垂吉象，阴消垂凶象是也。

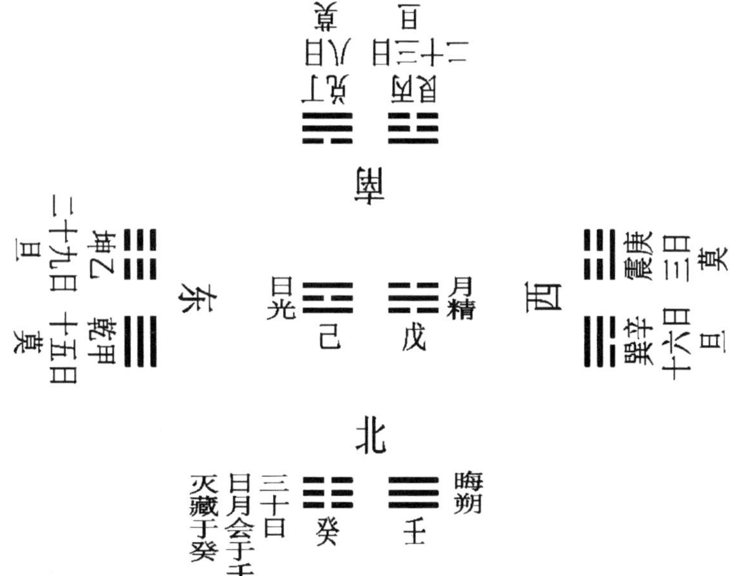

因而重之，爻在其中矣。

注　谓参重三才为六爻，发挥刚柔，则爻在其中。六画称爻，六爻之动,三极之道也。

释　参天两地,重三才为六画,六画称爻。发挥于刚柔而生爻,故因而重之,爻在其中矣。六爻之动,三极之道,谓成既济也。

刚柔相推,变在其中矣。

注　谓十二消息,九六相变,刚柔相推而生变化,故变在其中矣。

释　十二消息卦,由坤而复,初爻柔推变刚。复而临,二爻柔推变刚。依次上息而至乾,六爻皆柔推变刚。又乾而姤,初爻刚推化柔。姤而遯,二爻刚推化柔。依次上消而至坤,六爻刚推化柔。故刚柔相推,变在其中矣。

系辞焉而命之,动在其中矣。

注　谓系彖象九六之辞,故动在其中。鼓天下之动者,存乎辞者也。

释　系辞尽言而鼓动天下,故系辞焉而命之,动在其中矣。

吉凶悔吝者,生乎动者也。

注　动,谓爻也。爻者,效天下之动者也。爻象动内,吉凶见外,吉凶生而悔吝著,故生乎动也。

释　爻者,效天下之动者也,故动谓爻也。爻象动乎内,阳息则外见吉,阴消则外见凶。吉凶生而悔吝著,故吉凶悔吝者,生乎动者也。

刚柔者,立本者也。

注　乾刚坤柔,为六子父母。乾天称父,坤地称母,本天亲上,本地亲下,故立本者也。

释　乾刚为天为父,坤柔为地为母。本天亲上,本地亲下,为六子之父母。故刚柔者,立本者也。

变通者，趣时者也。

注　变通配四时，故趣时者也。

释　十二消息卦变通以配四时，故趣时者也。

吉凶者，贞胜者也。

注　贞，正也。胜，灭也。阳生则吉，阴消则凶者也。

释　阳生则正而吉，阴消则灭正而凶也。

天下之动，贞夫一者也。

注　一谓乾元。万物之动，各资天一阳气以生，故天下之动，贞夫一者也。

释　大哉乾元，万物资始，乃统天。天下之动本乎乾元，故贞夫一者，一谓乾元也。

夫乾，确然示人易矣。

注　阳在初弗用，确然无为，潜龙时也。不易世，不成名，故示人易者也。

释　乾初九潜龙勿用，不易世，不成名，确然无为，乾元之德也，故示人易矣。

夫坤，隤然示人简矣。

注　隤，安。简，阅也。坤以简能，阅内万物，故示人简者也。

释　隤，安，坤元之德也。坤以简能，阅内万物，不习无不利，故示人简矣。

爻也者，效此者也。

注　效法之谓坤，谓效三才以为六画。

释　坤效乾之三才而两之，以成六画。六画称爻，故爻也者，效此者也。此谓乾元之三才也。

象也者，象此者也。

注　成象之谓乾，谓圣人则天之象，分为三才也。

释　乾成象于天，圣人则之，而分为三才。故象也者，象此者也。此亦谓乾元也。

爻象动乎内，吉凶见乎外。

注　内，初。外，上也。阳象动内，则吉见外。阴爻动内，则凶见外也。

释　初九阳象动内则外见吉，谓复卦也。初六阴爻动内则外见凶，谓姤卦也。故爻象动内，则吉凶见外。

古者庖犧氏之王天下也。

注　庖犧，太昊氏，以木德王天下。位乎乾五，五动见离，离生于木，故知火化，炮啖牺牲，号庖犧氏也。

释　庖犧太昊氏也，以木德王天下。木生火，故知火化，炮啖牺牲，而称庖犧氏。以卦象言，庖犧氏位乎乾五，五动卦为大有，大有上卦离为火，乃庖犧成燧人氏火化之功也。

仰则观象于天，俯则观法于地。观鸟兽之文，与地之宜。近取诸身，远取诸物。于是始作八卦，以通神明之德，以类万物之情。

注　谓庖犧观鸟兽之文，则天八卦效之。易有太极，是生两仪，两仪生四象，四象生八卦。八卦乃四象所生，非庖犧之所造也。故曰：象者，象此者也。则大人造爻象以象天，卦可知也。而读易者咸以为庖犧之时天未有八卦，恐失之矣。天垂象，示吉凶，圣人象之，则天已有八卦之象。

释　天垂象，见吉凶，圣人象之。故虞氏谓庖犧氏时天已有八卦之象，是言善也。盖自有天地，八卦之象已成，唯人不之觉耳。迨庖犧氏仰观俯察而作八卦，其理始明，故以通神明之德，以类万物之情。

作结绳而为罟，以田以鱼，盖取诸离。

注　离为目，巽为绳。目之重者唯罟，故结绳为罟。坤二五之乾成离，巽为鱼。坤二称田，以罟取兽曰田。故取诸离也。

释　坤二五之乾，而乾成离。离为目，上下两卦皆离目，目之重者为罟。下参巽为绳为鱼，六二称田，以罟取兽也。故作结绳而为罟，以田以鱼，盖取诸离。

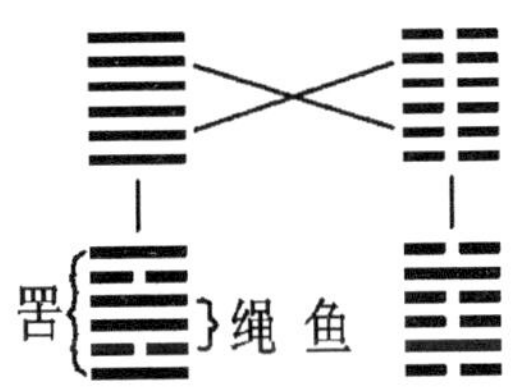

庖犧氏没，神农氏作。

注　没，终。作，起也。神农以火德继庖犧王。火生土，故知土，则利民播种，号神农氏也。

释　神农以火德，继庖犧氏木德。火生土，故知土而教民稼穑，号神农氏也。

斲木为耜，揉木为耒。耒耨之利，以教天下，盖取诸益。

注　否四之初也。巽为木为入，艮为手，乾为金，手持金以入木，故斲木为耜。耜止所踰，因名曰耜。艮为小木，手以挠之，故揉木为耒。耒耜，耔器也。巽为号令，乾为天，故以教天下。坤为田，巽为股，进退，震足动耜，艮手持耒，进退田中，耕之象也。益万物者，莫若雷风,故法风雷而作耒耜。

释　否上卦乾为金,否四之初而成益。益上卦巽为木为入,上参艮为手,手持金以入木,故斲木为耜。“耜止所踰,因名为耜”,张曰:“未详。”曹曰:“或者此句有误。谓耜金所合,因名曰耜耳。”益上参艮为小木,手以挠之,故揉木为耒。耒耜,籽器者,张曰:“籽,耨也。”夫耜为耒金,所以起土也。又否上卦乾为天,益上卦巽为号令,故以教天下也。益下参坤为田,上卦巽为股为进退,上参艮为手,下卦震为足为动。手持耒而足动耜,以进退于田中,耕之象也。雷风益物,故法之而作耒耜也。

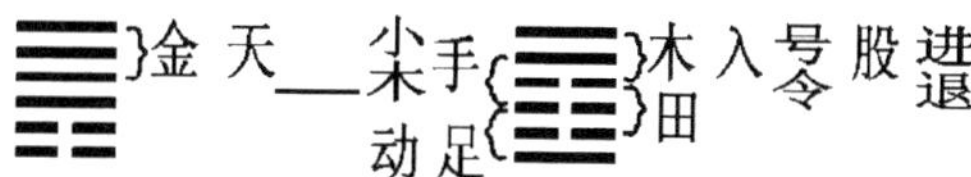

日中为市,致天下之民,聚天下之货。交易而退,各得其所,盖取诸噬嗑。

注　否五之初也。离象正上,故称日中也。震为足,艮为径路,震又为大涂,否乾为天,坤为民,故致天下民之象也。坎水艮山,群珍所出,聚天下货之象也。震升坎降,交易而退,各得其所。噬嗑食也,市井交易,饮食之道,故取诸此也。

释　否上卦乾为天,下卦坤为民,故致天下之民。否五之初而为噬嗑,噬嗑食也。市井交易,饮食之道。上卦离为日,下卦震为足为大涂,下参艮为径路。大涂、径路之所合,民皆至焉而成市,故日中为市。上参坎为水,下参艮为山。山水为货之所出,故聚天下之货。震起也而升,坎下也而降,交易而退,各得其所,故取诸噬嗑。

神农氏没，黄帝尧舜氏作，通其变，使民不倦。

注 变而通之以尽利，谓作舟楫服牛乘马之类，故使民不倦也。

释 黄帝尧舜氏作，变而通之，谓垂衣裳，作舟楫，服牛马，臼杵、弧矢、宫室、棺椁、书契之类，使民不倦也。

神而化之，使民宜之。

注 神谓乾。乾动之坤，化成万物，以利天下。坤为民也，象其物宜，故使民宜之也。

释 乾为神，坤为民。乾动之坤成六十四卦，象其物宜，以利天下，故使民宜之也。

黄帝尧舜垂衣裳而天下治，盖取诸乾坤。

注 乾为治，在上为衣，坤下为裳。乾坤万物之缊，故以象衣裳。乾为明君，坤为顺臣，百官以治，万民以察，故天下治，盖取诸此也。

释 乾为治为明君，在上为衣。坤为民为顺臣，在下为裳。明君顺臣，故百官以治，万民以察，垂衣裳而天下治也。

服牛乘马，引重致远，以利天下，盖取诸随。

注 否上之初也。否乾为马为远，坤为牛为重。坤初之上，为引重。乾上之初，为致远。艮为背，巽为股，在马上，故乘马。巽为绳，绳束缚物，在牛背上，故服牛。出否之随，引重致远，以利天下，故取诸随。

释 否上卦乾为马为远，下卦坤为牛为重。故坤初之上为引重，乾上之初为致远。否初上易，卦为随。随下参艮为背，马牛之背也。

上参巽为股，否上卦乾人之股也。股在马背上，故乘马。又巽为绳，绳束缚物在牛背上，故服牛。引重致远，以利天下，盖取诸随。

人 远 马{ 引重 致远—背{ }股 绳
重 牛{

断木为杵，阙地为臼，臼杵之利，万民以济，盖取诸小过。

注　晋上之三也。艮为小木，上来之三断艮，故断木为杵。坤为地，艮手持木，以阙坤三，故阙地为臼。艮止于下，臼之象也。震动而上，杵之象也。震出巽入，艮手持杵，出入臼中，舂之象也，故取诸小过。本无乾象，故不言以利天下也。

释　晋下参艮为小木，上之三断艮，故断木为杵，杵乃断小木为之也。晋下卦坤为地，上之三阙坤，故阙地为臼。小过下卦艮止于下，臼也。上卦震动于上，杵也。又震为出，下参巽为入，下卦艮为手，以手持杵而出入臼中，舂之象也，故取诸小过。晋小过皆无乾象，故不言以利天下也。

小木{ }地——出 杵{ 入{ }臼 手

弦木为弧，剡木为矢，弧矢之利，以威天下，盖取诸睽。

注　无妄五之二也。巽为绳为木，坎为弧，离为矢，故弦木为弧。乾为金，艮为小木，五之二，以金剡艮，故剡木为矢。乾为威，五之二，故以威天下。弓发矢应，而坎雨集，故取诸睽也。

释　无妄上参巽为木为绳，上卦乾为金为威，下参艮为小木。睽上参坎为弧为雨，下参离为矢。无妄五之二而成睽，以绳弦木而为弧，以金剡艮而为矢也。乾威天下，弓发矢应，如坎雨集，故取诸睽也。

绳 木{ }金 威 小木——雨 弧{ }矢

上古穴居而野处，后世圣人易之以宫室，上栋下宇，以待风雨，盖取诸大壮。

注　无妄，两象易也。无妄乾在上，故称上古。艮为穴居，乾为野，巽为处，无妄乾人在路，故穴居野处。震为后世，乾为圣人，后世圣人，谓黄帝也。艮为宫室，变成大壮，乾人入宫，故易以宫室。艮为待，巽为风，兑为雨，乾为高。巽为长木，反在上为栋，震阳动起为上栋。宇，谓屋边也，兑泽动下，为下宇。无妄之大壮，巽风不见，兑雨隔震，与乾绝体。故上栋下宇，以待风雨，盖取诸大壮者也。

释　无妄上卦乾为古为野为人，下参艮为穴居为径路，上参巽为处，下卦震为大涂。乾象在上而乾人在路，故曰上古穴居而野处。下卦震为后世，上卦乾为圣人，故曰后世圣人，谓黄帝也。下参艮为宫室，易成大壮，上卦乾人在下卦，当艮象下，乃乾人入宫，故易之以宫室。无妄上卦乾为高，上参巽为长木，长木高而在上，栋象也。下卦震阳动起，故为上栋。无妄而大壮，大壮上参兑为泽，泽动而下，故为下宇，宇谓屋边也。又无妄上参巽为风，下参艮为待。大壮上参兑为雨，谓六五也。上卦震为上栋，谓九四也。无妄而大壮，巽风不见而兑雨隔震，故乾人入宫，上栋下宇，以待风雨，盖取诸大壮也。

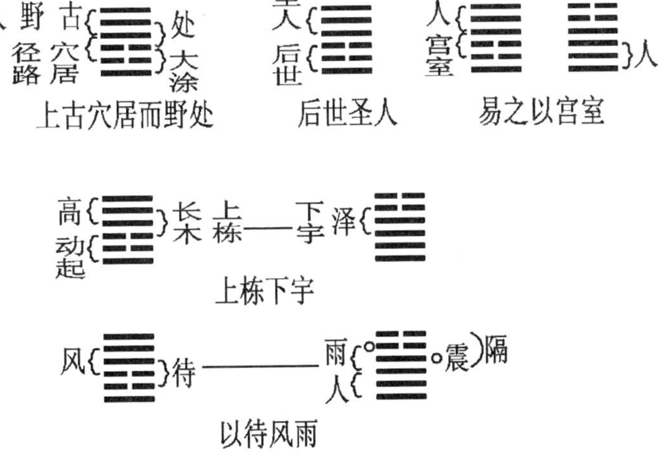

古之葬者，厚衣之以薪，葬之中野，不封不树，丧期无数，后世圣人易之以棺椁，盖取诸大过。

注　中孚，上下易象也。本无乾象，故不言上古。大过乾在中，故但言古者。巽为薪，艮为厚，乾为衣为野，乾象在中，故厚衣之以薪，葬之中野。穿土称封，封，古窆字也。聚土为树，中孚无坤坎象，故不封不树。坤为丧，期谓从斩衰至缌麻，日月之期数。无坎离日月坤象，故丧期无数。巽为木为入处，兑为口，乾为人，木而有口，乾人入处，棺敛之象。中孚艮为山丘，巽木在里，棺藏山陵，椁之象也，故取诸大过。

释　中孚无乾象，而大过乾在中，故不言上古，而但言古者。中孚上卦巽为薪，上参艮为厚，大过中互乾而乾为衣为野，故厚衣之以薪，葬之中野。又坎为穿土，坤为聚土，穿土称封，聚土为树。封，古窆字也。又坤为丧，坎月离日为期，中孚无坤坎离象，故不封不树，丧期无数。大过下卦巽为木为入处，上卦兑为口，中互乾为人，木有口而乾人入处，棺敛之象也。中孚上参艮为山丘，中孚而大过，大过下卦巽木在山丘下，棺藏山陵，椁之象也，故取诸大过。

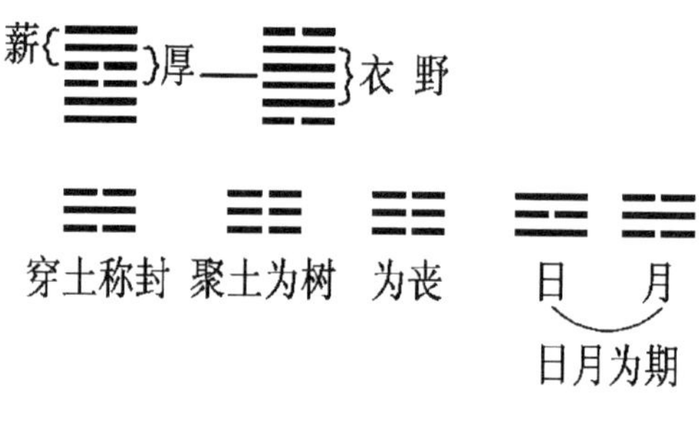

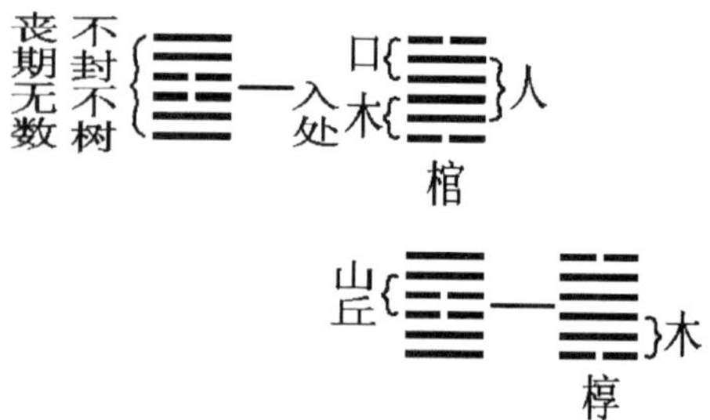

上古结绳而治，后世圣人易之以书契，百官以治，万民以察，盖取诸夬。

注　履上下象易也。乾象在上，故复言上古。巽为绳，离为罟，乾为治，故结绳以治。后世圣人，谓黄帝尧舜也。夬旁通剥，剥坤为书，兑为契，故易之以书契。乾为百，剥艮为官，坤为众臣为万民为迷暗，乾为治。夬反剥，以乾照坤，故百官以治，万民以察，故取诸夬。大壮、大过、夬，此三“盖取”，直两象上下相易，故俱言易之。大壮本无妄，夬本履卦，乾象俱在上，故言上古。中孚本无乾象，大过乾不在上，故但言古者。大过亦言后世圣人易之，明上古时也。

释　履上参巽为绳，下参离为罟，上卦乾为治，故结绳而治。履旁通谦，谦上参震为后世，履上卦乾为圣人，故曰后世圣人，谓黄帝尧舜也。履而夬，夬旁通剥，剥下卦坤为书，夬上卦兑为契，故易之以书契。又夬下卦乾为百为大明，剥上卦艮为官，下卦坤为众臣为万民为迷暗，故百官以治。迷暗之万民，以乾之大明照之，故万民以察。夫大壮大过夬三“盖取”为两象易。大壮夬本无妄履，皆乾象在上，故言上古。大过本中孚，而中孚无乾象，且大过之乾象，亦在中而不在上，故但言古者。其实仍为上古时，故亦言后世圣人易之。

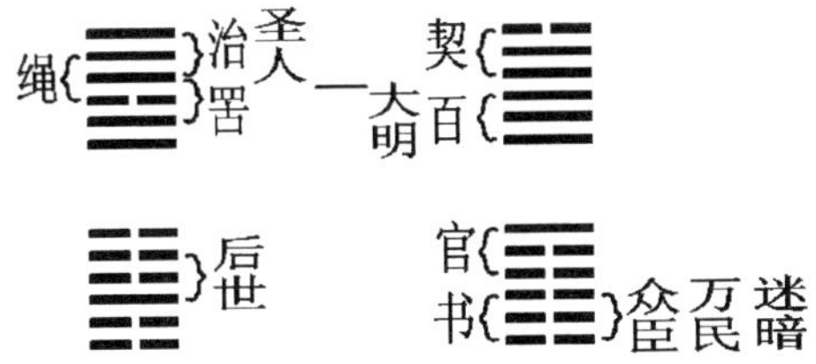

是故易者，象也。

注　易谓日月在天，成八卦象。县象著明，莫大日月是也。

释　日月在天成八卦象，而日月为易，故易者象也。悬象著明，莫大乎日月是也。

象者，材也。

注　象说三才，则三分天象以为三才，谓天地人道也。

释　象说三才，故象者材也，谓分天象为天地人三才以说之也。

爻也者，效天下之动者也。

注　动，发也。谓两三才为六画，则发挥刚柔而生爻也。

释　分天象为三才，而以地两之，为两三才为六画。因而重之，爻在其中，则发挥刚柔而生爻。故爻也者，效天下之动者也。动，发也。

是故吉凶生而悔吝著也。

注　爻象动内，则吉凶见外。吉凶悔吝者，生乎动者也，故曰著。

释　吉凶悔吝者，生乎动者也，故爻动而吉凶生，悔吝著。谓阳爻动内则息而外见吉，阴爻动内则消而外见凶也。

阳卦奇，阴卦耦。

注　阳卦一阳，故奇。阴卦二阳，故耦。

释　震坎艮三阳卦皆一阳，故奇。巽离兑三阴卦皆二阳，故耦。

其德行何也。

注　阳卦一阳，故奇。阴卦二阳，故耦。

释　谓阴阳卦之德行何若也。

天下何思何虑。

注　易无思也。既济定，六位得正，故何思何虑。

释　咸初四正而成既济定,六爻得正,故何思何虑,谓易无思也。

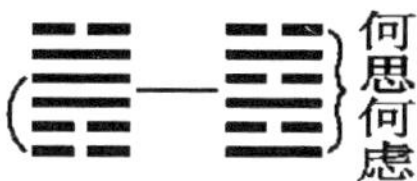

日往则月来。

注　谓咸初往之四,与五成离,故日往。与二成坎,故月来。之外日往,在内月来,此就爻之正者也。

释　咸初往四而成既济。六四与五,成上参离为日,故日往。与六二成下参坎为月,故月来。

月往则日来。

注　初变之四,与上成坎,故月往。四变之初,与三成离,故日来者也。

释　咸初之四,四与上成坎为月,故月往。九四之初与六二成离为日,故日来者也。

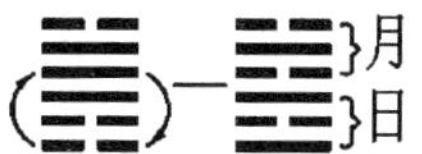

日月相推而明生焉。

注　既济体两离坎象,故明生焉。

释　既济上卦下参两坎,下卦上参两离。离为日,坎为月,两离坎象,故日月相推而明生焉。

寒往则暑来。

注　乾为寒，坤为暑，谓阴息阳消，从姤至否，故寒往暑来也。

释　乾为寒，乾消由姤而至否，否下卦坤为暑，故寒往则暑来。

暑往则寒来。

注　阴诎阳信，从复至泰，故暑往寒来也。

释　坤为暑，乾息由复而至泰，泰下卦乾为寒，故暑往则寒来也。咸由否来，否泰反类，故取否泰消息象。

暑 寒

屈伸相感而利生焉。

注　感，咸象，故相感。天地感而万物化生，圣人感人心而天下和平，故利生。利生谓阳出震，阴伏藏。

释　咸象初六阴伏藏，屈伸相感而利生，卦成既济。既济初九，故阳出震，万物化生而天下和平也。

龙蛇之蛰，以存身也。

注　蛰，潜藏也，龙潜而蛇藏。阴息初，巽为蛇。阳息初，震为龙。十月坤成，十一月复生。姤巽在下，龙蛇俱蛰，初坤为身。故龙蛇之蛰，以存身也。

释　以十二消息卦言，十月坤成，坤为身。十一月复生，复下卦震为龙。复旁通姤，姤下卦巽为蛇。龙蛇俱蛰初，蛰，潜藏也。龙潜而蛇藏，故龙蛇之蛰，以存身也。

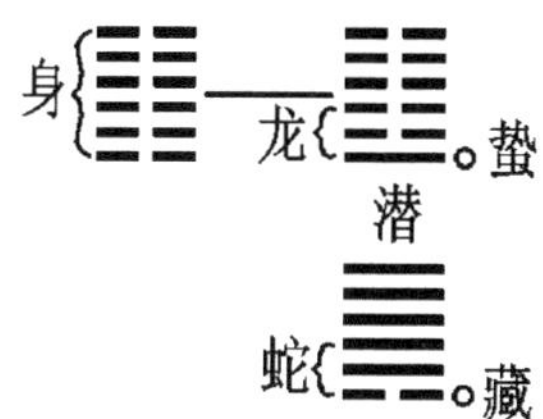

穷神知化，德之盛也。

注　以坤变乾，谓之穷神。以乾通坤，谓之知化。乾为盛德，故德之盛。

释　以坤变乾，凝阳也，谓之穷神，亦谓之尽性。以乾通坤，息阳也，谓之知化，亦谓之穷理。由坤而乾，乾为盛德，故德之盛。凝乾而姤，下卦巽为命，故以至于命也。

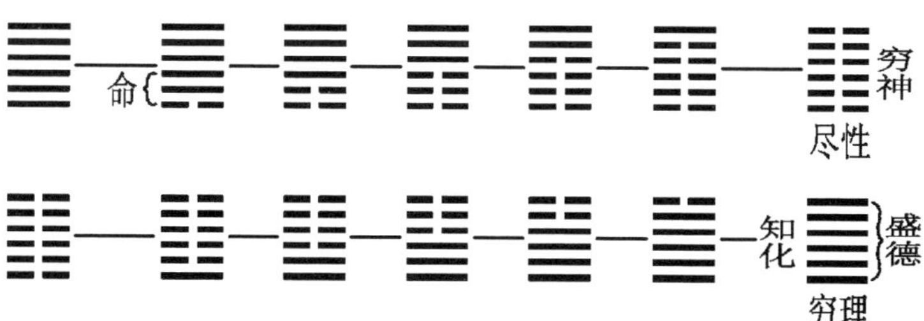

子曰：非所困而困焉，名必辱。

注　困本咸。咸三入宫，以阳之阴，则二制坤，故以次咸。为四所困，四失位恶人，故非所困而困焉。阳称名，阴为辱，以阳之阴下，故名必辱也。

释　咸下卦艮为宫，九三阳之六二阴，入宫而卦为困，故困以次咸。困九二为九四恶人所困，故非所困而困焉。咸九三阳称名，困六三阴为辱，以阳之阴下，故名必辱也。

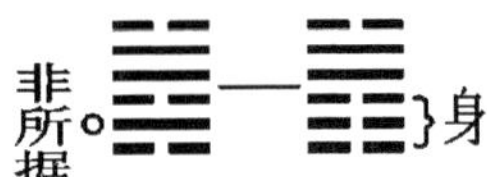

非所据而据焉,身必危。

注　谓据二,二失位,故非所据而据焉。二变时,坤为身,二折坤体,故身必危。

释　困九二失位,故非所据而据焉。困二变卦为萃,萃下卦困为身,困二折坤体,故身必危。

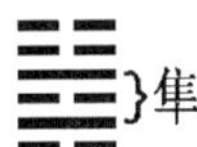

子曰:隼者禽也。

注　离为隼,故称禽,言其行野容如禽兽焉。

释　解下参离为隼为禽,故隼者禽也,言其行野容如禽兽焉。

弓矢者器也。

注　离为矢,坎为弓,坤为器。

释　萃下卦坤为器。萃而解,解下卦坎为弓,下参离为矢,故弓矢者器也。

射之者人也。

注　人,贤人也,谓乾三。伏阳出而成乾,故曰射之者人。人则公,三应上,故上令三出而射隼也。

释　解六三伏九三阳,阳出卦为恒。恒下参乾为贤人,九三为公,三应上,故上令三出而射隼也。

君子藏器于身,待时而动,何不利之有。

注　三伏阳为君子。二变时,坤为身为藏器,为藏弓矢以待射隼,艮为待为时。三待五来之二,弓张矢发,动出成乾,贯隼入大过死,两坎象坏,故何不利之有,《象》曰:"以解悖。"三阴小人,乘君子器,故上观三出射去隼也。

释　萃下参艮为待为时。六三小人乘君子之器,待五来之二而卦成解。解下卦坎为弓,下参离为矢为隼。六三伏九三阳为君子。解二动,卦为豫。豫下卦坤为身为藏器,谓藏弓矢以待时射隼。解弓张矢发,六三动出而卦为恒。恒下参成乾,下伍大过,大过为死。九三贯隼入死,两坎象坏,坎为悖,故无不利之有,《象》曰:"以解悖。"三应上,故解上观三出以射去隼也。

动而不括,是以出而有获,语成器而动者也。

注　括,作也。震为语,乾五之坤二成坎弓离矢,动以贯隼,故语成器而后动者也。

释　萃下卦坤为器,九五之下卦坤二而成解。解下卦坎为弓,下参离为矢,故成器谓成弓矢之器。上卦震为语,故语成器而动者也。动谓三动,贯隼入大过死,是以出而有获。括,结也,谓窒碍。曹曰:"括无作训,当为结。"动而不括者,谓成器而动,则动无窒碍,出而贯隼,始有获也。

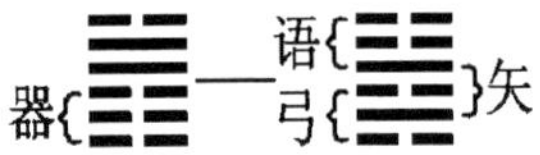

器{☷—语{☳}矢 弓{☲

子曰:小人不耻不仁,不畏不义。

注 谓否也。以坤灭乾,为不仁不义。坤为耻为义,乾为仁为畏者也。

释 噬嗑由否来,否下卦坤为耻为义,上卦乾为仁为畏。以坤灭乾为不仁不义,为消阳也。坤阴为小人,故曰小人不耻不仁,不畏不义。

畏 仁{☰ 小人 义 耻{☷—☲☳

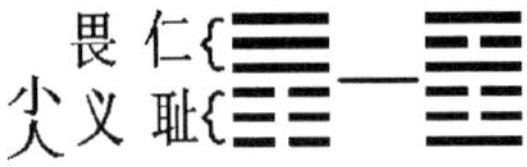

不见利不动,不威不徵。

注 否乾为威为利,巽为近利。谓否五之初,成噬嗑市。离日见乾为见利,震为动,故不见利不动。五之初,以乾威坤,故不威不徵,震为徵也。

释 否上卦乾为威为利,上参巽为近利。否五之初成噬嗑市,市井交易言利焉。噬嗑上卦离为日为见,离日见乾为见利。上参坎为劝,否无坎象,故不见利不劝。又否五之初以乾威坤,噬嗑下卦震为徵,否无震象,故不威不徵。

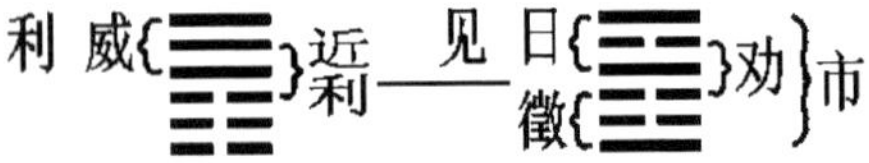

利 威{☰}近利—见 日{☲}劝 徵{☳}市

小徵而大戒，此小人之福也。

注　艮为小，乾为大。五下威初，坤杀不行，震惧虩虩，故小懲大戒。坤为小人，乾为福。以阳下阴，民说无疆，故小人之福也。

释　否下卦坤为小人为民，上卦乾为大为福。否阴上消为不仁不义，五下威初，坤杀不行，卦为噬嗑。噬嗑下参艮为小，下卦震惧虩虩，故小徵大戒。初九以阳下阴，民说无疆，故小人之福也。

善不积不足以成名，恶不积不足以灭身。

注　乾为积善，阳称名，坤为积恶为身。以乾灭坤，故灭身者也。

释　否上卦乾为积善，阳称名，故善不积不足以成名。下卦坤为积恶为身，坤阴上消，其身积恶。故五下之初，以乾灭坤而卦成噬嗑，积恶而灭身者也。

小人以小善为无益而弗为也。

注　小善谓复初。

释　乾阳为积善，复出震而阳微，故复初为小善。

以小恶为无伤而弗去也。

注　小恶谓姤初。

释　坤阴为积恶，姤退巽为阴小，故姤初为小恶。

故恶积而不可弇。

注　谓阴息姤至遯，子弑其父，故恶积而不可弇。

释　姤初小恶弗去而积成遯，子弑父，故恶积而不可弇。

罪大而不可解。

注　阴息遯成否，以臣弑君，故罪大而不可解也。

释　恶积由遯而否，以臣弑君，故罪大而不可解也。噬嗑由否来，故取否象以及姤遯否之积恶，复姤之小善小恶也。

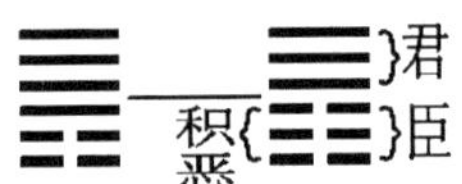

是故君子安而不忘危。

注　君子，大人，谓否五也。否坤为安，危谓上也。

释　君子即否五之大人。否下卦坤为安，上九倾否，失位而危，五使上之初而卦成益，故安而不忘危。

是以身安而国家可保也。

注　坤为身。谓否反成泰，君位定于内，而臣忠于外，故身安而国家可保也。

释　否下卦坤为身。否反成泰，泰下卦乾为君，君定位于内，上卦坤为臣，臣忠于外，故身安而国家可保也。

身　反　臣
君

子曰：德薄而位尊。

注　鼎四也，则离九四凶恶小人，故德薄。四在乾位，故位尊。

释　鼎上卦离九四，犹离九四之凶恶，故德薄。下参乾为尊，九四在乾上，故位尊。

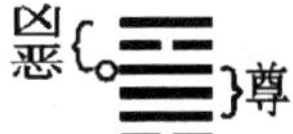

知少而谋大。

注　兑为少知，乾为大谋，四在乾体，故谋大矣。

释　鼎上参兑为少知，曹曰："少知，疑当作小知。"下参乾为谋大。九四当兑乾，故知小而谋大。

知小　谋大

力少而任重。

注　五至初，体大过本末弱，故力少也。乾为仁，故任重。以为己任，不亦重乎。

释　鼎下伍大过本末弱，故力少。下参乾为仁，故任重。

鲜不及矣。

注　鲜，少也。及，及于刑矣。

释　若鼎之九四，鲜不及于刑矣。上参兑为刑，谓其刑渥凶。

子曰：知几其神乎。

注　几，谓阳也。阳在复初称几，此谓豫四也。恶鼎四折足，故以此次。言豫四知几，而反复初也。

释　恶鼎四折足，故次以言豫四知几。知几者，反复初也。阳在初九称几，潜龙之谓也。

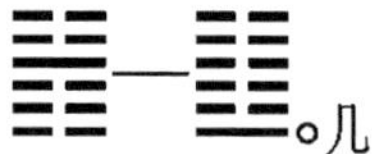

君子上交不谄，下交不渎，其知几乎。

注　豫二谓四也，四失位谄渎。上谓交五，五贵，震为笑言，笑且言，谄也，故上交不谄。下谓交三，坎为渎，故下交不渎。欲其复初得正元吉，故其知几乎。

释　豫六二谓九四也，四失位而谄渎。谓上交五，五贵而上卦震为笑言，笑且言，谄也。下交三，当上参坎为渎也。君子复初得正元吉，故上交不谄，下交不渎而知几焉。

谄 笑言 上交 下交 渎 君子知几

几者，动之微，吉之先见者也。

注　阳见初成震，故动之微。复初元吉，吉之先见者也。

释　豫四反初而卦为复，复阳初见而微，成震为动，故动之微。复初元吉，故几而先见吉也。

子曰：颜氏之子，其殆庶几乎。

注　几者，神妙也。颜子知微，故殆庶几。孔子曰："回也其庶几乎。"

释　复初九为几，几者神妙也。颜氏之子，庶几当之。虞氏引《论语》，多一几字，或今本《论语》所脱。以《系辞》而言，确有几字。

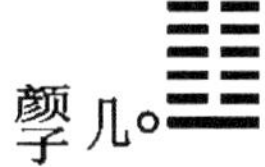

有不善未尝不知。

注　复以自知。《老子》曰："自知者明。"

释　复以自知，故颜子有不善未尝不知。《老子》曰："自知者明。"

知之未尝复行也。

注　谓颜回不迁怒，不贰过。克己复礼，天下归仁。

释　颜子自知不善而未尝复行，谓不迁怒不贰过，克己复礼以见天地之心，而天下归仁焉。

天地壹壹，万物化醇。

注　谓泰上也。先说否，否反成泰，故不说泰。天地交，万物通，故化醇。

释　上已释否五，故曰先说否，且咸困噬嗑皆本否也。否反成泰，而天地交万物通，故天地壹壹，万物化醇。泰初之上而卦为损，地包于天中，故不说泰而说损也。

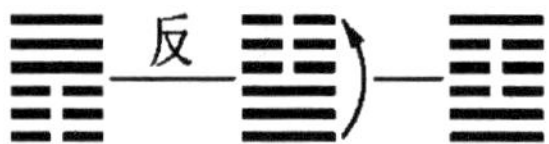

男女搆精，万物化生。

注　谓泰初之上成损，艮为男，兑为女，故男女搆精。乾为精。损反成益，万物出震，故万物化生也。

释　泰下卦乾为精。泰初之上而卦为损，损上卦艮为男，下卦兑为女，故男女搆精。损反成益，益下卦震为出为生，万物出乎震，故万物化生也。

子曰：君子安其身而后动。

注　谓反损成益。君子，益初也。坤为安身，震为后动。

释　损反成益。益初九为君子，下参坤为安为身，下卦震为后动，故君子安其身而后动。

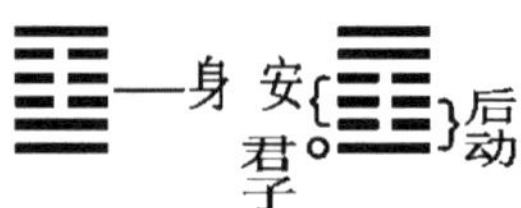

易其心而后语。

注　乾为易，益初体复心，震为后语。

释　否上卦乾为易，否上之初而卦为益。益下互复，初九体复心，下卦震为后语，故易其心而后语。

定其交而后求。

注　震专为定为后，交谓刚柔始交，艮为求也。

释　否上卦乾为刚，其静也专，下卦坤为柔。否上之初而卦为益，刚柔始交也。益下卦震为后，初九即乾之专，震专为定，上参艮为求，故定其交而后求。谓否下参当六三匪人，虽为艮象而不可求也。

君子修此三者，故全也。

注　谓否上之初，损上益下，其道大光，自上下下，民说无疆，故全也。

释　否而益，倾否而其道大光，故全也。

危以动，则民不与也。

注　谓否上九，高而无位，故危。坤民否闭，故弗与也。

释　否上九高而无位，故危。下卦坤为民，否为天地不交而闭，民闭故不与也。

惧以语，则民不应也。

注　否上穷灾，故惧。不下之初成益，故民不应。坤为民，震为应也。

释　否上九穷之灾也,故惧。上下之初成益,则参坤为民,下卦震为应。若不下之初,则否下卦坤为民而无震象,故民不应也。

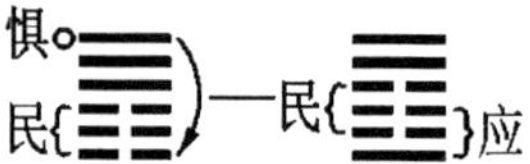

无交而求,则民不与也。

注　上来之初,故交。坤民否闭,故不与。震为交。

释　否上之初而卦成益,故交。益下卦震为交,下参坤为民,上参艮为求,交而求民与焉。若无交而求,乃否下参艮为求,则下卦坤为民,闭塞而不与也。

求{ }民}闭—民{交{ }求

莫之与,则伤之者至矣。

注　上不之初,否消灭乾,则体剥伤,臣弑君,子弑父,故伤之者矣。

释　否上若不之初,则否阴上消,由观而剥。剥,伤也,臣弑君,子弑父,故伤之者至矣。谓必须倾否而成益,庶几免焉。

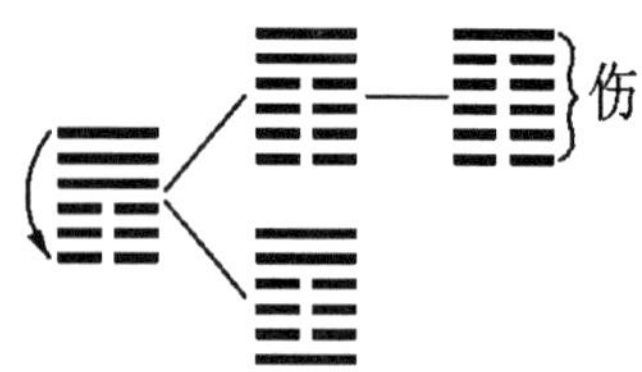

阴阳合德而刚柔有体。

注　合德谓天地杂,保太和,日月战。乾刚以体天,坤柔以体地也。

释　此谓既济也，既济为乾天坤地杂而保太和。下卦离为日，上卦坎为月，离日坎月战阴阳，阴阳之义配日月也。初三五乾刚以体天，二四上坤柔以体地，故阴阳合德而刚柔有体。

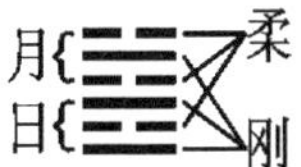

于稽其类，其衰世之意邪。

注　稽，考也。三称盛德，上称末世。乾终上九，动则入坤，坤弑其君父，故为乱世。阳出复震，入坤出坤，故衰世之意邪。

释　此谓十二消息卦也。乾九三谓泰也，下卦乾为盛德，泰而乾，上九亢位，故称末世。乾终上九，动则阴生而卦为姤。姤遯而否，入坤而弑其君父，故否下卦坤为乱世。否泰反类，反复道也。姤巽则入坤而乱，复震则出坤而治，故稽考其消息反类，其衰世之意邪。若圣德盛世，乃定于既济，有治而无乱也。

盛德　末世　入坤　乱世　反　出坤

夫易章往而察来，而微显阐幽。

注　神以知来，知以藏往。微者显之，谓从复成乾，是察来也。阐者幽之，谓从姤之坤，是章往也。

释　乾神以知来，谓从复成乾。复小而微，成乾则显，是察来也。坤知以藏往，谓从姤之坤。姤天地相遇，品物咸章，而阐成坤则幽，是章往也。故易者察来以显其微，章往以幽其阐也。

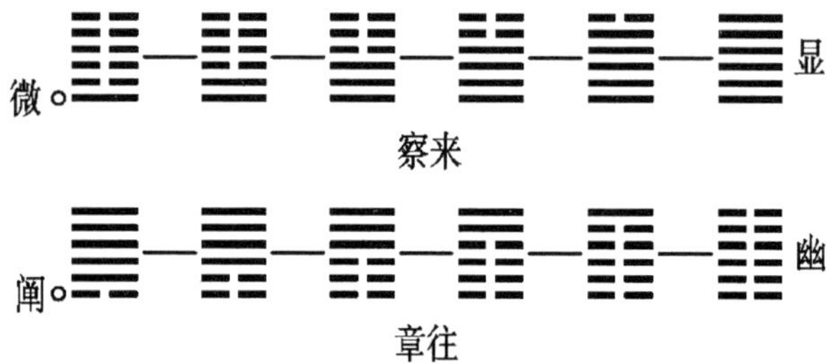

开而当名。

注　阳息出初，故开而当名。

释　阳息出初而卦为复。复上卦坤，下卦震为动，坤其动也辟。开，辟也。当名谓震下坤上之象，以复名之则当焉。六十四卦之名杂而不越，皆本初九乾元，故开而当名，言复卦也。

其称名也小。

注　谓乾坤与六子俱名，八卦而小成，故小。复小而辩于物者矣。

释　八卦而小成，以乾坤与六子之名名之，故其称名也小。因重而成六十四卦。复初乾元，阳气尚小，小而辩于物，故开而当名，名之曰复。初四应，乾下巽上之卦，又名之曰小畜矣。

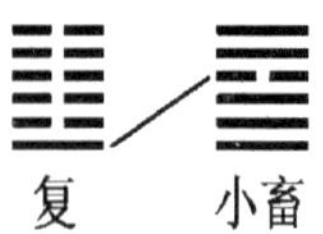

其取类也大。

注　谓乾阳也，为天为父，触类而长之，故大也。

释　八卦而小成，引而信之，触类而长之，成六十四卦，故大也。又六十四卦中乾阳为天为父，专直而大生，故其取类也大。

其旨远，其辞文。

注　远谓乾，文谓坤也。

释　息阳成乾为远，凝阳成坤为文，故其旨远，其辞文。

其言曲而中，其事肆而隐。

注　曲，诎。肆，直也。阳曲初，震为言，故其言曲而中。坤为事，隐未见，故肆而隐也。

释　谓复卦也。复下卦震为言，初九阳曲，故其言曲而中。上卦坤为事，伏乾阳，其动也直。肆，直也。潜龙隐而未见，故其事肆而隐也。

事
言　曲
直

因贰以济民行，以明失得之报。

注　二谓乾与坤也。坤为民，乾为行。行得则乾报以吉，行失则坤报以凶也。

释　乾坤为易之门，故二谓乾与坤也。乾为行，坤为民。民行得，谓乾初三五坤二四上，则乾报以吉。民行失，谓乾二四上坤初三五，则坤报以凶。乾生故吉，坤杀故凶也。

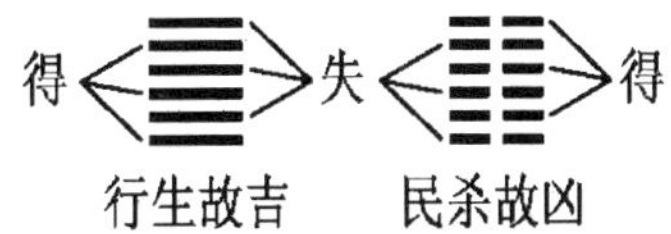

易之兴也，其于中古乎。

注　兴易者，谓庖犧也。文王书经系庖犧于乾五。乾为古，五在乾中，故兴于中古。系以黄帝尧舜为后世圣人。庖犧为中古，则庖犧以前为上古。

释　庖犧位当乾五，乾为古，五在乾上卦之中，故庖犧为中古，兴易者庖犧也。黄帝尧舜为后世圣人，是为下古，则庖犧为上古。此与马荀郑皆不同，然可备一说。

作易者其有忧患乎。

注　谓忧患百姓未知兴利远害，不行礼义，茹毛饮血，衣食不足。庖犧则天八卦，通为六十四，以德化之。吉凶与民同患，故有忧患。

释　圣人先心藏密，吉凶与民同患，故忧患百姓而作易。谓庖犧则天八卦，通为六十四，是兴神物以前民用也。

是故履，德之基也。

注　乾为德。履与谦旁通，坤柔履刚，故德之基。坤为基。

释　履上卦乾为德，旁通谦，谦上卦坤为基。以柔履刚，故履，德之基也。

德　基

谦，德之柄也。

注　坤为柄。柄，本也。凡言德，皆阳爻也。

释　凡阳爻称德，谦九三也。上卦坤柄，柄，本也。故谦，德之柄也。

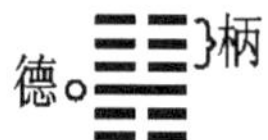

复，德之本也。

注　复初乾之元，故德之本也。

释　复初九乾元，潜龙之德，故为德之本也。

恒，德之固也。

注　立不易方，守德之坚固。

释　恒九三立不易方，守德之坚固者也，故为德之固。

巽，德之制也。

注　巽风为号令，所以制下，故曰德之制也。

释　巽为风为号令，号令所以制下。谓二三制初，五上制四，故曰德之制也。

履和而至。

注　谦与履通，谦坤柔和，故履和而至。礼之用，和为贵者也。

释　谦与履旁通，谦以制礼，上卦坤柔为和，故履和而至，至哉坤元也。谓礼之用，和为贵。

复小而辩于物。

注　阳始见,故小。乾阳物,坤阴物。以乾居坤,故称别物。

释　复卦阳初见故小,乾阳物以居于坤阴物之下,故称别物。辩,别也。

损先难而后易。

注　损初之上失正,故先难。终反成益,得位于初,故后易。易其心而后语。

释　泰初之上而成损,损上九失正故先难。损终反成益,上九当益初九,下互复,初九得位而体复心,易其心而后语,故后易。

益长裕而不设。

注　谓天施地生,其益无方,凡益之道,与时偕行,故不设也。

释　益与时偕行而成既济,故不设也。设,施陈也,不设谓自然而成。

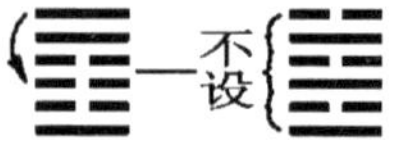

困穷而通。

注　阳穷否上,变之坤二成坎。坎为通,故困穷而通也。

释　否上九阳穷之下卦坤二，卦为困，困下卦坎为通，故穷而通也。

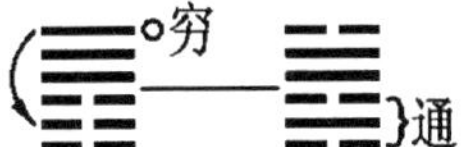

履以和行。

注　礼之用，和为贵，谦震为行，故以和行也。

释　履旁通谦，谦以制礼，上卦坤柔为和，上参震为行。礼之用和为贵，故履以和行。

谦以制礼。

注　阴称礼，谦三以一阳制五阴，万民服，故以制礼也。

释　阴称礼，谦九三劳谦，以一阳制上下五阴而万民服，故以制礼。

复以自知。

注　有不善未尝不知，故自知也。

释　复初乾元，潜龙也，确乎不拔。有不善未尝不知，有自知之明，故复以自知。

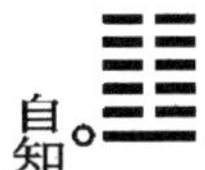

恒以一德。

注　恒德之固，立不易方，从一而终，故一德者也。

释　恒九三君子以立不易方，德之固也，是为一德。初动得正，终变成益，从一而终，故亦为一德者也。

一德　立不易方　从一而终　一德

损以远害。

注　坤为害，泰以初止坤上，故远害。乾为远。

释　泰下卦乾为远，上卦坤为害。泰初之坤上而卦为损，故损上以远害。

害　远　远害

困以寡怨。

注　坤为怨，否弑父与君，乾来上折坤二，故寡怨。坎水性通，故不怨也。

释　否弑父与君，下卦坤为怨。乾上之二而成困，困下卦坎为水，水性通而坤怨之象不见，故困以寡怨。注文“来上”当为“上来”。

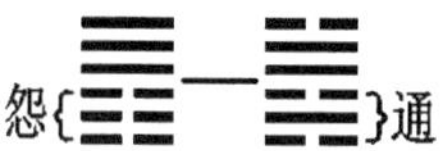

井以辩义。

注　坤为义，以乾别坤，故辩义也。

释　泰上卦坤为义，乾初之坤五，而卦为井。以乾别坤，故辩义也。

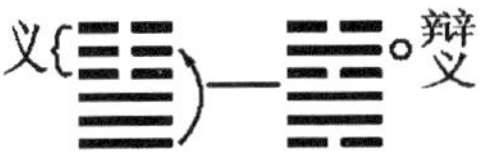

义—辩义

为道也屡迁。

注　迁，徙也。日月周流，上下无常，故屡迁也。

释　日月在天，周流六虚，上下无常，故为道也屡迁。迁，徙也。

变动不居，周流六虚。

注　变，易。动，行。六虚，六位也。日月周流，终则复始，故周流六虚。谓甲子之旬，辰巳虚，坎戊为月，离己为日，入在中宫，其处空虚，故称六虚。五甲如次者也。

释　六虚，六位也。谓离日坎月，在天周流，变动不居，终则复姤，故周流六虚。以六甲言，甲子之旬，坎戊月，离己日，当天干辰巳，故辰巳为虚。其他五甲亦然，即甲戌之旬寅卯虚，甲申之旬子丑虚，甲午之旬戌亥虚，甲辰之旬申酉虚，甲寅之旬午未虚是也。

上下无常，刚柔相易。

注　刚柔者，昼夜之象也。在天称上，入地为下，故上下无常也。

释　日月周流，日在天称上而为昼，日入地称下而为夜。刚柔昼夜之象也，故上下无常，刚柔相易。

不可为典要，唯变所适。

注　典要，道也。上下无常，故不可为典要。适乾为昼，适坤为夜。

释　典要，常道也。谓日月周流，适乾为昼，适坤为夜。上下无常，故不可为典要，唯变所适。

其出入以度，外内使知惧。

注　出乾为外，入坤为内，日行一度，故出入以度。出阳知生，入阴惧死，使知惧也。

释　日月周流，唯变所适，其出乾为外而生，入坤为内而死。日行一度，知生惧死，故出入以度，外内使知惧。

又明于忧患与故。

注　神以知来，故明忧患。知以藏往，故知事故。作易者其有忧患乎。

释　乾神以知来，吉凶与民同患，故明于忧患。坤知以藏往，故知事故。圣人明于忧患与故，故作易也。

无有师保，如临父母。

注　临，见也。言阴阳施行，以生万物，无有师保生成之者。万物出生，皆如父母。孔子曰："父母之道天地。"乾为父，坤为母。

释　乾为父，坤为母，乾坤其易之缊，其易之门，故如临父母。临，见也。言阴阳施行以生万物，无有师保者，乾严为师，坤安为保。师保犹父母，非父母之道外另有师保也，故曰无有师保。生成之者，万物出生，皆如父母。

初帅其辞而揆其方。

注　初，始，下也。帅，正也，谓修辞立诚。方，谓坤也。以乾通坤，故初帅其辞而揆其方。

释　以乾通坤，坤为方。乾三君子修辞立诚以正坤，故初帅其辞而揆其方，谓乾坤成两既济也。

既有典常，苟非其人，道不虚行。

注　其出入以度，故有典常。苟，诚也。其人谓乾为贤人。神而明之，存乎其人，不言而信，谓之德行，故不虚行也。

释　日行一度，故有典常。乾为贤人，神而明之，存乎其人。默而成之，不言而信，存乎德行。故苟非其人，道不虚行，谓万物资始于乾元也。

原始要终，以为质也。

注　质，本也。以乾原始，以坤要终，谓原始及终，以知死生之说。

释　乾元资始，故以乾原始。坤无成有终，故以坤要终。原始知生，要终惧死，故知死生之说。夫易之为书，本于原始要终也。质，本也。

六爻相杂，唯其时物也。

注　阴阳错居称杂。时阳则阳，时阴则阴，故唯其时物。乾阳物，坤阴物。

释　乾阳物坤阴物，阴阳物错居称杂，故六爻相杂，谓六十四卦也。六十四卦中，初三五时阳则阳，二四上时阴则阴，唯既济一卦。故唯其时物者，谓既济也。

若夫杂物撰德，辨是与非，则非其中爻不备。

注　撰德，谓乾。辨，别也。是谓阳，非谓阴也。中，正。乾六爻二四上非正，坤六爻初三五非正，故杂物。因而重之，爻在其中，故非其中则爻辞不备。道有变动，故曰爻也。

释　唯其时物谓既济，故乾六爻二四上非正，坤六爻初三五非正。乾坤合成既济，故杂物。撰德谓乾，盖撰算乾德而坤德在焉。以德辨别，阳是阴非。又八卦因重而爻在其中，故非其中则爻辞不备。六十四卦六爻相杂，道有变动，故曰爻也。爻变而成既济，则中正而爻辞备。

噫，亦要存亡吉凶，则居可知也。

注　谓知存知亡，要终者也。居乾吉则存，居坤凶则亡，故曰居可知矣。

释　以坤要终,故知存知亡。谓居乾则吉而存,居坤则凶而亡,故曰居可知矣。

物相杂,故曰文。

注　乾阳物,坤阴物。纯乾纯坤之时,未有文章。阳物入坤,阴物入乾,更相杂成六十四卦,乃有文章,故曰文。

释　乾阳物,坤阴物。阴阳物相杂而成六十四卦。除纯乾无阴物纯坤无阳物外,皆相杂而有文章,故曰文。

易之兴也,其当殷之末世、周之盛德邪,当文王与纣之事邪。

注　谓文王书易六爻之辞也。末世,乾上。盛德,乾三也。文王三分天下而有其二,以服事殷,周德其可谓至德矣,故周之盛德。纣穷否上,知存而不知亡,知得而不知丧,终以焚死,故殷之末世也。而马、荀、郑君从俗,以文王为中古,失之远矣。

释　乾九三即谦九三,劳谦君子有终,德言盛,故盛德乾三也,文王当之。上九亢龙,动而有悔,故为末世,殷纣当之。夫易之兴也,当殷之末世,周之盛德,又当文王与纣之事,故曰文王书易六爻之辞。然则虞氏盖以卦爻辞皆文王所作,与郑玄同。《春秋左传序》疏谓虞氏以为易之爻辞周公所作,似有误。

是故其辞危。

注　危谓乾三。夕惕若厉,故辞危也。

释　文王当乾三,有羑里之难。故夕惕若厉,其辞危也。

其道甚大,百物不废。

注　大谓乾道。乾三爻三十六物,故有百物,略其奇八,与大衍之五十同义。

释　其道甚大，谓乾道也。乾阳物，其数九，以策数四之，为三十六物，此一爻之数也。三爻而三之，其数百有八，略其奇八为百，故曰百物不废。略其奇八，犹天地之数五十五，略其奇五为大衍之数五十，故曰同义。

惧以终始，其要无咎，此之谓易之道也。

注　乾称易道，终日乾乾，故无咎。危者使平，易者使倾，恶盈福谦，故易之道者也。

释　乾三终日乾乾，故其要无咎。乾上危而当否上倾，故上之坤三而成谦，恶盈福谦，危者使平也。否上倾否而反泰，则平易也。若纣之居否上为易，则必倾之，此之谓易之道也。

夫乾，天下之至健也，德行恒易以知险。

注　险谓坎也。谓乾二五之坤成坎离，日月丽天，天险不可升，故知险者也。

释　乾为天，二五之坤，而坤成坎月，乾成离日。坎为险，离为丽，日月丽天而天险不可升，故知险也。

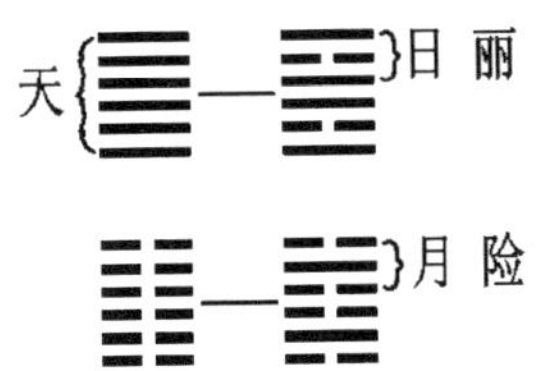

夫坤，天下之至顺也，德行恒简以知阻。

注　阻，险阻也。谓坤二五之乾，艮为山陵，坎为水，巽高兑下，地险山川丘陵，故以知阻也。

释　坤二五之乾，而坤成坎，乾成离。坎为险阻为水，上参艮为山陵，离下参巽为高，上参兑为下。山陵高下为地险山川丘陵，故以知阻也。

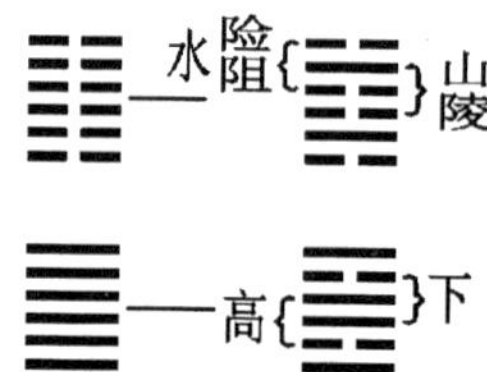

能说诸心。

注　乾五之坤，坎为心，兑为说，故能说诸心。

释　乾五之坤，乾成大有而坤成比。大有上参兑为说，比上卦坎为心，故能说诸心。

能研诸侯之虑。

注　坎心为虑，乾初之坤为震，震为诸侯，故能研诸侯之虑。

释　此承上而言。比上卦坎心为虑。乾初又之坤，则乾为鼎而坤为屯，屯下卦震为诸侯，故能研诸侯之虑。

定天下之吉凶，成天下之娓娓者。

注　谓乾二五之坤，成离日坎月，则八卦象具。八卦定吉凶，故能定天下之吉凶。娓娓，进也。离为龟，乾为蓍，月生震初。故成天下之娓娓者，谓莫善蓍龟也。

释　乾二五之坤，则乾成离日，而坤成坎月。离下参巽，上参兑，坎下参震，上参艮，故八卦象具。八卦定吉凶，故能定天下之吉凶。又乾为蓍，二五之坤而成坎离，离为龟，坎月生于下参震初。震上息而阳进，娓娓进也，故成天下之娓娓者，谓莫善蓍龟者也。

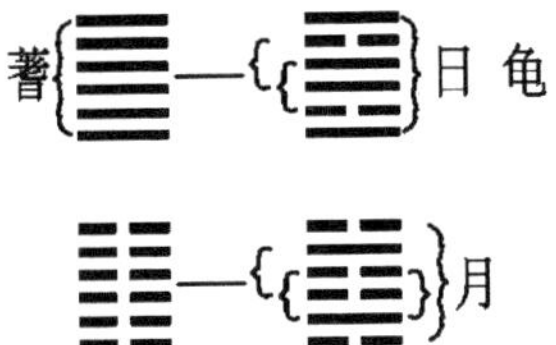

是故变化云为，吉事有祥。

注　祥，几祥也，吉之先见者也。阳出，变化云为，吉事为祥，谓复初乾元者也。

释　阳出复初，阴阳变化而吉事有祥。谓乾元不拔，动微而吉之先见者也，故有祥。

象事知器，占事知来。

注　象事谓坤，坤为器，乾五之坤成象，故象事知器也。占事谓乾以知来，乾五动成离则玩其占，故知来。

释　象事谓坤者，乾五之坤而坤成坎，月之象也。坤为器，故象事知器。占事谓乾者，乾为蓍，乾以知来。五动成离，离为龟，则观其变而玩其占，故知来。

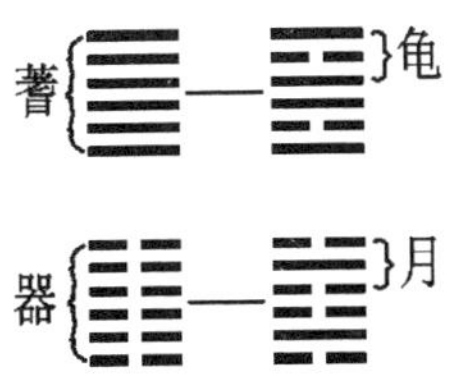

天地设位，圣人成能。

注　天尊五，地卑二，故设位。乾为圣人。成能谓能说诸心，能研诸侯之虑，故成能也。

释　乾为圣人，九五天尊，坤六二地卑。乾之坤而坤成屯，屯上卦坎为心，能说诸心者也。下卦震为诸侯，能研诸侯之虑也。故天地设位，圣人成能，谓刚柔始交也。

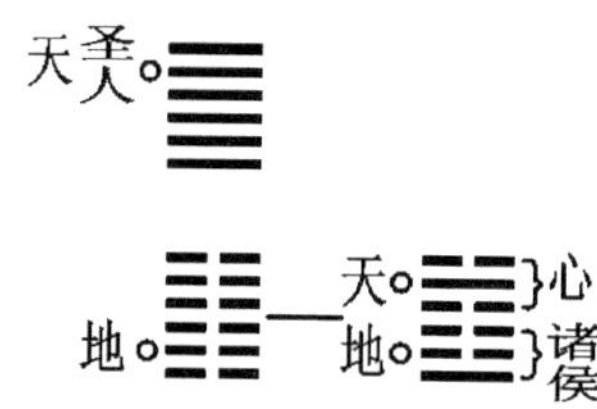

人谋鬼谋，百姓与能。

注　乾为人，坤为鬼。乾二五之坤，坎为谋，乾为百，坤为姓，故人谋鬼谋，百姓与能。

释　乾为人为百，坤为鬼为姓。乾二五之坤而坤成坎，坎为谋，故人谋鬼谋，百姓与能。习坎象，上坎为人谋，下坎为鬼谋也。

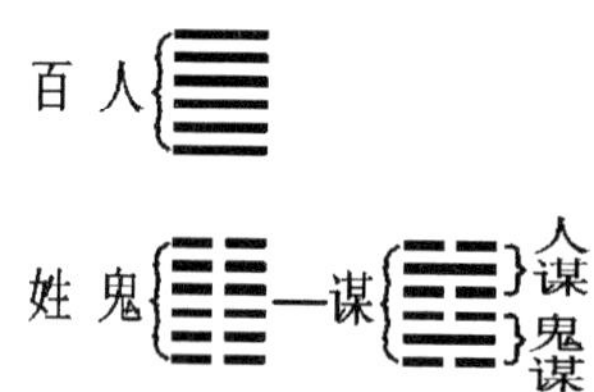

八卦以象告。

注　在天成象。乾二五之坤，则八卦象成，兑口震言，故以象告也。

释　乾二五之坤而成坎离，则刚柔相变，八卦相荡，故八卦象成。离上参兑为口，坎下参震为言，故八卦以象告。

刚柔杂居，而吉凶可见矣。

注　乾二之坤成坎，坤五之乾成离，故刚柔杂居。艮为居，离有巽兑，坎有震艮，八卦体备，故吉凶可见也。

释　乾二之坤，而坤五之乾，则乾坤成坎离，故刚柔杂居。坎上参艮为居，又八卦体备，故吉凶可见也。

变动以利言。

注　乾变之坤成震，震为言，故变动以利言也。

释　乾变之坤，复初乾元正位。下卦震为言，故变动以利言也。

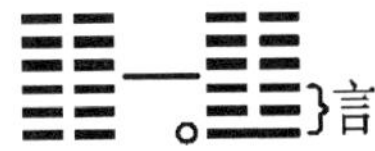

吉凶以情迁。

注　乾吉坤凶。六爻发挥，旁通情也，故以情迁。

释　乾吉坤凶，乾六爻发挥而成六十四卦，旁通情也。当位则情合于乾而吉，失位则情合于坤而凶，故吉凶以情迁。

是以爱恶相攻而吉凶生。

注　攻，摩也。乾为爱，坤为恶。谓刚柔相摩，以爱攻恶生吉，以恶攻爱生凶,故吉凶生也。

释 乾为爱,坤为恶。乾二五摩坤,以爱攻恶而生吉。坤二五摩乾,以恶攻爱而生凶,故吉凶生也。攻,摩也。

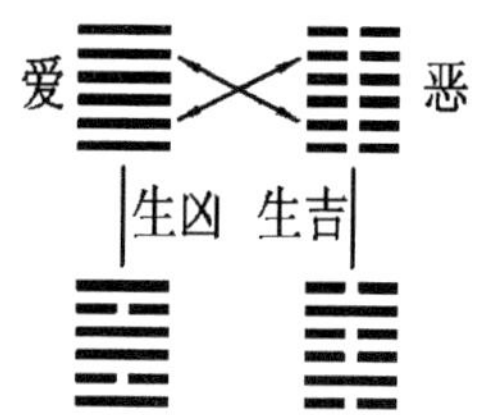

远近相取而悔吝生。

注 远阳谓乾,近阴谓坤。阳取阴生悔,阴取阳生吝。悔吝,言小疵。

释 乾阳为远,坤阴为近,阳远取阴近生悔,阴近取阳远生吝,故远近相取而悔吝生。悔吝者,言乎其小疵也。

情伪相感而利害生。

注 情阳,伪阴也。情感伪生利,伪感情生害。乾为利,坤为害。

释 乾阳为情为利,坤阴为伪为害。故以阳感阴,情感伪而生利,以阴感阳,伪感情而生害也。

或害之,悔且吝。

注 坤为害。以阴居阳,以阳居阴,为悔且吝也。

释 坤为害。以害而言,阴居阳位为吝,阳居阴位为悔,故悔且吝也。

将叛者其辞惭。

注 坎人之辞也。近而不相得,故叛。坎为隐伏,将叛。坎为心,故惭也。

释　谓坎人之辞。坎为隐伏，故将叛。为心，故惭也。

隐伏{☵心惭

中心疑者其辞枝。

注　离人之辞也。火性枝分，故枝疑也。

释　谓离人之辞。离为火，火性炎上，而其形枝分，故枝疑也。

☲}火炎上其形枝

吉人之辞寡。

注　艮人之辞也。

释　谓艮人之辞。艮为止为慎，故其辞寡。

☶}止　慎

躁人之辞多。

注　震人之辞也。震为决躁，恐惧虩虩，笑言哑哑，故多辞。

释　谓震人之辞。震为决躁为笑言，故其辞多。

☳}决躁

诬善之人其辞游。

注　兑人之辞也。兑为口舌诬乾，乾为善人也。

释　谓兑人之辞。兑为口舌，以口舌诬乾善人，故其辞游。游者，浮而不实也。

诬善

失其守者其辞诎。

注　巽人之辞也。巽诘诎,阳在初守,巽初阳入伏阴下,故其辞诎。此六子也。离上坎下,震起艮止,兑见巽伏。上经终坎离,则下经终既济未济。上《系》终乾坤,则下《系》终六子。此易之大义者也。

释　谓巽人之辞。夫阳出震初,则确乎不拔而为守。今巽初阳伏阴下,故失其守而诘诎,其辞诎也。此六人之辞,谓六子之辞也。上《系》卒章曰:"乾坤其易之缊。"故曰上《系》终乾坤,则下《系》终六子。六子为乾坤三索而成,犹既济未济为坎离相交而成,故经则上经终坎离,而下经终既济未济。《系辞》则上《系》终乾坤,而下《系》终六子,此易之大义者也。

说　　卦

参天两地而倚数。

注　倚,立。参,三也。谓分天象为三才,以地两之,立六画之数,故倚数也。

释　乾三画为天象,分而以象天地人三才,以坤三画象地而两之,其卦象为既济。立六画之数,故倚数也。倚,立也。

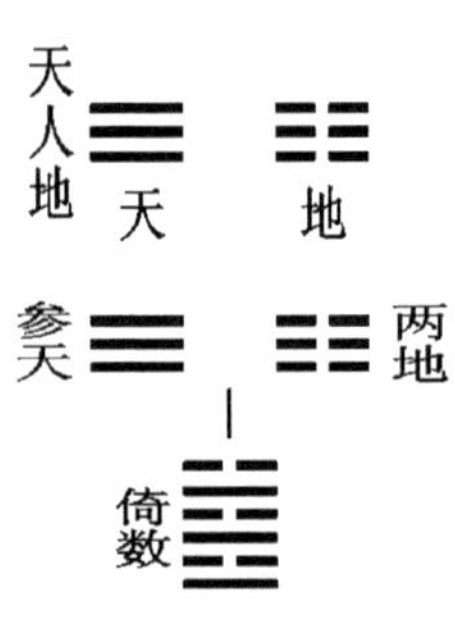

观变于阴阳而立卦。

注　谓立天之道曰阴与阳。乾坤刚柔，立本者。卦谓六爻。阳变成震坎艮，阴变成巽离兑，故立卦。六爻三变，三六十八，则十有八变而成卦，八卦而小成是也。《系》曰：“阳一君二民，阴二君一民。”不道乾坤者也。

释　立天之道曰阴与阳，故观变于阴阳为天道。乾阳为刚，坤阴为柔，刚柔者立本者也，六子之本也。卦谓十有八变，而成卦六爻也，故立卦。八卦而小成，谓三爻九变。阳一君二民成震坎艮，阴二君一民成巽离兑，不道乾坤而本于乾坤也。故立卦由小成八卦，引信触类而成六十四卦也。

发挥于刚柔而生爻。

注　谓立地之道曰柔与刚。发，动。挥，变。变刚生柔爻，变柔生刚爻，以三为六也。因而重之，爻在其中，故生爻。

释　立地之道曰柔与刚，故发挥柔于刚柔为地道。八卦三画，以三为六，因而重之，爻在其中。故生爻谓发挥而变动之，变刚生柔爻，变柔生刚爻也。

和顺于道德而理于义。

注　谓立人之道曰仁与义。和顺谓坤，道德谓乾。以乾通坤，谓之理义也。

释　立人之道曰仁与义，故和顺于道德而理于义为人道。道德仁也，坤为和顺，乾为道德，以乾通坤而合成既济，谓之理于义也。

穷理尽性以至于命。

注　以乾推坤，谓之穷理。以坤变乾，谓之尽性。性尽理穷，故至于命。巽为命也。

释　以乾推坤，息阳成乾，谓之穷理。以坤变乾，凝阴成坤，谓之尽性。穷理以知化，尽性以穷神。性尽理穷，故天地相遇而至于命。姤下卦巽为命也。

昔者圣人之作易也。

注　重言昔者，明谓庖犧也。

释　圣人上重言昔者，明仍为庖犧。若《系辞》之重言圣人，则明前谓庖犧，后谓文王也。

将以顺性命之理。

注　谓乾道变化，各正性命，以阳顺性，以阴顺命。

释　和顺于道德而理于义，阴阳各正性命而成既济也。故以阳顺性而居初三五，以阴顺命而居二四上，所以顺性命之理也。

兼三才而两之，故易六画而成卦。

注　谓参天两地，乾坤各三爻，而成六画之数也。

释　参天两地而倚数，分乾三画为三才，以坤三画两之，而成六画之数。是谓兼三才而两之，故易六画而成卦也。

分阴分阳，迭用柔刚，故易六位而成三章。

注　迭，递也。分阴为柔以明夜，分阳为刚以象昼。刚柔者，昼夜之象。昼夜更用，故迭用柔刚矣。章谓文理。乾三画成天文，坤三画成地理。

释　谓成既济。分阴为柔，居于二四上象夜也。分阳为刚，居于初三五象昼也。刚柔者，昼夜之象也。昼夜更用，故迭用柔刚。迭，递也。又乾三画为天文，坤三画为地理，合成既济故六位成章。章谓文理也。

天地定位。

注　谓乾坤。五贵二贱，故定位也。

释　天尊五而地卑二，乾坤定矣，故天地定位。

山泽通气。

注　谓艮兑。同气相求，故通气。

释　艮为山，兑为泽，山泽同气相求，故通气。

雷风相薄。

注　谓震巽。同声相应，故相薄。

释　震为雷，巽为风，雷风同声相应，故相薄。

水火不相射。

注　谓坎离。射，厌也，水火相通。坎戊离己，月三十日，一会于壬，故不相射也。

释　坎为水，离为火，水火相通，故不相射。射，厌也。谓坎戊月精，离己日光，月三十日，日月一会于壬癸，故相通而不相射也。

八卦相错。

注　错，摩。则刚柔相摩，八卦相荡也。

释　错，摩也。刚柔相摩而成八卦，故八卦相错。谓天地定位，而二五刚柔相错，以成山泽雷风水火之象而为八卦也。

数往者顺。

注　谓坤消从午至亥，上下，故顺也。

释　乾上而坤下，阴消而由乾之坤，从午至亥。上下，故顺也。

知来者逆。

注　谓乾息从子至巳，下上，故逆也。

释　阳息而由坤之乾，从子至巳。下上，故逆也。

是故易，逆数也。

注　易谓乾，故逆数。

释　乾为易，所以言息阳，故逆数也。

万物出乎震。震，东方也。

注　出，生也。震初不见东，故不称东方卦也。

释　万物出生乎震。震于方位属东，虞氏必合纳甲而言，误矣。

齐乎巽。巽，东南也。齐也者，言万物之絜齐也。

注　巽阳隐初，又不见东南，亦不称东南卦，与震同义。巽阳藏室，故絜齐。

释　巽初阳藏入阴，谓退藏于密，故絜齐也。次于震，故于方位属东南。

离也者，明也。万物皆相见，南方之卦也。

注　离为日为火，故明。日出照物，以日相见。离象三爻皆正，日中正，南方之卦也。

释　离为日为火，故明。日出照物，故万物皆相见。别卦离，下卦离三爻皆正。日中正，故为南方之卦也。

圣人南面而听天下，向明而治，盖取诸此也。

注　离南方，故南面。乾为治，乾五之坤，坎为耳，离为明，故以听天下向明而治也。

释　离次巽而为南方之卦，故南面。离由乾成，乾为治。乾成离，则坤成坎。坎为耳，离为明，故以听天下向明而治也。

坤也者，地也。万物皆致养焉，故曰致役乎坤。

注　坤阴无阳，故道广布，不主一方，含弘光大，养成万物。

释　坤为地，其道广布，不主一方，含弘光大，万物皆致养焉，故曰致役乎坤。次于离，故知托位于西南也。

兑，正秋也。万物之所说也，故曰说言乎兑。

注　兑三失位不正，故言正秋。兑象不见西，故不言西方之卦，与坤同义。兑为雨泽，故说万物。震为言，震二动成兑，言从口出，故说言也。

释　兑次坤而方位属西，于四时为秋。六三失位不正，故言正秋。兑为雨泽，故说万物。兑由震息，震为动，兑为口，合为言。言从口出，故说言也。

战乎乾。乾，西北之卦也，言阴阳相薄也。

注　乾刚正五，月十五日，晨象西北，故西北之卦。薄，入也。坤十月卦，乾消剥入坤，故阴阳相薄也。

释　乾次兑，而方位属西北，于时十月。以消息卦言，坤为十月，故阴阳相薄。薄，入也，消剥入坤也。

坎者，水也，正北方之卦也。劳卦也，万物之所归也，故曰劳乎坎。

注　归，藏也。坎二失位不正，故言正北方之卦，与兑正秋同义。

坎月夜中，故正北方。

释　坎次乾而方位属北，于时为冬，冬则万物之所归藏也。九二失位不正，故言正北方之卦也。

艮，东北之卦也。万物之所成终而所成始也，故曰成言乎艮。

注　艮三得正，故复称卦。万物成始乾甲，成终坤癸。艮东北是甲癸之间，故万物之所成终而成始者也。

释　艮次坎而方位属东北。以纳甲言，乾甲成始于东，坤癸成终于北，艮东北在甲癸之间，故万物之所成终而所成始也。夫此节言八卦之方位与纳甲实为二事，虞氏合言之，难免附会焉。

然后能变化，既成万物也。

注　谓乾变而坤化。乾道变化，各正性命，成既济定，故既成万物矣。

释　此节言六子而不言乾坤者，六子之神也。故曰神也者，妙万物而为言者也。六子之各引其事，如临父母，故乾变坤化而成既济定，既成万物矣。

乾，健也。

注　精刚自胜，动行不休，故健也。

释　大哉乾乎，刚健中正，纯粹精也。天行健，君子以自强不息。故乾者精刚自胜，动行不休而健也。

坤，顺也。

注　纯柔承天时行，故顺。

释　坤至柔也，承天而时行，故顺。

震，动也。

注　阳出动行。

释　震一索而得男，万物之所出，故初阳动行也。

巽，入也。

注　乾初入阴。

释　乾初入阴而成巽象，故巽，入也。

坎，陷也。

注　阳陷阴中。

释　坎中爻阳，上下皆为阴，乃阳陷阴中，故坎，陷也。

离，丽也。

注　日丽乾刚。

释　离为日，中阴丽于乾刚而成离象，故离，丽也。

艮，止也。

注　阳位在上，故止。

释　阳位止于阴上而成艮象，故艮，止也。

兑，说也。

注　震为大笑。阳息震成兑，震言出口，故说。

释　兑由震息，震为大笑为动。兑为口，口动为言，出言大笑，故兑，说也。

乾为君。

注　贵而严也。

释　乾阳为贵而其气严。贵而严，君象也，故乾为君。

为父。

注　成三男，其取类大，故为父也。

释　震坎艮三男，索乾而成。乾阳触类而长之，其取类大，故为父也。

为大赤。

注　太阳为赤，月望出入时也。

释　太阳者，盛阳也，其色为赤，故乾为大赤。月望出入时，与太阳光相对，故亦有赤色也。

为良马。

注　乾善，故良也。

释　乾为善为马，故为良马。

坤为地。

注　柔道静。

释　坤为柔，至静而德方，故为地。

为母。

注　成三女，能致养，故为母。

释　巽离兑三女，索坤而成，万物皆致养焉，故为母。

为众。

注　物三称群，阴为民，三阴相随，故为众也。

释　坤阴为民，三阴物相随，物三成群，故为众也。

震为雷。

注　太阳火，得水有声，故为雷也。

释　月三十日一会于壬，坎水离火相通，故曰太阳。火得水，三日出震。震有声，故为雷也。

为駹。

注　駹，苍色，震东方，故为駹。旧读作龙，上巳为龙，非也。

释　震为东方，其色苍。駹，苍色，故为駹。

为玄黄。

注　天玄地黄。震，天地之杂物，故为玄黄。

释　乾为天其色玄，坤为地其色黄。乾阳物，坤阴物，阴阳物交索始于震，故震为天地杂物，而色为玄黄。

为专。

注　阳在初隐静，未出触坤，故专。则乾，静也专。延叔坚说以专为旉，大布，非也。

释　乾其静也专。潜龙隐初，未出触坤，复初之象也，故震为专。

为长子。

注　乾一索，故为长子。

释　震一索而得男，故谓之长男。长男当继世，守宗庙，主祭祀。故又言长子，详举之也。

其于马也为善鸣。

注　为雷，故善鸣也。

释　震初得乾阳为马，震有声为雷，故其于马也善鸣。

为馵足，为作足。

注　马白后左足为馵，震为左为足为有，初阳白，故为作足。

释　震为左为足为后，初阳白，马白后左足为馵，故为馵足。初阳白下有脱文，或“故为作足”当为“故为馵足”，而佚释“作足”之文。

为的颡。

注　的，白。颡，额也。震体头在口上，白故的颡，《诗》云“有马白颠”是也。

释　震息兑乾。乾为头，兑为口，震初阳白，体在口上，额也。额白故于马为的颡。

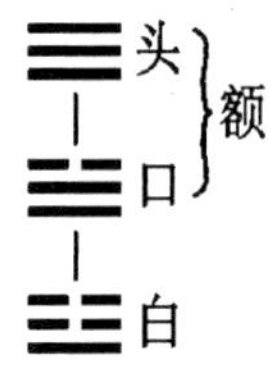

其于稼也为阪生。

注　阪，陵阪也。[1]

释　阪，陵阪也。稼之阪生者，枲豆之属也。

其究为健，为蕃鲜。

注　震巽相薄，变而至三，则下象究。与四成乾，故其究为健为蕃鲜。巽究为躁卦，躁卦则震，震雷巽风无形，故卦特变耳。

释　震雷巽风无形，故以互变言，震究变为巽。以六画卦言，变之三而下卦究，则卦为恒。恒下参乾为健，故其究为健为蕃鲜。蕃鲜，白也，白谓巽白。巽究为躁卦，躁卦谓震也。

〔1〕整理者按：此注辑自《经典释文》。

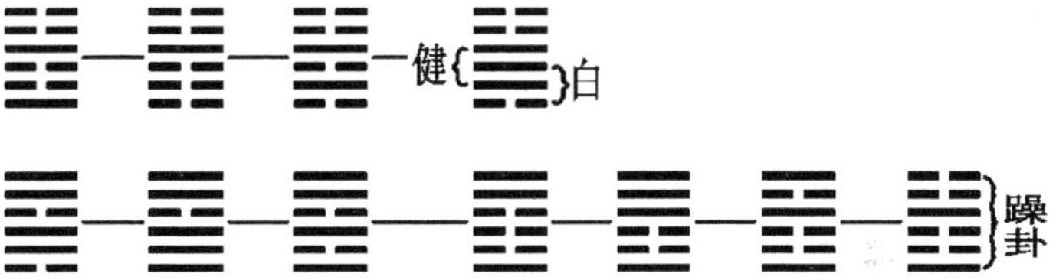

健 白

躁卦

巽为工。

注　为近利市三倍，故为工。子夏曰："工居肆。"

释　巽为近利市三倍，谓工成器而市之，利近三倍，故巽为工。

为白。

注　乾阳在上，故白。

释　乾阳为昼，坤阴为夜，昼白而夜黑，故巽象乾阳在上象昼而为白。

为高。

注　乾阳在上，长，故高。

释　巽为木，二阳在上而生长，故高。

为进退。

注　阳初退，故进退。

释　阳初进于震而退于巽，震伏巽，故巽为进退，谓或进或退也。

为臭。

注　臭，气也。风至知气，巽二入艮鼻，故为臭。《系》曰："其臭如兰。"

释　巽为风，二变艮为鼻，风至艮鼻知气。臭，气也，故为臭。

风——鼻

其于人也为宣发。

注　为白,故宣发。马君以宣为寡发,非也。

释　巽为白,虞氏以宣发为白发也。

为广颡。

注　变至三,坤为广,四动成乾,为颡。在头口上,故为广颡,与震的颡同义。震一阳,故的颡。巽变乾二阳,故广颡。

释　巽变至三卦为益,益下参坤为广。四动卦为无妄,无妄上卦乾为头,巽下参兑为口,在头口上而有坤象,故为广颡,与震的颡取象同,故曰同义。震初阳白故为的颡,巽上消变乾二阳,有坤广象,故为广颡。

为多白眼。

注　为白,离目上向,则白眼见,故多白眼。

释　离为目,离初之上,目上向而其象为巽为白,故为多白眼。

为近利市三倍。

注　变至三成坤,坤为近。四动乾,乾为利。至五成噬嗑,故称市。乾三爻,为三倍,故为近利市三倍。动上成震,故其究为躁卦。八卦诸爻,唯震巽变耳。

释　巽变至三卦为益,益下参坤为近。至四为无妄,无妄上卦乾为利,三爻为三倍。至五为噬嗑,噬嗑为市,故为近利市三倍。至上为震,震为躁卦,故其究为躁卦。

其究为躁卦。

注　变至五成噬嗑为市,动上成震,故其究为躁卦。明震内体为专,外体为躁。

释　巽变至五为噬嗑市，动上成震，震为决躁，故其究为躁卦。又震为专，乃阳在初，乾其静也专，故震内卦初阳当位而为专，外卦九四失位而为躁也。

坎为沟渎。

注　以阳辟坤，水性流通，故为沟渎也。

释　阳陷阴中而以阳辟坤，其象为坎水，水性流通，故为沟渎也。

为隐伏。

注　阳藏坤中，故为隐伏也。

释　阳藏于坤卦之中而成坎象，故坎为隐伏。

为弓轮。

注　可矫鞣，故为弓轮。坎为月，月在于庚为弓，在甲象轮，故弓轮也。

释　坎为矫鞣，故可鞣木而为弓轮。又坎为月，月在西象弓，月在东象轮，故法之而为弓轮也。

其于人也为加忧。

注　两阴失心为多眚，故加忧。

释　坎上下两阴夹心为多眚，阳陷于阴中故加忧。失当作夹。

为心病。

注　为劳而加忧，故心病。亦以坎为心，坎二折坤为心病。

释　坎为劳为加忧，故又为心病。谓坎为心，二爻折坤为心病也。

其于舆也，为多眚。

注　眚，败也。坤为大车，坎折坤体，故为车多眚也。

释　坤为大舆，坎二折坤体，故于舆也为多眚。眚，败也。

舆☷—折坤。☵多眚

为通。

注　水流渎，故通也。

释　坎为水，水脉流通，故为通也。

为月。

注　坤为夜，以坎阳光坤，故为月也。

释　坤为夜，坎二爻阳为光，坎阳光坤，故为月也。

为盗。

注　水行潜窃，故为盗也。

释　水潜行于地中，犹盗也。故坎为水，又为盗。

其于木也，为坚多心。

注　阳刚在中，故坚多心，棘枣属也。

释　坎二阳刚坚而在坤中，又坎为心，故于木也，为坚多心。

离为甲胄。

注　外刚故为甲。乾为首，巽绳贯甲而在首上，故为胄。胄，兜鍪也。

释　离象上下为阳，故外刚而为甲。又乾为首，乾而离，以别卦言下参巽为绳，以绳贯甲而在首上，故为胄。胄，兜鍪也。

为戈兵。

注　乾为金，离火断乾，燥而炼之，故为戈兵也。

释　乾为金，离为火为燥。离二断乾，燥而炼之，故为戈兵也。

金{☰—☲}火

其于人也，为大腹。

注　象日常满，如妊身妇，故为大腹。乾为大也。

释　乾为大，坤为腹。坤阴丽乾而为离，故离为大腹。又离为日，日常满，如妊身妇也。

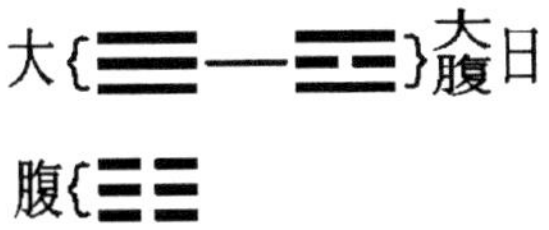

大{☰—☲}大腹日

腹{☷

为乾卦。

注　火日熯燥物，故为乾卦也。

释　离为火为日。火日熯燥物而物乾，故为乾卦也。

为鳖，为蟹，为蠃，为蚌，为龟。

注　此五者，皆取外刚内柔也。

释　离外刚内柔，此五物外皆有甲，故为离象也。

其于木也，为折上槁。

注　巽木在离中，体大过死。巽虫食心，则折也。蠹虫食口木，故上槁。或以离火烧巽，故折上槁。

释　离下参巽为木为虫，中互大过死，上参兑为口为折。谓蠹虫口食木心，故木死而折上槁。或以离火烧木而折上槁也。

死{虫 木{☲}口 折 火

艮为径路。

注　艮为山中径路。震阳在初，则为大涂。艮阳小，故为径路也。

释　震阳在初而为大涂，艮阳小而在上，又为山，故为山中径路也。

为门阙。

注　乾为门，艮阳在门外，故为门阙。两小山，阙之象也。

释　乾为门，艮阳在上，故当门外为门阙。艮下二隅为两小山，阙之象也。

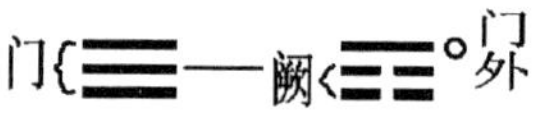

门{☰—阙<☶°门外

为指。

注　艮手多节，故为指。

释　艮为手为多节，手多节，故为指。

为拘。

注　指屈信制物，故为拘。拘旧作狗，上已为狗（“艮为狗”），乃字之误。

释　艮为指，指能屈信制物，故为拘。拘，止也，执也。

为鼠。

注　似狗而小，在坎穴中，故为鼠，晋九四是也。

释　艮下参坎为穴，九三阳在坎穴中，故为鼠。晋九四亦当下参艮上参坎，故曰硕鼠。

鼠　穴　鼠　穴

其于木也，为坚多节。

注　阳刚在外，故多节。松柏之属。

释　艮上为阳，阳为坚，坚刚见外，故其象于木也为坚多节，松柏之属是也。

○坚

兑为泽。

注　坎水半见，故为泽。

释　兑象下为阳，故坎水半见而为泽。水泽之异，水主阳而泽主阴也。

坎半见

为少女。

注　坤三索，位在末，故少也。

释　兑三索而得女，位在末，故谓之少女。

○少

为巫。

注　乾为神，兑为通，与神通气。女，故为巫。

释　兑为通，山泽通气也。息成乾，乾为神。兑又为女，女与神通气，故为巫。

为口舌。

注　兑为震声,故为口舌。

释　震为雷而有声。震息成兑,故兑得震声而为口舌。

声{☳—☱}口舌

为毁折。

注　二折震足,故为毁折。

释　震为足,震息兑而阳二折足,故为毁折。

足{☳—☱}毁折

为附决。

注　乾体未圜,故附决也。

释　乾为圜,兑上为阴,故乾体未圜。上阴附阳,当决而去之,故为附决。

附决

圜{☰—☱}未圜

其于地也,为刚卤。

注　乾二阳在下,故刚。泽水润下,故咸。

释　兑象二阳在下,乾阳为刚。上阴泽水润下为咸,故于其地也为刚卤。

刚{☱}润下 咸

为妾。

注　三少女位贱,故为妾。

释　兑三索而得女。三位贱，故贱女为妾。

贱

为羔。

注　羔，女使，皆取位贱，故为羔。旧读以震駹为龙，艮拘为狗，兑羔为羊，皆已见上。此为再出，非孔子意也。震已为长男，又言长子，谓以当继世，守宗庙，主祭祀，故详举之。三女皆言长、中、少，明女子各当外成，故别见之。此其大例者也。

释　兑三位贱，故为妾为羔。羔女使，又贱于妾也。虞本作震为駹，艮为狗，兑为羔，确有意焉。

序　卦

临者，大也。物大然后可观，故受之以观。

注　临反成观，二阳在上，故可观也。

释　临二阳在下，反成观二阳在上。《彖》曰："大观在上。"故可观也。

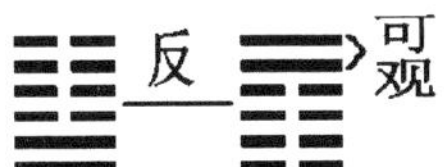

嗑者，合也。

注　颐中有物食，故曰合也。

释　颐中有物，谓噬嗑九四。故噬嗑，食也。噬而食去其不合者，故嗑者合也。

贲者,饰也。

注　分刚上文柔,故饰。

释　泰二之上,分下卦乾刚以文上卦坤柔,故贲者饰也。

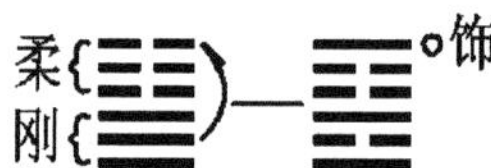

剥,穷上反下。

注　阳四月穷上,消遘至坤者也。

释　四月当乾卦盈上,而谓穷之灾。故五月消姤而至十月坤,十一月则反下而复焉。

颐者,养也。

注　天地养万物,圣人养贤以及万民。

释　颐,养正也。天地圣贤以正而养万物万民,使皆成既济也。

不养则不可动,故受之以大过。

注　人颐不动则死,故受之以大过。大过否卦,棺椁之象也。

释　颐旁通大过,不养则人颐不动而死,故受之以大过。大过否闭之卦,乃棺椁之象也。

有天地。

注　谓天地否也。

释　乾为天,坤为地。有天地,谓上天下地,故其象为否。

然后有万物。

注　谓否反成泰，天地壹壶，万物化醇，故有万物也。

释　否反成泰，天地交万物通，故壹壶化醇，而成万物也。

有万物然后有男女。

注　谓泰已有否，否三之上，反正成咸。艮为男，兑为女，故有男女。

释　否反泰而泰已有否，故否三之上反正而卦成咸。咸下卦艮为少男，上卦兑为少女，故有男女。

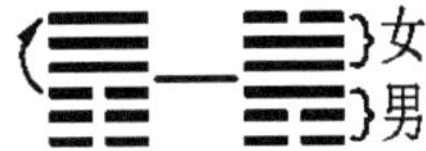

有男女然后有夫妇。

注　咸反成恒，震为夫，巽为妇，故有夫妇也。

释　咸反成恒，恒上卦震为夫，下卦巽为妇，故有夫妇也。

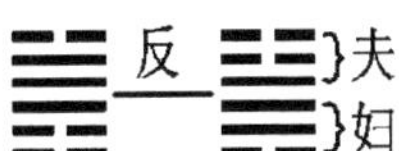

有夫妇然后有父子。

注　谓咸上复乾成遯，乾为父，艮为子，故有父子。

释　咸上六复上九，卦为遯。遯上卦乾为父，下卦艮为子，故有父子。

有父子然后有君臣。

注　谓遯三复坤成否，乾为君，坤为臣，故有君臣也。

释　遯九三复六三，卦为否。否上卦乾为君，下卦坤为臣，故有君臣也。

有君臣然后有上下。

注　否乾君尊上，坤臣卑下。天尊地卑，故有上下也。

释　否象天尊地卑，君上臣下，故有上下也。

有上下然后礼义有所错。

注　错，置也。谓天君父夫象尊，错上。地妇臣子礼卑，错下。坤地道妻道臣道，故礼义有所错者也。

释　错，置也。上下谓上下卦。否上卦乾为天为君，遯上卦为父，恒上卦为夫，皆象尊而错上。否下卦坤为地为臣，遯下卦艮为子，恒下卦巽为妇，皆礼卑而错下。坤为地道妻道臣道，故礼义有所错者也。

伤于外者，必反于家，故受之以家人。

注　晋时在外，家人在内，故反家人。

释　张氏曰："谓离二也。"夫晋为离五，外也，伤而入地为明夷。故反家人为离二，内也。

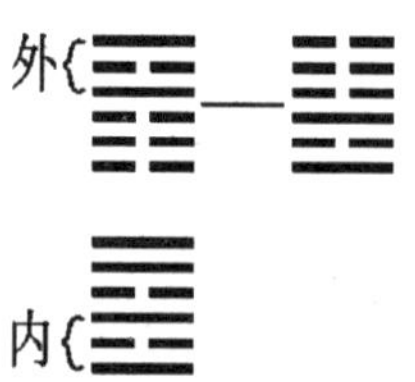

渐者进也。

注 否三进之四，巽为进也。

释 否上参巽为进，三进之四成渐，渐上卦巽为进。故渐者进也，谓六三进之六四也。

进 进

故受之以归妹。

注 震嫁兑，兑为妹。嫁，归也。

释 归妹上卦震为兄，下卦兑为妹。归，嫁也。震嫁兑，故谓归妹也。

兄
妹

兑者，说也。

注 兑为讲习，故学而时习之，不亦说乎。

释 学而时习之，不亦说乎。兑为讲习，故兑者说也。

涣者，离也。

注 风以散物，故离也。

释 涣上卦巽为风，下卦阳物陷阴，风以散物，故涣者离也。

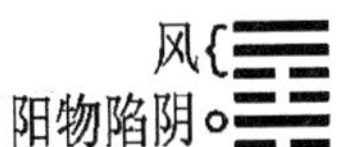

杂　　卦

乾刚坤柔。

注　乾刚金坚,故刚。坤阴和顺,故柔也。

释　乾为金为坚,故刚。坤为和顺,故柔。

比乐师忧。

注　比五得位建万国,故乐。师三失位舆尸,故忧。

释　比九五显比,故乐。师六三师或舆尸,故忧。

屯见而不失其居,蒙杂而著。

注　阴出初震,故见。盘桓,利居贞,故不失其居。蒙二阳在阴位,故杂。初杂为交,故著。

释　屯下卦震,阳初出,故见。注文"阴出初震"当为阳。初九,盘桓,利居贞。上参艮为居,故不失其居。蒙由艮来,艮为三阳当位,之二阳在阴位,故杂。三与二阴阳初杂为交,故著。

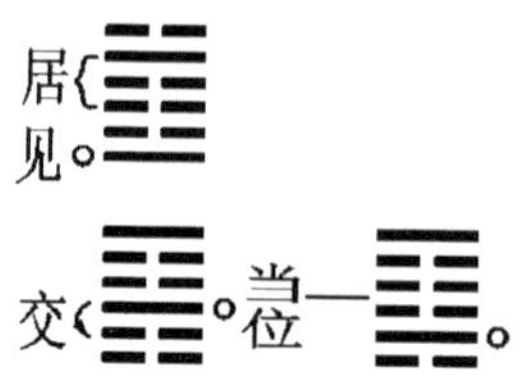

震，起也。艮，止也。

注　震阳动行，故起。艮阳终止，故止。

释　震阳出初动行，故起。艮阳位终于上，故止。

损益，衰盛之始也。

注　损，泰初益上，衰之始。益，否上益初，盛之始。

释　泰盛而否衰。泰初之上成损，否上之初成益，故损为衰之始，益为盛之始也。

大畜，时也。无妄，灾也。

注　大畜五之复二成临，时舍坤二，故时也。无妄上之遯初，子弑父，故灾者也。

释　小畜九五之复二，复成临，而小畜成大畜。临二即乾二，时舍坤二，故大畜，时也。无妄由遯上来之初，遯子弑父灾也，无妄来救之，故灾者也。

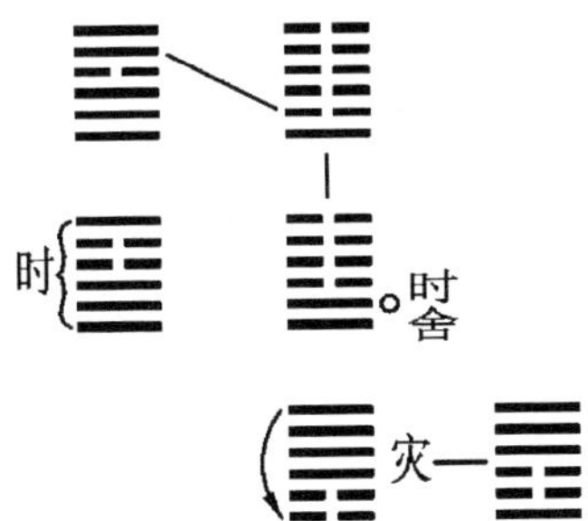

萃聚而升不来也。

注　坤众在内，故聚。升五不来之二，故不来，之内曰来也。

释　萃下卦坤为众，众在内故聚。升六五不来之二，故不来为九二当升五也。

谦轻而豫怡也。

注　谦位三贱，故轻。豫荐乐祖考，故怡。怡或言怠也。

释　谦九三位贱，不自尊大，故轻。豫九四作乐崇德，殷荐之上帝，以配祖考，故怡也。

噬嗑，食也。贲，无色也。

注　颐中有物，故食。贲离日在下，五动巽白，故无色也。

释　噬嗑九四为颐中之物，故食。贲下卦离为日，五动成家人。家人上卦巽为白，故无色也。

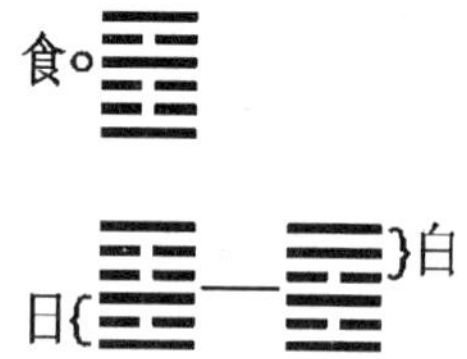

兑见而巽伏也。

注　兑阳息二，故见，则见龙在田。巽乾初入阴，故伏也。

释　兑阳息二，故见。临下卦兑，临二即乾二，则见龙在田之见，即兑见之见也。巽下为阴，乾初伏也。故巽，伏也。

见　见龙

伏

随，无故也。蛊，则饰也。

注　否上之初，君子弗用，故无故也。蛊，泰初上饰坤，故则饰也。

释　否上之初，体震乾元，君子弗用，故随无故也。泰初之上以饰坤，卦为蛊，故蛊则饰也。

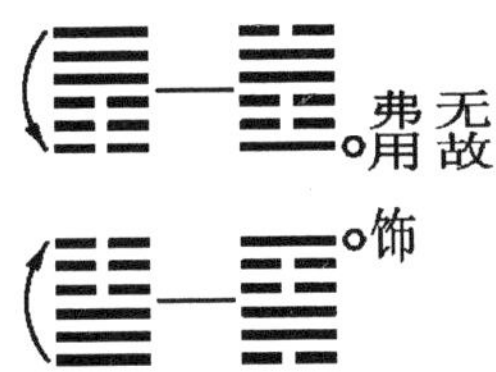

剥，烂也。复，反也。

注　剥生于姤，阳得阴熟，故烂。复刚反初。

释　姤上消而成剥，剥上阳得阴气而熟，故烂。复初震阳刚反，故反也。

晋，昼也。明夷，诛也。

注　诛，伤也。离日在上，故昼也。明入地中，故诛也。

释　晋上卦离为日，日在上，故昼也。明夷下卦离明入上卦坤地之中，故诛。诛，伤也，谓小伤焉。

井通而困相遇也。

注　泰初之五为井，故通也。困三遇四，故相遇也。

释　泰初之五成井，井上卦坎为通，故井，通也。井三四易位而成困，故困三遇四而相遇也。

通 相遇

咸，速也。恒，久也。

注　相感者，不行而至，故速也。日月久照，四时久成，故久也。

释　感而遂通，神也。神不疾而速，不行而至，故速也。恒而震，日月久照。恒而屯，四时久成。恒而既济，圣人久于其道而天下化成，故恒，久也。

涣，离也。节，止也。

注　涣散，故离。节制数度，故止。

释　涣上卦巽为风，风以散物，故离也。节由泰来，泰三之五制数度，上叁艮为止，故节，止也。

解，缓也。蹇，难也。

注　雷动出物，故缓。蹇险在前，故难。

释　解上卦震为雷为动为出，雷动出物，阳气宽缓，故缓也。蹇上卦坎为阴，阴在前，故难也。

睽，外也。家人，内也。

注　离女在上，故外也。家人女正位乎内，故内者也。

释　睽上卦离，故离女在上而为外。家人下卦离，故离女正位乎内，而为内也。

外　内

否泰，反其类也。

注　否反成泰，泰反成否，故反其类。终日乾乾，反复之道。

释　乾三即泰三，终日乾乾，所以保泰也，故为反复之道。泰而否，君子成匪人焉。乾三君子明乎此，故使否反成泰，而不使泰反成否也。

君子　反其类　匪人

大壮则止，遯则退也。

注　大壮止阳，阳故止。遯阴消阳，阳故退。巽为退者也。

释　大者阳也，壮者伤也。阳伤而止，故大壮则止。遯阴上消而阳退，下参巽为退，故遯则退也。

伤而止　退

大有，众也。同人，亲也。

注　五阳并应，故众也。夫妇同心，故亲也。

释　五阳并应于六五，故众也。同人下参巽为妇，旁通师，下参震为夫。夫妇同心，故同人，亲也。

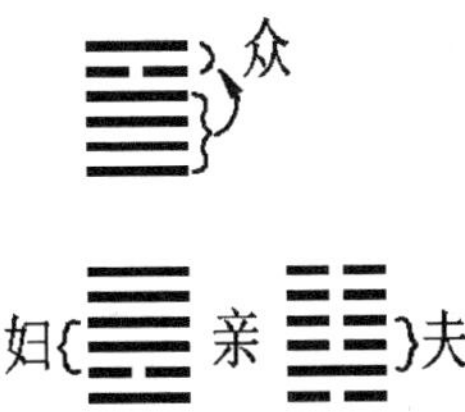

革，去故也。鼎，取新也。

注　革更，故去。鼎烹饪，故取新也。

释　革，更也，故去故。鼎，烹饪也，火化以养人，故取新也。

小过，过也。中孚，信也。

注　五以阴过阳，故过。信及遯鱼，故信也。

释　小过六五过九三、九四之阳，故过也。中孚上互遯，上卦巽为鱼，信及遯鱼，故信也。

丰，多故也。亲寡，旅也。

注　丰大，故多。旅无容，故亲寡。六十四象，皆先言卦及道其指。至旅体离四，焚弃之行，又在旅家，故独先言亲寡，而后言旅。

释　丰大也，故多故旧。旅无所容，故亲寡。夫旅者众叛亲离，九四又体离四焚、死、弃，故独先言亲寡而后言旅，以明恶人之无所容也。

小畜，寡也。履，不处也。

注　乾四之坤初成震，一阳在下，故寡也。乾三之坤上成剥，剥穷上失位，故不处。

释　乾四之坤初，则乾成小畜而坤成复。复下卦震，一阳在下，故寡也。乾三至坤上，则乾成履而坤成剥。剥穷上失位，故不处也。

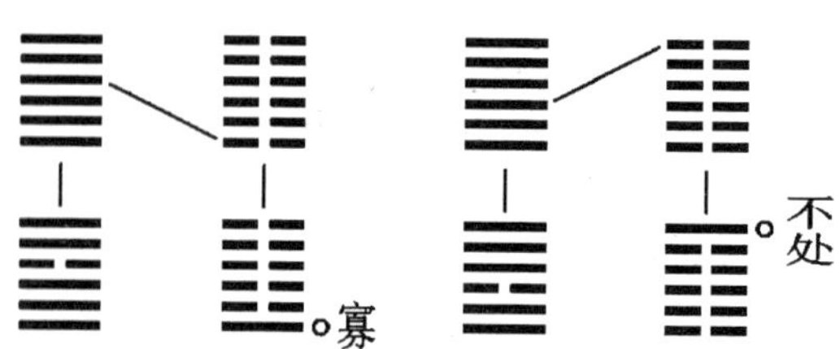

需，不进也。讼，不亲也。

注　险在前也，故不进。天水违行，故不亲也。

释　需上卦坎为险，险在前，故不进。讼上卦乾天与下卦坎水违行，故不亲也。

大过，颠也。

注　颠，殒也。顶载泽中，故颠也。

释　大过上六，过涉灭顶，顶没泽中而颠。颠，殒也。

姤，遇也，柔遇刚也。

注　坤遇乾也。

释　姤象初爻坤柔遇上五乾刚也。

渐，女归待男行也。

注　兑为女，艮为男，反成归妹，巽成兑。故女归待艮成震乃行，故待男行也。

释　渐下卦艮为男，上卦为巽。渐反归妹，巽成兑，艮成震。兑为女，震为行，故女归待男行也。

颐，养正也。

注　谓养三五，五之正为功，三出坎为圣，故曰颐养正。与蒙以养正圣功同义也。

释　颐三五不正，故养正谓养三五。五上正利涉大川，九五多功，三出下参坎为圣，故与蒙以养正圣功同义。颐养正而卦成既济也。

既济，定也。

注　济成六爻得位，定也。

释　既，已。济，成。既济卦象六爻皆得位，故已成而定也。

归妹，女之终也。

注　归妹，人之终始。女终于嫁，从一而终，故女之终也。

释　人始生乾而终于坤，故为人之始终。归妹乃女终于嫁，从一而终，阴终坤癸，而乾始震庚也。从一而终者，恒而益，震四复初，妇从之，故为女之终。恒与归妹，皆由泰来，故取象焉。归妹为泰三四交，三四当人道，故为人之终始，又为女之终也。

未济，男之穷也。

注　否艮为男位。否五之二，六爻失正，而来下阴。未济主月晦，乾道消灭，故男之穷也。

释　否下参艮男，六二得位以应九五，大人否亨也。否五之二，则六爻皆失正，而九五来下阴。未济主月晦，否上卦乾道消灭，艮男亦不见，故为男之穷也。

夬，决也，刚决柔也，君子道长，小人道消也。

注　以乾决坤，故刚决柔也。乾为君子，坤为小人。乾息，故君子道长。坤体消灭，故小人道消。谕武王伐纣。自大过至此八卦，不复两卦对说。大过死象，两体姤夬，故次以姤而终于夬。言君子之决小人，故君子道长，小人道消。

释　夬象以乾之君子决坤之小人，故刚决柔也，君子道长，小人道消也。大过以下八卦不复两卦对说，盖大过死象。又大过下伍下互皆为姤，上伍上互皆为夬，其象两体姤夬，故大过以下次姤而终夬也。夫《杂卦》之次，圣人于《序卦》之外别言之，盖因时损益，欲错综以济天下也。

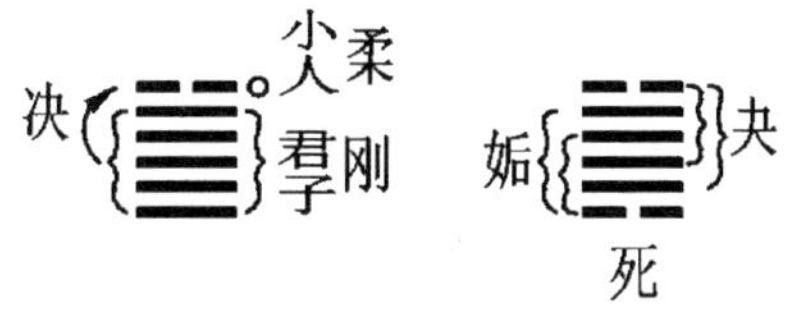

附录一

虞氏卦变例

一、虞 氏 卦 变 例

䷀乾。乾始开通，以阳通阴。

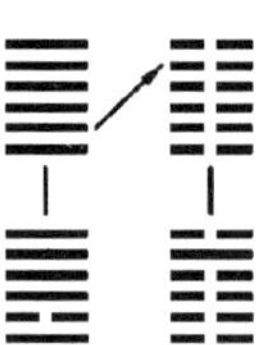

䷁坤。阴极阳生，乾流坤形。坤含光大，凝乾之元，终于坤亥，出乾初子。

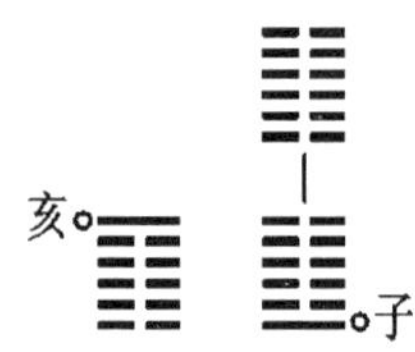

䷂屯。坎二之初，刚柔交震。

䷜—䷂

䷃蒙。艮三之二。张曰：“实颐初之二。”

䷳—䷃

䷄需。大壮四之五。

䷡—䷄

䷅讼。遯三之二也。

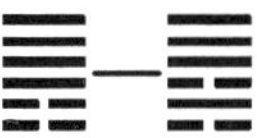

䷆师。

䷇比。师二上之五得位，与大有旁通。

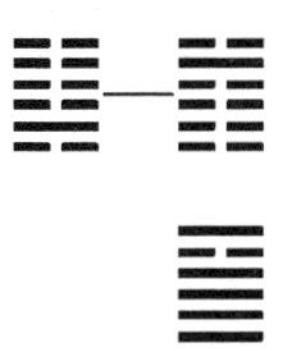

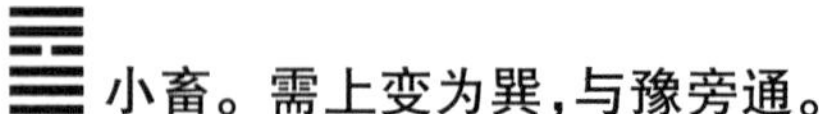

小畜。需上变为巽，与豫旁通。

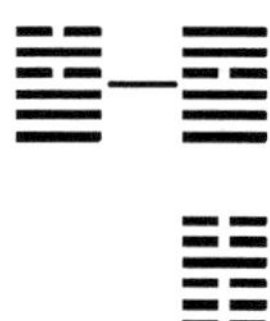

履。变讼初为兑也。

泰。阳息坤，反否也。（由坤而复，复而临，临而泰）

否。阴消乾，又反泰也。（由乾而姤，姤而遯，遯而否）

同人。旁通师卦。

大有。与比旁通。

䷎谦。乾上九来之坤，与履旁通。彭城蔡景君说，剥上来之三。

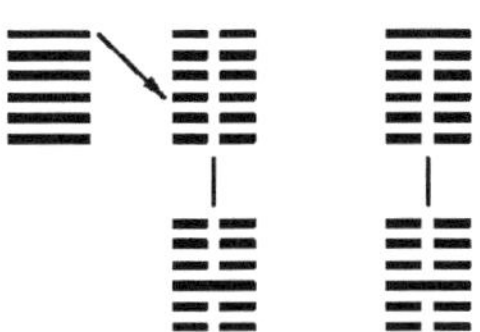

䷏豫。复初之四，与小畜旁通。

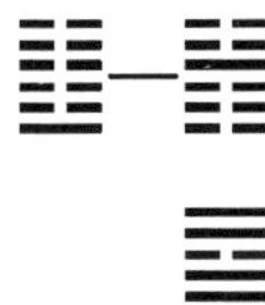

䷐随。否上之初。

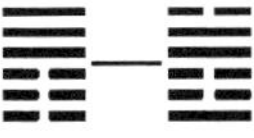

䷑蛊。泰初之上，与随旁通。

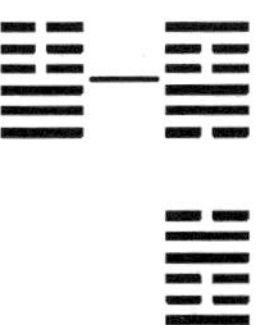

䷒临。阳息至二，与遯旁通。

䷓观。观反临也。

䷔噬嗑。否五之坤初，坤初之五。

䷕贲。泰上之乾二，乾二之坤上。

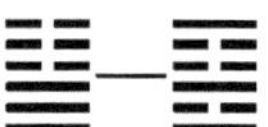

䷖剥。阴消乾也，与夬旁通。

䷗复。阳息坤，与姤旁通。刚反交初，故亨。

无妄。遯上之初。此所谓四阳二阴，非大壮则遯来也。

大畜。大壮初之上，与萃旁通。此萃五之复二成临。临者大也，故名大畜也。

颐。晋四之初，与大过旁通。反复不衰，与乾坤坎离大过小过中孚同义，故不从临观四阴二阳之例。或以临二之上。

大过。大壮五之初，或兑三之初。

坎。乾二五之坤，与离旁通。于爻观上之二。

䷝离。坤二五之乾，与坎旁通。于爻遯初之五。

䷞咸。坤三之上成女，乾上之三成男。

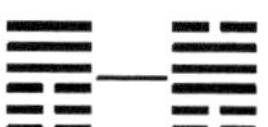

䷟恒。与益旁通，乾初之坤四。

䷠遯。阴消姤二也。

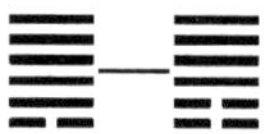

䷡大壮。阳息泰也。

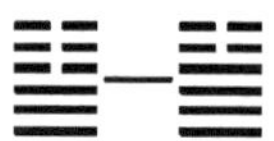

䷢晋。观四之五。

䷣明夷。临二之三而反晋也。

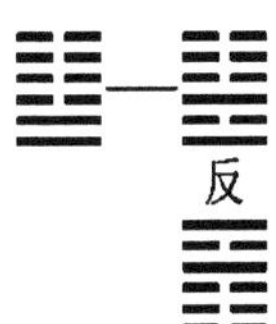

䷤家人。遯初之四也。

䷥睽。大壮上之三,在《系》盖取无妄二之五也。

䷦蹇。观上反三也。

䷧解。临初之四。

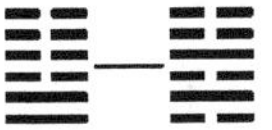

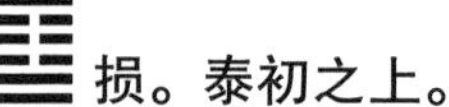

损。泰初之上。

益。否上之初也。

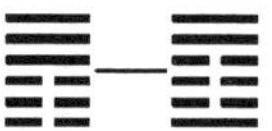

夬。阳决阴，息卦也。与剥旁通。

姤。消卦也。与复旁通。

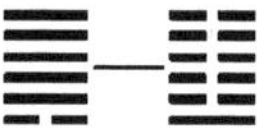

萃。观上之四也。

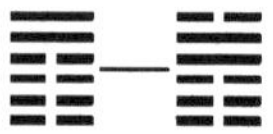

升。临初之三。

䷮困。否二之上。

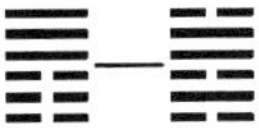

䷋—䷮

䷯井。泰初之五也。

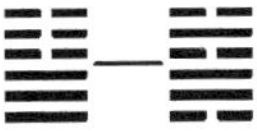

䷊—䷯

䷰革。遯上之初，与蒙旁通。张曰:“实大过初之二。”

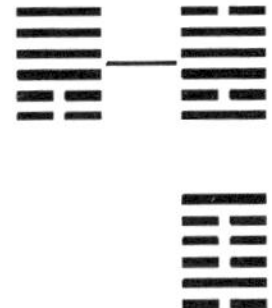

䷱鼎。大壮上之初，与屯旁通。张曰:“实离二之初。”

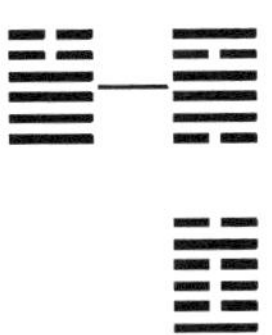

䷲震。临二之四。

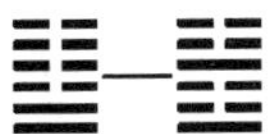

䷳艮。观五之三也。

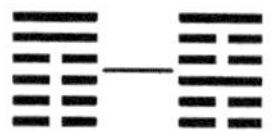

䷴渐。否三之四，反成归妹。

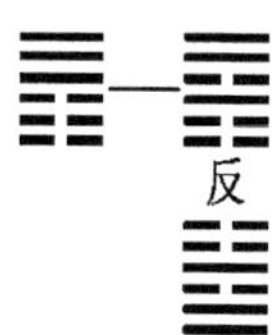

䷵归妹。泰三之四。

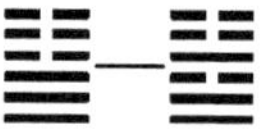

䷶丰。此卦三阴三阳之例，当从泰二之四，而丰三从噬嗑上来。

䷷旅。贲初之四，否三之五。

䷸巽。遯二之四。

䷹兑。大壮五之三也。

䷺涣。否四之二成坎巽。

䷻节。泰三之五,天地交也。

䷼中孚。讼四之初也。此当从四阳二阴之例。遯阴未及三而大壮阳已至四,故从讼来。

䷽小过。晋上之三,当从四阴二阳临观之例。临阳未至三而观四已消也。

既济。泰五之二。

未济。否二之五也。

二、虞氏六十四卦卦变图

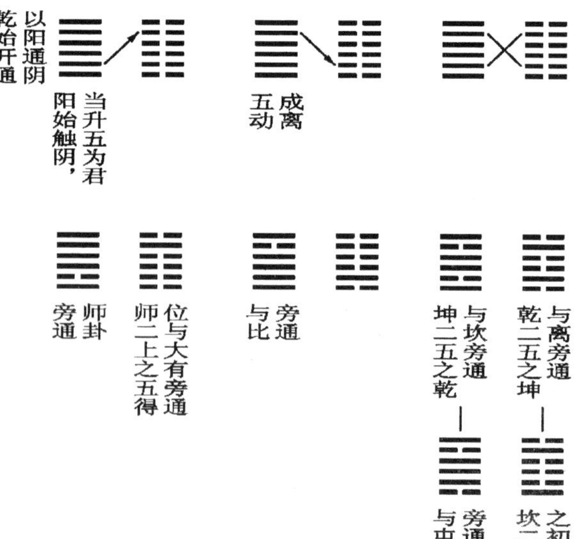

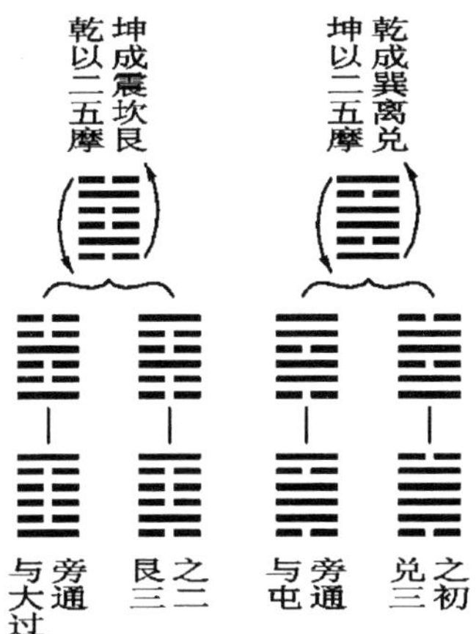
坤成震坎艮
乾以二五摩
乾成巽离兑
坤以二五摩
旁通与大过
之二艮三
旁通与屯
之初兑三

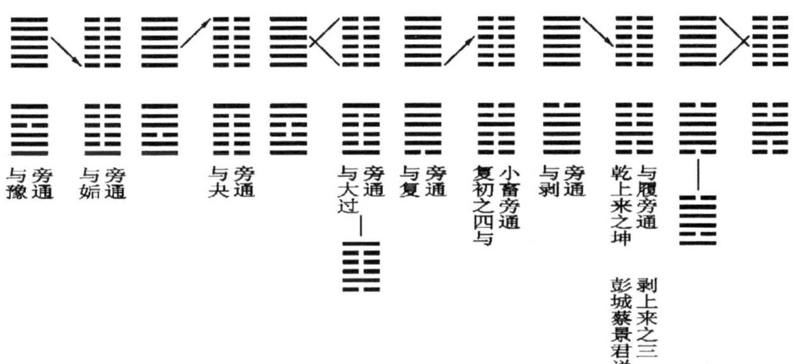
旁通与豫
旁通与姤
旁通与夬
旁通与大过
旁通与复
小畜旁通复初之四与
旁通与剥
与履旁通乾上来之坤
剥上来之三彭城蔡景君说

子
息坤与姤旁通出乾初子，阳
与遯旁通阳息至二
临初之三
临初之四
临二之三
临二之四

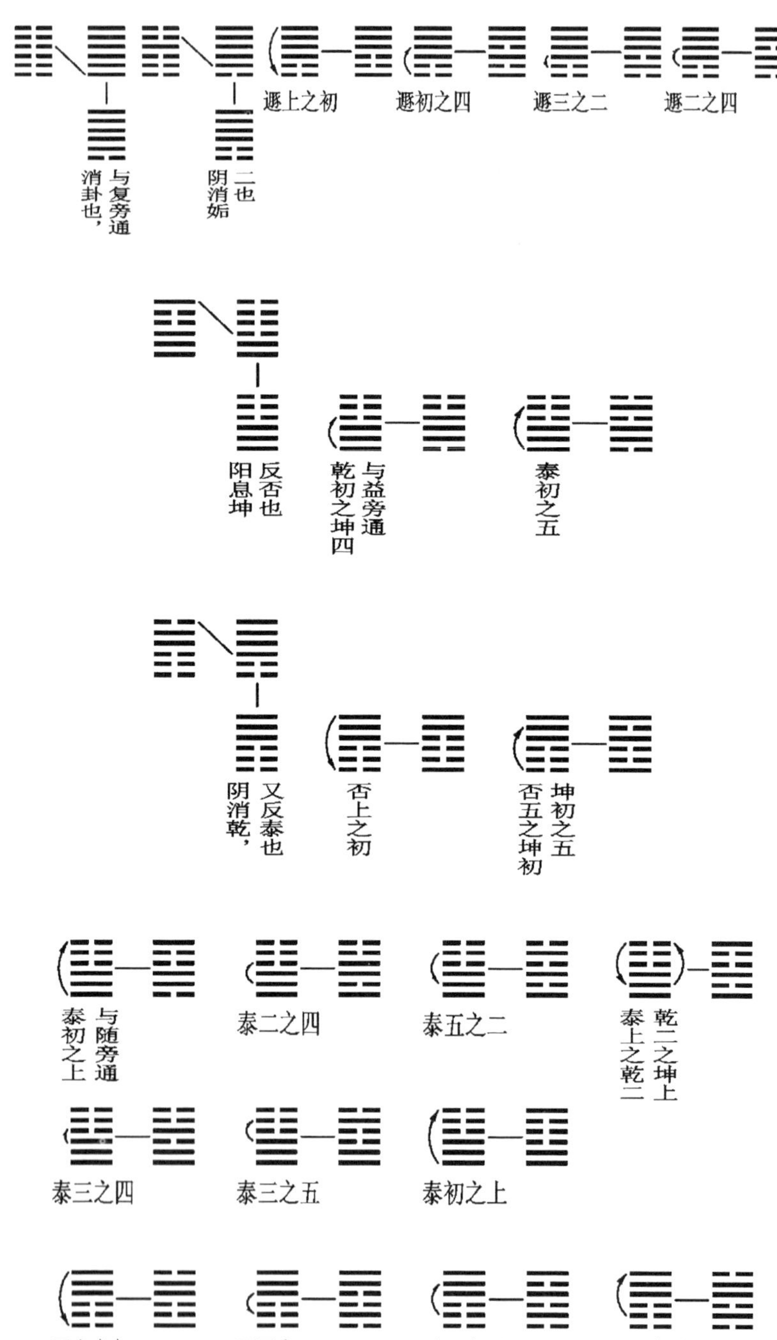
遯上之初
遯初之四
遯三之二
遯二之四
与复旁通
消卦也，
二也
阴消姤
反否也
阳息坤
与益旁通
乾初之坤四
泰初之五
又反泰也
阴消乾，
否上之初
坤初之五
否五之坤初
与随旁通
泰初之上
泰二之四
泰五之二
乾二之坤上
泰上之乾二
泰三之四
泰三之五
泰初之上
否上之初
否四之二
否二之五
否二之上

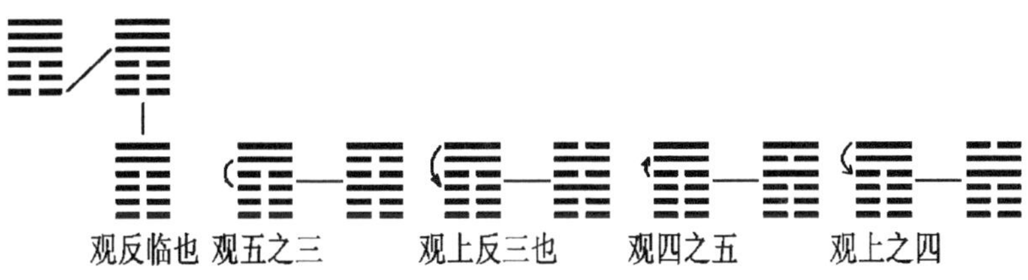

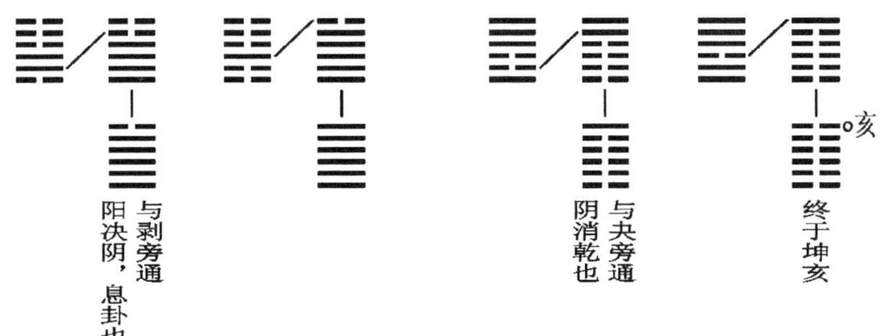

三、释虞氏卦变例

虞氏之卦变，变化甚多，必须依例而求之。惜例已不全，求诸注亦有阙,且变化不可捉摸。今欲求其卦变之通例,唯本诸所存者而推求之,或得于先贤之笺释,或得于卦象之自然耳。

虞注丰卦曰:“此卦三阴三阳之例,当从泰二之四。”由是知凡三阴三阳之卦皆来自泰否。又无妄卦注曰:“此所谓四阳二阴,非大壮则遯来也。”依此例推之,则二阳四阴,非临则观来也。惜一阴一阳之来原,其例已阙。由是以求各卦之注,则三阴三阳之卦皆来自泰否而无例外,而二阴二阳之卦有变化。虞注颐曰:“与大过旁通,反复不衰。与乾坤坎离大过小过中孚同义,故不从临观四阴二阳之例。”计反复不衰卦八,除乾坤外皆为二阴二阳卦。且以卦象言,由临观之二爻相推,不能成小过。遯大壮之二爻相推,亦不能成中孚。故二阴二阳卦之来原,确应有例外。然则何以反复不衰卦皆不从此例,惜虞注未明言。故依卦象研究之,反复深思,略有得焉。夫坎与颐皆可由临观二卦来,离与大过又皆可由遯大壮二卦来,盖来原不一,故不从其例。计二阴二阳卦中其来原有二者,除反复不衰卦中之四卦外,尚有屯蒙革鼎四卦,故求此四卦之虞注,而知屯蒙亦不从其例。且革鼎虽从其例,而革注曰:“与蒙旁通。”鼎注曰:“与屯旁通。”夫既与屯蒙旁通,则其来原亦必与屯蒙之来原有关。由是知凡二阴二阳之卦,其来原唯一者,即从之。若一推不可能由临观遯大壮来者,或可临可观可遯可大壮者,即不从其例。此例之意于今日所存之虞注中已不见,然依他例及注文观之,虞氏之卦变必有此例。因此例之成立又生问题,即不从此例之十卦从何而来。故求诸注,虞注坎曰:“乾二五之坤,与离旁通。”注离曰:“坤二五之乾,与坎旁通。”坎离乃反复不衰卦既由乾坤来,则其他四反复不衰卦亦可由乾坤来。且一阴一阳之卦,其来原无例可循。若逐卦求诸注,则知来自乾坤。故反复不衰卦之来原,同于一阴一阳卦。今逐卦释于后。

虞注乾九二曰:“阳始触阴,当升五为君。”夫乾二之坤五,则乾成同人坤成比。又注《文言》乾五曰:“五动成离。”夫乾五动之坤二,则乾成大有坤成师。合则乾二五之坤，而乾成离坤成坎。此乾坤之二五旁通也。

虞注谦曰："乾上九来之坤。"又引彭城蔡景君说："剥上来之三。"以明剥上即乾上。注豫曰："复初之四。"依剥上即乾上例，知复初即乾初。故乾上之坤三则乾成夬而坤成谦，乾初之坤四则乾成姤而坤成豫。依乾坤二五合成坎离例推之，则合乾初上之坤三四，而乾成大过坤成小过。虞注小畜曰："与豫旁通，豫四之坤初为复。"故知小畜与复有关，乃乾四之坤初而坤成复乾成小畜。以例推之，则乾三之坤上，乾为履而坤为剥。又合乾三四之坤初上，则乾成中孚而坤成颐。然则乾六爻发挥即成十二一阴一阳之卦，而以二五初上三四合之，即为六反复不衰卦。此卦象之自然也。虽今存之虞注中未见，然全依虞注推得，故知不背于虞氏之卦变。

至若屯蒙革鼎四卦之来原，虞注屯曰："坎二之初。"鼎与屯旁通，故依张氏曰"离二之初"。蒙卦亦依张氏曰"颐初之二"，则革与之旁通而为大过初之二。此四卦除屯卦外皆依张氏之说，盖张氏之说确能深得虞氏之心者也。

以上所述者，乃虞氏卦变之通例。合言之，通例有四。一、一阴一阳卦及反复不衰卦中，除乾坤外之六卦皆来自乾坤。二、二阴二阳卦除可从二卦来者，皆从临观遯大壮来。三、可从二卦来之二阴二阳卦，皆来自反复不衰卦。四、三阴三阳卦皆来自泰否。

附录二

汉易卦变考

一、荀氏卦变考

荀爽字慈明，一名谞，颍川颍阴人，荀卿十二世孙。父淑，博学高行。兄弟八人，时人谓之八龙，又曰："荀氏八龙，慈明无双。"延熹九年，拜郎中，对策陈伦常，语极恳切。后弃官去，积十余年，以著述为事。献帝即位，董卓辅政，复征之，欲遁不得，拜司空，从迁长安。见董卓忍暴滋甚，必危社稷，与司徒王允、长史何颙等为内谋。会病薨，年六十三，时当初平元年五月，则生于顺帝永建三年(公元128—190)。于三十九岁拜郎中，著《易传》必于弃官后之十余年中。以五十岁论，即灵帝丁巳(公元177)，是年虞翻仅八岁云。

《七录》、《隋志》皆曰："《周易》十一卷，汉司空荀爽注。"《释文叙录》："荀爽注十卷。"新、旧《唐书·志》："荀爽章句十卷。"唐后未著录，盖与虞注等皆佚于唐五代之际。幸唐李鼎祚录汉注原文以成《周易集解》，故全书虽佚，尚可考见其大义。唯李氏《周易集解》以虞注为主，所存之荀注约为虞注之四分之一。以卦变言，虞注可云未佚，所阙者数卦耳。若荀注卦变,存而可考者,尚不足半数。张惠言曰:“卦变消息,盖孟氏之传也,荀氏亦言之而不能具。”实非荀氏不言,乃李氏《集解》既录虞注,即不录荀注焉。今以所存者观之,荀、虞之言卦变未尝不同,而“升降”之名,则为荀注所专用,其含义兼及卦爻变。以下分类录荀注原文而考其卦变云。

一、辟卦消息之卦变

乾《彖》注:“乾起坎而终于离,坤起于离而终于坎。离坎者,乾坤之众而阴阳之府,故曰大明终始也。”

坤卦辞注:“阴起于午,至申三阴,得坤一体,故曰西南得朋。阳起于子,至寅三阳,丧坤一体,故曰东北丧朋。”

坤上注:“消息之位,坤在于亥,下有伏乾。”

剥《彖》注:“谓阴外变五。五者至尊,为阴所变,故曰剥也。”

复《彖》注:“利往居五,刚道浸长也。复者冬至之卦。”

遯《彖》注:“阴称小,浸而长,则将消阳,故利贞居二,与五相应也。”

夬《彖》注:“信其号令天下,众阳危。去上六,阳乃光明也。”

姤《彖》注:“谓乾成于巽而舍于离,坤出于离,与乾相遇,南方夏位,万物章明也。”

夫辟卦消息传自孟氏,实有据于经文。以卦变视之,既属消息卦变,而立卦卦变又大半立于辟卦,故辟卦可谓卦变之主,此荀、虞所同。然辟卦之变,虞氏以纳甲言,犹准先天图,荀氏则合后天图言,故取象有异。详见“荀氏辟卦消息图”。

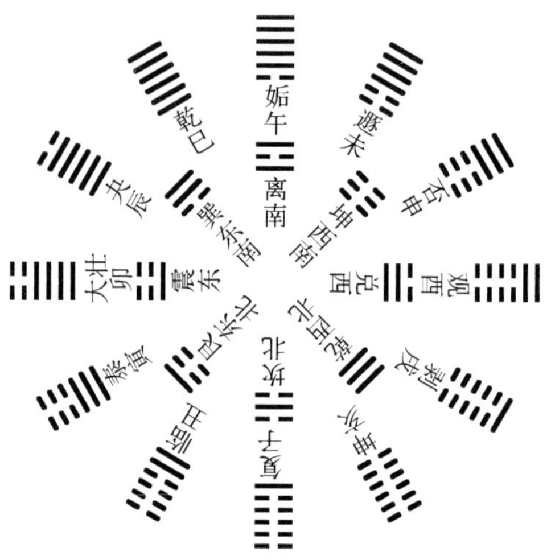

荀氏辟卦消息图

由上图荀氏于辟卦之注,可迎刃而解。若“西南得朋”与“东北丧朋”,乃虞氏以非荀氏者,今各明其象,其争辩亦可爽然而失乎。

二、否泰升降之卦变

泰《象》注:“坤气上升以成天道,乾气下降以成地道。天地二气,若时不交,则为闭塞。今既相交,乃通泰。”

《系辞上》“天尊地卑,乾坤定矣”注:“谓否卦也。”

《系辞上》“卑高以陈,贵贱位矣”注:“谓泰卦也。”

《系辞上》“安土敦乎仁,故能爱”注:“安土谓否卦,乾坤相据故安土。敦仁谓泰卦,天气下降以生万物故敦仁。生息万物,故谓之爱也。”

《序卦》“泰者通也”注:“谓乾来下降,以阳通阴也。”

需五注:“云须时欲降,乾须时当升。”

需上注:“乾升在上,君位以定。坎降在下,当循臣职。”

升初注："谓一体相随，允然俱升。初欲与巽一体，升居坤上，位尊得正，故大吉也。"

升四注："此本升卦也。巽升坤上，据三成艮。巽为岐，艮为山，王谓五也。通有两体，位正众服，故吉也。四能与众阴退避当升者，故无咎也。"

否泰升降，二气之自然流行也。荀注泰卦及《系辞》等，义皆深切乎象，且于需升亦用其例。究荀氏定升降之名，升即升卦之升，降则需待坎云之降为雨也。若否泰需升之象，宜画卦象以明之。

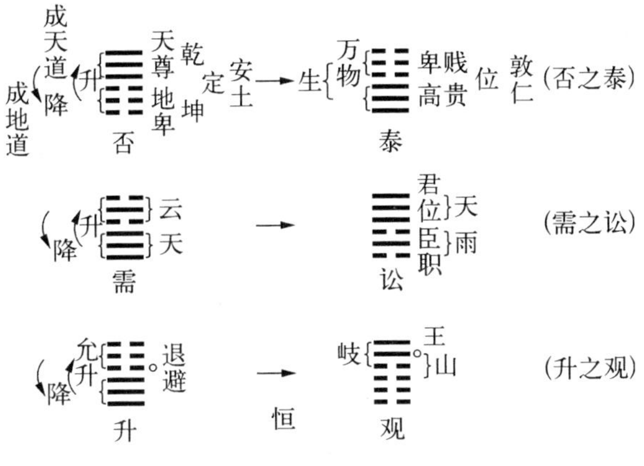

此否泰升降之象，与虞氏注"否泰反类"之象不同。反类者，以六爻言，当初与上反，二与五反，三与四反，即综卦之象，为六爻三接之义。此否泰一体升降者，以六爻言，当初与四升降，二与五升降，三与上升降，即应爻易位之象，为六爻三锡之义。师二曰："王三锡命。"锡者，君锡臣，于象犹应爻也。三锡而一体俱升，天地交万物通，安土敦仁，君臣相得。所存之荀注中，此例殊不可忽，虽仅数卦言及，实宜推至全易。又以先天方图观之，当贞悔相易，名之曰"荀爽卦变图"。

8	7	6	5	4	3	2	1	悔/贞
坤	剥	比	观	豫	晋	萃	否	8
谦	艮	蹇	渐	小过	旅	咸	遯	7
师	蒙	坎	涣	解	未济	困	讼	6
升	蛊	井	巽	恒	鼎	大过	姤	5
复	颐	屯	益	震	噬嗑	随	无妄	4
明夷	贲	既济	家人	丰	离	革	同人	3
临	损	节	中孚	归妹	睽	兑	履	2
泰	大畜	需	小畜	大壮	大有	夬	乾	1

8	7	6	5	4	3	2	1	悔/贞
坤	谦	师	升	复	明夷	临	泰	8
剥	艮	蒙	蛊	颐	贲	损	大畜	7
比	蹇	坎	井	屯	既济	节	需	6
观	渐	涣	巽	益	家人	中孚	小畜	5
豫	小过	解	恒	震	丰	归妹	大壮	4
晋	旅	未济	鼎	噬嗑	离	睽	大有	3
萃	咸	困	大过	随	革	兑	夬	2
否	遯	讼	姤	无妄	同人	履	乾	1

荀爽卦变图

夫贞悔者，内外也，变而相易，义当诚合外内之道。系《大象》者皆观乎此，可证荀注之有本，非一家之私言也。至于虞注否泰，用反类而不用升降，然贞悔相易之象，亦曾取用，今特录之，以见其同。

虞注《系辞下》"后世圣人易之以宫室……盖取诸大壮"曰："无妄，两象易也。"

虞注《系辞下》"后世圣人易之以棺椁，盖取诸大过"曰："中孚，上下易象也。"

虞注《系辞下》"后世圣人易之以书契……盖取诸夬"曰："履，上下象易也。……大壮、大过、夬，此三'盖取'，直两象上下相易，故俱言易之。"

由是知荀曰"一体俱升"即虞曰"两象易"，此名异而实同也。而荀、虞皆言否之泰，然荀指升降，虞指反类，此名同而实异。名实之间，可不明辨乎。

三、乾坤来去之卦变

乾《文言》"水流湿"注："阳动之坤而为坎，坤者纯阴，故曰湿也。"

乾《文言》"火就燥"注："阴动之乾而成离，乾者纯阳，故曰燥也。"

坎《象》注："阳动阴中故流，阳陷阴中故不盈也。"

离《象》注："阴丽于阳，相附丽也。亦为别离，以阴隔阳也。"

《系辞上》"乾道成男，坤道成女"注："男谓乾初适坤为震，二适坤为坎，三适坤为艮，以成三男也。女谓坤初适乾为巽，二适乾为离，三适乾为兑，以成三女也。"

谦《象》注："乾来之坤故下济。阴去为离，阳来成坎，日月之象，故光明也。"

乾坤之阴阳来去，以三画卦言，即三索成六子，于六画之六子卦，其法当同，荀注"阳动之坤而为坎"，"阴动之乾而成离"是也。若据谦《象》之注，可见一阴一阳卦，荀氏亦用同位相索之例来去。谦卦之变如下示：

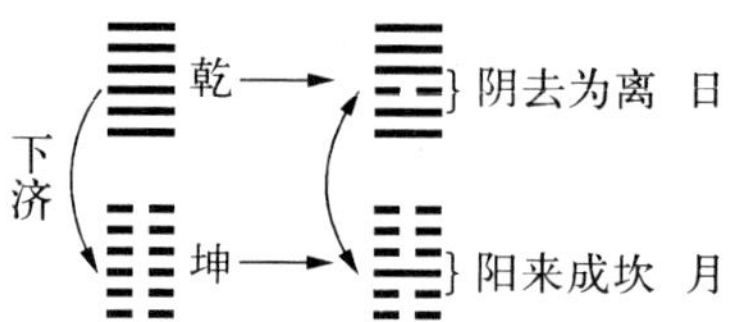

其后虞氏，则取"乾上九来之坤"而成谦，似与荀氏不同，实则荀氏用同位来去，尚有"一体俱升"之例，盖同位之变与应位之变，其象之异即"两象易"也。然则乾坤来去之卦变，或以同位，或以应位，又可相通焉。唯仅以变法论，荀取同位而虞取应位，乃各有所见。

四、二爻升降之卦变

屯《象》注："此本坎卦也。案初六升二，九二降初，是刚柔始交也。"

蒙《象》注："此本艮卦也。案二进居三，三降居二。"

讼卦辞注："阳来居二而孚于初，故讼有孚也。"

贲《象》注："此本泰卦，谓阴从上来居乾之中，文饰刚道，交于中和，故亨也。分乾之二，居坤之上，上饰柔道，兼据二阴，故小利有攸往矣。"

恒《象》注："谓乾气下终，始复升上居四也。坤气上终，始复降下居初者也。”

晋《彖》注:“阴进居五,处用事之位,阳中之阴,侯之象也。阴性安静,故曰康侯。马谓四也,五以下群阴,锡四也。坤为众,故曰蕃庶矣。”

损《彖》注:“谓损乾之三,居上孚二阴也。”

困《彖》注:“此本否卦,阳降为险,阴升为说也。”

井《彖》注:“巽乎水谓阴下为巽也,而上水谓阳上为坎也。木入水出,井之象也。”

旅《彖》注:“谓阴升居五,与阳通者也。”

涣《彖》注:“阴上至四承五为享帝,阳下至二为立庙也。”

既济《彖》注:“天地既交,阳升阴降,故小者亨也。”

未济《彖》注:“柔上居五,与阳合同,故亨也。”

因荀注所存者寡,故二爻升降之卦变,于二阴二阳卦仅有屯、蒙、讼、晋四卦,于三阴三阳卦仅有贲、恒、损、困、井、旅、涣、既济、未济九卦。然即此十三卦言,虞注全同于荀注,可证汉易之取卦变,自有定例,岂随意而言乎。

以上十三卦,亦宜以卦象示之,虽未全备,而荀氏二爻升降之卦变,已可推得其例。凡三阴三阳卦立于泰否,二阴二阳卦立于临、观、遯、大壮及六子是也。

二阳来自六子

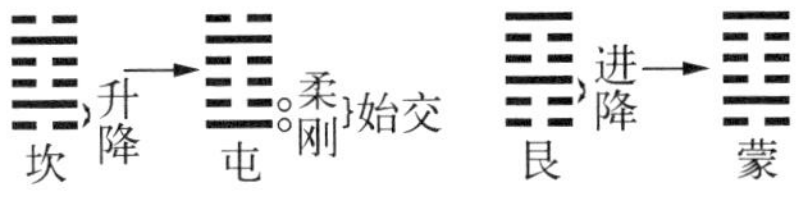

二阳来自观

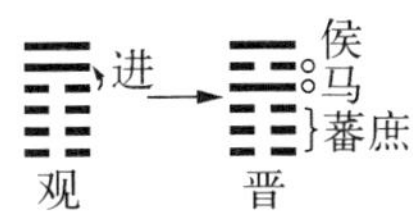

二阴来自遯

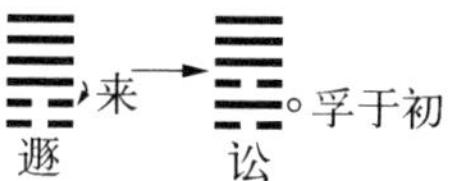

三阴三阳来自泰

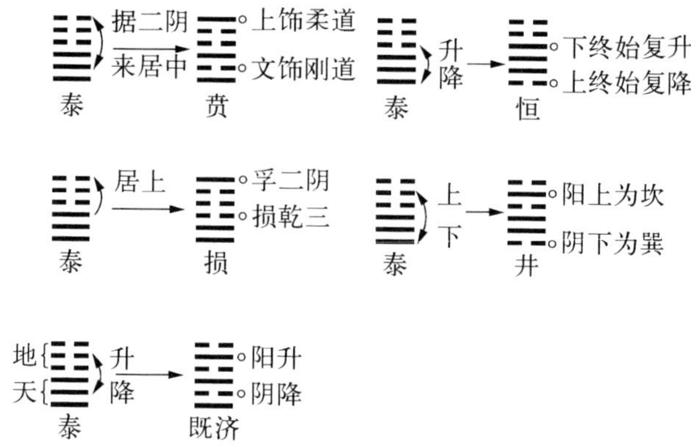

三阴三阳来自否

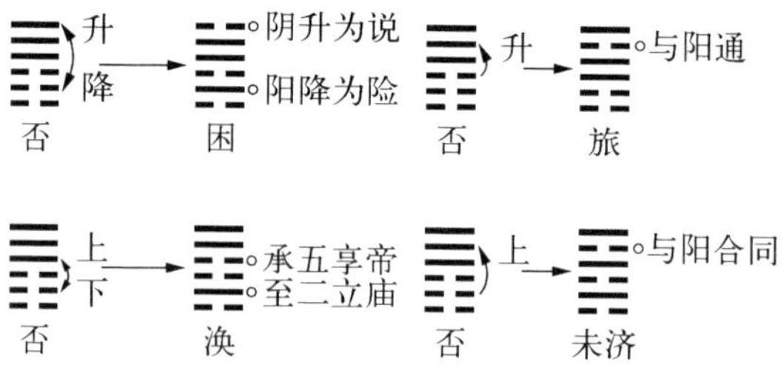

综上所述，荀注之卦变法在焉。与虞注较之，大体皆同，惜其注多阙，未可详考。若谦卦之取同位来去，或辅以一体俱升，即应位之变。此同位应位之变通，一体俱升之妙，可谓荀注之特点。又荀注升降，除此“一体俱升”及“二爻升降”外，尚用于六爻发挥之爻变，另详《论发挥》。故升降者，荀注之几也，另详《先天图与进退升降》。

再者，荀注中每用京房八宫之变，以卦变视之，盖属消息卦变，故亦宜附述于此，且见荀氏之易，有传京氏易之迹焉。

随封辞注:“随者,震之归魂。震归从巽,故大通。”

蛊《彖》注:“蛊者,巽也。巽归会震,故元亨也。”

恒《彖》注:“恒,震世也。巽来乘之,阴阳合会,故通无咎。”

解《彖》注:“解者,震世也。仲春之月,草木萌芽。”

按随者,震之归魂卦,世在三,三四五为巽,故曰震归从巽。“蛊者巽也”,或字有阙,义与随卦相对,谓蛊为巽之归魂卦,世仍在三,三四五为震,故曰巽归会震。恒震世者,当震宫三世,下卦一体震变为巽,故曰“巽来乘之”。解震世者,当震宫二世。孟氏卦气图,解卦属二月,故曰仲春之月,草木萌芽。孟、京之说,固相承者也。解《彖》曰:“雷雨作而百果草木皆甲坼。”此孟氏所以以解卦属仲春之月乎。

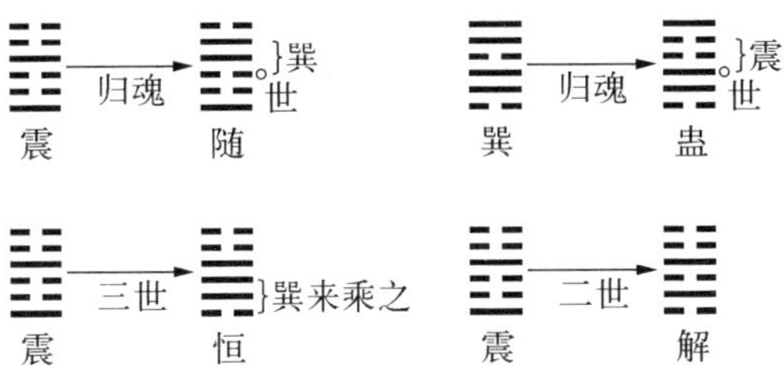

二、虞氏卦变考

虞翻注《周易》,《释文序录》曰十卷,《隋志》曰九卷,唐时尚存,惜乏人问津。新旧《唐书志》皆载虞翻注九卷,实已束之高阁,民间传习者,可谓绝无仅有。于《宋志》已不载,约佚于唐五代之际。幸唐中叶,有李鼎祚习人所不习,深研汉代易注而摘录原文以成《周易集解》,其中以虞注为多,尚能考见其大义。以卦变论,什九未佚,可云天祐,盖亦李氏之功也。以下逐卦录其原注,然后考其要。

䷀乾——乾始开通，以阳通阴，故始通（乾《文言》“乾元者，始而亨者也”注）。

䷁坤——阴极阳生，乾流坤形，坤含光大，凝乾之元。终于坤亥，出乾初子，品物咸亨，故元亨也。

䷂屯——坎二之初，刚柔交震，故元亨。

䷃蒙——艮三之二，亨谓二。震刚柔接，故亨。蒙亨，以通行时中也。

䷄需——大壮四之五。孚谓五，离日为光。四之五，得位正中，故光亨。贞吉，谓壮于大舆之辐也。

䷅讼——遯三之二也。孚谓二。窒，塞止也。惕，惧二也。二失位，故不言贞。遯将成否，则子弑父，臣弑君。三来之二得中，弑不得行，故中吉也。

䷆师——坤为众，谓二失位，变之五为比。故能以众正，乃可以王矣。

䷇比——师二上之五，得位。众阴顺从，比而辅之，故吉。与大有旁通。

䷈小畜——需上变为巽，与豫旁通。豫四之坤初为复，复小阳潜，所畜者少，故曰小畜。

䷉履——变讼初为兑也。与谦旁通。

䷊泰——阳息坤，反否也。坤阴诎外，为小往。乾阳信内，称大来。天地交，万物通，故吉亨。

䷋否——阴消乾，又反泰也。谓三比坤灭乾，以臣弑其君，子弑其父，故曰匪人。阴来灭阳，君子道消，故不利君子贞。阴信阳诎，故大往小来，则是天地不交而万物不通，与比三同义也。

䷌同人——旁通师卦。

䷍大有——与比旁通。

䷎谦——乾上九来之坤，与履旁通。天道下济，故亨。彭城蔡景君说，剥上来之三。

䷏豫——复初之四，与小畜旁通。

䷐随——否上之初，刚来下柔，初上得正，故元亨利贞，无咎。

䷑蛊——泰初之上，与随旁通。刚上柔下，乾坤交，故元亨也。

䷒临——阳息至二，与遯旁通。刚浸而长，乾来交坤，动则成乾，故元亨利贞。

䷓观——阳息临二，直方大。临者，大也。在观上，故称大观。观反临也。

䷔噬嗑——否五之坤初，坤初之五，刚柔交，故亨也。坎为狱，艮为手，离为明，四以不正，而系于狱。上当之三，蔽四成丰，折狱致刑，故利用狱，坤为用也。

䷕贲——泰上之乾二，乾二之坤上。柔来文刚，阴阳交，故亨也。

䷖剥——阴消乾也，与夬旁通。以柔变刚，小人道长，子弑其父，臣弑其君，故不利有攸往也。

䷗复——阳息坤，与姤旁通。刚反交初，故亨。

䷘无妄——遯上之初，此所谓四阳二阴，非大壮则遯来也。刚来交初，体乾，故元亨。三四失位，故利贞也。

䷙大畜——大壮初之上，其德刚上也，与萃旁通。二五失位，故利贞。此萃五之复二成临，临者，大也。至上有颐养之象，故名大畜也。

䷚颐——晋四之初，与大过旁通。养正则吉，谓三爻之正，五上易位，故颐贞吉。反复不衰，与乾、坤、坎、离、大过、小过、中孚同义，故不从临观四阴二阳之例。或以临二之上，兑为口，故有口实也。

䷛大过——大壮五之初，或兑三之初。

䷜习坎——乾二五之坤，与离旁通。于爻，观上之二。

䷝离——坤二五之乾，与坎旁通。于爻，遯初之五。

䷞咸——咸，感也。坤三之上成女，乾上之三成男，乾坤气交以相与。止而说，男下女，故通利贞，取女吉。

䷟恒——恒，久也。与益旁通。乾初之坤四，刚柔皆应，故通无咎，利贞矣。

䷠遯——阴消姤二也。艮为山，巽为入，乾为远，远山入藏，故遯。以阴消阳，子弑其父，小人道长，避之乃通，故遯而通，则当位而应，与时行也。

䷡大壮——阳息，泰也。壮，伤也。大谓四，失位为阴所乘，兑为毁折，伤。与五易位乃得正，故利贞也。

䷢晋——观四之五。晋，进也。

䷣明夷——夷，伤也。临二之三而反晋也。明入地中，故伤矣。

䷤家人——遯初之四也。女谓离巽，二四得正，故利女贞也。

䷥睽——大壮上之三，在《系》“盖取”无妄二之五也。小谓五，阴称小，得中应刚，故吉。

䷦蹇——观上反三也。

䷧解——临初之四。

䷨损——泰初之上，损下益上，以据二阴，故有孚，元吉，无咎。艮男居上，兑女在下，男女位正，故可贞，利有攸往矣。

䷩益——否上之初也。损上益下，其道大光。二利往坎应五，故利有攸往，中正有庆也。

䷪夬——阳决阴，息卦也。刚决柔，与剥旁通。乾为扬为王，剥艮为庭，故扬于王庭矣。

䷫姤——消卦也，与复旁通。巽，长女。女壮，伤也。阴伤阳，柔消刚，故女壮也。

䷬萃——观上之四也。

䷭升——临初之三，又有临象。刚中而应，故元亨也。

䷮困——否二之上，乾坤交，故通也。

䷯井——泰初之五也。坤为邑，乾初之五折坤，故改邑。初为旧井，四应甃之，故不改井。

䷰革——遯上之初，与蒙旁通。

䷱鼎——大壮上之初，与屯旁通。天地交，柔进上行，得中应乾五刚，故元吉，亨也。

䷲震——临二之四，天地交，故通。

䷳艮——观五之三也。艮为多节，故称背。观坤为身，观五之三，折坤为背，故艮其背。坤象不见，故不获其身。震为行人，艮为庭，坎为隐伏，故行其庭，不见其人。三得正，故无咎。

䷴渐——否三之四。女谓四，归，嫁也。坤三之四承五，进得位，往有功。反成归妹，兑女归吉。初上失位，故利贞，可以正邦也。

䷵归妹——归，嫁也。兑为妹，泰三之四，坎月离日，俱归妹象。阴阳之义配日月，则天地交而万物通，故以嫁娶也。

䷶丰——此卦三阴三阳之例，当从泰二之四。而丰三从噬嗑上来之三，折四于坎狱中而成丰，故君子以折狱致刑。阴阳交，故通。噬嗑所谓利用狱者，此卦之谓也。

䷷旅——贲初之四，否三之五，非乾坤往来也。与噬嗑之丰同义。

䷸巽——遯二之四，柔得位而顺五刚，故小亨也。

䷹兑——大壮五之三也。

䷺涣——否四之二成坎巽，天地交，故亨也。

䷻节——泰三之五，天地交也。五当位以节，中正以通，故节亨也。

䷼中孚——讼四之初也。坎孚象在中，谓二也，故称中孚。此当从四阳二阴之例。遯阴未及三，而大壮阳已至四，故从讼来。二在讼时，体离为鹤。在坎阴中，有鸣鹤在阴之义也。

䷽小过——晋上之三。当从四阴二阳临观之例，临阳未至三，而观四已消也。又有飞鸟之象，故知从晋来。杵臼之利，盖取诸此。

䷾既济——泰五之二。小谓二也，柔得中，故亨小。六爻得位，各正性命，保合大和，故利贞矣。

䷿未济——否二之五也。柔得中，天地交，故亨。济，成也。六爻皆错，故称未济也。

凡上之注，皆当卦辞或《彖》，唯乾卦卦辞之注已佚，故录乾《文言》注。注中所言之变，是言卦变。考其大义，盖以乾坤消息成十二辟卦，更由辟卦变及六十四卦，然立卦以辟卦为主而非限于辟卦者也。清张惠言专攻虞氏易，其心得即在卦变消息，且以六十四卦皆由辟卦来。其言曰：“卦变消息，盖孟氏之传也，荀氏亦言之而不能具，其他则多舛矣。其法有爻之，有旁通，有消息卦，有消息所生之卦，注虽残缺，考约求之。盖乾坤十二辟卦为消息卦之正,其自临、遯、否、泰、大壮、观生者,谓之爻例。自乾坤生者,不从爻例。每二卦旁通,则皆消息卦也。消息卦皆在乾坤相合之时,则剥、复、夬、姤、泰、否之交也。"盖已能准虞注而自有所悟,其要仍归诸消息。然张氏之所谓消息,已合卦变而一之,故非仅错卦旁通之消息,即以辟卦消息而生爻。详见"张惠言六十四卦消息"。此图为张氏易学之中心,亦可谓清代发扬虞易之结晶也。

张惠言六十四卦消息

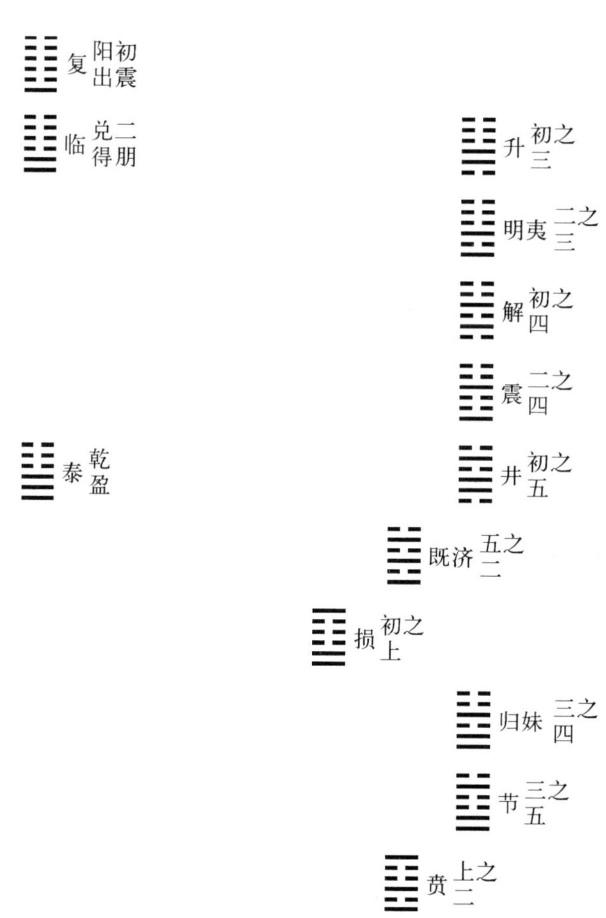

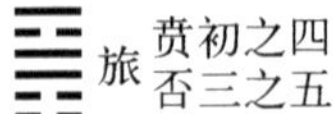

旅 贲初之四 否三之五

蛊 泰初之上

随 否上之初

否 泰反

小过 临阳未至三而观四已消，于爻晋上至三

观 亏巽

晋 四之五

艮 五之三

剥 消艮

坤 入坤

谦 乾上九来之坤

履 谦三之坤初为复上息

师 谦三降之坤二

同人 师二之坤初为复上息

比 师二上之五

大有 比五之坤初为复上息

离 坤二五之乾，于爻遯初之五

䷜ 坎 乾二五之坤，于爻观上之二

䷂ 屯 坎二之初

䷱ 鼎 大壮上之初 实离二之初

䷗ 复 以阴牝阳灭出 复震为余庆 阳盈

䷫ 姤 乾坤相遇 巽象退辛

䷠ 遯 艮象消丙

䷘ 无妄 上之初

䷅ 讼 三之二

䷤ 家人 初之四

䷸ 巽 二之四

䷋ 否 坤虚

䷮ 困 二之上

䷿ 未济 二之五

䷴ 渐 三之四

䷞ 咸 三之上

䷺ 涣 四之二

䷔ 噬嗑 五之初

䷶ 丰 噬嗑上之三 泰二之四

益 否上之初

恒 泰初之四

泰 否反

中孚 遯阴未及三而大壮阳已至四，于爻自讼四之初

大壮 阳息泰

需 四之五

兑 五之三

夬 阳决阴

乾 阴就乾

豫 复初之四

小畜 豫四之坤初为复上息

萃 观上之四实豫四息五

大畜 萃五之复二成临于爻大壮初之上

蹇 观上反三即萃四反三

睽 大壮上之三实蹇三之复二成临上息或无妄二之五

大过 阳伏巽中体复一爻，于爻大壮五之初或兑三之初

颐 晋四之初或以临二之上巽伏震中

蒙 艮二之三实颐初之二

革　遯上之初实
大过初之二

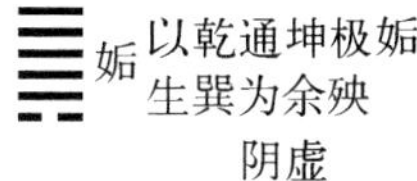

夫张氏此图，分阳盈阴虚各三十二卦，以否泰反类之六卦为主，即“升阶综卦图”中往复消息之初阶、二阶，准阳卦多阴、阴卦多阳之理，故复、临、泰(反否)、观、剥、坤(又出复)六卦为阳盈，姤、遯、否(反泰)、大壮、夬、乾(又入姤)六卦为阴虚。由此十二卦，生旁通消息卦、消息所生卦各十三。详见下表。

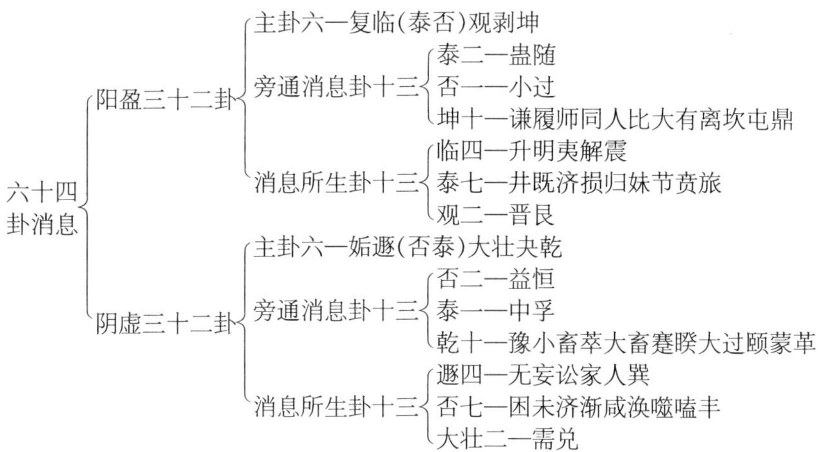

其间盈虚消息，于虞注什九有据，用力之勤可见。唯欲分辨旁通消息卦与消息所生卦，且使其数相等，则与虞注难免有出入。如蹇睽虞注未言旁通，而张氏亦以旁通论。考虞注消息，实兼及六十四卦，乃有乾、坤、既济、未济之时位。特曰旁通者，本往复消息而言，故蹇睽当然可消息而未可谓旁通。又如蛊、随、萃、大畜等亦消息所生卦，而张氏因虞注有旁通而皆以旁通论，于消息所生卦之例亦未合。故宜明辨卦变消息，则象义尤为自然。凡消息者，可以“升阶综卦图”见旁通之义。卦变者，当以立卦卦变考之，下分三阴三阳、二阴二阳、一阴一阳述之。

一、三阴三阳——虞注丰卦曰："此卦三阴三阳之例，当从泰二之四。"由是知三阴三阳之卦，虞氏皆取由否泰来。详见下图。

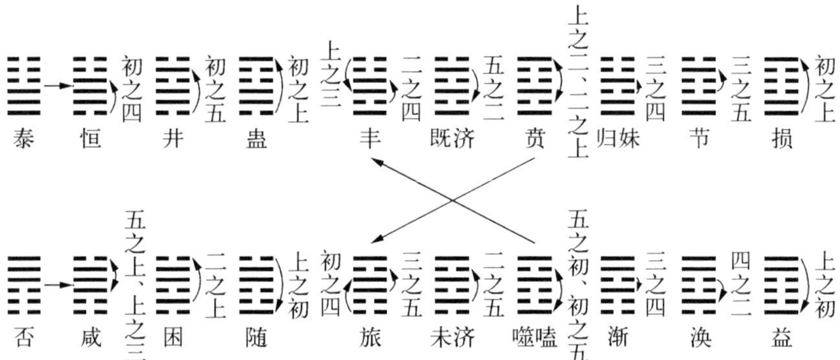

立否泰二卦而二爻升降，各及九卦而三阴三阳之卦皆在焉。且由泰卦变来之九卦，未可由否卦变；由否卦变来之九卦，亦未可由泰卦变。乃于旅卦又注曰"贲初之四"，于丰卦又注曰"丰三从噬嗑上来之三"，则泰变而贲，贲变而旅，旅则可由否卦而变。又否变而噬嗑，噬嗑变而丰，丰则可由泰卦而变。因此二变，泰否之间亦可互通，是当反类之几。以升降之位观之，正处于既济未济之两旁。或定而泰或穷而否，君子可不知几乎。此四卦之《大象》义亦一致，宜录于下。

> 噬嗑《大象》："电雷噬嗑，先王以明罚敕法。"
>
> 贲《大象》："山下有火，贲，君子以明庶政，无敢折狱。"
>
> 丰《大象》："雷电皆至，丰，君子以折狱致刑。"
>
> 旅《大象》："山上有火，旅，君子以明慎用刑而不留狱。"

此四卦《大象》之义，皆本噬嗑卦卦辞"利用狱"而来。用狱之道，否泰随之，刚柔上下之际，治乱以之，此所以不曰君子而曰先王。代大匠斫，鲜不伤手，明罚敕法，岂易言哉。虞氏卦变，特于此以转否泰，定得师承之正，未可以一家言视之。若泰否之各变九卦，与李挺之六十四卦相生图中同，卦象自然之变，汉宋一矣。

二、二阴二阳——虞注无妄卦曰："此所谓四阳二阴，非大壮则遯来也。"注小过卦曰："当从四阴二阳临观之例。"然注颐卦曰："反复不衰，与乾、坤、坎、离、大过、小过、中孚同义，故不从临、观四阴二阳之例。"盖虞氏于二阴卦立遯大壮，于二阳卦立临观，唯反复不衰卦既可从其例，亦可不从其例，且其间尚取由他卦来。详见下图。

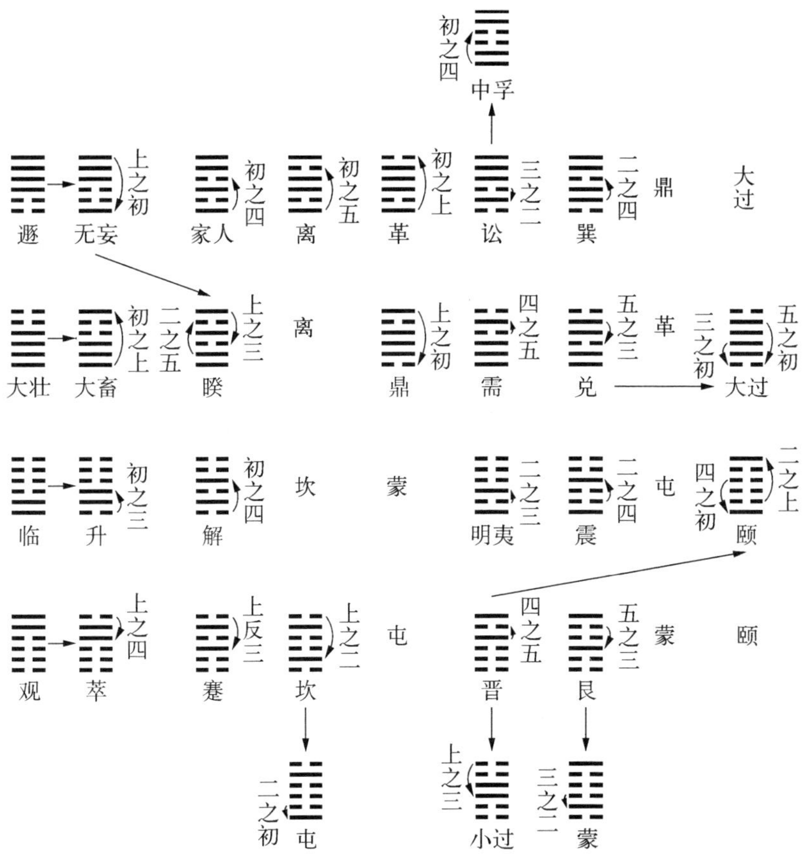

虞注以二阴二阳卦来自遯、大壮、临、观，凡各生八卦。上图中有卦名而无卦象者，虞注不取之卦也。其间有反复不衰卦坎、离、颐、大过及屯、蒙、革、鼎，盖皆有二卦可来，故有变化焉。屯蒙之来自坎艮，观卦卦变之近邻也。若中孚、小过既为反复不衰卦，可不从其例，且仅以二爻升降，临、观、遯、大壮决不能变成中孚、小过，故又变为讼、晋来。此外无妄而睽，晋而颐，兑而大过，皆因辞而取象，然仍当二爻升降之变。或以虞注为杂乱者，未深究所致。如仅有一卦可来者，皆由自然以定其卦变，遯而无妄、家人、讼、巽，大壮而大畜、睽、需、兑，临而升、解、明夷、震，观而萃、蹇、晋、艮是也，与李挺之朱子之卦变图，其义仍同。故虞注临、观、遯、大壮之例，乃各生四卦为主。

三、一阴一阳——虞注于一阴一阳十二卦未言其例，然以谦卦为乾上九来之坤，又引彭城蔡景君说剥上来之三，则于乾上剥上已等视之，可见即以一阴一阳十二卦为乾坤十二爻，且以应爻而变。详见下图：

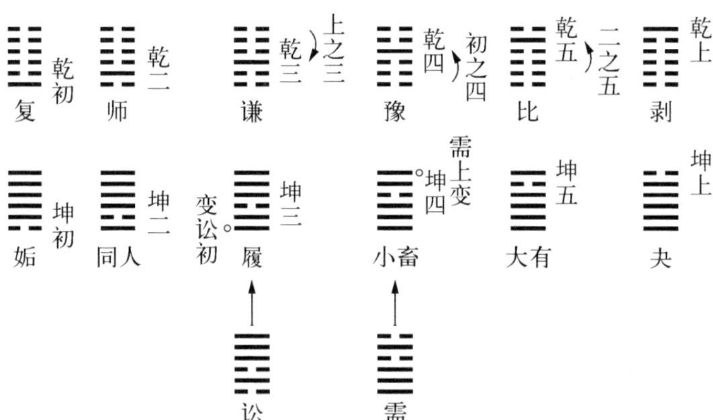

凡一阴一阳卦十二，于剥、复、夬、姤皆为消息卦，乃取剥而谦、复而豫，此外即二五升降为师而比。惜师卦之注已阙，或即比五而虞氏不欲言也。于同人大有皆阙，当与师比同例。若履不自夬来，小畜不自姤来者,扶阳抑阴之大义也。凡剥复一阳,当养而生之。夬姤一阴,去之惟恐不尽,何可更使之生他卦。乃以需上变而小畜,犹决夬上一阴,讼初变而履,犹灭姤初一阴,此非虞氏之微言乎。再者合剥复而为颐,合夬姤而为大过,取其生而不取死,本为生生之易道也。又合师比而为坎,合同人大有而为离。虞注坎曰"乾二五之坤",注离曰"坤二五之乾",正此意也。又合谦豫而为小过,合履小畜而为中孚,并上颐、大过、坎、离即反复不衰卦。更以应爻相合,除坎离外,当复豫为震,剥谦为艮,姤小畜为巽,夬履为兑,则六子亦自然而生。虞注"乾以二五摩坤成震坎艮,坤以二五摩乾成巽离兑",实犹此象也。

由上三图,虞氏卦变之大义可知。一阴一阳之谦、豫、小畜、履,二阴二阳之屯、蒙、革、鼎,虞氏极重视之卦。宜唯此八卦,一当往复消息,一当平陂消息,而虞氏皆言旁通云。此生死与进德修业之枢机,犹三阴三阳中噬嗑、贲、丰、旅之反类也。

以上所述者,全准虞注而言,绝无私意渗入,此可自慰者也。然张惠言之图,虽略加己意而什九仍为虞注,凡研虞易者,张氏之书诚不可不读。若李锐著《周易虞氏略例》,谓虞氏未言六十四卦消息,并以张氏为非,殊非知言也。而李氏之分虞氏易成十八例,条理不紊,较张氏之书浅显,故可为研虞氏易之入门书。又胡祥麟著有《虞氏易消息图说初稿》,乃注解"张惠言六十四卦消息"之图,可当研张氏易之入门书。

夫重重注疏笺释,可谓之精细,亦可谓之拘束,其间之辨,几矣微矣。既不可不知各家之独见,又不可为一时一家所限,此治学之准则。而易家之不同更多,故研易者尤宜注意焉。

附录三

卦变总论

一、卦 变 总 论

六画卦六十有四，曰卦变者，六十四卦之间互变也。其极一卦可变六十四卦，所变之六十四卦，有一卦仍为本卦，即变而仍同，然于四营之数已有变化，故亦宜以卦变视之。六十四卦共变成四千有九十六卦，此卦变之极数，即生蓍之理。参阅朱子《启蒙卦变图》，名之曰生蓍卦变，即广义之卦变。

于生蓍卦变中可别而为二。一变其阴阳之卦变，如需变小畜，姤变遯等等是也，名之曰消息卦变。一不变阴阳而变六位之卦变，如姤变同人，遯变讼等等是也，名之曰升降卦变。计消息卦变共三千一百七十二卦，升降卦变共九百二十卦。凡消息卦变义犹消息，故历代言卦变者以升降卦变为主，于变及六十四卦，即辅以消息云。

于升降卦变中，每以升降二爻为主。一阴一阳卦可变六卦。二阴二阳卦可变九卦，三阴三阳卦可变十卦。合乾坤本卦，凡二爻升降共可变五百四十四卦。见《二爻升降卦变图》。

于《二爻升降卦》变图中，凡阴阳爻数相同者，其卦变皆可由某数卦来，如三阴三阳卦，皆可从否泰来等等是也，是之谓立卦。见《立卦图》。

《说卦》曰：“观变于阴阳而立卦。”此句之义，承生蓍言，谓倚积参两而得七九八六四营之数，以观阴阳之变不变。七为阳不变，九为阳变，八为阴不变，六为阴变。由是以立两卦，曰本卦，曰之卦，此即生蓍之变。然更以阴阳变不变言，阴阳者乾坤也，犹观乾坤之变化而立卦，即狭义之卦变。且除生蓍卦变外，各有所限，故皆可以狭义卦变目之。而立卦卦变，历代言卦变者每从之。唯所立之卦不同，故变卦图有种种不同焉。义谓六十四卦皆由乾坤变，不必更立他卦而变出六十四卦。如程伊川即此主张，然详玩卦辞与《彖》，每言往来上下实各由所来之卦，非乾坤二卦所可概括。乾坤者，远因也。于阴阳爻数相同者各立数卦以变出诸卦，近因也。故立卦卦变殊为重要，《立卦图》者，盖明由乾坤消息而立卦。图共十一幅，述其义如下。

图一，当乾、坤二卦尚未消息之象。

图二，当乾、坤初画消息而成复、姤之象。

图三，当乾、坤上画消息而成剥、夬之象。此图即上图之综。

图四，当乾、坤初、上画消息而成颐、大过之象。即以上二图之合。

图五，当乾、坤初、二二画消息而成临、遯之象。

图六，当乾、坤五、上二画消息而成观、大壮之象。此图即上图之综。

图七，当乾、坤初、二、五、上四画消息而成中孚、小过之象。即以上二图之合。

图八，当乾、坤初、四二画消息而成震、巽之象。

图九，当乾、坤三、上二画消息而成艮、兑之象。此图即上图之综。

图十，当乾、坤初、三、四、上四画消息而成离、坎之象。即以上二图之合。

图十一，当乾、坤初、二、三三画消息而成泰、否之象。

总上十一图所示之卦如下：

<table>
<tr><td>乾</td><td>坤</td><td></td></tr>
<tr><td>复</td><td>姤</td><td rowspan="2">颐　大过</td></tr>
<tr><td>剥</td><td>夬</td></tr>
<tr><td>临</td><td>遯</td><td rowspan="2">中孚　小过</td></tr>
<tr><td>观</td><td>大壮</td></tr>
<tr><td>震</td><td>巽</td><td rowspan="2">离　坎</td></tr>
<tr><td>艮</td><td>兑</td></tr>
<tr><td>泰</td><td>否</td><td></td></tr>
</table>

凡二图所合者，即反复不衰卦。又震、巽、艮、兑以合离、坎即六子，此外即十二辟卦。此二十二卦中，义由乾坤变出二十卦，而其他四十二卦又可从此二十卦中变出。然各家所立之卦，非限此二十卦。另详各家之卦变图，而由此二十卦，殊可见立卦之大义。

若卦变图者，必自古已有。今从虞翻、荀爽等注，尚可见其迹，惜总图已佚，于宋幸有李挺之传出，见《李挺之卦变反对图》、《李挺之六十四卦相生图》。按李氏之传授，见下表：

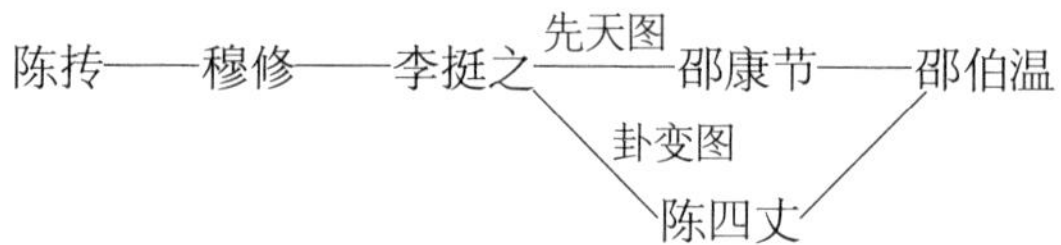

可见《卦变图》与《先天图》同出，皆系自古皆已有，然皆为失而复得。若李氏之二图，复经陈四丈而归于邵伯温之手，其后经朱子整理成一图，见《朱子卦变图》。其次严密，为九图之一，以置《本义》之首，厥功伟矣。其言曰："盖《易》中之一义，非画卦作者之本指。"然"即用"以"显体"，亦未尝不可以卦变为本指，即以生蓍卦变言是也。

朱震注李挺之《六十四卦相生图》曰："虞仲翔注小过曰：当从四阴二阳临、观之例。于丰曰：当从三阴三阳泰之例。于无妄曰：此卦谓四阳二阴，非大壮则遯来。又问剥之变于彭城蔡景君，大过或变于五之初，或以谓三之五，睽或变于大壮上之三。盖是时其图未见，故难于折衷，亦莫得其纲要。诸儒各伸臆说，至于纷然，而仲翔则知有此图也。”朱汉上之能以李氏之图合汉注以明其义，其见远焉，故为宋代易家之特出者。谓“仲翔则知有此图也”，诚是。然又曰“是时其图未见，故难于折衷”，则尚未悟汉易卦变之神。是时之图尚不止《六十四卦相生图》一图而已，惜于王弼扫象后，图皆不传，乃于卦变用易之道，失其则矣。

李挺之变卦反对图

乾坤二卦为易之门万物之主图第一

乾老阳　　坤老阴

乾坤相索三交变六卦不反对图第二

乾体而坤来交　　坤体而乾来交

大过　中孚　离　　颐　小过　坎

乾卦一阴下生反对变六卦图第三

坤卦一阳下生反对变六卦图第四

乾卦下生二阴各六变反对变十二卦图第五

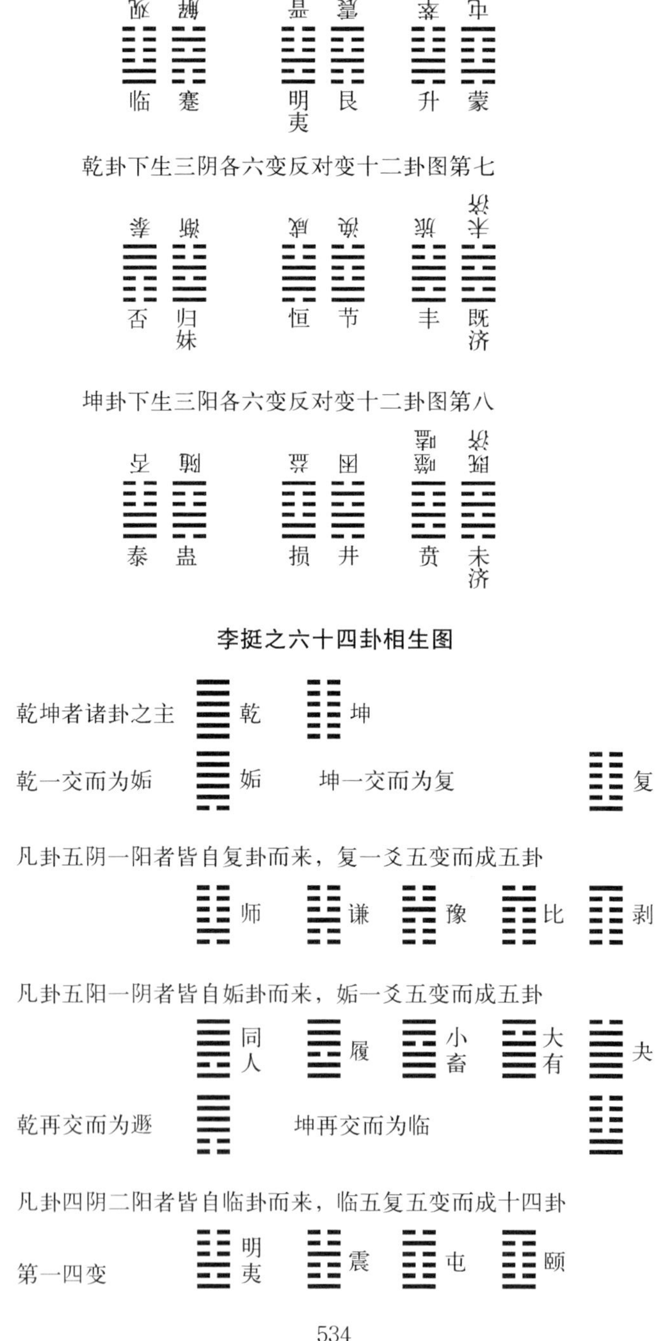
坤卦下生二阳各六变反对变十二卦图第六
临 蹇 明夷 艮 升 蒙
乾卦下生三阴各六变反对变十二卦图第七
否 归妹 恒 节 丰 既济
坤卦下生三阳各六变反对变十二卦图第八
泰 蛊 损 井 贲 未济
李挺之六十四卦相生图
乾坤者诸卦之主 乾 坤
乾一交而为姤 姤 坤一交而为复 复
凡卦五阴一阳者皆自复卦而来，复一爻五变而成五卦
师 谦 豫 比 剥
凡卦五阳一阴者皆自姤卦而来，姤一爻五变而成五卦
同人 履 小畜 大有 夬
乾再交而为遯 坤再交而为临
凡卦四阴二阳者皆自临卦而来，临五复五变而成十四卦
第一四变 明夷 震 屯 颐

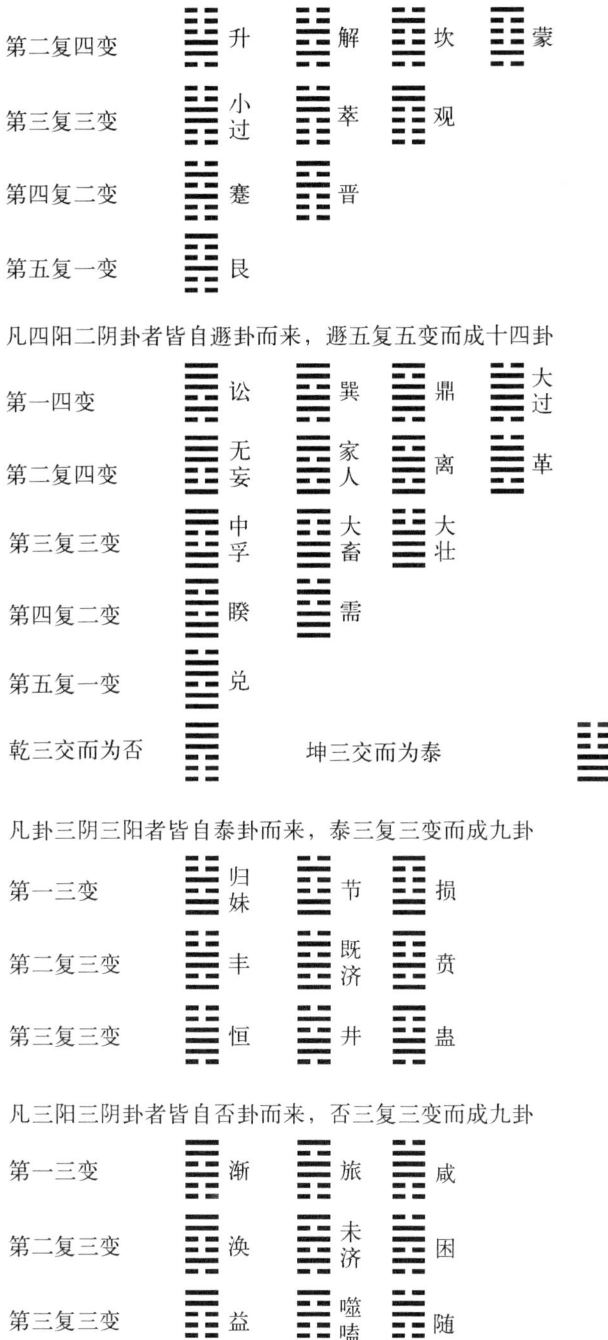
第二复四变　升　解　坎　蒙
第三复三变　小过　萃　观
第四复二变　蹇　晋
第五复一变　艮
凡四阳二阴卦者皆自遯卦而来，遯五复五变而成十四卦
第一四变　讼　巽　鼎　大过
第二复四变　无妄　家人　离　革
第三复三变　中孚　大畜　大壮
第四复二变　睽　需
第五复一变　兑
乾三交而为否
坤三交而为泰
凡卦三阴三阳者皆自泰卦而来，泰三复三变而成九卦
第一三变　归妹　节　损
第二复三变　丰　既济　贲
第三复三变　恒　井　蛊
凡三阳三阴卦者皆自否卦而来，否三复三变而成九卦
第一三变　渐　旅　咸
第二复三变　涣　未济　困
第三复三变　益　噬嗑　随

朱子卦变图

《彖传》或以卦变为说，今作此图以明之。盖《易》中之一义，非画卦作《易》之本指也。

凡一阴一阳之卦各六皆自复姤而来

剥　比　豫　谦　师　复　夬　大有　小畜　履　同人　姤

凡二阴二阳之卦各十有五皆自临遯而来

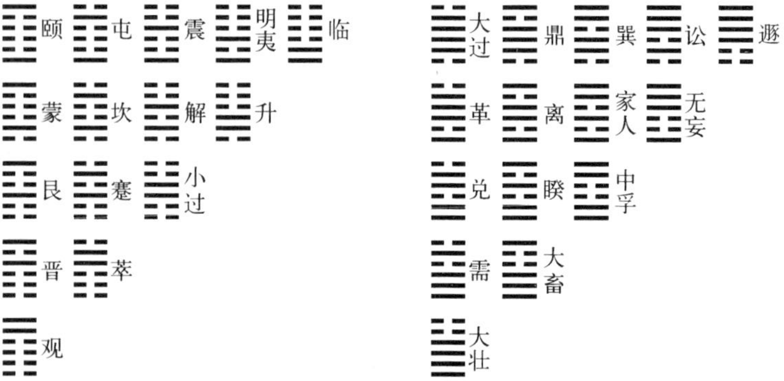

颐　屯　震　明夷　临

蒙　坎　解　升

艮　蹇　小过

晋　萃

观

大过　鼎　巽　讼　遯

革　离　家人　无妄

兑　睽　中孚

需　大畜

大壮

凡三阴三阳之卦各二十皆自泰否而来

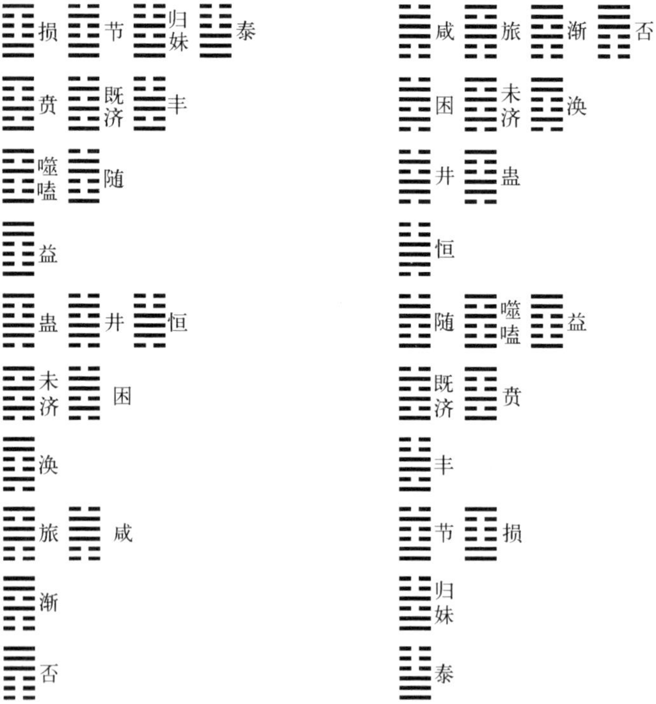

损　节　归妹　泰

贲　既济　丰

噬嗑　随

益

蛊　井　恒

未济　困

涣

旅　咸

渐

否

咸　旅　渐　否

困　未济　涣

井　蛊

恒

随　噬嗑　益

既济　贲

丰

节　损

归妹

泰

凡四阴四阳之卦各十有五皆自大壮观而来

䷙大畜 ䷄需 ䷡大壮

䷥睽 ䷹兑

䷼中孚

䷝离 ䷰革

䷤家人

䷘无妄

䷱鼎 ䷛大过

䷸巽

䷅讼

䷠遯

䷬萃 ䷢晋 ䷨损

䷦蹇 ䷳艮

䷽小过

䷜坎 ䷃蒙

䷧解

䷭升

䷂屯 ䷚颐

䷲震

䷣明夷

䷒临

凡五阴五阳之卦各六皆自夬剥而来

䷍大有 ䷪夬

䷈小畜

䷉履

䷌同人

䷫姤

䷇比 ䷖剥

䷏豫

䷎谦

䷆师

䷗复

二、论卦爻变

文王观象系辞，辞分卦爻。孔子传《易》，以《彖》翼卦辞，以《象》翼爻辞。凡卦辞与《彖》所言之变,是曰卦变。爻辞及《象》所言之变,是曰爻变。此二者各有所指,可分可合,可居可动。以分而言,卦爻变截然不侔,卦变言其时,爻变言其位。卦变者,明所以成此卦时。爻变者,明一时中六位之变动。故不知卦变,何以知是卦之来源。不知爻变,何以定是卦之所归。前者言过去之因,后者言未来之果,其可不加分辨乎。然以合而言,又紊然不异。因卦时之变即由爻变而成,爻位之变又由卦变而起。有同一易象之变,既可以卦变视之,亦可以爻变视之。盖见仁见知,因果重重,若群峰之叠峦,犹波澜之飞溅,于卦爻变之间,其界混焉。至于以居而言,则舍其变而观其所之之象。缘卦变之随,不外六十有四。爻变之动,不外三百八十四。乃详观六十四卦三百八十四爻之象,可不言卦爻变而变在其中。于理犹君子所遇而安,当下即是,《系上》曰"安土敦乎仁故能爱"是其境。其境确乎不移,以视卦爻变,犹赘疣也。反之则以动而言,即有悟乎三才事物之荡然不止,始终周流,上下反复。时位之进退,无一瞬之或息,既言此卦此爻之象以当此境,而境已变成彼卦彼爻之象。且境之成毁,形之生灭,莫非象之变动。故研《易》者,必当观玩卦爻之变,庶足以弥纶天地之道,范围天地之化,《系上》曰"乐天知命故不忧"是其境。其境隤然而变,以视不知卦爻变者,犹未登堂入室也。

《易纬乾凿度》云:"易一名而含三义。所谓易也,变易也,不易也。"又云:"易者,其德也。光明四通,简易立节,天以烂明,日月星辰,布设张列,通精无门,藏神无穴,不烦不扰,澹泊不失,此其易也。变易者,其气也。天地不变,不能通气,五行迭终,四时更废,君臣取象,变节相移,能消者息,必专者败,此其变易也。不易者,其位也。天在上,地在下,君南面,臣北面,父坐子伏,此其不易也。"郑玄云:"易一名而含三义,易简一也,变易二也,不易三也。故《系辞》云'乾坤其易之缊邪',又云'易之门户邪',又云'夫乾确然示人易矣,夫坤隤然示人简矣。易则易知,简则易从'。此言其易简之法则也。又云'为道也屡迁,变动不居,周流六虚。上下无常,刚柔相易,不可为典要,唯变所适',此言顺时变易出入移动者也。又云'天尊地卑,乾坤定矣。卑高以陈,贵贱位矣。动静有常,刚柔断矣',此言其张设布列不易者也。"崔觐、刘瓛云:"易者谓生生之德,有易简之义。不易者,言天地定位,不可相易。变易者谓生生之道,变而相续。"以上录自孔疏八论之一。此易一名而含三义,虽出自《易纬》,实深合易道。郑玄等从之,有以也。更玩《系辞》,于易字之义,即此三者。宜录经文如下:

《系上》曰:"乾以易知,坤以简能。易则易知,简则易从。易知则有亲,易从则有功。有亲则可久,有功则可大。可久则贤人之德,可大则贤人之业。易简而天下之理得矣。天下之理得而易(按,马融、王肃本有此易字)成位乎其中矣。"

《系上》曰:"子曰:易其至矣乎。夫易,圣人所以崇德广业也。知崇礼卑,崇效天,卑法地,天地设位而易行乎其中矣。成性存存,道义之门。"

《系上》曰:"乾坤其易之缊邪,乾坤成列而易立乎其中矣。乾坤毁,则无以见易。易不可见,则乾坤或几乎息矣。"

以上三节,犹易之三义。易成位乎其中者,易简之理也。易行乎其中者,天地间德业之变易也。亦唯其有乾坤之变易,则见易之不易。故变易与不易必相合而一,其理至易至简,是即易一名三义,而三义犹一也。以之明卦爻变者,其动即变易,其居即不易。或居或动,易简之理也。总上诸义,特立成下表,于动居卦爻之辨,犹《流形》《至赜》《幽赞》《至动》四图。

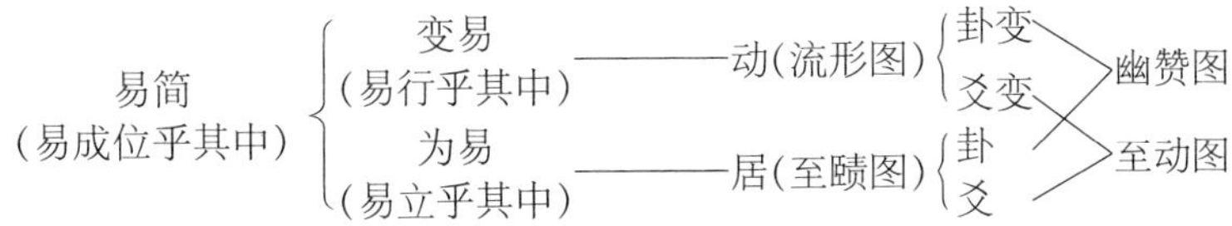

夫以此卦之彼卦,如临之屯(䷒之䷂),其兑下坤上变成震下坎

上,是曰卦变。然以爻而言,当临之二五爻易位变成屯,故亦可以爻变视之。即卦变者观其下上八卦之变,爻变者观其初上六位之变。故凡易象之变,皆可分卦爻变。唯或言卦变或言爻变,犹一本《幽赞图》,一本《至动图》。若动居之合一,尤不可偏废。盖未知临象屯象之义而言临之屯,其义仍未知。反之则仅知临象屯象之义而未知此二象变通之义,理仍未备。此犹一本《流形图》,一本《至赜图》云。

再者,《流形》《至赜》《幽赞》《至动》四图之象,义当八卦六十四爻,六十四卦三百八十四爻,以至四千有九十六卦二万四千五百七十六爻,乃卦爻变之极数。其间或有种种限制,即不能得此数。然种种限制各有其理,即各有其象数。此卦爻变之法,所以有历代诸易家之不同。且有独言卦变而不言爻变者,亦有犹言爻变而不言卦变者,更有合而为一者。凡此诸例,法皆不同,故变化多端。门户之见,亦由是而起。或执一家之说者,何能见易道之全邪。

以下综述历代主要易家之易著,唯以卦爻变之见界不同,可明是书之大义焉。

时代	著者	书名	于卦爻变之见界
西汉	蔡景君	蔡公易传	仅存一条言卦变
西汉	京房	京氏章句	仅存一条言卦变
西汉	韩婴	韩氏传	不言卦爻变
东汉	马融	马氏传	不言卦爻变
东汉	郑玄	郑氏注	不言卦爻变
东汉	荀爽	荀氏注	分言卦爻变
吴	虞翻	虞氏注	分言卦爻变,变化殊多,传孟氏易
吴	陆绩	陆氏述	分言卦爻变,所存不多
吴	姚信	姚氏注	分言卦爻变,似虞氏
汉末	宋忠	宋氏注	言爻变,仅存革卦一见
汉末	刘表	刘氏注	不言卦爻变
魏	董遇	董氏章句	不言卦爻变
魏	王肃	王氏注	不言卦爻变
魏晋	翟子玄	翟氏注	言爻变
魏	王弼	王氏注	不言卦爻变,以卦爻变为非

成汉	范长生	蜀才注	言卦变，似虞氏
晋	向秀	向氏易义	不言卦爻变
晋	干宝	干氏易注	不言卦爻变，准京氏易传
晋	王廙	王氏注	不言卦爻变
晋	刘瓛	刘氏注	不言卦爻变
晋	荀爽等	九家易	分言卦爻变(此书晋人集荀爽等注而成)
齐	沈驎士	沈氏要略	不言卦爻变
梁	伏曼容	伏氏集解	不言卦爻变
北魏	姚规	姚氏注	不言卦爻变
北魏	崔覲	崔氏注	不言卦爻变
北魏	卢景裕	卢氏注	不言卦爻变
唐	孔颖达	周易正义	不言卦爻变
唐	李鼎祚	周易集解	分言卦爻变(此书为李氏集虞翻等三十五家注而成)
唐	史徵	周易口诀义	不言卦爻变
宋	程颐	周易程传	不言卦爻变
宋	苏轼	苏氏易传	不言卦爻变
宋	李挺之	变卦反对图	言卦变
宋	李挺之	六十四卦相生图	言卦变
宋	司马光	温公易说	不言卦爻变
宋	张载	横渠易说	不言卦爻变
宋	朱震	汉上易集传	分言卦爻变
宋	沈该	易小传	言爻变
宋	都絜	易变体义	言爻变
宋	李光	读易详说	不言卦爻变
宋	朱熹	周易本义	言卦变
宋	林栗	周易经传集解	言卦变
宋	赵以夫	易通	言卦变
宋	杨简	杨氏易传	不言卦爻变
元	吴澄	易纂言	分言卦爻变
元	赵采	周易程朱传义折衷	言卦变
元	龙仁夫	周易集传	言卦变
元	李简	学易记	不言卦爻变
元	赵汸	周易文诠	不言卦爻变
明	蔡清	易经蒙引	不言卦爻变
明	何楷	古周易订诂	言爻变
明	黎遂球	周易爻物当名	言爻变
明	胡广	周易大全	言爻变
清	惠栋	周易述	分言卦爻变
清	张惠言	周易虞氏义	分言卦爻变
清	姚配中	周易姚氏学	分言卦爻变

清	曹元弼	周易集解补释	分言卦爻变
清	曹元弼	周易郑氏注笺释	分言卦爻变
清	李道平	周易集解纂疏	分言卦爻变
清	毛奇龄	仲氏易	言卦变
清	蒋衡	易变私笺	言卦变
清	范咸	周易原始	言卦变
清	胡秉虔	卦本图考	言卦变
清	刘方瑎	易悟	言爻变
清	薛悟村	易经精华	言爻变
清	江煊	易经如话	言爻变
清	邹师谦	周易象义辨例	言爻变
清	卢兆鳌	周易辑义初编	言爻变
清	胡煦	周易函书约注	言爻变
清	王希尹	汉宋易学解	言爻变
清	金士麟	易义来源	言爻变
清	沈竹礽	周易易解	言爻变
清	汪宗沂	周易学统	言爻变
清	黄巩	周易述礼	言卦变
清	胡祥麟	虞氏易消息图说初稿	言卦变
清	黄式三	易释	言卦变
清	焦循	易通释	合卦爻变为一,实当爻变之正
清	王承烈	易变释例	合卦爻变为一
清	李锐	周易虞氏略例	分言卦爻变
清	王尚槩	大易贯解	言卦变
清	佚名	易卦变图说	言卦变
清	王引之	经义述闻	不言卦爻变
清	俞樾	周易互体徵	不言卦爻变
清	万澍辰	周易变通解	分言卦爻变
清	方申	方氏易学五种	分言卦爻变
清	江藩	周易述补	分言卦爻变
清	李林松	周易述补	分言卦爻变
清	朱骏声	六十四卦经解	分言卦爻变

以上所引各书以观之,可见卦爻变之重要,大别不外言卦爻变与不言卦爻变。于言卦爻变之中又分种种见界,上表中仅言其概,且虽同言卦变或爻变,其易象之实指,每各不同,乃有自执一法以非他家,其碍不一而足。能会通诸法以观其究竟者,尚未一见,此易道之所以晦欤。

后　　记

易学在中国传统文化中处于核心地位，而虞氏易是其中最繁难的部分之一。解析虞氏易，既涉及《周易》经文本身的象数变化，也涉及先秦、汉魏晋、唐、清乃至现代之间的学术联系，有着深邃而多方面的内容。

《周易》存世著作约有 2 500 余种，其中有特色、有价值的著作约有七八十种。这里面还可以列出四种划时代作品：李鼎祚《周易集解》(代表汉易)、孔颖达《周易正义》(代表魏晋易)、李光地《周易折中》(代表宋易)、惠栋《周易述》(代表清易)。《周易集解》编者李鼎祚是唐代人，此书辑录汉至唐的易注 30 余家2 700余节，保存了汉易的大量资料。书成后历代乏人研读，一直到清代才重新受到关注，被视为易学重宝。《周易集解》所辑录的易注中，虞翻为其中最大的一家，有近 1 300 节。而占第二位的荀爽急剧减少到了 300 节，占第三位的崔憬更减少到了约 200 节。虞翻(170—239)是三国时代东吴孙权的臣属，《三国志》有传，小说《三国演义》也提到他。在易学象数、义理两大派中，虞氏易是象数易的代表，《集解》辑录虞氏易，为此书的精华所在。清代学者花费了大量工夫整理虞氏易，著名的有张惠言《周易虞氏义》

九卷、《周易虞氏消息》二卷、《虞氏易言》二卷、《虞氏易礼》二卷、《虞氏易事》二卷。其他如李道平《周易集解纂疏》，也涉及很多虞氏易的内容。这些著作是后人研究的踏脚石，而完成对虞氏易全面系统性解析的，是潘雨廷先生的《周易虞氏易象释》。

本书是潘雨廷先生比较早期的著作，大致在上世纪 50 年代写成〔1〕，在 80 年代因为被人借走而遗失。经过整理者的多方搜求，找到了四种不同来源、不同字迹的抄本，彼此之间截长补短，大体尚可拼成全书。潘先生生前的友人傅紫显先生提供了其中的主要部分，是此书得以恢复的关键性因素。由于这些抄本是当年听课的人过录给自己参考的，不是誊清后准备保存的复本，所以其中不仅有部分残缺，而且字迹潦草，间有错失。同时，由于年代久远，有些地方已经完全看不清了。十多年来，整理者曾几次起意整理此书，但由于牵涉的工作量太大，屡次着手，又屡次中止。2003 年夏天，整理者在几位研究生的帮助下，曾经打出了卷下的文字部分。随后发生了一些意外变故，使已经开始的工作未能继续下去。2006 年 3 月，整理者在黄德海先生的协助下，再次下决心整理此书。整理工作琐碎而漫长，其间经历了一遍又一遍的校改，前后九易其稿。黄德海先生的热情和坚持，对完成此书起了重要作用。黄玉琴女士和綦晓芹小姐，也参与了部分打字工作。尽管我们已经尽了自己的努力，但书中仍然有些内容疑莫能明，希望将来能有机会获得原稿，进一步修订完善。

《周易虞氏易象释》的内容包括经文、虞注、潘释三部分。而潘释又包括两部分，即文字和卦象图表。经文部分没有太大的问题，整理时把它分成了上中下三卷。在我手边四种不同的抄本中，有三种没有虞注，但是还有一种残篇有虞注。整理者推想原稿应该有虞注，可能是抄稿的人为了简便而省略了。而且即使原稿没有虞注，补入虞注也

〔1〕 抄本《周易虞氏易象释》卷下的页边，有一行小字："甲午春至夏，约四月成。"虽然没有指明是哪一部分，但据此推断全书写于 1954 年前后，虽不中亦不远。

有助于阅读。通过注和释之间的对照,正可以看出潘先生的解析思路。因此从《集解》中辑出虞注补入(有两处辑自《经典释文》),对注和释中的不尽协调之处也作了协调。于潘释的文字和卦象图表,除了辨认抄本的字迹以外,还校改了其中的一些错失。校改的原则是保持注、释、卦象图表三者的一致。释文的错误,依据注和卦象图表改正。卦象图表的错误,依据注和释改正。抄本卷中原缺一整页,也就是《萃卦》"乃乱乃萃,其志乱也"以下,《升卦》全部、《困卦》至"劓刖,困于赤绂"部分的释和图表,由整理者尝试补入。抄本卷上、卷中原缺十余处图表,也由整理者尝试补入。卷下《系辞下》中"不见利不动,不威不徵",《集解》经、虞注皆作"动",取"震为动",潘释从他本作"劝",取"坎为劝",今仍存其旧。且细玩虞注、潘释之象,似以"坎为劝"为是。此外,在潘先生的遗稿中还检得数页笔记,探讨虞氏易的卦变,也一并附录于书后。

《易则》是潘雨廷先生解析河图洛书的专著。此书内容重要,但篇幅较为短小,暂时无法单行。姑且收录于此,以后再设法调整吧。

张文江

2008 年 3 月 5 日

修订本补记

《周易虞氏易象释　易则》，2009 年由上海古籍出版社出版，以后有过重印。此次修订，调出并列的《易则》，和其他文稿组成新书。此外，将原来的三篇附录合为附录一，又将新检出的未刊稿《荀氏卦变考》、《虞氏卦变考》列为附录二，《卦变总论》、《论卦爻变》列为附录三。从虞翻、李鼎祚、张惠言以至于潘先生，可以理解虞氏易由古及今之变化。三篇附录包括了八篇文章，集中阐发了卦爻变，为象数易学的主要内容之一。

附录三《论卦爻变》中，综述了历代主要易家之易著，约有四十种为《读易提要》所未收，可见潘先生所涉及的易著，还有更宽广的范围。

张文江

2012 年 8 月 18 日